석학
人文
강좌
32

격동의 시대와 자아의 인식

석학人文강좌 32

격동의 시대와 자아의 인식

초판 1쇄 인쇄 2015년 6월 1일
초판 1쇄 발행 2015년 6월 10일

지은이 엄정식

펴낸이 이방원

편 집 강윤경 · 김명희 · 안효희 · 김민균 · 윤원진

디자인 박선옥 · 손경화

마케팅 최성수

펴낸곳 세창출판사

출판신고 1990년 10월 8일 제300-1990-63호

주소 120-050 서울시 서대문구 경기대로 88 냉천빌딩 4층

전화 723-8660

팩스 720-4579

이메일 sc1992@empal.com

홈페이지 http://www.sechangpub.co.kr

ISBN 978-89-8411-525-5 04100
978-89-8411-350-3(세트)

_ 책 값은 뒤표지에 있습니다.

이 도서의 국립중앙도서관 출판시도서목록(CIP)은 서지정보유통지원시스템 홈페이지(http://seoji.nl.go.kr)와 국가자료공동목록시스템(http://www.nl.go.kr/kolisnet)에서 이용하실 수 있습니다. (CIP제어번호: CIP2015014625)

석학 人文 강좌 32

격동의 시대와 자아의 인식

엄정식 지음

세창출판사

I

누구나 자기 자신에 대해서 관심을 가지고 있을 것이다. 이 세상에 태어난 이상 우리는 각자 자신의 삶을 살아가야 하고 그 삶의 주체는 바로 자기 자신이기 때문이다. 그러나 모든 사람이 같은 비중을 갖고 같은 방식으로 자기에게 관심을 갖는 것은 아니다. 세상을 무엇으로 이해하며 삶을 어떻게 살아갈 것인가에 따라 그 관심의 정도는 다양하게 마련이다. 어떤 사람은 근시안적이고 이기적인 태도로 주로 자신만의 이익을 추구하며 살아갈 것이고, 또 어떤 사람은 세상을 멀리 내다보며 원대한 계획을 세운 다음 사려 깊고 신중하게 살아가기도 할 것이다. 이러한 사람들이 자기에 대해서 관심을 가질 때 한결같을 수는 없다. 그러나 한 가지 분명한 것은 나름대로 이왕이면 '바람직한 삶'을 살아가기 위해서 자신에 대해서 사색의 시간을 가져 본다는 것이다.

몽테뉴(Michel de Montaigne)는 「내 사색의 목표는 나 자신이다」라는 글에서 이렇게 말한 적이 있다.

> 벌써 여러 해 전부터 내 사색의 목표는 나 자신이다. 나는 나 자신만을 살펴보고 연구한다. 그리고 내가 다른 일을 연구한다면 그것은 바로 나 자신에게 적용해 보기 위해서이다. 나 자신에 대한 묘사만큼 어려운 일도 없으며, 또한 그만큼 유용한 일도 없다.

그는 이어 이렇게 말한다.

사람들에게 자기 자신에 대해 말하는 것은 자만으로 보이게 한다. 그러나 소크라테스가 자신에 대한 것보다 더 크게 취급한 것이 있었던가. 책을 읽는 학파가 아닌 자기 영혼의 소양과 행동에 대한 것 외에 그 무엇을 제자들에게 더 가르친 적이 있었던가. 나 역시 나 자신의 사유를 표현한다. 그것은 형체가 없어 행위로 표현될 수는 없는 재료이다. 나는 갖은 노력을 통해 공기처럼 움직이는 사유를 육성의 형태로 나타낸다. 거듭하거니와 이제 내 사색의 목표는 바로 나 자신이다.

그러나 곰곰이 생각해 보면 나 자신은 무수한 인간의 하나일 뿐이며 무한한 우주의 극히 작은 한 부분일 뿐이다. 그러므로 결국 나에 대한 사색은 나의 가족과 사회, 인간과 자연, 혹은 존재 그 자체를 이해하려는 목표의 시발점이 되지 않으면 안 된다.

이 책은 우리가 자기 자신에 대해서 사색하는 일이 인간에게 항상 중요하고 모든 시대에 걸쳐서 필요한 것이지만 특히 우리가 살고 있는 격동의 시대에는 매우 절박한 요청이라는 것을 말하려는 데 그 목적이 있다. 격동의 시대에는 조난을 당한 선박에서처럼 모든 것이 제자리를 잃고 요동치게 되므로 우선 각자가 다시 자기 자리를 찾아서 본연의 자세를 유지하고 할 수 있는 일을 해보는 것이 중요하다. 그런데 그것보다 더 긴요한 것은 이 시대가 격동의 시대라는 사실을 자각하는 일이다. 그러한 자각 없이는 이에 대처할 적당한 방법을 강구할 도리가 없기 때문이다.

II

모든 시대가 '격동의 시대'일지도 모른다. 특히 철학적 관점에서 볼 때 인간의 실존적 상황은 항상 역설적인 구조를 지닌 채로 요동치고 있고 이것을 극복하려는 인간의 능력에는 분명히 한계가 있기 때문이다. 그러나 배가 순항하다가도 때로는 심한 격랑에 시달리는 경우가 있듯이 역사의 단계에서도 유난히 폭풍이 거세게 치는 경우가 있다. 거센 풍랑을 헤쳐 나가야 하기 때문에 정상적인 항해가 어렵게 마련이다. 우선 배가 몹시 흔들리기 때문에 거듭하거니와 선원이든 승객이든 제자리를 지키는 것 자체가 힘든 일이 된다. 이른바 '정체성'의 문제가 심각해진다는 것이다. 이러한 상태가 오래 지속되면 멀미는 물론 모든 사람들이 비정상적인 상태가 되어 각종 증세를 드러내게 되고 이것이 더 오래 지속되면 배 자체가 견디지 못하여 결국 침몰하게 될 수도 있다.

증세가 드러난 질병을 다스릴 때는 무엇보다 먼저 그 징후를 감지하여 예방을 하는 것이 중요하다. 병이 깊은데도 감지하지 못하거나 오진을 한다면 결국 그 병을 키우는 셈이 되고 말 것이다. 일단 병이 감지되면 정확한 진단이 필요하다. 진단이 이루어지면 처방이 따라오고 그 다음 치료를 하게 된다. 이것이 질병인 경우에는 이 모든 과정을 주로 의사가 담당하게 마련이다. 물론 치유의 과정에서는 환자 자신이 맡은 역할도 중요하지만 이것도 신뢰할 수 있는 의사의 지시에 따르지 않으면 안 된다. 그러나 한 시대나 사회의 질병은 매우 복합적이고 광범위하기 때문에 어떤 전문 분야의 '의사' 혼자서 모든 것을 다 담당할 수는 없다. 특히 '과학기술시대'라고 불리는 현대에는 모든 것이 급격하게 변하기 때문에 그 증세조차 제대로 파악하기가 어렵다. 더구나 한국에서와 같이 남북의 분단구조 속에서 급속한 산업화와 민주화의 격랑을 겪는 동안 극도로 가치관의 혼란을 겪고 있는 상황에서는 더 말할 나위가 없다.

일반적으로 사회가 위기에 처한 것을 제일 먼저 감지하는 부류는 생업에 종사하는 일반 대중들일 것이다. 그러나 전문가들 중에서는 예술가와 인문학자, 특히 감수성이 강한 시인들이 그러한 임무를 수행한다고 말할 수 있다. 이들은 예민한 감수성과 탁월한 상상력에 힘입어 사회 각 분야에 나타나는 징후들을 미리 예감하는 능력을 지녔고, 그것을 다양한 방식으로 호소하고 절규하며 고발하기도 한다. 그 다음 진단의 측면에서는 주로 경험과학자들이 전문성을 보여 준다고 해야 할 것이다. 자연과학자는 자연현상에 대해 가설을 설정하고 면밀한 검증을 통해 법칙을 발견하여 자연 환경에 어떤 일이 벌어지고 있는지를 진단할 뿐 아니라 그것을 어느 정도 예측할 수 있어야 한다. 또한 이러한 현상에 합당한 각종 과학기술을 고안하여 대책을 강구하도록 돕지 않으면 안 된다. 한편 사회과학자와 역사학자는 이와 유사한 작업을 경제, 정치, 문화 등 사회 전반에 걸쳐 수행하지 않으면 안 된다. 이것이 자연과학에서처럼 정밀성과 엄밀성, 그리고 보편성과 필연성, 확실성 등을 확보하기 어렵고 그만큼 설명력과 예측력도 약하겠지만 문제의 본질에 전문성을 가지고 구체적이고도 심도 있게 접근할 수 있는 지식인들은 역시 이 분야의 학자들일 것이기 때문이다. 물론 완벽한 것은 아닐지라도 경험과학자들만이 합당한 이유와 구체적인 자료를 가지고 문제의 실마리를 풀어 줄 열쇠를 마련할 것이다. 비록 그들은 사태를 잘못 파악하고 오류를 범하기도 하겠지만 그것을 가장 먼저 감지하고 개선책을 마련하는 사람도 이 분야의 전문가들일 것이다. 그러나 이 열쇠는 천국의 문을 열어 줄 수 있지만 동시에 지옥의 문도 열어 줄 수 있다. 그러므로 바람직한 처방을 위해서는 좀 더 깊은 통찰과 지혜와 식견이 필요하다.

주로 처방에 관여하는 철학이란 학문은 예술과 과학, 혹은 종교와 과학의 중간쯤에 위치한다고 할 수 있다. 이 학문은 매우 광범위하고 심오한 것이어서 그것을 일률적으로 규정하기 어렵고 다양한 해석이 있게 마련이며, 그렇기 때문에 어느 시대에나 철학 자체의 정체성이 문제가 되고 심지어 무용론까지 대두되는 경우도 있다. 그러나 어느 시대에든 그 역할이 결코 무시된 적은 없다. 철학은 상당한 부분 과학적 방법을 도입하지만 사변적 분석을 확장하고 논증의 과정을 더욱 엄밀하게 다듬어서 과학의 전제나 그 탐구의 결과를 비판적으로 수용하며 그것을 다시 전면적으로 검토한다. 또한 이러한 방법을 통해 예술이 추구하는 심미적 가치를 음미하고 그것이 지니는 삶 전반에서의 위상을 체계적으로 규정하려고 노력한다. 또한 종교로부터 탐구의 주제를 택하고 그 영감에서 자양분을 얻기도 하지만 종교가 전제로 하는 형이상학적 체계와 현실적으로 적용되는 이데올로기적 양상 및 그 실태를 비판적으로 검토한다.

철학자는 가치의 탐구와 의미의 분석을 통해 질병에 대처하는 과정에서 처방의 역할을 담당한다. 철학자는 현실의 중요성과 상식의 소중함을 강조하지만 일차적으로는 사변적 이론가일 뿐이지 실천가나 행동가는 아니다. 물론 철학자가 책임 있는 지성인으로서 혹은 양식 있는 시민의 한 사람으로서 이러한 일에 관여할 수는 있지만 그것은 철학의 고유한 임무는 아니다. 치유는 역시 행동하는 지식인, 가령 종교가이거나 시민운동가 혹은 정치가나 관료들의 몫이라고 보아야 할 것이다. 그리고 무엇보다 질병을 앓고 있는 환자들에게 자기 치유가 핵심적인 역할을 수행하는 것처럼 치유의 일차적인 임무는 이 땅에서 이 시대를 살아가는 우리들 각자의 몫이라는 것을 간과해서는 안 된다. 궁극적으로 문제의 실마리를 풀어 가기 위해서 진정한 의미의 자아 인식이 선행되어야 하는 이유가 여기에 있다. 그것은 결국

배를 구할 수 없다고 할 경우 침몰을 지연시키기 위해서라도 각자의 역할이 무엇인지 알고 제자리를 찾도록 노력해야 하는 이유와 같다.

격동의 시대에는 혼란이 심화될수록 사람들은 상황의 판단에 무디어지고 개념적 혼동을 일으키기 때문에 가치관이 전도되고 정의와 불의, 선과 악, 참과 거짓, 그리고 행복과 쾌락의 차이를 구별하지 못하게 된다. 무엇보다 사람들은 정신적이고 지성적이며 지속적인 행복보다는 육체적이며 관능적이며 순간적인 쾌락의 추구에 몰입하게 된다. 그런데 그렇게 하면 할수록 자아의 인식과는 더욱 거리가 멀어질 수밖에 없다. 한편 진정한 자아를 인식하는 것에는 사변적이고 추상적인 측면이 있어서 정상적인 상황에서조차 그 필요성을 실감할 수 없는 과제이기 때문에 혼돈이 소용돌이치는 격동의 시대에는 이것이 더욱 생소한 것으로 느껴진다. 고대 아테네 시민들에게 "너 자신을 알라!"는 소크라테스의 절규가 외면당하거나 심지어 분노를 일으키게 한 이유도 여기서 찾을 수 있다. 그럼에도 불구하고 이러한 혼돈의 시대를 무난하게 넘기기 위해서는, 다시 말해서 풍랑을 무사히 극복하기 위해서는 우선 이 문제와 진지하게 대면하지 않으면 안 된다. 그렇게 하기 위해서는 무엇보다 이 시대에 특히 우리 사회에 만연되어 있는 관능적 쾌락주의와 도덕적 타락 등 가치관의 혼란을 주시하지 않으면 안 된다. 소크라테스적인 자아의 인식이 절박하게 필요한 이유가 여기에 있다.

III

이 책은 한국연구재단에서 주최한 「석학과 함께하는 인문강좌」인 "격동의 시대와 자아의 인식"에 기초하고 있다. 이 강좌는 2010년 12월 18일부터

2011년 1월 29일까지 매주 토요일 오후 다섯 번에 걸쳐 서울역사박물관 강당에서 이루어졌으며 대상은 일반 청중이었다. 여기서 나는 그동안 성취한 나의 학문적 연구의 성과를 발표하기보다는 이 땅에서 이른바 "격동의 시대"를 살아가는 한 사람의 철학도로서 그동안 사색하고 고민해 온 내용들을 호소하듯 혹은 절규하듯 청중들에게 토로했다. 그러므로 이것은 체계적으로 엮어진 한 권의 논저라기보다 그동안 침전된 사색의 편린들을 나열한 것이라고 보아도 좋을 것이다. 그러나 다행히 이 강연에는 그 내용과 관련된 네 분의 전문가가 배석해 있었고 강연 후 매우 심도 있는 그들의 논평과 비판이 이어졌다. 물론 400여 명의 청중들로부터 제기된 질문과 반응도 크게 도움이 되었다. 이 책은 이러한 과정을 통해 보완과 수정을 거쳐서 이루어졌다.

강연의 사회는 서강대학교 화학과의 이덕환 교수가 흔쾌히 맡아 주었다. 그와는 오랜 교분을 통해 이 주제에 관한 문제의식을 공유해 왔고, 특히 인문학과 자연과학의 융합적 접근에 관하여 깊이 공감할 수 있었다. 또한 강의에서 다루어진 주제의 구분에 따라 세부 전공이 다른 세 분의 철학교수들이 참여해 주었다. 이화여대 남경희 교수는 소크라테스적 자아 인식의 문제를, 강원대 신중섭 교수는 과학철학과 비판적 합리주의의 논제를, 그리고 한신대 윤평중 교수는 한국적 상황과 사회 철학적 주제를 집중적으로 심도 있게 조명해 주었다. 물론 그들은 강연에서 다루어진 다른 주제에 관해서도 매우 소중한 조언과 비판을 제시해 주었다. 이 책에서 그들의 입장과 견해를 충분히 반영하지 못한 것이 아쉬울 뿐이다. 이 자리를 빌려 그들의 관심과 노고에 다시 한 번 감사를 드린다.

차례

제 **1** 장

소크라테스적 자아의 인식

I. 머리말

소크라테스(Socrates)는 잘 알려진 바와 같이 석가, 예수, 공자와 함께 4대 성인(聖人) 혹은 현자(賢者) 중에 한 사람으로 평가받고 있다. 그들은 서로 다른 시대의 다른 지역에서 태어나 전혀 다른 문화적 배경 속에서 활동했으면서도 역사와 문화의 차이를 뛰어넘는 위대한 교훈과 정신적 유산을 남겼다는 점에서 공통점을 지녔다고 할 수 있다. 그러나 오늘날 과학기술이 발달하여 그들이 활동하던 상황과 여러 가지로 현격한 차이가 있음에도 불구하고 여전히 이 성현들의 가르침은 우리의 심금을 울리고, 오히려 그것은 시간이 지날수록 더욱 절박하게 요청되고 있는 이유가 무엇일까. 아마 이것은 어떤 점에서 인간이 전혀 진화 혹은 진보하지 못하고 있다는 것을 의미하지는 않을까. 아직도 우리가 그들의 가르침을 추종하고 존경한다는 사실은 분명히 그들에게는 영광이겠지만 우리에게는 유감스럽고 고통스러운 측면까지 보여 주고 있다고 말할 수 있다.

이 장에서는 이 현자들 중에서 소크라테스의 가르침의 의미를 조명하고 거기서 현대인, 그중에서도 특히 한국인에게 필요한 덕목이 무엇인지 집중적으로 검토할 것이다. 여기서 특별히 그에게 관심을 기울이는 데에는 다음과 같은 몇 가지 이유가 있다.

첫째, 소크라테스는 다른 현자들 못지않게 중요한 교훈과 지혜를 남겼음에도 불구하고 우리는 그 내용에 익숙하지 않을 뿐 아니라 잘못 알려진 부분이 많이 있다. 또한 그의 사상은 주로 플라톤의 「대화록」을 통해서 전해지는데 상당한 부분은 저자 자신의 사상과 겹쳐 있고 워낙 오랜 세월이 흘렀기 때문에 그만의 고유한 사상이 정확하게 무엇인지 추적하기가 어려운 면이 있다. 더구나 그는 종교적 지도자가 아니기 때문에 일반인에게는 이름조차 생소한 것이 사실이다. 그럼에도 불구하고 우리에게는 그 어느 성현 못지않게 그의 사상이 중요한 유산으로 남아 있음에 유의해야 한다. 그 실체를 규명하고 그것이 우리에게 함축하는 것이 정확하게 무엇인지 음미할 필요가 있는 것이다.

둘째, 소크라테스는 다른 현자들과 달리 이른바 구체적인 '진리'라는 것을 설파한 적이 없다. 그는 여러 부류의 사람들과 스스럼없이 대화를 나누었을 뿐 특별한 제자들을 거느린 적도 없으므로 독단적인 종파를 만들거나 배타적인 파벌을 조성하지도 않았다. 그는 사람들에게 질문만을 계속 던짐으로써 자기가 누구인지 알고 스스로 진리에 가까워지도록 도왔을 뿐이며, 그렇게 함으로써 여전히 우리에게 가장 절실한 덕목인 자율성과 합리성과 도덕성 등의 함양을 강조했을 뿐이다. 이러한 그의 자세는 분명히 당시의 통상적인 사고방식과 상반되고 생활태도에도 위배되는 것이었으며, 그것은 결국 최초의 '철학적 순교'를 자초하는 결과를 낳았을 뿐만 아니라 간접적으로는 비판적 합리성을 고취시킴으로써 현대의 과학기술문명을 낳는 중요한 계기를 마련하기도 하였다. 그는 과학적 탐구에 관심을 갖거나 그 중요성을 강조하지는 않았으나 그가 사람들을 대하고 세상에 임했던 비판적이고 개방적이며 합리적인 자세는 후에 서구에서 근대 과학혁명의 근간이 된 과학정신의 모태가 된 것이다.

셋째, 소크라테스는 오늘날 우리의 한국적 상황과 구조적으로 너무나 유사한 고대 아테네에서 활동했기 때문에 그로부터 특히 우리 한국인들은 좀 더 구체적이고 절실하게 필요한 가르침을 얻어 낼 수 있다. 그는 신화와 미개의 시대에서 역사와 문화의 시대로 이행하는 문명적 전환기에 기존의 사고방식과 생활양식이 요동치는 격동의 시대를 살았으며 그 자신이 스스로 새로운 시대의 세계관과 가치관을 제시하기도 하였다. 특히 분단 구조와 갑작스러운 문명적 전환, 이에 따른 인간관과 세계관, 가치관의 혼란 등이 고대 그리스와 현대 한국이 갖는 유사점이라고 할 수 있다. 우리가 만약 이러한 유사점을 인정한다면 소크라테스가 존재했던 이유와 그가 남긴 지적 유산의 의미를 심층적이고도 체계적으로 진지하게 음미할 가치가 있을 것이다. 이제 이러한 점들을 좀 더 구체적으로 검토하고 우선 그가 활동하던 시대적 배경을 살펴보자.

II. 소크라테스의 등장과 그 시대적 배경

1. 역사적 상황과 그 함축

고대 그리스 세계는 일반적으로 그리스인이 살던 모든 지역을 말한다. 발칸 반도의 끝자락인 그리스 반도, 소아시아의 에게 해 연안과 남부 이탈리아, 프랑스 남해안, 그리고 그 주변의 수많은 섬들이 그것이다. 그리스 본토에는 올림포스를 비롯하여 높은 산들이 많고 농사를 짓기에 적당한 땅이 부족했을 뿐만 아니라 지역 간의 교류도 쉽지 않았다. 메소포타미아나 이집트 등의 오리엔트 지역처럼 거대한 통일 국가가 출현하지 못한 이유도 여기서 찾을 수 있을 것이다. 그러한 사정은 한반도의 지정학적 상황과 유사하다고 말할 수 있다.

그러나 그리스에서는 산과 산 사이의 좁은 땅이나 해안 지대에 작은 규모의 도시 국가인 '폴리스(polis)'가 나타났고, 이 작은 국가들은 서로 고립되어 있어서 제각기 독특한 개성과 다양한 제도를 가지며 독자적으로 발전해 나갔다. 정치체제도 군주정, 참주정, 민주정 등 각각 다른 형태를 띠었다. 폴리스는 대부분 시가지 중심부의 언덕에 '아크로폴리스(Acropolis)'라는 신전을 세우고 전쟁 중에는 임시 피난처로 쓰기도 하였으며, 그것이 그리스 본토 안에만 200개가 넘었는데 해외로 진출하여 세운 것까지 합치면 거의 1,000여 개에 이르렀다고 한다. 시간이 흐르면서 이곳이 자연스럽게 정치와 경제와 문화의 중심으로 떠오르게 된 것이다. 아테네는 그중에 하나였고 스파르타도 마찬가지였다.[01]

폴리스란 정치적 및 사회적 공동체 단위였고, 인간의 삶은 폴리스 체제 속에서 조직화되었다. 그것은 아테네나 스파르타와 같이 국가명이 유래한 도시 거주지만이 아니라 배후까지 포함할 수도 있었다. 아테네의 경우에는 이타카가 배후지였다. 또한 폴리스는 기본적으로 자치제였고 연맹체를 형성하기도 하였으나 서로 전쟁을 하는 경우도 많았다. 그러나 그리스를 침략하고 헬라 문화 자체를 위협하는 경우에는 강력한 동맹체를 결성하여 적국에 대항하는 모습을 보였다. 페르시아와의 전쟁이 그 좋은 예가 될 것이다. 가령 3차 페르시아 전쟁 중인 기원전 480년 아테네를 주력으로 한 살라미스 해전에서 승리를 거두자 페르시아 제국의 왕 크세르크스는 사절을 보내 강화를 제안한다. 아테네인들은 이 제의를 거부하면서 불안에 떠는 동맹국 스파르타에 그 이유를 다음과 같이 설명한다.

… 우리는 모두 헬라스인들이오. 우리는 한 핏줄이고, 같은 말을 쓰고 같은 신

01 Charlotte Higins, *It's All Creek to Me*(『한 권으로 읽는 그리스 고전』), 이광일 역(이론과 실천, 2012), pp.72–73 참조. 아리스토텔레스는 인간이 공동체를 이루며 사는 동물이라는 뜻으로 politikos라는 형용사를 썼다. 그러나 그는 인간만이 polis에서 "숙고를 통해" 판단과 결정을 할 능력이 있다는 점을 강조하였다.

전을 사용하고, 같은 축제를 하며 생활방식 또한 같소이다(『역사』 8권 144장).

헤로도토스가 전하는 이 사상은 오늘날 이른바 '민족주의'라는 이데올로기의 원형이라고 할 수 있고, 그 형태는 여러 가지로 변천해 왔지만 그 이상은 지금까지 조금도 변질되지 않았다.[02] 당시 그리스 도시국가들이 페르시아와의 전쟁이 한창인 와중에 위기를 모면하는 것이 급박한 상황에서 그리스 전체의 정체성을 운운하는 것은 분명히 이해하기 어려운 점이 있다. 그러나 이러한 상황에서 민족적 일체감을 이루기 위해서는 이질적인 차이점을 부각시키지 않았다는 사실에 주목할 필요가 있다. 아테네인들이 민주주의를 언급하지 않은 것은 그것이 소중하지 않아서가 아니라 외국과의 대결 국면에서 종족들의 동질성을 부각시키는 민족주의가 더 소중하기 때문이었다. 만약 이러한 상황에서 아테네의 통치 방식인 민주주의를 우선적으로 내세울 경우 페르시아에 의해 정복당할 확률이 높고 그렇게 되면 민족주의는 물론 민주주의도 지탱하기 어려울 것이기 때문이다. 사실 그 당시 폴리스의 정치체제는 각기 달랐고 아테네는 거의 예외에 속하는 급진적 직접 민주정이었다. 그들의 관점에서 보면 한국을 비롯한 현대의 민주주의는 규모만 다른 것이 아니라 그 형태도 과두정의 한 유형이라고 보아도 좋을 것이다. 여하튼 이 전쟁을 통해서 아테네에는 민족주의뿐만 아니라 자국의 민주주의적 체제도 더욱 공고하게 다져진 계기를 마련하였다고 볼 수 있다.

그리스의 도시국가들은 페르시아와 전쟁을 치른 후 분명히 그 판도가 크게 달라졌다. 이 제국에 맞선 그리스 연합군은 대체로 같은 언어를 사용했

02 *Ibid.*, p.74 재인용.

고, 같은 종교를 가지고 같은 헬레네스 인으로서의 자부심을 지니고 있었지만, 너무나 다양한 정치체제와 경제제도, 문화형태를 가지고 있었다. 특히 전쟁 승리의 두 주역인 아테네와 스파르타는 성격이 너무나 달랐다. 아테네는 아티카 지방에 자리 잡고 있던 활기찬 해양 국가였다. 다양한 물품을 교류하며 해외의 문물을 접하는 동안 자연히 개방사회로 발전할 수밖에 없었다. 아테네인들은 시를 읊거나 철학자의 이야기를 들으며 토론하기를 즐겼다. 유명한 조각가나 화가, 과학자 등이 넘쳐났다. 무엇보다 시민들은 자유를 만끽하고 있었다. 페르시아의 침략으로부터 그리스를 구해 냈다는 자부심도 하늘을 찔렀다. 아크로폴리스도 다시 세우고, 아테나 여신의 신전도 지었다. 그리고 페리클레스(Pericles)라는 뛰어난 지도자의 영도 아래 고대 민주정치와 다양한 문화의 찬란한 꽃을 피웠다.

한편 스파르타는 펠로폰네소스의 골짜기에 자리 잡고 있던 폐쇄적인 농업 국가였다. 스파르타인들은 어렸을 때부터 엄격한 교육을 받고 늘 싸우는 방법을 배우며 직업적인 전사로 키워졌다. 사치품과 귀금속도 없었고 식사도 공동으로 하는 등 절제와 금욕의 생활을 해야 했다. 문학이니 예술이니 하는 문화적 활동과도 거리가 멀었다. 이러한 차이가 결국은 페르시아와의 전쟁을 통해서 모처럼 형성된 민족주의에 균열을 가져오게 된 것이다. 그것은 일제 식민지 통치를 통해서 민족주의가 공고해졌다가 해방 후 체제를 달리하면서 마침내 동란을 일으키고 첨예한 대결 상태로 변모한 한국의 분단 상황과 구조적으로 유사한 점이 있다. 이제 이러한 점들을 좀 더 자세히 살펴보자.

아테네에서는 솔론의 개혁조치가 본격적으로 이루어진 이래 민주주의의 노선을 밟았지만 이것이 정착한 계기를 마련한 것은 클레이스테네스(Cleistenes)가 도입한 이른바 '도편 추방제(陶片追放制, ostracism)'라고 하는 장치였다. 아테네에는 대략 기원전 660년경부터 무력을 써서 비합법적으로 권력을 장악한 '참주(tyranos)'들이 각지에서 등장한다. 참주들은 대부분 귀족 출신이었지만 민중의 지지를 받기 시작했다. 이전에는 비용을 댈 수 있는 귀족들이 전차 중심의 전쟁에서 가장 큰 역할을 하면서 결과적으로 정치적인 실권을 장악할 수 있었다. 그러나 점차 무역과 상공업 활동으로 부유해진 농민들이 스스로 무장을 하여 중무장한 보병으로서 전투에서 중심적 역할을 하게 되었다. 이제 시민들은 귀족들과 대립하여 자신들의 발언권을 높이게 되었다. 바로 이런 민중의 지지를 받아 무력으로 권력을 잡은 이들이 참주들이었다. 그들은 대부분 귀족 출신이었지만 전쟁에서 공을 많이 세웠거나 올림피아 경기에서 우승한 평민들도 있었다. 참주들은 주로 민중의 지지를 받아서 정권을 장악했기 때문에 대체로 귀족과 대립하는 평민을 보호해 자신의 세력을 확보하고 안정을 꾀하기도 했다. 참주들 중에는 민중에 의해 쫓겨난 경우도 많았지만, 통치 기간에 상공업과 문화가 발달하여 후세에 '황금시대'로 불릴 정도로 후한 평가를 받은 아테네의 페이시스트라토스 같은 사람들도 있었다. 그러나 결국 후계자들의 폭정으로 인해 참주정은 무너지기 시작하고 이윽고 정치는 실질적으로 시민들이 주인이 되는 민주정으로 이행해 갔다. 특히 참주의 출현을 방지하기 위해 아테네에서는 도편추방제가 만들어졌고, 아테네가 다른 도시국가와 차별화되는 계기를 마련한 것이다. 역시 활발한 해상활동을 통해 상공업이 발달하여 실질적으로 부를 축적한 시민들이 정치의 전면에 등장한 것이 계기기 되었다.

이와 같이 도편 추방제가 독재를 저지하는 결정적인 계기가 되었는데, 그 제도가 처음 실시된 것은 20년이나 지난 기원전 487년이었다고 한다. 아테네 시민들은 매년 봄에 민회를 열어 도편 추방을 실시할 것인가 말 것인가를 먼저 결정했다. 그 후에 아고라에 모여 국가에 해를 끼칠 가능성이 있다고 생각하는 인물의 이름을 각자 도자기 파편, 즉 '도편'에 적어 냈다. 이 투표에서 가장 많은 이름이 적힌 사람 한 명은 국외로 추방되었다. 추방된 사람은 10년이 지난 뒤에야 다시 아테네로 돌아올 수 있었다. 처음에는 지나치게 인기가 있는 참주의 출현을 예방하기 위한 방법으로 고안되었지만, 이 제도는 점차 유력한 정치가를 추방하기 위한 정치적 수단으로 악용되기도 했다. 유능하고 지도자적인 자질을 갖춘 정치가들까지 도편 추방제의 희생양이 되는 경우도 많았다. 살라미스 해전의 영웅 테미스토클레스도 추방당할 정도였다. 아테네의 민주주의는 페리클레스의 재임 시절에 그 절정에 이르렀다. 투키디데스(Thucidides)는 『펠로폰네소스 전쟁사』에서 전몰장병을 추모하는 페리클레스의 연설을 소개했는데 이것은 여전히 심금을 울린다.

> 우리 정치체제를 민주정치라고 부르는 것은 권력이 소수의 손이 아니라 다수의 손에 있기 때문입니다. 시민들 간의 사적 분쟁을 해결할 때는 모든 사람은 법 앞에 평등합니다. 그러나 주요 공직 취임에는 개인의 탁월성이 우선시되며, 추첨이 아니라 개인적 능력이 중요합니다. 마찬가지로 누가 가난이라는 불리한 조건에도 불구하고 도시를 위해 좋은 일을 할 능력이 있다면 가난 때문에 공직에서 배제되는 일도 없습니다.(2권 37장)[03]

참주제는 어떤 의미에서 남한이 해방 이후 정치적인 혼란을 겪였던 당시의 독재정권을 닮았다. 특히 박정희는 비록 군사독재체제를 통해 정치적 자유를 많이 제한하였지만 획기적이 경제발전을 이룩하고 일부 민주화 세력

03 *Ibid*., p.80 재인용. 여기서 "모든 사람"은 성인 남성 시민을 의미하며 여성과 노예, 외국인 거류민은 정치적 권한이 전혀 없었으므로 제한된 의미의 평등을 의미하는 것이었다. 당시 아테네의 인구는 30만 정도로 추정되고 그중에 성인 남성은 3만, 이 중 노예가 10만 정도로 전해진다. p.81 참조.

을 제외하고는 국민들로부터 상당한 호응과 인기를 얻기도 했다는 점에서 페이시스트라토스와 닮았다고 볼 수 있다. 비록 그의 아들들은 아니지만 박정희 정권의 계승자임을 자처하던 전두환과 노태우는 경제성장과 산업화의 분야, 그리고 북방정책에서 괄목할 만한 성과를 거두었음에도 불구하고 국민들로부터 반감을 사서 결국 현대판 참주제를 종식시킨 것은 민주제가 본격화된 당시의 아테네와 유사한 경우라고 볼 수도 있는 것이다.

한편 아테네와 대립 구도를 형성했던 스파르타는 기원전 10세기경 북쪽에서 내려온 도리아인이 건설한 도시국가이다. 스파르타인들은 그리스 본토를 정복하는 과정에서 정복한 주민들을 '페리오이코이'와 '헤일로타이'로 만들었다. 페리오이코이는 자유롭기는 하지만 참정권이 없는 주변인, 그리고 헤일로타이는 완전한 노예를 일컫는 말이다. 헤일로타이가 스파르타의 모든 생산 활동을 책임졌기 때문에 시민들은 생산 활동에 전혀 종사하지 않았다. 그런데 수차례의 전쟁을 통해 헤일로타이의 수는 시민들의 수보다 훨씬 많아졌다. 그렇게 되자 그들이 반란이라도 일으킨다면 어떻게 될지 염려하는 입장이 되었다. 스파르타의 시민은 헤일로타이들이 어떤 반란을 일으키더라도 진압할 수 있는 강력한 전사가 되어야 했다. 스파르타를 군국주의의 전형으로 간주하는 이유가 여기에 있다.[04] 적어도 외형적으로는 이러한 점이 오늘날 북한의 경우와 닮았다고 할 수 있다. 북한에서도 외침에 대비한다고 군사력을 강화하고 있으나 실제로는 '선군사상'이라는 명분 아래 김일성 일가의 독재를 강화하는 데 활용하기 때문이다. 스파르타에는 두 왕가에서 각각 왕을 내어 2명의 왕이 있었지만 사실 그들의 권력이 아주 크지는 않았다. 왕은 전쟁 때 군대를 이끄는 사령관이 되고,

04 *Ibid.*, p.82. Higins는 "직업 군인 체제는 노예화된 주민들을 통제하는 데 필수였고, 노예제는 다시 스파르타를 떠받치는 토대가 됐다"고 설명한다. p.83 참조.

신에게 제사 지낼 때 사제가 되는 정도였다. 왕이 감옥에 가거나 벌금을 무는 일도 있었다고 한다. 물론 전쟁에서 패하면 아주 큰 처벌을 받았다. 두 왕을 포함하여 30명의 원로로 구성되는 장로회와 5명의 감독관이 실제로 정치를 담당했다. 특히 감독관들은 시민들에 의해 선출되어 왕을 감시하거나 체포할 수도 있었다. 그들의 임기는 1년이었고 중임할 수는 없었다. 30세 이상의 모든 스파르타 남자 시민이 참석할 수 있는 민회도 있었다. 민회는 왕이나 장로회가 제출한 안건을 통과시키거나 거부할 수 있었다. 특히 전쟁과 평화에 대한 문제, 외교 정책 등의 중대한 일은 민회에서 결정하였다.

요즘도 '스파르타식 교육'이라는 말을 자주 쓰는 것처럼, 스파르타의 교육은 엄격하기로 유명했다. 모든 시민은 의무적으로 국가에서 시키는 체계적이고 군사적인 교육을 받아야 했다. 일단 남자 아이가 태어나면 신체검사부터 받게 했다. 만약 건강하고 장애가 없으면 계속 키우게 했지만, 검사를 통과하지 못한 아이는 버려졌다. 만 6세가 되면 남자 아이들은 부모 품에서 벗어나 또래들과 집단생활을 하면서 국가의 체계적인 관리를 받았다. 13세가 되면 본격적인 훈련에 들어갔는데, 옷이나 잠자리, 먹을 것도 최소한만 제공하였다. 1년 내내 홑옷 한 벌만 걸치고 신발도 없이 맨발로 다녔고, 잠자리도 갈대를 손으로 잘라 만들었다. 먹을 것도 늘 모자라게 주었고, 심지어 도둑질을 해서 식량을 마련하도록 할 정도였다. 들켜서 붙잡히면 흠씬 두들겨 맞거나 끼니를 굶어야 했다. 19세가 넘으면 전쟁터에 나가 싸울 수 있었다. 그리고 30세가 넘어야 비로소 시민이 되어 민회에도 출석하고 자신의 집에서 가족들과 함께 지낼 수 있었다. 그러나 식사는 부자나 가난한 사람이나 똑같이 공동으로 했다. 그것도 아주 형편없는 음식이었다. 게다가 늙어서 전쟁터에 나갈 수 없게 될 때까지 평생 전쟁에 대비한 훈련을 받아야 했다.

북한이 1인 독제체제이고 그가 막강한 권력을 휘두른다는 점에서는 분명히 스파르타의 경우와는 다르다. 그러나 엄격한 통제 사회이고 모든 국민이 국가의 체계적인 관리를 받았으며 표면상 평등한 공동생활을 강요했다는 점이서는 놀라운 유사점이 있다. 무엇보다 북한의 교육제도가 거의 모든 시민에게 엄격한 군사교육을 받게 하는 등 그것이 이른바 '스파르타식'이라는 것은 부정하기 어렵다. 또한 당원을 비롯한 소수 특권층을 제외한 거의 모든 인민을 '헤일로타이' 취급을 하고 '조국통일'이라는 미명 아래 그들을 엄격하게 통제하는 현상도 유사하다. 부분적으로는 북한 인민들의 반란을 미연에 방지하는 것이 이러한 체계적 관리의 중요한 목적이기도 하기 때문이다. 이데올로기적으로 선명하게 분열되어 있고 정치체제나 경제제도가 서로 판이하며 사고방식이나 생활양식이 현저하게 다른 두 국가가 하나의 민족임을 부각시키며 치열하게 쟁패를 벌일 때 양대 세력 간의 충돌과 갈등은 불가피할 수밖에 없다. 그것은 고대 그리스에서나 현대의 한민족에게도 예외가 아니었다. 양상은 다르지만 결국 동족 사이에 잔혹하고 피비린내 나는 전쟁이 터진 것이다. 펠로폰네소스 전쟁과 한국동란이 그것이다.

페르시아 전쟁을 통해서 일어난 현상 중에 하나는 이른바 '헬라스 민족주의'였다.[05] 민중의 결속과 민주적 정치체제를 근간으로 하는 근대적 의미의

05 『민족주의는 반역이다』, 임지현 지음(소나무, 2008), p.63. 임지현은 여기서 민중이 주도하는 민주주의적 근대 민족주의만이 진정한 의미의 '민족주의'라고 주장한다. 그는 펠로폰네소스 전쟁에 관하여 이렇게 말한다. "헬레네스(Hellenes)의 개념에서 보듯이 자신들을 분명히 동질적 집단이라고 생각했던 아테네와 스파르타가 헬라스의 주도권을 놓고 싸웠다고 해서, 그들이 민족상잔의 비극을 자초했다는 식의 평가는 과문한 탓인지 들어본 적이 없다. 또 펠로폰네소스 전쟁 당시 그들이 서로 페르시아의 지원을 구했다고 해서 반민족적이었다는 해석이 성립되는 것은 아니다. 종족적 경계를 넘어서는 이러한 이합집산은 고대 사회에서 흔히 발견되는 현상이며, 민족체는 이러한 과정을 거쳐 형성의 첫발을 내딛는 것이다." 그러나 그것은 근대적 의미의 민족상잔은 아닐지라도 분명히 '동족' 상잔이었으며 여기서 동족은 단순히 부족 수준은 아니었다. 또한 동족상잔의 과정에서 명백히 이민족의 지원을 구했다면 반동족적임에 틀림없다. 중요한 것은 이질적 집단의 지원을 받아 동질적 집단의 일부를 파멸하고자 했다는 사실이며, 그것이 장기적인 의미로 그 집단 전체의 이익을 위한 것인지, 즉 반동족적인지의 여부는 별개의 문제가 되는 것이다. 더구나 폴리스라는 시민 공동체들을 유지하고 통합하며 또 그것을 강화하는 요소로서는 공통된 종교 생활이 있었다. 특히 아테네는 신전과 성소가 부지기수였다. 무엇보다 올림픽 경기는 헬라스 민족주의의 형성에 핵심

민족주의의 형태를 갖추지는 못하였으나 그것은 분명히, 단순히 부락이나 종족의 범위를 넘어서는 수준으로 확대되었고 문화와 언어적 동질성을 기초로 하는 민족주의의 전형을 보여 주었다. 여하튼 페르시아 전쟁 후 그리스 세계에서 확고한 지위를 차지한 것은 역시 이러한 이념을 제시하고 선도한 아테네였다. 그리스 국가들은 페르시아의 재침에 대비하여 델로스 동맹을 결성하고, 공동으로 군자금을 모았다. 맹주는 물론 아테네였는데 유감스럽게도 이제 제국주의적 성격을 띠기 시작한 아테네는 오만해지기 시작했다. 지중해의 해상권을 장악함은 물론, 델로스 동맹을 통해 그리스의 다른 국가들로부터 계속 자금을 걷고 이들 국가들을 간섭할 뿐만 아니라 지배하려고까지 했던 것이다. 아테네에 대한 다른 국가들의 불만은 높아갈 수밖에 없었다.

사실 아테네의 라이벌인 스파르타는 이미 기원전 6세기 중반, 펠로폰네소스 반도의 국가들과 동맹을 맺고 있었다. 그러나 델로스 동맹이 결성되면서 그 위상은 크게 떨어졌다. 스파르타는 아테네의 세력권 안에 있는 에게 해 쪽은 포기하고 이탈리아 반도와 시칠리아 쪽의 지중해로 세력을 뻗었다. 그러나 그러한 시도조차 아테네의 방해를 받게 되었다. 마침 아테네에 불만을 갖고 있던 도시들이 스파르타를 부추겼고, 드디어 두 라이벌은 충돌했다. 펠로폰네소스 전쟁이 시작된 것이다. 아테네와 스파르타를 축으로 나누어

적인 역할을 했다고 할 수 있다. 이 경기는 기원전 776년 펠로폰네소스 반도의 엘리스(Elis) 지역에 있는 알티스(Altis)라는 평지에서 열렸다. 제우스의 아들인 헤라클레스가 여기서 처음 경기를 열었다고 한다. 그 목적은 제우스를 숭배하는 것이었다. 물론 경기를 관람하기 위해 모인 것은 사실이나 본질적으로 그것은 종교적 의례의 한 부분이었다. 그러므로 올림픽 경기의 관람은 일종의 순례와 다름없었다. 올림픽 참가권도 아주 제한적이어서 오직 그리스 혈통을 가진 자유민 남성만이 참여의 권리를 누렸고 이 전통은 엄격히 지켜졌다. 또한 올림포스의 12주신들에게 봉헌한 신전뿐만 아니라 불멸의 존재가 된 인간 영웅에서부터 북풍에 이르기까지 다양한 신적 존재를 모시는 공간이 많았다. 신들에 대한 경배는 주로 희생 의식이었으며 해마다 정해진 날에 공동체적 의미를 담은 축제가 열렸다. 그중에서도 아테네 주민 전원이 참석하는 '판아테네이아(Panathenaea)'와 디오니소스 축제가 가장 유명하였다. 이러한 축제에서는 아이스킬로스, 소포클레스, 에우리피데스 등의 비극이 상연되기도 했는데, 그 규모는 대단한 것이어서 관람자의 좌석 수가 1만 4000석에 달할 정도였다.

진 그리스의 도시들은 서로 치열한 전쟁을 벌였다. 아테네의 지도자 페리클레스는 최강의 스파르타 육군과의 정면 승부를 피하고 성을 굳게 지키는 한편, 아테네가 자랑하던 해군력을 이용하여 펠로폰네소스를 공격함으로써 스파르타에 타격을 주는 전술을 택했다. 그러나 전쟁이 시작된 지 3년째 되던 해, 아테네에 전염병이 돌아 시민이 절반 이상 죽고 지도자인 페리클레스마저 사망했다. 정치적인 불안도 이어졌다. 새로운 지도자 알키비아데스는 정적들과의 싸움에 휘말려서 스파르타로 도망치고 오히려 아테네에 큰 피해를 끼쳤다. 이제 운명의 신은 스파르타의 편이었다. 아테네의 막강한 해군마저 격파당하고 델로스 동맹의 도시들은 점차 아테네로부터 멀어졌다. 오랫동안 포위되어 식량난에 시달리던 아테네는 기원전 404년 마침내 스파르타에게 항복하고, 펠로폰네소스 전쟁은 스파르타의 승리로 막을 내렸다. 결과적으로 민주정은 전복되고 '30인 참주'라고 하는 공포정치 체제가 들어섰다. 아테네 참패의 근본적인 원인이 결국 민주주의에 있었다고 믿었기 때문이다. 그러나 곧 민주정이 회복되기 시작했고 극심한 혼란 속에서도 아테네는 여전히 찬란한 문화의 중심지가 되었다. 예술과 학문이 꽃을 피웠고 소피스트들의 활동도 활발하였으며 소크라테스나 플라톤, 그리고 아리스토텔레스 같은 인물이 계속 등장한 것이다.

지금까지 살펴본 바와 같이 현대의 정치적 상황을 고려할 때, 특히 분단의 시대를 살아가고 있는 한국의 관점에서 조명할 때, 소크라테스가 등장할 무렵 고대 그리스에는 몇 가지 의미 있는 역사적 현상이 전개되었음을 인식할 수 있다. 첫째, 신흥 상업 계급의 등장으로 경제구조가 농경문화로부터 상업문화로 전환되었고, 그러한 전환기에 재부의 갑작스러운 축재가 이루어지면서 가치관의 혼란과 도덕적 타락의 현상이 나타났다. 둘째, 정치적으로는 참주제와 귀족주의가 무너지고 현대의 정치 형태인 이른바 '민주주의'

가 아테네를 중심으로 형성되었으며 비록 그 구조와 규모가 엄청나게 달랐지만 기본적인 골격이 이 시기에 갖추어졌다. 셋째, 문화적으로는 소피스트를 중심으로 한 회의주의와 상대주의, 다원주의 등이 나타났고 이것이 당시의 정치적 및 경제적 혼란을 더욱 가중시키는 결과를 빚어냈다. 마지막으로 페르시아와의 전쟁, 그리고 아테네와 스파르타의 첨예화된 대립과 갈등이 민족주의를 형성함과 동시에 민족 간의 갈등을 야기하는 모순구조를 드러냈다. 그것은 오늘날 한국적 상황과 놀라운 구조적 유사점을 지니고 있다. 비록 세부적인 내용이나 성격은 다르다고 하더라도 이질적인 경제와 정치와 문화의 대립적 구조, 그리고 민족주의의 퇴색과 변질 현상이 유사하다는 것이다. 그렇다면 그러한 유사점이 함축하는 의미는 무엇인가. 그것은 간단하다. 거기서 교훈을 얻고 그리스인들이 저지른 실수를 거듭하지 않도록 지혜를 터득하는 일이 될 것이다. 우리는 그러한 지혜를 소크라테스의 삶과 죽음의 의미를 통해서 얻을 수 있을 것이다.

2. 소크라테스의 등장과 자아의 탄생

소크라테스(Socrates, B.C.469~B.C.399)는 아테네에서 태어났고 경제적으로나 정치적으로, 그리고 문화적으로나 군사적으로도 매우 융성하였던 페리클레스의 시대에 활동하였다. 이 시기에는 이미 언급한 바와 같이 정치적으로는 민주주의가 정착했고 경제적으로도 방대한 식민정책과 활발한 상업 활동을 통해 재부가 축적되었으며 다양한 학문과 예술이 꽃을 피우고 있었다. 그러나 동시에 이 시기는 끊임없는 전쟁과 역병에 시달리던 시기였으며, 무엇보다 신화와 전설의 시대로부터 이성과 역사의 시대로 이행하는 전환기이기도 하였다. 그것은 소크라테스가 격랑에서 소용돌이치는 선박처럼 이른바 "격동의 시대"에 태어나서 활동했다는 것을 의미한다. 그의 아버지 소프로

니코스는 석공이었고 어머니 파이나레테는 산파였다. 그 영향을 받아서였는지 그는 스스로 아버지처럼 세속적이고 현세적인 사람들에게 영혼의 형상을 부여하고 어머니처럼 무지와 허위로 가득 찬 사람들이 지식과 진리를 분만할 수 있도록 돕는 것이 신으로부터 부여받은 자신의 사명이라고 생각하였다. 그는 소문날 정도로 외모가 추한 편이었으나 고결한 성품을 지녔으며, 젊은 시절 여러 번 전투에 참여하여 용맹을 떨치기도 하였고 전쟁의 와중에서 정의롭고 지혜로운 결단을 보여 주기도 하였다. 비록 생활이 풍족하지는 못하였으나 알려진 바와는 달리 극도의 빈곤에 시달린 것은 아니었다. 젊은 아내 크산티페와 결혼하여 아들 셋을 두었다.

확실하지는 않으나 대체로 마흔을 전후로 해서 소크라테스는 자신의 철학적 신념과 그것을 전개하는 방법론이 확고히 정립된 것으로 여겨진다. 그 당시 지성계에는 수사학과 변론술을 전문으로 하는 이른바 '소피스트(sophos)'들의 활동이 두드러졌고, 소크라테스도 그들의 영향을 많이 받았던 것이 사실이지만 본질적인 면에서 몇 가지 차이가 있었다. 그중에서도 가장 중요한 것은 진리에 대한 탐구의 자세였다. 소크라테스와 소피스트들은 대화와 논증의 방식만으로는 진리에 도달할 수 없다는 점을 인정하였다. 이러한 사실로부터 소피스트들은 영원하고 불변하는 '진리' 같은 것은 존재하지 않고 맥락에 따라 누구나 옳을 수 있기 때문에 결국 설득만이 중요하다고 강변하였다. 그러나 소크라테스는 진리에 도달할 수 없다는 똑같은 사실로부터 스스로 무지하다는 점을 깨닫고 진리에 다가가기 위하여 더욱 겸손해져야 하며 무엇보다 '로고스(logos)'를 인식하고 영혼을 정화하는 것이 중요하다고 설파하였다. 그는 이러한 자신의 철학적 신념과 생활방식 때문에 시민들로부터 오해를 받았고 미움을 샀으며 결국 기소되어 처형된 셈이었다.

사실 소크라테스의 가장 위대한 점은 그가 죽음에 임하는 철학적 자세와 결연한 그의 태도에서 찾아볼 수 있다. 그는 오랜 친구인 크리톤이 억울한 재판의 결과에 승복하지 말고 탈옥하여 여생을 편하게 지낼 것을 설득하고 또 그러한 여건을 마련하기도 하였으나, 그것이 자율적이지도 않고 합리적인 결론도 아니며 도덕적 결단도 아니라는 점을 지적하며 의연하게 독배를 마셨다. 이러한 그의 자세에 대해서 우리는 얼마든지 비판할 수 있고 이견을 가질 수 있으며 또한 좀 더 나은 대안을 찾을 수도 있다. 그러나 그가 자신이 제시할 수 있는 가장 합리적인 이유와 도덕적인 자세와 자율적인 태도에 따라 죽음을 택하였다는 점에서 우리는 깊은 감동을 받을 수밖에 없다. 그것이 종교적이거나 정치적인 것, 혹은 그 밖에 어떤 유형의 관습과도 구분되는 또 다른 이유, 즉 로고스에 근거해 있다는 점에 다만 숙연해지지 않을 도리가 없는 것이다. 그것은 잘 알려져 있는 바와 같이 최초의 "철학적 순교"였던 것이다. 그렇다면 우리는 오늘날 왜 이 땅에서 그를 새삼스럽게 거론하려고 하는가.

이미 지적한 바와 같이 오늘날 우선 우리가 처해 있는 입장과 고대 아테네의 역사적 상황 사이에 비슷한 점이 많이 있다고 생각된다. 특히 소크라테스가 아테네의 시민들에게 "너 자신을 알라"고 외치던 그 절박한 상황이 도대체 자기가 누구인지 모르고 우왕좌왕하고 있는 우리의 현실과 놀라울 정도의 유사점이 있다는 심증을 갖게 된다. 각자가 제 자리를 지키려 하지 않고 세속적인 출세와 영달에 눈이 멀어서 정신적이고 지성적인 본래적 가치보다는 육체적이고 세속적인 도구적 가치의 추구에 여념이 없다는 점에서 특히 그렇다는 것이다. 물론 그들과 우리들 사이에는 공간적으로나 시간적으로 엄청난 거리가 가로놓여 있고 또 급속한 과학 문명의 발달로 생활양식이나 사고방식에 있어서 상당한 차이가 있는 것이 사실이다. 그럼에도 불구하고 오히려 이 양자 사이의 유사점에 주목하고 이것을 문제 삼는 이유가 무엇일까. 말할 필요도 없이 이것이 더 본질적인 요소라고 생각되기 때문이다. 그렇다면 그러한 유사점에는 어떠한 것인지 살펴보자. 이미 지적한 바와 같이 외양적이고 형식적인 차이점보다는 내면적이고 구조적인 유사점에 주의를 기울임으로써 실질적인 대비에 중요한 준거의 틀을 마련할 수 있다.

우선 아테네와 스파르타의 대결구조가 남북한이 대치하고 있는 분단 상황과 매우 흡사하다고 생각된다. 아테네는 오늘날 우리나라와 마찬가지로 자유민주주의를 표방하였고 개인의 자유와 권리를 존중했던 반면, 스파르타는 북한과 마찬가지로 기본적으로 공산사회주의를 실현하기 위하여 사회적 평등과 국가적 일체감을 강조하였다. 물론 실질적으로는 규모에 있어서 엄청나게 차이가 있고 인권을 무시하며 대량 살상무기를 개발할 뿐만 아니라 세습적으로 권력을 승계하는 등 구체적인 면에서 북한과 스파르타 사이에는 중요한 차이점이 있다. 한국과 아테네 사이에도 마찬가지이다. 민주주의의 양태나 자유방임 시장경제체제, 다원주의적 문화형태 등 그 규모나 세부적인 실행에 있어서는 서로 비교하는 것이 무의미할 뿐 아니라 위험한 측면도 있을 것이다. 그럼에도 불구하고 이데올로기적 측면에서 볼 때 그 차이는 매우 중요한 함축을 지닌다고 볼 수 있다. 사실 그러한 상황에서 싹튼 정치적 이데올로기가 25세기에 걸쳐 지구를 반 바퀴씩 돌아와서 마침내 오늘날 한반도에서 격돌하여 조국의 분단을 초래하고 남북한의 대결을 첨예화하게 된 원동력이 되었다고 볼 수도 있는 것이다. 여하튼 스파르타와 아테네 사이에 드러나는 사고방식과 생활방식의 차이 등이 오늘날 한반도에서 목격할 수 있는 분단의 갈등 구조가 한민족의 발전을 저해하고 여러 가지 부정적인 요소들을 조장한다는 점에서 분명히 유사점이 있다.

그 다음 특히 아테네와 한국 사이에는 경제적으로 급성장하여 상업주의가 정착하고 이에 따른 개인주의적 민주화 과정이 급속하게 진전되었다는 유사점이 있다. 앞서 언급한 바와 같이 당시 아테네는 페리클레스의 영도력으로 지중해의 해상권을 장악하였으며 다른 지역과 도시국가들에 대한 지배력이 제국주의적 면모를 보이기도 했다. 이와 같이 상대적으로 당시로서는 오늘날의 한국과 비교하기 어려울 정도로 경제적으로나 문화적으로, 혹은 외교적으로나 군사적으로 번창한 강대국이었던 것이다. 이러한 상황에서는 각자의 능력에 따라 재산을 축적할 수 있는 것이 원칙으로 되어 있기 때문에 개인이 가치를 창조하는 데 적극적으로 관여하며, 따라서 극도의 개인주의와 상대주의 혹은 가치의 다원화 현상이 일어나게 마련이다.

이러한 현상을 정치적으로 반영한 것이 자유민주주의일 수밖에 없는 것은 당연한 귀결이다. 그러므로 정치적 민주화는 경제적 상업화의 필연적인 결과라고 해도 과언이 아닐 것이다. 그러나 이기주의적 상업주의가 팽배해 있는 민주주의 사회에서 정의를 실현한다는 것은 좀처럼 쉬운 일이 아니다. 사람마다 걷잡을 수 없이 욕구가 분출하고 이해가 서로 충돌해서 투쟁과 분규가 끊어질 날이 없으며 허술한 통치체제를 틈타서 각종 부정과 부패, 퇴폐와 향락 등의 현상이 나타날 수밖에 없기 때문이다. 사실 아테네가 쇠약해진 것은 지나친 시기와 경쟁 때문이었고, 그러한 현상은 위기나 전쟁이 찾아올 치명적인 취약점으로 드러나게 마련이었다. 그리고 바로 이것이 아테네와 우리 사회가 구조적으로 지니고 있는 세 번째 유사점이다.

아마 이 밖에도 고대 아테네와 현대의 우리나라 사이에는 여러 가지로 비슷한 점이 많이 있을 것이다. 무엇보다도 가장 중요한 것은 분단의 대결 구조 및 퇴폐와 향락을 조장하는 상업주의, 그리고 민주화와 정의와 자유라는 미명하에 이성적 판단력과 도덕적 자긍심을 결여한 채 혼란만을 가중시키는 정치 풍토 속에서 사람들은 자기 자신이 누구인지 모른 채 표류하고 있다는 점일 것이다. 만약 이것이 사실이고 또한 본질적인 유사점이라면 소크라테스의 "너 자신을 알라(Gnothi Seauton)"는 외침은 지금 분단의 시대를 살아가고 있는 이 땅의 모든 시민들을 향해서도 울려 퍼지지 않으면 안 된다. 그것은 진정한 민주시민으로서의 자의식을 일깨우고 자율적인 인간으로 성장하기 위하여 우선 자신의 무지를 자각한 다음 자기의 이상을 정확하게 파악하라는 가르침이기 때문이다.

그러나 아테네의 시민들은 그러한 가르침을 귀담아듣지도 않았고 오히려 그들은 인류가 낳은 가장 걸출한 현자 중의 한 사람인 소크라테스를 민주파의 정권 아래서 민중의 이름으로 처형했던 것이다. 스스로 그토록 안타깝게 찾아 헤매던 신을 모독했다는 것과 혼신의 정열을 기울여 한평생 열심히 가르쳤던 청년들을 그가 현혹시켰다는 것이 죄목이었다. 소크라테스는 '변명'의 기회를 준 법정에서 다음과 같이 부르짖었다.

> 친애하는 아테네 시민 여러분! 나는 여러분을 사랑하고 존경합니다. 나는 숨을 쉬고 힘이 남아 있는 한 진리를 추구하고 여러분들을 경고하고 계몽하며, 여러분 한 사람 한 사람에게 내가 지금까지 해온 바와 같이 양심적으로 말하기를 그치지 않을 것입니다. 나의 가장 친애하는 벗들이여, 가장 위대하고 정신적인 도야로 뛰어난 도시의 시민인 당신들은 돈지갑을 가능한 한 많이 채움을 부끄러워하지 않으며 도덕적인 판단과 진리, 그리고 영혼의 개선에는 조금도 관심이 없고 또 노력도 하지 않습니다(Apologia 26).[06]

06 Plato, "Socrates" Defense(Apology)," *The Collected Dialogues*, ed. E. Hamilton and H. Carns (N.J.: Princeton Univ. Press, 1973), pp.15–16. J. A. Colaiaco는 그의 이러한 발언이 아테네 시민들을 모욕하는 것으로 이해될 수도 있다며 이렇게 지적한다. "그는 시민들에게 천박한 삶을 떠나 고결하고 도덕적인 삶으로 전향하라고 요구했다. 그가 아테네의 위대한 명성, 힘, 지혜를 언급한 것(아테네가 얼마 전 스파르타에게 당한 참담한 패배와 함께 연상되는 페리클레스의 추도연설을 조롱하는 것처럼 들렸다)이 틀림없이 많은 배심원과 방청객들의 미움을 찔렀을 것이다." James A. Colaiaco, *Socrates Against Athens,* 『소크라테스의 재판』, 김승욱 역(작가정신, 2005), p.255.

부정과 불의로 가득 찬 사회가 마지막 남은 의인마저 제거해 버렸을 때 외부의 침략자들은 비로소 회심의 미소를 짓기 마련이다. 결국 아테네는 소크라테스의 최후와 운명을 같이하였다. 데모스테네스의 애국적인 열변과 아테네 시민들의 저항도 소용없이 결국 이 도시국가는 마케도니아의 알렉산더 대왕에게 정복당한 후 20세기에 이르기까지 변변한 독립국가의 면모를 보여 주지 못했던 것이다.

이처럼 고대 아테네와 우리 사회가 지니고 있는 구조적 유사성을 부정할 수 없고 소크라테스의 마지막 절규가 놀라울 정도로 우리의 심금을 울리고 있다고 한다면 특히 이 땅의 지식인들은 그의 가르침을 구태의연한 소리로 외면해서는 안 될 것이다. 우리는 고대 아테네와 운명을 같이해서는 안 되고 그와 비슷한 전철을 밟아서도 안 된다. 그것을 극복할 시대적 사명과 역사적 당위, 그리고 무엇보다 그것을 감당할 권한과 책임이 바로 우리들 자신에게 있기 때문이다.

그렇다면 어떤 사람이 자기 자신을 안다는 것은 무슨 뜻이며, 어떻게 그것이 가능할 것인가. 소크라테스가 "너 자신을 알라"고 했을 때 그는 우리에게 과연 무엇을 요구한 것일까. 소크라테스의 친구이기도 했던 크세노폰(Xenophon)은 그의 『소크라테스의 추억(*Memorabilia*)』에서 다음과 같은 대화를 전하고 있다.

> "에우데에모스, 델포이에 가본 적이 있는지 말해 보게"라고 소크라테스는 말했다. "네, 두 번쯤." 그가 대답하였다. "그러면 신전의 벽 어디엔가 '너 자신을 알라'고 쓰여 있는 것을 보았는가?" "보았습니다." "그래서 그 구절에 관해서 아무 생각도 없었는가, 그렇지 않으면 거기에 주의를 기울이고 자기 자신을 반성해 보려고 애를 썼나?" "…." "그러나 자네 생각에 자기 자신을 안다는

사람은 그냥 자기 이름을 아는 사람인가. 혹은 어떻게 하면 인류를 위한 봉사에 자신을 적용시킬 것인지 스스로 분명히 하면서 자기의 능력을 아는 사람인가?"

이어 그는 이렇게 덧붙인다.

자기를 아는 사람은 무엇이 적합한지 스스로 알며, 무엇을 할 수 있고 무엇을 할 수 없는지를 분별하며, 또한 어떻게 할 것인지 아는 바를 해냄으로써 필요한 것을 얻고, 그리고는 모르는 것을 삼감으로써 비난받지 않고 살아가며 또 불운을 피하게 된다네.[07]

여기서 우리는 소크라테스가 "너 자신을 알라"고 했을 때 무엇을 어떻게 알라고 한 것인지 어느 정도 가늠할 수 있다. 그것은 단순히 나의 이름이나 몸무게, 혹은 출생지나 주민등록번호 따위를 알라는 뜻이 아니다. 후에 좀 더 자세히 살펴보겠지만 그는 나의 진정한 욕구와 능력과 의무가 무엇인지 알며 동시에 그 아는 바를 실천에 옮길 것을 요구하고 있는 것이다. 영혼의 정화를 통해서 진정으로 할 수 있는 것만을 원하며 그렇게 함으로써 남을 해치지 않도록 신중하게 행동하는 것이 자기를 아는 자의 바람직한 모습이기 때문이다.

한편 소크라테스는 델포이 신전의 벽에 새겨져 있는 "너 자신을 알라"라는 말을 아테네 사람들에게 새로운 의미로 전파한 것으로 알려져 있다. 사실 곰곰이 생각해 보면 그가 의미하는 것은 당시에 통용되던 아폴로 신의

07 Xenophon, *Recollections of Socrates and Socrates' Defense Before the Jury*, trans. Anna S. Benjamin (Indianapolis: The library of Liberal Arts, 1970), pp.112–113.

의도와는 전혀 다른 것이었다. 이 문구는 원래 인간은 신이 아니며 반드시 죽을 수밖에 없는 존재이기 때문에 자기 분수를 알아야 한다는 뜻으로 해석되었다. 그것이 바로 이 문구가 신전에 새겨진 이유이며 호메로스나 에우리피데스, 소포클레스 등 신화를 배경으로 한 당시의 비극작가들이 전하고자 한 메시지이기도 하였다. 가령 소포클레스의 『오이디푸스 왕』은 가장 탁월한 인간일지라도 신탁에서 예언한 자기의 운명에서 벗어날 수 없다는 메시지를 전하고 있다. 그러나 소크라테스는 "너 자신"이라는 말을 신의 명령이라든가 인간의 운명과는 상관없이 '혼령(psychè)'이라는 개념과 연관시켜서 해석하였고 여기에 새로운 의미를 부여한 것이다.

전통적으로 혼령은 육체가 생존하는 데 필수적인 생명력 또는 '생명의 원리'였지만 그 사람의 정신생활, 말하자면 성찰이나 숙고, 혹은 반성이나 비판 등의 지성적 혹은 도덕적 판단 기능과는 직접적으로 상관이 있는 것은 아니었다. 당시 그리스인들에게 이 생명력은 살아 있는 사람의 몸속에서 구체적인 역할을 하지 않았으며 죽으면 몸에서 빠져나가 죽은 사람의 희미한 그림자가 되어 하데스의 지하세계를 정처 없이 헤매고 다니는 것으로 이해되었다. 가령 오르피우스 교에서도 일단 의식과 단절된 이 혼령은 파괴된 것으로 보았으며 여러 몸을 거치면서 윤회하는 동안 미덕을 쌓아서 자유롭게 해방되면 신과 합일을 이룬다고 생각했던 것이다. 그리고 이것은 어느 정도의 차이는 있지만 동서고금의 모든 종교나 무속 신앙과 근본적으로 맥을 같이하는 것이었다.

그러나 소크라테스는 이 혼령이라는 단어에 인간의 정신적 기능, 특히 지적인 통찰과 도덕적 책임의 주체라는 속성을 부여하여 합리적 사고와 자율적 행위, 그리고 도덕적 판단의 구심점이라는 의미를 제공하였다. 그리하여 이제 '프쉬케'는 단순히 혼령이 아니라 후에 서구인들이 말하는 이지적인 탁월성과 도덕적인 자긍심, 그리고 심미적인 감수성 등 모든 내면적 가치의 거점을 마련한 '영혼' 개념으로 발전한 것이다. 테일러(A. E. Taylor)가 지적하듯이, "우리가 아는 한 이러한 의미의 '영혼'이라는 개념을 만들어 낸 사람이 소크라테스이며, 이 개념은 그 후로 유럽인들의 사고를 계속 지배해 온 것"이다.[08] 그리고 바로 이 '영혼'이 진정한 의미의 '자아'이기 때문에 소크라테스의 경우 "너 자신을 알라"는 것은 이 영혼의 존재를 인식하고 그것을 돌봄으로써 물질적이고 외면적이며, 그리고 현세적이며 세속적인 삶을 초월하라는 것을 의미했다. 그러한 삶은 분명히 새로운 종류의 삶이며 통상적이고 평범한 삶은 아니기 때문에 전통적인 가치관과 인간관 및 세계관에 배치되는 것이기도 했다.

소크라테스는 인간적 삶의 정수가 공동체의 명예나 국가의 위신을 드높이는 데 있는 것이 아니라 개인의 영혼을 정화하고 양심을 지키는 데 있다는 입장을 내세움으로써 우선 국가와 갈등을 빚어냈다. 그는 전통적인 권위와 관습적인 규범 혹은 가치관에 대한 맹목적인 복종이 아니라 비판적 사고와 이성적인 토론을 통해 도출된 신념을 기초로 내면적인 도덕을 확립해야 한다고 주장한다. 개인은 이성 덕분에 자율적인 주체로서 스스로 생각하고 사회적 규범과 가치도 비판적으로 수용할 수 있게 된다. 그러나 여기서 말하는 '도덕'이란 정치나 예술, 혹은 종교나 과학, 관습 등과 구분되는 제한적이고 전문적인 개념이 아니라 이 모든 것의 전제가 되는 깊은 성찰과 반성의 과정을 거친 합리적인 정신의 표출 그 자체를 말하는 것이다.

헤겔(G. W. F. Hegel)은 소크라테스적 자아 인식의 실체를 규명하기 위하여 두 종류의 도덕을 구분하는데, 외적이고 공적인 규범에 기반을 둔 수용적이

08 A. E. Taylor, *Socrates*, NY, 1953, p.132.

고 비성찰적인 "전통적 도덕(Sittlichkeit)"과 내적이고 사적인 의식에 기반을 둔 비판적이고 성찰적인 "개인적 도덕(Moralität)"이 그것이다. 그리고 그는 전자로부터 후자로 발전해 가는 과정에서 소크라테스가 중요한 의미를 갖는다고 보았다. 헤겔에 의하면 소크라테스는 자신의 원칙을 자기 스스로 만든다는 생각을 지녔는데, 그 결과 기존의 도덕이 흔들렸을 뿐만 아니라 개인이 자신에 신경을 쓰기 시작함에 따라 그가 성찰적인 도덕을 갖게 되었다. 이와 같이 소크라테스에 의해서 외형적인 공동체의 도덕과 대비되는 내면적인 "인간의 성찰적인 도덕"이 등장하는 계기가 마련되었다.

헤겔은 또한 소크라테스가 당시 아테네에서와 같은 격동의 시대에는 "각자 자신의 도덕을 스스로 돌봐야 할 것"을 특히 강조했다고 지적하며 이렇게 말한다.

> 그는 자신에 관한 성찰과 자의식을 통해서 자신의 도덕을 돌보았다. … 그는 또한 다른 사람들이 스스로의 도덕을 돌볼 수 있도록 도와주었다. 자신의 생각 속에 선과 진실, 즉 행동과 지식의 잠재력이 들어 있다는 의식이 그들의 마음속에서 눈뜨게 해 준 것이다.[09]

헤겔에 의하면 펠로폰네소스 전쟁 초기에 '사고(logos)'가 절대적이고 내재적인 독립성을 지니고 있다는 이른바 "주관성의 원칙"이 소크라테스 안에서 자유롭게 표현될 기회를 얻었다고 한다. "그는 인간이 자신 안에서 옳은 것과 선한 것을 발견하고 인식해야 한다는 것", 그리고 "옳은 것과 선한 것이 본질적으로 보편적인 것임"을 가르쳤다고 지적하며 헤겔은 그 중요성을 이

09 G. W. F. Hegel, *Lecture on the History of Philosophy* (N.Y., 1956), pp.269–670. Colaiaco의 『소크라테스의 재판』(p.250)에서 재인용.

렇게 설명한다.

> 소크라테스는 도덕의 스승이라는 찬사를 받고 있지만 그를 차라리 '도덕의 발명가'라고 부르는 것이 나을 것이다. 그리스에는 관습적인 도덕이 있었다. 그러나 소크라테스는 도덕적인 미덕이나 의무가 무엇인지 그들에게 가르치기 시작했다. 도덕적인 인간은 단순히 옳은 것을 원하고 실천하는 사람(단순히 무고한 사람)이 아니라 자신의 행동에 대한 의식을 갖고 있는 사람이다. … 소크라테스는 인간의 행동을 결정하는 것이 통찰력과 신념이라고 주장함으로써 국가적이고 관습적인 것과는 대조적으로 개인이 최종적인 도덕적 결정을 내릴 수 있다고 보았으며, 이로써 스스로 신탁이 되었다.[10]

헤겔에 의하면 소크라테스의 원칙에는 아테네에 대한 혁명적인 측면이 드러나 있다. 관습적인 도덕이 국가가 존재할 수 있는 틀을 이루고 있다는 점에서 아테네는 특수한 곳이었다. 다시 말해서 "사고가 현실생활과 불가분의 관계로 연결되어 있다는 뜻"이다. 그런데 소크라테스는 이 당연한 사실에 대해서 비판적 사고를 시도했으며 이러한 태도를 자신의 개인적 차원에 머무는 것이 아니라 모든 시민들에게 요구했던 것이다. 그는 이어 이렇게 설명한다.

> 소크라테스가 동료 시민들을 성찰로 유도하고자 했을 때 담론은 항상 부정적인 어조를 띠었다. 그들은 무엇이 옳은 것인지 모르고 있다는 의식을 갖게 만들었기 때문이다. 소크라테스가 자신의 원칙을 인정받으려고 그것을 입에

10 *Ibid.*

담았다는 이유만으로 사형선고를 받았을 때, 그 선고는 (국가의 가장 두려운 적에게 유죄판결을 내렸다는 점에서) 물론 옳은 것이었으며 지극히 비극적인 것이기도 하였다.[11]

헤겔은 또한 소크라테스가 도덕적 기반으로 내적인 성찰과 자기인식을 강조했다는 점에서 예수와 유사점이 있다는 것을 지적하고, 그의 『종교철학강의』에서 이렇게 주장한다.

그는 또한 평범한 권위에 복종하는 데서 그치지 말고 스스로 신념을 형성해서 그 신념에 따라 행동해야 한다고 가르쳤다. 여기서 우리는 비슷한 특징을 지닌 두 사람이 비슷한 운명을 맞았음을 알 수 있다. 내면을 중시한 소크라테스의 사상은 아테네의 정부 형태뿐만 아니라 시민들의 종교적 신념과도 어긋났다. 따라서 그는 사형선고를 받았다. 그 역시 진실을 위해 죽은 것이다.[12]

헤겔에 의하면 예수가 도덕적 성찰과 의도에 초점을 맞춤으로써 이제 관습 중에 하나가 된 전통적인 모세의 율법에 내면적 측면을 부각시킨 것처럼 소크라테스는 영혼을 돌봐야 한다는 주장을 통해 덕목에 대한 그리스적 관념의 방향을 내면으로 돌려놓았다는 것이다.

그러나 소크라테스는 예수와 달리 선을 추구하고 불의를 행해서는 안 된다는 것이 왜 그토록 확실한 것인지 입증할 도리가 없었다. 사실 그는 그것을 증명할 필요를 느끼지 않았다. 그것은 아주 세련되게 이끌어낸 그 어떤

11 G. W. Hegel, *Lectures on Philosophy of Religion,* Peter C. Hodgson ed. R. F. Brown 외 trans.(Berkeley, 1985) vol.III, p.321.
12 *Ibid*.

이론적 결론보다도 더 깊이 뿌리를 내리고 있는 확실성이었다. 우리는 이것을 '직관' 혹은 영혼의 확실성이라고 할 수도 있다. 아무리 격동의 시대를 산다고 해도 불변하는 것이 있다면 그것은 바로 이 영혼의 확실성이며 이에 근거해서 정의에 대한 절대적인 의무가 정당화되는 것이다. 물론 그 이전에도 사람들은 막연히 그러한 느낌을 가지고 있었겠으나 이것을 부각시키고 삶의 구심점을 삼은 것은 분명히 소크라테스였다고 말할 수 있다. 그는 이론적으로 그 의무를 설파했을 뿐만 아니라 영혼 깊은 곳에 자리 잡고 있는 확신과 그것을 실천하는 행동의 모습을 보여 주었다. 그는 죽는 순간까지 이 의무에 충실하였고 그 의무를 위해 자신의 소명을 저버리지 않았다.

푸코(M. Foucault)도 소크라테스적 자아의 인식이 고대철학에서 가장 중요한 도덕의 원리로 작동했음을 지적하며, "너 자신을 알라"라는 신탁은 후대의 철학자들이 이해했듯이 단순히 '도덕적인' 명제가 아님을 강조한다. 특히 그는 헤겔보다 한 걸음 더 나아가 오늘날 매우 전문화되고 협소해진 의미로 사용되는 도덕적인 표현이 아니라 그것은 인간의 광활한 정신세계의 존재를 의미하며 그중에서도 합리적 사유의 영역이 엄연히 존재함을 의미한다는 점을 부각시킨다. 푸코는 또한 자기 자신을 '인식하는 것'을 '돌보는 것'으로 이해한다. 이렇게 이해하면 자연스럽게 치유의 개념을 도입하게 마련이다. 영혼을 돌보는 행위는 자기 자신뿐만 아니라 다른 사람과의 관계를 필연적으로 전제할 수밖에 없다. 인간은 근본적으로 타자와의 관계를 통해 자기 자신을 변증법적으로 이해해 왔다. 이와 같이 자기 자신에 대한 인식은 타자와의 관계를 함축할 수밖에 없다. 따라서 그것은 윤리학뿐만 아니라 정치학의 정초로서 중요한 출발점이라 할 수도 있다. 그러나 인식은 단순히 사회적 맥락에서만 통용되는 개념이 아니다. 그것은 자아의 존재와 연관된 객관적인 현상과 사물의 본질에 관한 인식이기도 하다. 소크라테스적 자아의 인식을 영혼의 정화로 해석했을 때 그것을 사회적 맥락에 국한시킬 필요가 없는 이유가 바로 여기에 있다. 자아는 사물의 본질과 현상의 구조에 대한 인식의 주체이기도 하기 때문이다.

한편 푸코는 소크라테스적 자아의 인식에서 자신을 '돌보다'라는 관념이 그동안 서구 사회에서 은폐된 이유를 기독교와 근대철학에서 찾는다. 그에 의하면 기독교의 엄격한 도덕법칙과 금욕주의는 자신을 돌보는 것이 비기독교적이고 이기적인 행위라고 해석했다는 것이다. 그는 이렇게 말한다.

> 오늘날 우리는 점차 자신을 돌보는 것을 일종의 부도덕, 즉 존재하는 모든 규칙으로부터의 도피 수단쯤으로 생각하는 경향이 있다. 우리는 자기 포기를 구원의 조건으로 설정한 그리스도교 도덕률의 전통을 전수받았다. 자기를 인식하는 것은 역설적으로 자기 포기의 길이었다.[13]

물론 기독교에서 강조하는 것은 피상적인 자기 배려와 배타적인 이기심을 경계하라는 것이며 이것은 어느 사회에서나 권장할 만한 덕목이기도 하다. 그러나 진지하게 숙고된 자기 배려가 궁극적으로는 이웃에 대한 사랑으로 이어질 수도 있다는 것을 기독교는 간과해 왔다고 그는 지적하는 것이다.

푸코는 또한 근대철학에서 객관적이고 과학적인 인식론에 대한 지나친 관심이 소크라테스적 자아의 인식을 왜곡했다고 주장한다. "데카르트로부터 후설에 이르는 순수 이론적인 철학에서 자기의 인식은 인식론의 첫걸음으로 중요성이 강조되었기 때문"이라고 한다. 그리하여 자기 인식은 자기 배려로 발전되지 못했다는 것이다. 그는 이렇게 주장한다.

13 Michel Foucault, *Technology of the Self*, 『자기의 테크놀로지』, 이희원 역(동문선, 1988), p.38.

> 철학은 본래 단순히 세계와 인간에 대한 보편적이고 합리적인 이론일 뿐만 아니라 삶 자체를 변형시키는 '실천'을 포함한다. 소크라테스는 『변론』에서 자신의 가장 중요한 임무로 생각한 것은 젊은이든 노인이든 그 누구이든 간에 자신의 영혼이 가장 좋은 상태에 있도록 하는 것을 돕는 것이라고 하였다. 자신의 신체나 돈, 또는 명성이나 평판 같은 것에 마음 쓰지 말고 영혼을 돌봐야 한다(epimele)고 말한다(30a-b).[14]

분명히 소크라테스는 일상생활에서 가장 중요한 것이 무엇인지에 대해서 묻는다. 그는 우리가 깊이 성찰하고 올바르게 행동하는지의 문제가 가장 중요하다고 단언한다. 그것을 명확하게 안다면 우리는 훌륭한 삶을 살 수도 있다고 이른바 "지행합일설"에 의해서 논증하고 있는 것이다.(*Apologia* 29d-e) 이 이론이 소크라테스의 것이라면 자아의 인식은 단순히 윤리나 정치의 문제라기보다는 역시 포괄적인 의미의 진리와 인식의 문제인 것이다.[15] 더구나 소크라테스 자신이 이러한 것을 말로만 주장한 것이 아니라 '행동(ergo)'을 통해 보여 주고자 했으며, 적어도 부분적으로는 '대화(dialegimenos)'를 통해 그러한 인식의 영역으로 다가갈 수 있다는 것을 실천적으로 입증하고자 했다.

14 *Ibid*., pp.42–43.

15 Platon이 전하는 지행합일설은 *Protagoras* (352b–358e)에 가장 잘 나타나 있으며 이 논변은 다음과 같이 정리될 수 있다. 보통 사람이라면 고통을 피하고 쾌락을 찾아서 행동하기 마련이다. 그러나 때로는 '쾌락에 도취되어' 마땅히 해야 할 선행을 못하는 경우가 있다. 그런데 우리가 항상 자신의 쾌락만을 추구하고, 또 선한 것이라야 진정으로 즐거운 것이라면 더 큰 쾌락 대신에 덜 큰 쾌락, 혹은 쾌락을 버리고 고통을 택한 결과가 된다. 한편 쾌락에 도취되어 있지 않은 한 의식적으로 악을 행하는 사람은 없다. 따라서 어떤 사람이 선을 행하지 않았다면, 그것은 무엇이 진정으로 선한 것인지를 모르는 무지의 소치인데, 장기적 안목이 없이 근시안적 쾌락을 택하였기 때문이다. 더구나 이러한 선택은 자기 행위의 결과를 제대로 측정하지 못한 결과라고 볼 수 있고, 그러므로 결국 이것은 지식의 문제가 된다. 여기서 우리가 얻을 수 있는 결론은 선한 사람이 현자라는 것, 그리고 지식과 행동은 일치한다는 사실이다. 이러한 뜻으로 자기 자신을 안다는 것은 자기에게 걸맞게 살아간다는 뜻이 될 것이다. Plato, "Protagoras," *The Collected Dialogues*, *op.cit*., pp.344–349 참조.

소크라테스는 당시 아테네에서 보편화된 대화문화의 총아였으며 그 문화를 한 단계 높은 차원으로 진화시켰으나 그 결과는 매우 위험한 것이어서 그 자신이 바로 그 문화의 희생양이기도 하였다. 블룸(Allen Bloom)은 자아의 인식을 설파하고 그것을 동시에 입증함으로써 소크라테스가 결과적으로 그리스의 전통적인 영웅상인 아킬레우스에 도전했다고 지적한다. 널리 알려진 바와 같이 '아킬레우스'라는 호메로스의 신화적 인물은 세속적인 영광과 명성을 추구하는 그리스인들의 영혼에 그 어떤 가르침이나 율법보다 더 큰 영향을 미쳤다. 『일리아드』의 주인공인 그는 영웅 중에 영웅이며 모든 사람들이 그를 찬양하고 닮으려 했던 것이다. 블룸은 소크라테스가 영혼의 정화를 통해서 싸우고 싶어 했던 것이 바로 이 점이라고 지적하며 이렇게 주장한다.

> 그는 만약 아킬레우스가 모범이 된다면 사람들이 철학을 추구하지 않을 것이며, 그가 상징하는 바는 인생을 살아가는 최선의 방법을 실천하고 최고의 도시 국가를 건설하는 데 오히려 해롭다고 가르쳤다. 소크라테스는 그리스인들, 또는 인류의 스승이라는 칭호를 놓고 호메로스와 다투고 있었다. 그의 가장 중요한 목표 중에 하나는 아킬레우스 대신 자신을 진정한 최고의 인간형으로 자리 매김하는 것이었다.[16]

그는 성찰과 숙고의 삶을 살면서 권력이나 명예, 혹은 물질적 풍요보다는 내면적 가치, 즉 영혼의 정화를 통해 참다운 인식적, 심미적 및 도덕적 가치를 추구해야 일시적 쾌락이 영속적 행복으로 전환되며 불안한 도시국가가

16 Alan Bloom, *The Republic of Plato* (NY, 1968), p.354.

더 우월한 공동체로 승화될 것이라고 설득하려 하였다. 그렇게 하기 위해서는 각자가 자신의 영혼을 돌봄으로써 진정한 자아를 발견하는 것이 급선무라고 그는 『변명』을 비롯한 여러 대화록에서 가르쳤다. 그러나 이미 언급한 바와 같이 자아가 무엇인지, 진정한 의미로 나 자신이 구체적으로 무엇인지 그는 끝내 말할 수 없었다. 그럼에도 불구하고 다른 사람과의 대화를 통해서, 그리고 끊임없이 자기 자신에게 "내가 누구인가"를 다그쳐 물음으로써 그는 그 윤곽이 어느 정도 드러나리라고 믿었다. 문학 비평가인 바흐친(M. Bakhtin)이 지적하듯이 그는 "대화"를 통해 인간의 조건을 어느 정도 극복할 수 있으며, 그러한 방식으로 우리는 인간의 한계를 뛰어넘어 초월적인 영역으로 진입할 수도 있음을 보여 주었다. 또한 이 방식을 통해서만 인간은 모든 형태의 권위로부터 자유로울 수 있다는 것도 보여 주었다. "대화의 정신"만이 우리를 정치적인 권위나 윤리적 권위, 지적인 권위와 종교적인 권위, 그리고 그 밖에 어떠한 권위로부터도 자유로울 수 있다는 것을 온 몸으로 보여준 것이다. 물론 그것이 일종의 권위라는 이유만으로 무시되거나 배척받아야 한다는 뜻이 아니었다. 그것은 '로고스'의 법칙에 따라 비판적 합리성에 의해 검토되고 자율적으로 행동에 옮겨졌을 때 비로소 정화된 영혼의 소유가 되며 나 자신은 책임의 주체가 되는 것이다. 소크라테스는 『테아이테토스』에서 철학을 "영혼이 영혼 자신과 나누는 대화"라고 규정한 적이 있었다. 그것을 우리는 "내가 나 자신과 나누는 대화"라고 이해할 수도 있는 것이다.[17] 이제 그가 영혼을 돌보기 위하여, 그리고 참다운 의미의 자아를 인식하기 위하여 스스로 개발한 대화의 방식이 어떠한 것인지 간단히 살펴보기로 하자.

17 Mikhail Bakhtin, *Problems of Dostoevsky's Poetics*, ed. trans. C. Emerson (Univ. of Minnesota Press, 1984), p.110.

III. 도덕적 추론과 변증술

아테네에서 정치문화뿐만 아니라 문화적 특징 일반에 걸쳐서 가장 중요한 요소는 웅변 혹은 수사(rhetoric, 修辭)였다. 사실 이러한 방법은 아테네에서 탄생한 것은 아니었다. 호메로스의 작품에서도 사건의 향배를 정하기 위한 논쟁은 쉽게 찾아볼 수 있기 때문이다. 가령 『일리아드』 2권에 그리스 군에게 하는 아가멤논의 감동적인 연설이나 『오디세이』에서 텔레마코스가 이타카의 원로회의에서 행한 연설이 그 좋은 예가 될 것이다. 그러나 아테네의 민주정은 분명히 대화문화를 꽃피게 하고 수사학을 예술의 경지로 승화시켰다. 정당도 없고 분야별 업무를 관장하는 책임자도 없는 체제 속에서 아테네 시민들은 누구나 민회에 나와 발언함으로써 국가적 사안에 영향력을 행사할 수 있었다. 따라서 시민으로서 정치적 역량을 획득하려면 설득력 있게 말하는 능력이 필요했다. 이후 수사학은 서구의 지성계를 지배하게 되었을 뿐 아니라 오늘날 한국을 비롯하여 자유민주주의와 자본주의 체제를 도입한 현대적 상황의 일반적인 특징이 된 것이다. 아테네에서는 이러한 문화적 풍토에 걸맞게 이미 언급한 바와 같이 '소피스트'라고 하는 수사학 교사들이 등장하여 야심 있는 청년들을 가르치는 것이 관행이 되었고, 아우구스티누스 이후 중세에도 이것이 승계되어 교회의 설교에서 활용되기도 하였다. 오늘날 정치의 토론 마당에서뿐만 아니라 종교계와 학계에도 여전히 활기찬 형태로 남아 있는 것은 잘 알려진 사실이다.

고대 그리스에서 두드러진 과학적 탐구의 정신도 이와 같은 일반적인 지적혁명과 긴밀하게 연관되어 있었다. 최초의 과학자이자 철학자로 알려진 탈레스는 아테네의 법률을 혁신해서 모든 시민이 볼 수 있도록 나무 기둥에 세긴 개혁가 솔론(Solon)과 동시대의 인물이었다. 그리스의 지식인들은 바로 그러한 시대정신 속에서 사유하고 작업했다. 공개적인 토론은 지식과 지적 발전을 그 자체로 평가하는 무대이기도 하였다. 그런 토론을 통해 학자들은 야심적인 세계관을 제시하고 논박하면서 이론을 발전시켰다. 제기된 의문은 무시하거나 억압하기보다 공개적으로 드러내서 뒤집어 생각하고 모든 각도에서 새롭게 조명했다. 이와 같이 과학적 성향의 지식인들이 지닌 당당한 지적 활력, 그리고 자연과 세계에 대한 호기심은 계몽주의적 사고방식의 기초가 되었다. 이러한 현상과 그 수준은 사실 오늘날 한국적 상황에 있는 우리들 자신의 관점에서 조명하더라도 매우 경탄할 일이 아닐 수 없다.

소크라테스가 영혼을 돌보기 위하여 혹은 진리에 가까이 가기 위하여 사용한 방법은 오늘날 널리 알려진 '논증'의 한 방식인데, 그것은 대화를 통한 '문답법'의 형식을 취한다. 초기에는 '논박술(elenchus)'이라고 불렸으며 후에 '변증술(dialecktike)'로 발전하였다. 문답법은 어떤 사람이 어떤 주제에 관해 제시한 주장을 검토하는 과정이다. 이 주장에 대해 그 의미를 명확하게 하고 진위를 확정짓기 위해 계속 질문이 던져진다. 이 질문에 대답하다 보면 흔히 자기모순에 이르게 되는 경우가 있는데 이러한 이유로 그것은 일종의 반박술의 성격을 띠게 된다.

소크라테스는 가령 "용기가 무엇인가," "절제가 무엇인가"하는 일반적인 질문을 던지는데 여기에 상대가 대답을 하면 그 대답에 대해 "그렇다", 혹은 "아니다"와 같은 방식의 대답이 나오도록 계속 질문이 이어진다. 이 과정에서 질문을 제대로 이해하지 못하면 좀 더 명확하게 설명하고 긴 대화의 과정에서 나온 대답들을 종합하여 처음에 나온 대답과 모순되는 결론을 이끌어 낸다. 말하자면 상대가 "용기"나 "절제"에 대해 잘못 알고 있거나 피상적으로 알고 있다는 것을 스스로 깨닫게 하는 것이다. 여기서 중요한 것은 대답자가 아니라 질문자가 대화를 주도한다는 사실이며 서로 동의함으로써 개념을 좀 더 명료화하고 신념체계를 다시 정리할 뿐 아니라 새로운 사실을 인식하며 동시에 영혼을 정화하고 고양시킨다는 점이다.

소크라테스에 의하면 영혼을 정화하는 방법은 객관적 사실과 주관적 환상의 차이를 잘 이해하고 삶의 실상에 대한 지식에 근거해서 자신의 신념과 사상을 형성하는 것이다. 그러한 지식을 획득했고 자신의 영혼을 잘 다스리는 사람은 당연히 참다운 도덕적 가치에 따라 행동하게 될 것이다. 그는 참다운 지식을 획득하는 방법으로 언어의 의미를 분석하는 일에 착안하였다. 가령 '정의(正義)'는 영혼의 인식 능력을 사용함으로써 획득할 수 있는 지식의 한 전형적인 예이다. 우선 그것은 남을 해치는 일과 위배된다. 그것을 알면서 그 지식에 위배되는 일을 하게 되면 우리는 인간으로서 자신의 본성을 해치게 된다. 이러한 사실을 깨달음으로써 불의를 기피하게 되며 이것이 곧 "영혼을 이끄는 기술(Psychagogia)"이다. 말하자면 개념의 분석을 통해서 영혼을 정화할 수 있다고 소크라테스가 확신한 이유가 여기에 있는 것이다. 그의 기술이 얼마나 집요하고 치밀한 것인지는 『라케스(*Laches*)』의 다음 구절에 잘 나타나 있다.

누구든지 소크라테스와 가까이하고 그와 말로 교제하는 사람은, 처음에는 전혀 다른 것에 관해 이야기를 시작했더라도 그의 논변에 어쩔 수 없이 계속 끌려 들어가서 지금 어떤 방식으로 살고 있으며 지금까지 살아온 삶은 어떠했는지, 자기 자신에 관해 해명하도록(logon didonai) 끌려갈 수밖에 없다는 것, 그리고 그가 설명하도록 이끌리게 되면 소크라테스가 아주 잘 철저하게 검토하기 전에는 결코 놓아주지 않으리라는 것을 자네가 아직 모르고 있는

것 같네"(라케스, 187e6-188a3).[18]

소크라테스는 이미 언급한 바와 같이 소피스트와 달리 완전한 지식 혹은 진리가 있을 수 있다고 믿었다. 그러나 변증술에 의해서 그 지식에 스스로 도달했다거나 도달할 수 있다고 자처하지는 않았다. 그것이 그의 입장을 계승하고 확대 해석한 플라톤과의 차이점이기도 하였다. 널리 알려진 바와 같이 플라톤은 변증술에 의해 '이데아(Idea)'의 세계에 도달할 수 있고 따라서 우리는 완전한 지식을 혹은 진리를 파악할 수 있다고 주장했다. 이것이 그가 소피스트나 플라톤의 입장과 구분되는 이유이다. 여하튼 소크라테스에게 변증술은 대화의 기술이자 동시에 삶이 방식이기도 하였다. 겸허하고 포용력 있게 그는 선한 삶을 위한 조건들을 이해하고 거기에 순응하는 올바른 방식에 대한 끊임없는 의문을 제기했다. 비록 그가 실제로 "제자들"을 거느린 적은 없었지만 적어도 플라톤에게는 철학적 삶을 위한 지표가 되었고, 또한 어떤 저술을 남긴 것도 없었지만 그의 사상은 플라톤에 의해서 계승되고 체계화되었다.

소크라테스의 변증술이 자기 자신과의 대화를 통해서 가장 실감나게 표현된 것은 그가 B.C.399년 70세의 나이로 기소되어 독배를 마시는 과정이었다고 볼 수 있다. 그는 유죄 판결을 받고 처형당하게 되자 이미 언급한 바와 같이 오랜 친구인 크리톤으로부터 탈옥의 권유를 받고 이른바 "도덕적 상황"에 처하게 된다. 여기서 우리는 소크라테스의 철학적 사유의 진수를 목격하게 되며 또한 도덕적 추론의 전형을 찾아볼 수 있다. 그 특징을 정리하면 다음과 같다.

18 Plato, *The Collected Dialogues*, *op.cit.*, "Laches"(87e6-188a3), pp.131-132.

우선 소크라테스는 어떤 문제에 부딪히면 관습이나 개인적인 감정에 의해 해결할 것이 아니라 합리적인 근거를 가지고 인간의 보편적인 이성(logos)에 입각해서 풀어 보려고 하였다. 이러한 점에서 그의 접근 방법은 소피스트들과 뚜렷하게 구분되는데, 이들은 변론술과 수사학을 사용하여 때로는 관습이나 감정에 호소하면서 상대를 설득하는 데 진력하였으나 소크라테스는 논리적 추론에만 의존하고자 하였다. 변론술과 수사학의 목적이 상대를 설득하거나 감동을 주는 데 있는 반면 논리적 추론의 목적은 지식의 확장과 진리의 발견에 있다는 것을 염두에 둔다면 그 차이가 분명히 드러난다.

물론 소크라테스도 다른 사람과 마찬가지로 아폴로 신으로부터 신탁을 구하거나 현명한 사람들의 가르침을 받고 싶어 했었다. 그러나 그는 이러한 것에 무조건 가치를 부여하지는 않았으며 논리적 분석과 비판적 고찰을 통해 그 합리성 혹은 보편성 여부를 확인한 다음에야 비로소 받아들였다. 말하자면 자율적으로 심사숙고하여 옳고 그른 것을 판가름할 뿐만 아니라 그 결과에 스스로 책임지려는 자세를 취했다는 것이다. 그가 "반성되지 않은 삶은 살 가치가 없다"고 말한 것은 이러한 맥락에서 이해되어야 할 것이다.

그 다음으로 소크라테스는 죽음과 같은 극한 상황에 임해서도 자기 자신의 이익이나 영달을 위해서 행동하지는 않았고, 더구나 자기의 행위가 객관적으로 정당화될 수 있으며 보편적으로 타당한지의 여부를 물었다. 여기서 우리는 이해관계에 얽매여서가 아니라 도덕적 의무를 다해야 한다는 윤리적 성찰의 훌륭한 모범을 접하게 된다. 예를 들어 그는 감옥에 갇혀 있는 동안 가까운 친구인 크리톤의 도움을 받아 도주할 수 있었고 편안하게 여생을 마칠 수도 있었지만 이것을 포기하고 죽음을 택하였다. 그러한 결단의 근거로 그는 준법정신과 약속의 이행, 효도와 같은 의무를 강조하였는데, 그러한 상황에서 이러한 종류의 의무를 적용시키는 것이 과연 타당한 것인지는 논의의 여지가 있으나 일단 그렇다고 판단한 이상 그것을 지켰다는 사실에 주목하지 않으면 안 된다. 요컨대 소크라테스는 자기가 죽는 한이 있더라도 '하고 싶은 일'을 하기보다는 '해야 할 일'을 하기로 결단을 내렸다는 점이 윤리적으로 의미 있고 이것을 논리적으로 정당화 했다는 사실이 철학적으로 중요한 것이다.

이제 소크라테스가 이러한 결단을 내리는 데 있어서 어떠한 과정을 밟아 가는지 살펴보기로 하자. 그것을 추론의 형식으로 옮겨보면 그 구조가 더욱 선명하게 드러나게 되는데, 주로 『크리톤』에 있는 내용을 다루어 보기로 한다.[19] 우리는 우선 소크라테스가 친구의 권유를 물리치고 탈옥을 해서는 안 된다는 결론에 도달하는 추리를 다음과 같이 정리해 볼 수 있다.

1. 자유의사에 의해서 체결한 계약을 지키지 않는 것은 부당하다.
2. 자기가 지키기로 약속한 법률에 복종하지 않는 것은 부당하다.
3. 나는 아테네의 법률을 지키기로 약속하였다.
4. 내가 탈옥하는 것은 아테네의 법률을 지키지 않는 것이다.
5. 그러므로 나는 탈옥해서는 안 된다.

여기서 (1)과 (2)는 도덕률에 해당하는 것으로서 윤리적 인간이라면 누구나 받아들일 수 있는 규범이라고 볼 수 있다. 물리적으로 불가능한 상황이 아니라면 함부로 계약을 파기해서는 안 된다는 것이다. 그러나 (3)은 소크라테스가 자기의 입장을 해석한 하나의 주관적 판단이므로 그것을 어느 정도 정당화할 필요가 있다. 그렇다면 그는 어떤 근거로 자기가 자유의사로

19 *Ibid.*, "Criton"(46a–54e), pp.30–39 참조.

아테네의 법률을 지키기로 약속했다는 신념을 갖게 된 것일까. 그는 이러한 신념을 정당화하기 위하여 다시 다음과 같은 논변을 제시한다. 이것을 우리는 (3)에 대한 보조 추리로 이해할 수 있다.

3.1 다른 나라에 가서 살 수 있었음에도 불구하고 아테네에서 살았다면 이 나라의 규범을 지키겠다고 약속한 셈이다.

3.2 나는 다른 나라에 가서 살 수 있었음에도 불구하고 한 평생 아테네에서 살아왔다.

3.3 그러므로 나는 아테네 법률을 지키기로 약속하였다.

한편 소크라테스는 (4)에 대해서도 논변을 제시하는데, 물론 탈옥이 법률을 지키지 않는 행위라는 것쯤은 상식적으로 알 수 있는 사실이지만 이 점에 대해서는 간수를 매수하려는 크리톤에게 다음과 같은 논변을 제시한다.

4.1 간수를 매수하는 것은 아테네 법률에 위배되는 행위다.

4.2 내가 탈옥을 하려면 반드시 간수를 매수해야 한다.

4.3 그러므로 내가 탈옥하는 것은 아테네 법률을 지키지 않는 것이다.

물론 크리톤은 간수를 매수하는 대신 소크라테스의 억울한 사정에 호소하여 그를 설득할 수도 있었다. 더구나 그 간수는 소크라테스의 인격과 인품에 감복하여 원한다면 언제라도 탈옥할 수 있도록 도울 수도 있었던 심정이었다. 그러나 중요한 것은 그것이 윤리적으로 정당하고 또 논리적으로 타당한 것인지의 문제였던 것이다.

소크라테스의 두 번째 논변은 오히려 더욱 감동적이다. 널리 알려진 바와 같이 그는 "악법도 법이다"라고 주장하며 독배를 마신 것으로 전해지는데, 바로 그러한 표현을 찾아낼 수는 없지만 아마 다음과 같은 논변에 근거한 것으로 해석된다.

1. 부정에 대하여 부정으로 보복해서는 안 된다.
2. 부정은 어떤 경우에도 나쁘다.
3. 나는 악법에 보복하는 가해자보다 차라리 피해자가 되겠다.
4. 나에 대한 사형선고는 부당하지만 탈옥은 이에 대한 보복행위이다.
5. 나는 악법에 의한 피해자가 되겠다.
6. 그러므로 나는 탈옥해서는 안 된다.

여기서 우리는 전제 (1)과 (2)와 (3)에 대해서 다음과 같은 의견을 가질 수 있다. 가령 "칼은 칼로"라는 식으로 부정은 부정한 방법에 의해서라도 개선되어야 하고 이러한 경우에는 좋은 일이라고 판단할 수도 있는 것이다. 그러나 소크라테스는 그러한 견해를 받아들이지 않는다는 것을 알 수 있고 더구나 그러한 방법을 택하기보다는 차라리 피해자가 되겠다는 거의 성스러운 '종교적' 신념 같은 태도를 보여 주고 있다. 그러나 우리의 관심을 끄는 것은 추리의 성격과 그 구조이므로 전제 (4)에 대한 그의 보조 추리를 살펴보자.

4.1 내가 청년들을 파멸시켰다고 판결하였으나 나는 그런 일을 한 적이 없다.
4.2 법률을 어기면 청년을 파멸시키는 셈이다.
4.3 내가 탈옥하면 법률을 어기므로 그 판결을 정당화하는 셈이다.
4.4 판결이 부당하다고 탈옥을 한다면 보복을 하는 행위이다.

4.5 그러므로 나에 대한 사형선고는 부당한 판결이며 탈옥은 이에 대한 보복 행위이다.

이 논변에서 우리는 그의 숭고한 준법정신과 이에 대한 희생정신을 다시 한 번 확인할 수 있다. 한편 그의 마지막 논변은 정당하고 바람직한 삶의 가치를 강조한 것으로서 다음과 같이 전개된다.

1. 중요한 것은 정당하게 사는 일이다.
2. 정당한 의견만이 존중되어야 한다.
3. 내가 탈옥해야 한다는 의견은 부당하다.
4. 정당한 삶을 위해서는 탈옥하지 말아야 한다.
5. 나는 정당하게 살고자 한다.
6. 그러므로 나는 탈옥해서는 안 된다.

여기서 소크라테스가 좀 더 충분한 설명이 필요하다고 생각한 전제는 (2)와 (3)이다. 우선 정당한 의견만이 존중되어야 한다는 것을 보충하기 위해 그는 다음 논변을 제시한다.

2.1 운동선수는 관람객의 말대로 할 것이 아니라 체육교사나 의사의 말대로 해야 한다.

2.2 이와 같이 모든 사람의 의견이 정당한 것은 아니다.

2.3 정당한 의견만 존중되어야 한다.

여기서 흥미 있는 것은 소크라테스가 체육교사나 의사가 운동이나 질병에 관하여 전문가인 것처럼 삶의 지혜 혹은 도덕적 결단에 관해서도 전문가가 있을 수 있다는 것을 전제로 하는 점이다. 그것은 이른바 '바람직한 인간'에 관한 조건으로서 논란의 여지가 있는 대목이다. 여하튼 그의 전제 (3)에 대한 보충 논변을 살펴보자.

3.1 사람들은 부자인 크리톤이 소크라테스를 탈옥시키려다가 거절당했다고 믿지는 않을 것이다.
3.2 사람들은 크리톤이 원하면 소크라테스를 구출할 수 있다고 믿고, 탈옥시켜야 한다고 믿을 것이다.
3.3 소크라테스는 크리톤의 권유를 뿌리쳤다.
3.4 그러므로 소크라테스가 탈옥해야 한다는 사람들의 의견은 부당하다.

여기서 그는 어떤 의견을 누가 말했느냐가 아니라 과연 그것이 정당한지를 다시 한 번 강조하고 있는 것이다.

지금까지 우리는 소크라테스가 탈옥과 독배, 혹은 삶과 죽음의 기로에서 도덕적 성찰과 논리적 추론을 통해 결국 죽음을 택하는 과정을 살펴왔다. 이것을 흔히 "실천적" 혹은 "도덕적" 추론이라고 하는데, 여기에는 논리적 추론의 형식이 결정할 수 없는 윤리적 성찰의 내용이 전제들을 구성하고 있기 때문이다. 그러므로 이러한 추론은 아무리 논리적으로 타당한 논변의 형식을 취하고 있더라도 전제 중에 하나인 윤리적 성찰, 혹은 도덕적 판단이 잘못되어 있다면 잘못된 추론이 되는 것이다. 여하튼 우리는 이 논변들의 건전성이나 타당성을 규명하기 전에 그가 이러한 논변을 통해서 합리성과 자율성과 도덕성을 인식하고 그것을 실천하고자 노력했음에 주목할 필요가 있다. 그 결과가 죽음을 의미할 수도 있는데도 불구하고 말이다. 무엇보다 그것은 소크라테스에게 단순한 생명의 연장보다 더 소중한 가치가 있다는 것을 의미하며 그것이 곧 '바람직한' 삶이었다고 할 수 있다. 바로 그러한 이유로 그의 죽음을 우리는 "철학적 순교"라고 부르는 것이다.

Ⅳ. 철학적 순교와 지식인

결국 소크라테스는 독배를 마시고 철학적 순교의 형식으로 정치적 제물이 되었다. 그러나 그는 그 누구보다도 모순과 역설로 가득 찬 인물로 다시 태어난다. 가령 그는 국가의 공동체적 가치관과 신념에 도전하면서도 누구보다 적극적으로 시민의 한 사람으로서 국가에 헌신했으며, 철학을 포기하라는 국법의 명령에 맞서면서도 법치를 존중하고 실정법을 능멸하지 않으며 회피할 수도 있었던 처형의 집행을 받아들였다. 한평생 질문을 던졌을 뿐 남을 가르친 적이 없다고 주장했으나 바로 그러한 가르침 때문에 기소되었고, 말재주가 없다고 고백했으나 뛰어난 연설로 더욱 유명했고, 글쓰기를 거부했지만 그의 언행이 후세에 그 누구 못지않게 광범위한 기록으로 남게 되었다. 또한 그는 소피스트가 아니라고 부르짖었지만 바로 그러한 혐의로 유죄 판결을 받았고, 영혼의 새로운 개념을 제시함으로써 주체성과 도덕철학을 창시했으며 신에게서 부여받은 사명을 수행한다고 주장했으나 청년들을 타락시켰다는 이유로, 그리고 신에 대한 불경죄의 혐의로 기소되었다. 아마 이러한 인물을 재판하기는 오늘날에도 결코 쉬운 일이 아닐 것이다. 더구나 당시의 아테네도 단순히 부정과 부패, 불의와 타락으로만 가득 찬 무지와 불모의 땅은 아니었다.

아테네는 소크라테스의 철학이 전통적인 질서를 파괴한다고 생각했지만 이와 동시에 표현의 자유를 소중히 여겼으며 민주제를 정착시켰고 가장 비판적인 인물들에 대해서도 관용을 베풀었다. 무엇보다 소크라테스 같은 피고인들이 국익을 대변하는 500명의 시민들로 구성된 배심원단 앞에서 자기 주장을 내세우고 자신의 사명을 설파할 수 있는 사법체계가 확립되어 있었다. 판결의 결과가 비록 유죄로 나오기는 했지만 그 내용이 280대 220이었다는 것은 아테네인들이 얼마나 성숙한 민주시민들이었는지 짐작할 수 있게 해 준다. 더구나 소크라테스의 태도에서 지나치게 도발적이고 사변적이며 완고할 뿐만 아니라 오만한 측면이 있었다고 생각하면 평범한 아테네 시민들에게 그 이상의 결과를 기대하기는 어려울 것이다. 콜라이아코(J. A. Colaiaco)의 표현을 빌리면, 소크라테스는 아테네와 법정에 대하여 변명하고 화해를 시도하지 않았을 뿐만 아니라 "자신의 철학적 사명을 분명히 밝히는 과정에서 오히려 아테네인들을 법정에 세웠다."[20] 그는 법정에서 아테네인들을 꾸짖고 훈계함으로써 변명을 요구했던 것이다. 이러한 요구는 그가 자신을 '쇠파리'로 자처함으로써 가장 잘 나타난다. 그는 널리 알려져 있는 바와 같이 『변론』에서 아테네인들을 심문하고 훈계할 뿐만 아니라 꾸짖기까지 해서 독단에 잠겨 있는 그들을 바람직한 삶을 살게 하는 역할을 신이 자신에게 맡겼다고 주장한다. 그는 이렇게 말한다.

> 국가는 훌륭하고 고귀한 말이라고 할 수 있지만 몸집이 너무 커서 행동이 느리기 때문에 이 말에 생기를 불어넣을 필요가 있습니다. 나는 신께서 국가에 배치한 쇠파리입니다. 그래서 하루 종일 어디서든 항상 여러분에게 달라붙어 여러분을 자극하고 설득하며 꾸짖습니다. 나 같은 사람을 찾기는 쉽지 않

20 Colaiaco, 『소크라테스의 재판』, *op.cit.*, p.168.

을 것입니다. 따라서 나를 살려두는 편이 좋다고 조언하고 싶습니다.

그는 이어 이렇게 말한다. "나를 때려 손쉽게 죽여 버린 후 한평생 계속 잠을 잘 수 있을 것이라고 생각할지 모르겠습니다. 만약 신께서 여러분을 염려해서 또 다른 쇠파리를 보내 주시지 않는다면 그럴 수도 있겠지요."[21] 그런데 그가 이렇게까지 극단적인 태도를 취한 이유가 무엇인가. 그는 아테네의 정치적 현실에 대항하여 자신의 철학적 이상을 실현하려고 시도한 것은 아닐까. 소크라테스의 태도에는 분명히 단순히 정치적 차원을 넘어 영혼을 정화한다는 철학적 혹은 종교적 야심이 실려 있음을 감지할 수 있다.

콘포드(F. Conford)도 지적한 바와 같이 소크라테스는 "영혼(psychè)"이라는 개념을 인간의 사고 체계에 전면적으로 부각시킴으로써 그 이전과 이후의 도덕적 사고와 사유의 영역에 굵은 선을 그었으며 인간의 삶을 외면적 출세와 영달이 아니라 내면적 양심과 인간의 존엄성에 근거해서 정립할 것을 가르친 최초의 철학자였다.[22] 이 경우 그의 구원은 예수와 달리 내세에서가 아니라 현세에 있고 불멸성을 의미하지만 그것이 어떠한 형태로 나타날 것인지 그는 구체화할 수 없었다. 소크라테스는 자신의 무지 때문에 그러한 문제에 대해 구체적인 답을 갖고 있지 못하다고 고백할 뿐이었다. 그는 내면의 진정한 자아를 발전시키기 위해 영혼을 정화하고 돌보아야 한다고 믿고 모든 타협을 배제하였지만 이러한 방식으로는 아테네인들을 설득시키지 못하였을 뿐 아니라 오히려 그들의 분노만을 자극했을 뿐이었다. 소포클레스 비극의 주인공 '안티고네'와 마찬가지로 소크라테스는 국가를 대표하는 법정에서 자신의 언행을 막으려면 죽일 수밖에 없다는 대담한 발언을 한다.

21 Plato, "Apology," *op.cit.*, pp.17–18.

22 Conford, *Before and After Socrates* (Cambridge, 1932), p.37.

국가가 자신의 몸에 대해서는 사법권을 행사할 수 있을지는 몰라도 영혼에는 손댈 수 없다는 것이다.

키르케고르(S. Kierkegaard)는 "소크라테스의 인생 자체가 국가의 중요한 생명이라고 할 수 있는 기존 체제에 대한 저항"이었다고 한다. 그 당시로서는 소크라테스의 견해가 너무도 급진적이어서 "국가의 입장에서 보면 그의 공격이 피를 죄다 빨아내서 국가를 유령으로 만들어 버리려는 최악의 위협으로 보였을 것"이라는 것이다. 그러한 의미로 그는 "훌륭한 시민은 아니었으며 다른 사람들을 훌륭한 시민으로 만들 생각도 없었음이 분명하다"고 지적하며 그는 이렇게 주장한다.

> 소크라테스가 대변하는 입장이 실제로 국가의 입장보다 고결한 것이었는지, 그가 정말로 신의 승인을 받았는지의 여부를 판단하는 것은 세계사의 몫으로 남겨 두어야 한다. 그러나 공정한 판단을 위해서는 소크라테스를 재판한 것이 국가의 권리를 저버린 일이 아니었음을 반드시 인정해야 한다.[23]

아테네가 소크라테스에게 유죄 판결을 내린 것은 곧 국가의 정체성을 근본적으로 바꿔 놓을 위험이 있는 철학자에게 유죄 판결을 내린 것이었다. 더구나 그 당시는 이미 언급한 바와 같이 아테네가 스파르타에게 궤멸되다시피 한 펠로폰네소스 전쟁이 끝난 직후여서 개인들이 각자 자유롭게 양심의 명령만을 따른다면 국가의 존립 자체가 위협받을 수도 있는 시기였다. 결국 소크라테스와 아테네의 대결, 개인의 양심과 국가의 실정법 사이의 충돌, 혹은 철학적 이념과 정치적 현실의 갈등은 비극적인 국면으로 접어들 수

23 S. Kierkegaard, *Concept of Irony* (Bloomington, IN, 1965), p.240, p.203.

밖에 없었다.

포퍼(K. Popper)는 『열린 사회와 그 적들』에서 "소크라테스의 비판은 민주적인 비판이었다. 아니, 사실은 민주주의의 생명 그 자체라고 할 수 있는 종류의 비판이었다"고 말한다. 그는 이어 "자기비판을 할 수 있도록 시민들을 교육하는 것이 도시국가의 정치를 향상시킬 수 있는 방법"이었다고 주장한다.[24] 그러나 이러한 가르침은 소크라테스의 아테네에서뿐만 아니라 오늘날 어느 사회에서도 쉽게 수용되기 어려운 것이다. 그 비판은 너무도 본질적이고 근원적이어서 어떤 형태로든 국가라는 공동체 자체의 존립을 위협할 수도 있는 것이기 때문이다. 그렇다면 소크라테스의 선택은 무엇이었을까. 우리는 그 해답을 『변명』에서 개진된 소크라테스의 언명에서 찾을 수 있다. 그가 누누이 강조했듯이 신에게 먼저 복종할 것이지만 자기에게 생명이 있는 한 철학을 실천하고 가르치는 일을 결코 중단하지 않을 것임을 분명히 했던 것이다.

이러한 태도를 검토해 보면 소크라테스가 아테네의 시민을 경멸하거나 정치제도 자체를 부정하는 흔적은 찾기 어렵다. 사실 그는 여러 곳에서 아테네인의 위대함과 개인의 자유를 보장하는 정치제도에 대해 찬양하기를 서슴지 않는다. 그러나 그것은 철학적 이상과는 여전히 거리가 멀다. 그런데 아테네는 그가 말하는 "철학의 실천"이란 것을 허용하지 않았고 용납할 수 있는 상황도 아니었다. 따라서 아테네의 민주정치와 소크라테스의 철학적 이상이 공존할 뿐만 아니라 모두 승리하기 위해서는 그가 죽음을 택하는 길밖에 없다. 그에게는 그러한 선택만이 곧 신의 명령에 복종하는 방식이었을지도 모른다. 그리고 동시에 이것이 우리가 소크라테스와 아테네, 혹은

24 Karl Popper, *The Open Society and Its Enemies*, vol.I (London: The Routrige and Kegan Paul, 1966), p.189.

철학과 정치의 비극적 대결에서 얻은 결론이라고 해도 좋을 것이다.

아마 소크라테스의 재판과 그 죽음의 의미는 계속 여러 관점에서 다루어지고 또 다양한 결론을 얻게 될 것이다. 그러나 이 문제에 대해서 우리는 매우 포괄적이고 다층적으로 접근할 필요가 있다. 그는 신화의 시대와 역사의 시대를 동시에 산 사람이었으며 새로운 시대의 시대정신을 창출한 장본이기도 했던 인물이기 때문이다. 그러므로 한 가지 분명한 것은 소크라테스의 죽음이 모든 영웅들의 죽음처럼 차라리 장렬할지언정 슬프지 않다는 것을 염두에 둘 필요가 있다. 어느 시대의 그 어떠한 관습이나 실정법도 그러한 거인을 포용할 정도로 충분히 관대할 수는 없기 때문이다.

V. 맺는 말

지금까지 살펴본 바와 같이 소크라테스의 가르침은 다른 성인이나 현자들과 다른 데가 있다. 무엇보다 그는 절박하게 길을 묻는 아테네인들이나 우리들에게 나름대로의 구체적인 그 '길(Way)'이, 혹은 진리가 무엇인지를 명시적으로 제시하지 않는다. 그러나 그는 깊은 성찰을 통해, 그리고 집요하게 질문을 제기함으로써 어떻게 하면 그쪽 방향으로 갈 수 있는지를, 혹은 반대 방향으로 가게 되는지를 암묵적으로 제시한다. 또한 그 길을 그는 대화를 통해 이론적으로 명시할 뿐만 아니라 자신의 삶과 죽음을 통해서 체험적으로 증명하기 때문에 그 함축이 우리에게 비교적 선명하게 드러난다. 그가 제시하는 길의 특징을 정리하고 오늘날 그것이 우리에게 함축하는 의미가 무엇인지 살펴보기로 한다.

첫째, 소크라테스의 가르침을 이해하기 위해서는 먼저 그 실체에 대해서 제대로 파악할 필요가 있다. 그것은 주로 플라톤의 『대화록』을 통해서 알려졌지만 실제로 그가 어떤 인물인지에 대해서는 전문가 사이에도 이견이 많다. 그러나 적어도 몇 가지는 확실한 것으로 보아도 좋을 것이다. 우선 그는 역사적으로 전쟁이 잦고 경제적으로나 정치적으로, 그리고 문화적으로 불안한 격동의 시기에 아테네에서 살았으며 지성사적으로도 신화의 시대로부터 이성의 시대로 넘어가는 과도기에서 거대한 정신적 영웅으로 군림했다는 점이다. 바로 이러한 점에서 구조적으로 유사한 시대에 사는 우리에게 그의 가르침이 시사하는 바가 크다. 그 다음 소크라테스는 그 당시의 관습과 사회제도 및 사고방식에 대해서 대체로 비판적인 태도를 보였으나, 그것은 비판을 위한 비판이 아니라 진정한 아테네의 영광과 그 시민들의 품격, 그리고 각자가 지닌 영혼의 정화를 위한 것이었다. 물론 이러한 비판은 아테네 시민과 국가를 위한 것이지만 궁극적으로는 자기 자신을 겨냥한 것이기도 하였다. 마지막으로 그는 합리적이고도 비판적이며 개방적인 사고의 진정한 창시자였으며, 그러한 의미로 예수와 함께 서구 문명의 큰 축을 담당했다고 볼 수 있다. 서구의 과학기술문명도 방법론적으로는 세계를 바라보는 그의 사고방식과 탐구의 자세에 의존한다고 해석할 수 있기 때문이다. 한국이 근대화 과정에서 서구의 기독교적 정신문화와 과학기술적 물질문명을 운명적으로 받아들일 수밖에 없었다면 그 실질적 근거의 한 축을 마련한 소크라테스적 정신을 제대로 이해할 필요가 있다.

둘째, 소크라테스는 국가가 인정하는 신을 존중하고 준법정신도 강했던 시민이었지만 인간에게는 자기 자신에 대한 의무, 혹은 자신의 영혼을 돌보는 일이 더 본질적이며 중요하다는 것을 보여 주었다. "너 자신을 알라"라는 신전의 경구로도 표현되는 이 가르침은 특히 분단의 구조 속에서 격동의 시대를 살아가는 우리 모두에게 해당되는 것으로 이해된다. 여기서 우리는 자아의 인식이라는 주체적 사상뿐만 아니라 서구의 근대적인 평등사상과 인간 존중의 개념이 이미 부각되고 있음을 감지할 수 있다. 사실 우리는 전통적으로 인생에 대해 많은 지혜를 전수해 왔다. 부모에게 효도하고 나라에 충성하며 이웃을 사랑할 뿐 아니라 하느님을 잘 섬기라는 등의 가르침이 그것이다. 그러나 사실 우리가 구체적인 상황에서 왜 그렇게 해야 하는지, 또 어떤 방식으로 하는 것이 바람직한지에 대해서 분명하게 알지 못하고 전통이나 관습의 미명 아래 권위에 맹종하는 경우가 많이 있다. 그렇기 때문에 그러한 가르침에 대해서 막연한 생각을 갖게 되고 그 권위에 의해 수동적으로 행동하게 되며, 그러다가 그것을 아예 무시하거나 외면하는 경우가 흔히 있게 마련이다. 더구나 그것을 우상화하거나 절대시하여 때로는 이와 대비되는 다른 입장에 대하여 무조건적으로 배척하거나 적대시하는 경향도 있다. 소크라테스는 그러한 가르침들과 다른 입장들에 대해서 다시 한 번 곰곰이 생각해 보고 무조건 맹종하거나 거부하는 것이 아니라 그것이 마침내 자기 자신의 것이 되도록 합리화와 정당화의 과정을 거쳐서 비판적으로 수용하도록 우리에게 권한다. 어떠한 종류의 권위나 억압에도 굴복하지 않고 자신의 삶을 자율적으로 살아 낼 뿐 아니라 책임의 주체가 되기 위해 그는 "반성된 삶"을 살라고 가르치는 것이다. 그것은 특히 민주시민으로서 주체의식과 자긍심을 지니고 당당하게 권리와 의무를 행사해야 하는 우리에게 기본적인 덕목이 아닐 수 없다.

셋째, 플라톤이나 소피스트와 달리 소크라테스는 영원하고 불변하며 절대적인 진리가 존재할 수 있지만 우리에게 그것을 파악하거나 획득할 수 있는 능력이 있다고 확신하지 못한다. 그러므로 우리는 비판적 사고와 대화를 통해서 그쪽 방향으로 접근할 수 있음을 강조하며 또한 이 방법에 의해서 영혼의 정화와 자아의 인식을 도모할 수 있음을 설파할 뿐이다. 이러한 소크라테스적 관점은 "생각하고 또 생각하라!"는 말로 요약할 수 있고 특히 그러한 점을 강조하는 것이 특징이라고 할 수도 있는데, 바로 그것이 다른 성현들의 가르침과의 차이점이라고 할 수도 있다. 그는 구체적으로 '길'을 제시하며 우리에게 바람직한 삶에 대해서 가르치려는 것이 아니라 우리들 자신이 이미 답을 갖고 있다고 생각하는 것에 대해서 다시 한 번 더 생각하고 행동하라는 점을 강조할 뿐이다. 물론 다른 성현들도 숙고의 중요성을 강조하지만 그 자체가 목적이 아니라 주로 어떤 진리에 도달하는 수단으로 사용하는 경향이 있다. 그 결과물인 '진리'를 지나치게 강조하거나 부각시키면 그것을 절대화하거나 우상화하게 되고 결국은 교파나 학파를 만들며 다른 입장들을 배척하는 현상까지 빚어 내는데 소크라테스의 접근 방식은 그러한 배타적이고 독선적인 태도를 원천적으로 배제한다는 점에 그 특징이 있다. 그는 구체적으로 우리에게 바람직한 삶에 대해서 가르치는 것이 아니라 이미 답을 가지고 있다고 생각하는 것에 대해서 좀 더 깊고 넓게, 그리고 멀리 생각하며 행동하라고 요구하는 것이다. 별로 생각을 안 하고 전투에 임하는 전사들처럼 앞만 보고 달려가는 사람들에게 그것은 매우 절실하고 긴요한 가르침이 될 것이다.

넷째, 소크라테스는 대화를 할 때 이성에 호소해야 하고, 특히 그것은 자아의 확립을 전제로 하며 개선된 삶을 실현하기 위한 것이므로 합리성, 자율성 및 도덕성의 실현을 위한 방법이기도 함을 보여 준다. 또한 성공적인 대화는 비판적 자세와 개방적인 태도를 요구하므로 어떠한 권위의 전제도 허용하지 않는다는 점을 그는 강조한다. 그것은 권위 자체를 무시하기 위해서가 아니라 어떤 신념이 진정으로 자기 자신의 것으로 용해될 수 있고 스스로 책임의 주체가 되기 위해서라도 합리적 비판의 과정을 거쳐야 한다는 것이다. 이와 같이 소크라테스는 이미 근대적 계몽주의의 요체를 제시하고 있을 뿐만 아니라 민주사회의 바람직한 시민으로서의 덕목을 우리에게 설파하고 있는 것이다. 더구나 우리 사회를 당시의 아테네와 마찬가지로 '격동의 시대'라고 규정할 수 있다면 거듭하거니와 이러한 가르침은 더욱 절실해질 수밖에 없다. 격동의 시대란 풍랑을 만난 배의 선원이나 승객들처럼 제자리를 잃고 우왕좌왕하는 상황을 의미한다. 이러한 상황에서는 무엇을 제대로 잘해 보려고 해도 여의치 않기 때문에 무엇보다 각자가 자기 자리를 되찾는 것이 중요하다. 더구나 큰 배가 침몰할 때는 난파되기 직전까지 승객들이 스스로 위급한 상황에 있는 것을 실감하지 못하게 마련이다. 그렇기 때문에 침몰을 더욱 가속화할 수도 있는데, 바로 그러한 점이 아테네와 우리나라의 상황이 닮았다고 판단된다. 특히 갑자기 부강한 나라가 되었다는 사실은 조금도 위안이나 안전판이 될 수 없다. 실제로 그 당시 페리클레스가 통치하던 아테네는 그리스 역사상 가장 번창했던 초대 강국이었기 때문이다. 여기서 소크라테스의 가르침이 중요한 의미를 지닌다. 그것은 개인적으로나 국가적으로 가장 잘 나간다고 생각되는 바로 그 순간 진정으로 자기가 누구인지, 혹은 내 나라와 민족이 어떤 상황에 처해 있는지를 스스로에게 물어야 한다는 뜻으로 해석되기 때문이다.

다섯째, 당시 아테네 사람들은 자만심으로 충만해 있었고 특히 외향적인 가치, 말하자면 주로 세속적인 명성이나 권력, 재부 같은 것을 추구하려고 혈안이 되어 있었다. 그렇게 되면 무엇보다 영혼이 혼탁해진다고 소크라테스는 믿었다. 세속적 향락에 젖어 있으면 세상을 제대로 보지 못하며 다른 사람들과의 지나친 경쟁을 통해 여유를 갖지 못하고 지나치게 요행을 바랄 뿐만 아니라 불의와 쉽게 영합하기 때문에 결국 정신적으로 타락하기 때문이다. 어쩌다가 그러한 것을 획득했다고 하더라도 진정한 의미로 자기의 것이 되지 못하며 오히려 자기 자신이 그것의 노예가 되고 만다. 그러한 처지로 전락하지 않으려면, 그리고 진정한 의미의 '자유인'이 되려면 거듭하거니와 자기가 누구인지 알고 그 '나'로서 '나답게' 먼저 존재하지 않으면 안 된다는 것이 소크라테스적 자각의 핵심이라고 볼 수 있다. 그러나 그들에게 이러한 가르침은 별로 설득력이 없었다. 그 당시 아테네 사람들의 이상적인 인간상은 호메로스의 서사시에 나오는 영웅들, 말하자면 아킬레우스같이 전형적으로 외향적 가치를 구현하는 인간이었기 때문이다. 또한 그들은 그러한 인간이 가장 행복한 인간이라고 믿었는데, 바로 이러한 점이 오늘날 우리의 상황과 매우 흡사하다고 볼 수 있다. 그런데 소크라테스에 따르면 그러한 인간은 이성이 아니라 욕구와 야망의 노예일 뿐이기 때문에 자기 자신의 주인이 될 수 없고 진정한 의미의 행복을 누릴 수도 없다. 더구나 그러한 인간들로 사회가 가득 찰 때 국가가 그 위상이 낮아지고 결국 위험에 처해질 수 있다고 그는 경고했던 것이다. 그러나 그러한 경고를 아테네인들은 모욕적인 처사로 간주하고 그에게 유죄 판결을 내려 처형하고 말았다. 일반적으로 세속적인 야망의 노예가 된 사람은 깊이 생각하기를 싫어하는 경향이 있다. 깊이 생각하더라도 욕구를 충족시키거나 확장시키고 자신의 입장을 정당화하는 도구로서 이성의 기능을 활용하려고 한다. 반성하고 비판하는 이성의 기능과 역할이 우리의 경우처럼 아테네인들에게는 생소하게 느껴진 것이다. 더구나 아직 신화적 사고와 주술적 관행, 예술적 감성 등이 지배하던 시대에 냉철한 이성적 성찰과 합리적 판단은 오히려 무엄하고 위험한 태도이거나 미흡한 방식이라고 여겨졌던 것이다. 교육의 초기 단계로부터 이른바 '꿈'이나 '끼' 같은 것을 지나치게 강조하고 무한히 경쟁을 부추김으로써 세속적인 성취나 성공 같은 것에 집착하게 하는 우리에게 그의 가르침은 큰 교훈이 될 것임에 틀림없다.

여섯째, 여러 가지 유사점이 있음에도 불구하고 소크라테스의 아테네와 현대사회 사이에는 함부로 넘나들 수 없는 격차가 있다는 점에도 유의할 필요가 있다. 분명히 현대사회는 농경사회나 유목사회와 다른 점이 많이 있는데, 그중에서 가장 중요한 것은 지구적 차원에서 많은 사람들이 주로 이해타산적이며 서로 밀착된 관계를 이루고 살아가야 한다는 점일 것이다. 이러한 사회 형태를 야기한 근본적인 원인은 무엇보다 고대 아테네에서는 상상하기조차 힘든 과학기술의 등장에서 찾을 수 있다. 그리고 적어도 부분적으로는 바로 여기에 힘입어서 현대사회를 특징짓는 자본주의 경제체제, 민주주의 정치제도, 다원주의 문화구조 등이 형성된 것이라고 볼 수도 있다. 이러한 사회에서 바람직한 삶을 살아가기 위해서는 석가나 공자, 예수의 목가적이고도 숭고한 가르침 못지않게 소크라테스의 합리적이고 비판적인 정신도 중요하다. 아니 어쩌면 그것이 가장 중요하고 절박한 것인지도 모른다. 다원화된 문화구조에서는 다른 문화와 사고방식을 존중하고, 민주화된 정치체제에서는 다른 사람들의 인권을 소중하게 여기며 자본주의 경제제도 아래서는 상대방을 신뢰하고 타협과 협상에 성실하게 임해야 하기 때문이다. 이러한 상황에서는 소크라테스의 합리적이고 비판적인 정신이 가장 효율적일 뿐만 아니라 현대인이 당면한 문제들을 해결하는 데 있어서 유일하고 최선의 방식이 아닐까 하는 생각을 하게 된다.

끝으로, 우리의 문화적 전통을 고려할 때 소크라테스적 자아의 인식이나 합리주의적 사고방식은 좀처럼 수용되기가 어려운 점이 있다. 더구나 우리나라에서와 같이 그 유례를 찾아보기 어려울 정도로 격렬하게 변혁기를 겪어온 사회에서는 비판적 사고와 심도 있는 성찰의 기회를 찾기가 좀처럼 쉬운 일은 아닐 것이다. 그 결과 여전히 전근대와 근대, 그리고 탈근대가 혼재되어 있는 오늘날의 한국사회에서는 가치관의 혼란이 극심하여 여전히 그 해결의 실마리를 찾기가 어려울 정도이다. 이러한 상황에서 특히 소크라테스가 죽음에 임하는 결연한 자세와 그의 죽음관은 사상사적 관점에서 보아도 매우 특이하고 오히려 금기시되었던 사례가 될 수도 있다. 그런데 그 유사한 경우를 우리는 김부식(金富軾)의 『삼국사기(三國史記)』 '열전(列傳)' 중에 〈검군〉이라는 항목에서 찾을 수 있다.

검군(劍君)은 신라 진평왕 때 하급 관리의 아들로 태어났다. 그는 화랑인 근랑(近郞)의 낭도로서 풍류도를 수행하는 한편 왕궁의 창고를 지키는 사인(舍人)의 직책을 맡고 있었다. 마침 진평왕 49년 가을에 서리가 내려 곡식이 모두 죽어 이듬해 봄과 여름에 걸쳐 백성들이 크게 굶주렸다. 그래서 자식을 팔아먹고 살 정도였다고 한다. 민심은 흉흉해졌고 동료들도 끼니를 때우기 위해 마침내 궁궐 창고의 곡식을 도둑질하여 나누어 먹기에 이르렀다. 그러나 검군은 이에 가담하지 않았다. 옳은 일이 아니라면 천금의 이익이 있더라고 흔들리지 말아야 한다는 가르침을 실행하기 위해서였다. 이에 도둑질한 사실이 누설될 것을 염려한 사인들이 검군을 죽이려고 불렀다. 그는 이 사실을 미리 알았으나 피하지 않았다. 그렇다고 해서 지금까지 동고동락해 왔던 동료들을 고발하고 싶지도 않았다. 먼저 근랑에게 이별을 고한 다음 사인들이 마련한 잔치에 나아가 의연히 독이 든 음식을 먹고 죽었던 것이다. 검군은 자기로 인하여 여러 사람이 벌 받는 것을 원하지 않았고 낭도의 신분인 대장부로서 그동안 친분을 쌓아온 사람들을 고발하는 것도 바람직하지 않다고 판단하여 귀중한 목숨을 버렸던 것이다. 이것이 검군의 죽음에 관한 이야기의 전부이다.[25]

흥미 있는 것은 사대부인 김부식이 '화랑'답지 않은 죽음의 전형적인 예로 이 이야기를 전해 주었다는 점이다. 검군의 죽음은 화랑들의 장렬한 전사와

25 金富軾, 『삼국사기(三國史記)』, (列傳) 김종권 역(서울, 선진문화사, 1960), pp.748–749 참조.

분명히 다른 데가 있다. 그것은 원광법사의 세속오계(世俗五戒) 중에 어느 것에 해당하는지 분명하지도 않다. 그의 죽음은 전형적으로 '화랑적'이라기보다는 다소 무리이긴 하지만 오히려 '소크라테스적'이라고 보는 것이 더 나을 것이다. 검군은 복합적인 실존적 혹은 도덕적 상황에서 소크라테스처럼 개인적인 감정이나 충동이 아니라 합리적인 이유를 찾고자 하였으며, 외부의 억압, 혹은 위협에 눌리지 않고 자율적으로 행동하려는 노력을 보였다. 심지어 그는 도망치라는 근랑의 권유도 뿌리침으로써 단순히 충실하고 수동적인 그의 부하가 아님을 보여 주었다. 비행을 저지르지 않은 자기가 도망쳐야 할 이유는 없다고 생각했기 때문이었다. 검군은 다만 이해관계를 초월하여 무엇이 자신의 의무인지를 주체적으로 확인하고 과감히 그것을 실천했을 뿐이었다. 이것이 바로 소크라테스가 순수하고 고귀한 영혼을 돌보기 위하여 '로고스'의 실천만을 의식하며 독배를 마신 결단의 기본적인 구조가 아니었던가.

물론 검군의 죽음을 전면적으로 소크라테스의 경우와 비교하여 무리하게 미화하고 그 유사점을 찾으려고 하는 것은 바람직하지 않으며 심지어 위험하기까지 한 것이 사실이다. 그러나 그의 결단이 나름대로의 깊은 성찰의 결과로 나온 것이고, 그 과정에서도 감정에 치우칠 것이 아니라 냉철한 이성적 판단에 의존하려는 흔적이 보이며, 동료의 위협을 감수하는 것은 물론 평소에 존경하던 근랑의 충고까지 거부할 정도로 자율적인 태도를 취했을 뿐만 아니라 비록 전투 중에 당한 전사는 아니지만 목숨을 걸고 이해관계를 넘어 나름대로 옳고 의로운 일을 행하고자 했다는 점을 고려할 때 우리는 그 죽음의 본질에 대해서 좀 더 진지하게 숙고해 볼 가치가 있다. 김부식이 언급했듯이 과연 이러한 죽음이 화랑정신과 배치되는 것인지, 심지어 보편적 관점에서 보아도 전혀 바람직한 것이 아닌지 검토해 볼 필요가 있다는 것이다.

우선 검군적 상황이 벌어진 시대적 배경 혹은 자연적 조건을 살펴볼 필요가 있다. 무엇보다 사인의 직책을 맡고 있던 동료들이 평상시에 궁궐 창고에 있는 곡식을 도둑질한 것은 아니라는 사실을 주목해야 한다. 만약 그러한 경우라면 검군의 선택이 좀 더 수월하고 분명해질 수도 있었을 것이다. 그들을 고발하거나 단호하게 충고하는 데 주저할 필요가 없을 것이기 때문이다. 그러나 그 당시에는 자식을, 그것도 농경사회에서 아들을 팔아먹을 정도로 백성들이 굶주리고 있던 시기였다. 아무리 어려운 상황에서라도 신하가 군주의 재산을 훔치는 것이 당연히 정당화되는 것은 아니라고 하더라도 검군에게 도덕적 딜레마를 야기하는 것은 무리가 아니었다고 볼 수 있다.

둘째, 검군의 선택이 과연 옳은지 그른지는 관점에 따라 다른 평가가 나올 수는 있겠지만 그가 결론을 내리기까지에는 충분한 성찰과 고뇌의 흔적이 농후하다는 점이다. 동료를 고발하지도 않고 자신의 목숨을 구하여 도망가지도 못하는 이유를 자세히 제시하지는 않았으나 여기에도 충분히 갈등을 일으킨 흔적이 있으며, 근랑의 충고를 따르지 않는 이유에도 나름대로 설득력이 있다. 무엇보다 중요한 것은 객관적인 근거와 합리적인 이유를 찾으려는 노력이 비교적 선명하게 나타난다는 것이다. 가령 고발함으로써 동료를 해쳐서는 안 된다는 점, 비열하게 도망치지 않겠다는 점, 그리고 정당하지 않은 일에 참여하지 않겠다는 점 등이 그것이다. 이러한 맥락에서 그는 내면의 전장에서 욕구나 충동을 상대로 벌어진 치열한 전투 끝에 전사한 것이라고 볼 수도 있지 않을까.

셋째, 이러한 종류의 죽음이 한국사에서는 매우 드물고 특별하다는 것이다. 대부분 널리 알려져 있고 존경받는 죽음은 충신이나 열녀, 혹은 효성이 지극한 자식과 관련이 있다. 그것은 나 자신이나 나의 가족보다는 국가나 군주의 위신, 혹은 가문의 영광이나 의리 같은 것이 더 높게 평가되어 있고,

그러한 것을 위해 희생했을 때 숭고한 행위로 추앙받는 것이 일반적이다. 그리고 이러한 가치관이 한국을 비롯한 동양문화의 보편적 특징이라고 볼 수 있는 것이다. 그러나 이것이 사실이라면 검군의 죽음은 분명히 예외적이고, 따라서 김부식에게는 그러한 죽음이 결코 권장할 만한 것이 아니었음은 충분히 이해할 만하다. 그렇다고 해서 그의 죽음을 종교적 순교의 일종이라고 해석할 수도 없다. 가령 내세의 극락이나 천당에 가서 영생이나 지복을 얻겠다는 의지, 혹은 종교적 관행이나 신념의 표현이라는 흔적도 추적되지 않기 때문이다. 그럼에도 불구하고 그의 죽음은 자아의 인식을 근거로 한 영혼의 정화와 관계가 있다. 그 자신의 내부에 있는 순수하고 고귀한 영혼의 부름에 이끌려 행동했다는 점에서 소크라테스적인 데가 있음을 부정하기 어려운 것이다.

마지막으로, 검군의 죽음이 소크라테스의 그것과 마찬가지로 우리에게 생소하게 느껴진다는 것은 우리의 전통적 가치관과 인생관, 세계관 등이 서구의 그것과 얼마나 다른 것인지도 동시에 말해 준다. 바로 그렇기 때문에 서구의 과학적 물질문명과 사상적 정신문화를 수용하는 데 있어서도 우리는 매우 신중하지 않으면 안 된다. 그것을 무조건 거부하거나 배척하는 것이 바람직한 것이 아닌 것처럼 그것을 무비판적으로 수용하거나 맹종하는 것도 결코 바람직한 자세가 아닌 것임을 깨닫는 것이 중요하다. 물론 우리는 수난과 질곡의 근대와 현대를 거치면서 불가피하게도 이미 문명적으로나 문화적으로 상당히 서구화되어 있음을 부정할 도리는 없다. 그럼에도 불구하고 그 물결에 표류하지 않고 그러한 문물들이 온전하게 우리들 자신의 것이 되게 하기 위해서라도 우리는 그것을 전면적으로 검토하고 비판적으로 수용할 태세를 갖추지 않으면 안 된다.

제 2 장

과학기술시대와 비판적 합리성

I. 머리말

소크라테스가 서양 사상사에 끼친 영향이 무엇인지, 그리고 그가 서구 문명 전반을 통하여 어떤 역할을 했는지 가늠하는 것은 쉬운 일이 아니다. 여기에 관해서는 논자에 따라 입장이 다를 것이고, 따라서 그의 위상을 과대평가하거나 과소평가하는 입장이 있는가 하면 심지어 부정적으로 평가하는 경향도 있을 것이다. 그러나 한 가지 분명한 것은 그를 제대로 평가하고 특히 다른 성현들, 가령 석가나 예수, 공자 등과 비교하여 그의 공로와 업적으로 간주할 수 있는 것이 무엇인지 가늠하는 것이 매우 중요하다는 점이다. 그것은 과학기술의 시대정신을 파악하기 위해서, 특히 격동의 시대를 살아가는 우리의 삶의 방향을 가늠하기 위해서도 매우 중요한 일이라고 판단된다. 우리가 서구 문명의 근원을 고대 아테네에서 연유된 이성적 사고와 판단, 그리고 예루살렘에서 유래한 종교적 신앙과 생활양식에서 찾는다면 그가 얼마나 우리에게 중요한 영향을 미친 인물인지 짐작할 수 있기 때문이다. 좀 더 구체적으로 말해서 예수가 기독교 문화의 중심인물이라면 소크라테스는 서구의 학문, 그중에서도 과학기술문명의 계기를 마련하는 데 있어서 핵심적 역할을 담당한 인물이라는 것이다. 우리가 서양의 근대 이후 이러한 점을 이해하기 위해서, 그리고 고대 아테네와 현대의 한국 사이에 어떤 일이 있었는지를 이해하려면 과학의 본질이 무엇인지 좀 더 체계적이고 포괄적인 검토가 필요하다.

일반적으로 우리는 과학을 과학기술과의 연관 속에서 이해하는 경향이 있다. 그러나 어떻게 그러한 기술이 창출되었는지, 그리고 하필 서구의 근대과학을 통해서 그것이 절정에 이르게 되었는지를 검토해 보면 과학에 대해서 좀 더 심층적인 이해에 이르게 된다. 우리는 대체로 과학을 세 국면으로 나누어서 고찰할 수 있다. 과학적 탐구 과정에서 볼 수 있는 과학자의 자세와 방법, 그 탐구의 결과로 얻어진 인간과 존재의 세계에 관한 정보와 지식, 그리고 이 성과를 새로운 탐구에 적용하거나 좀 더 편리한 삶에 활용하기 위해서 창출된 기술과 수단 등이 그것이다. 그것을 각각 '과학정신', '과학지식' 및 '과학기술'이라고 부를 수 있을 것이다. 물론 이 세 국면이 서로 유기적인 관계를 맺고 있어서 엄격하게 나누어지는 것은 아니다. 그러나 이것을 서로 혼동하거나 과학기술이 마치 과학의 전부인 것처럼 착각하면 과학기술문명 그 자체를 이해하기 어렵고 이 시대에서 배태되는 갖가지 문명적 해악을 극복할 방안을 찾아낼 도리도 없다. 그중에서도 우리가 당면한 문제들의 해법을 찾기 위해 무엇보다 과학정신이 무엇인지 먼저 이해하지 않으면 안 된다.

과학정신은 과학적 탐구에 임하는 과학자의 자세와 태도에서 가장 잘 나타난다고 볼 수 있다. 여기에는 합리성, 비판성, 자율성, 개방성, 보편성, 엄밀성 등 여러 가지 특징이 있지만 그중에서 특별히 중요한 것이 이른바 '비판적 합리성'이다. 이것이야말로 과학을 다른 학문뿐만 아니라 종교나 예술 등 다른 문화 현상과 차별화하는 특징적 요소이기 때문이다. 그리고 이것을 다시 심층적으로 검토해 보면 이 시대를 바람직하게 사는 자세가 바로 이 비판적 합리성의 구현에 있다는 결론에 도달하게 된다. 그런데 그것은 이미 살펴본 바와 같이 바로 소크라테스적 자아의 인식이 함축하는 의미이며 덕목이기도 한 것이다. 그는 '로고스'의 기능 중에서 특히 비판적인 측면을 부각시켜서 영혼을 정화하고 바람직한 삶에 임할 것을 가르쳤기 때문이다.

한편 철학자들은 그동안 과학의 본질과 과학적 합리성에 관하여 서로 다양한 의견들을 제시해 왔다. 가령 실증주의적 과학관에서는 체계적 합리성을, 그리고 역사주의적 과학관에서는 비판적 합리성을 부각시키는 경향이 있지만 넓은 의미의 과학적 합리성 그 자체를 부정하지는 않는다. 또한 실증주의적 과학관에서는 개인적 차원에서 과학자의 논리적 및 추론적 합리성을 강조하며, 역사주의적 과학관에서는 개인적 및 사회적 차원에서 과학자에게 미치는 심리적 및 실천적 합리성을 부각시키는 경향이 있다. 그 어떠한 경우이든 과학의 본질을 좀 더 효과적으로 파악하기 위해서는 다른 종류의 지식이나 기술을 구분하게 하는 과학정신을 체계적으로 이해해야 하지만 그것은 과학적 합리성의 다양하고 포괄적인 해석에 의해서만 가능하다는 것을 보여 주고 있는 것이다. 그러한 의미로 실증주의자들을 포함해서 포퍼와 쿤과 로티 등의 과학관은 이러한 해석에 기여했다고 볼 수 있다.

끝으로 우리 현대인은 거의 운명적으로 과학기술시대를 살아갈 수밖에 없다는 사실을 직시해야 할 것이다. 그런데 이 시대를 바람직하게 살아가기 위해서는 현대의 시대정신인 과학정신을 제대로 이해하고 터득하지 않으면 안 된다. 그중에서도 가장 중요한 것이 앞서 언급한 바와 같이 비판적 합리성이다. 그동안 과학적 합리성이 독단적이고도 도구적으로 이용됨에 따라 갖가지 문명적 병폐를 야기해왔던 것이 사실이지만 그 비판적 기능을 활성화함으로써 현대의 합리적 사회를 창출하는 데 있어서 기반의 역할을 해 줄 수 있을 것이다. 과학정신이야말로 자본주의적 경제구조와 자유민주주의 정치체제, 그리고 다원주의적인 문화형태의 근간이 되기 때문이다. 이제 이러한 점들을 제대로 이해하기 위해서는 소크라테스의 아테네와 현대사회 사이에 존재하는 서구의 근대과학에 대해서 좀 더 자세히 살펴볼 필요가 있다.

II. 비판적 사고의 형성

나폴리 국립박물관에 있는 소크라테스의 흉상 받침대에는 그리스어로 다음과 같은 말이 새겨져 있다.

> "이것은 지금 비로소 생각한 것(logos)이 아니라 원래 내가 항상 잘 생각해(logos) 본 다음에 가장 좋은 생각(logos) 외에는 그 어떤 것도 따르지 않는 사람이기 때문일세"(플라톤, 『크리톤』, 46b-47c).

이 말은 감옥에서 도주할 것을 권하는 크리톤에게 소크라테스가 한 말이다. 그것은 그가 무엇을 위해서 어떻게 살다가 왜 죽게 되었는지를 잘 설명해 준다. 그는 '로고스'를 위해서 '로고스'를 실천하다가 '로고스' 때문에 죽어갔다고 말할 수 있다. 그는 그 결과가 무엇이든 간에 좀 더 깊고 넓게, 그리고 멀리 생각하며 사는 것이 그의 일관된 삶의 자세였음을 말해 주고 있다. 그렇다면 소크라테스를 이해하기 위해서 우선 로고스의 의미를 먼저 이해하지 않으면 안 된다. 원래 그리스어 '로고스'는 '말하는 것'과 '생각하는 것'이라는 두 가지 뜻을 가지고 있다. 여기서 '말한다'는 것은 그냥 소리를 낸다는 뜻이 아니라 생각된 내용을 표현한다는 뜻이므로 '생각하는 것'에 포함된다고 해석해도 좋을 것이다. 이와 같이 '로고스'는 넓은 의미의 '생각'을 말하는 것으로서 라틴어의 번역어인 '라치오(ratio)'의 경우에도 마찬가지이다.

위의 문장을 잘 분석해 보면 로고스에는 두 가지 측면이 있다. 하나는 '생각하는 작용'이고 다른 하나는 '생각된 내용'이다. 이 두 가지 측면이 서로 어울려야 온전히 생각이 이루어질 것이다. 가령 '사람은 죽는다'라는 생각을 할 때 사람의 죽음이라는 내용이나 그 내용에 이르는 과정 중에 어느 하나가 없다면 제대로 된 생각이라고 말하기는 어려울 것이다. 이와 같이 생각하는 작용을 소홀히 하거나 무시하고 그 내용에만 관심을 둔다면 어떤 '느낌'을 갖거나 '깨달음'에 이를지는 몰라도 온전한 생각이라고 하기는 어려울 것이다. 느낌을 주관적이라고 하는 데 비해 깨달음을 흔히 객관성을 넘어선 것이라고 주장하지만 평상적인 의미로 객관적이고 보편적인 '생각'은 아니다. 한편 생각하는 작용에 비중을 두면 작용의 흐름 혹은 그 전개에 집중하게 되고 그것은 논리와 논증의 형식으로 나타나며 결국은 사고의 형식적인 면에 기울어지게 마련이다. 이와 같이 인간의 사고 기능 중에서 사고 작용과 사고 내용 중 어느 쪽에 비중을 더 두느냐에 따라 그 결과가 다른 모습으로 나타나는 것이다.

사고 내용에 비중을 두면 논증의 과정보다는 그 결과에 더 많은 관심을 갖는 경향이 있다. 우리는 사물을 바라볼 때 이러한 경향에 힘입어 그 종류를 구분하는가 하면 그것을 대상화하거나 개념화한다. 이것이 더 심화되면 대상들 간의 관계를 역동적으로 파악하여 논리적이든 인과론적이든 변증법적이든 상관없이 주로 그 필연적인 연관성을 파악하려고 노력한다. 과학적 세계관이나 종교적 우주론 혹은 그 밖의 모든 형이상학적 사유체계는 이러한 이성적 기능의 산물이라고 할 수 있다. 그것을 우리는 맥락에 따라 독단적, 교리적, 사변적, 종합적 및 체계적 합리성이라고 부를 수 있을 것이다. 철학사에서는 플라톤을 위시해서 아리스토텔레스, 아우구스티누스, 아퀴나스를 거쳐서 헤겔과 마르크스, 베르그송, 화이트헤드, 하이데거 등에 이르기까지 대부분의 형이상학적 거대 담론을 시도하는 학자들과 그 학파들이 이에 속한다고 말할 수 있다. 이러한 유형의 철학은 일관되고 정합적인 체계를 창출하려고 노력하기 때문에 여기서 정당화의 기재로 중요한 역할을 하는 이성을 "독단적 합리성(dogmatic rationality)"이라고 부를 수 있는 것이다.

한편 사고의 과정에 비중을 두면 인식의 방법이나 논리의 전개에 관심을 기울이며 논증의 타당성과 개념의 명료성, 그리고 명제의 진리성 등에 더 많은 신경을 쓴다. 사물을 파악하고 현상을 인식함에 있어서 우리는 흔히 감정이나 욕구, 직관과 충동이 개입하게 마련이어서 그것을 비판적으로 바라보며 사물을 있는 그대로 보는 능력이 필요하다. 따라서 그렇게 파악되고 인식된 과정을 면밀히 검토하고 사물의 본질이나 현상의 구조보다는 그러한 것을 정당화하는 근거를 찾고자 노력한다. 이성의 이러한 기능은 사변적인 경우도 있지만 대체로 경험적이고 구체적이며 실증적인 태도를 보이기 때문에 이것이 활성화될수록 경험과학적인 양상으로 발전한다. 그러한 기능은 주로 논증적, 실증적, 구체적, 분석적 및 원자적 특징을 나타내지만 여기에 일관된 요소를 부각시켜서 "비판적 합리성(critical rationality)"이라고 부를 수 있을 것이다. 철학사에서는 소크라테스를 비롯해서 아리스토텔레스, 둔스 스코투스, 윌리엄 오캄을 거쳐 로크나 흄을 중심으로 한 경험론자들의 입장에서 찾아볼 수 있다. 그러한 이성의 능력 자체를 비판적으로 수용하려는 칸트와 러셀, 비트겐슈타인 등을 비롯한 넓은 의미의 분석철학적 전통, 그리고 '비판적 합리주의'의 기치를 내건 포퍼에 이르러서 그 특징이 선명하게 부각되었다고 할 수 있다.

물론 합리성의 이 두 측면을 기능적인 면에서 엄격하게 구분하기는 어렵지만 이것을 혼동해서는 사고의 형태와 본질을 파악하기 어려우며, 또한 고대 그리스에 뿌리를 두고 있는 서구문명, 그중에서도 비판적 합리성의 기능을 극대화한 과학문명의 특성을 이해하기 어렵다. 우선 그 형성 과정을 간단히 살펴보자.

널리 알려진 바와 같이 신화의 시대에는 신들과 영웅을 주제로 한 이야기가 중요한 언어의 형태였다고 할 수 있다. 주로 운문을 표현의 수단으로 하였고 신과의 관계와 신의 의지를 성공적으로 수행하는 영웅들의 이야기가 주류를 이루었으며, 의사를 소통할 때도 감정과 정서에 호소하는 경향이 많았다. 이러한 상황에서 정치의 형태도 종교와 정치가 분리되지 않은 신정체제인 것이 보통이었다. 그러한 체제에서는 인간의 자아상이 분명하지 않을 뿐 아니라 자신이 대체로 운명론적이며 수동적인 존재로 인식되는 경향이 있었었다. 그러나 상업문화의 발달로 교류가 활발해지고 인간이 자신에 대한 위상이 높아짐에 따라 다양한 종류의 신들보다는 다른 사람과의 관계가 더 중요해졌으며 사유와 언어의 형태도 새로운 양상을 띠기 시작했다.

언어가 다른 사람과의 소통을 위한 도구로 더 비중 있게 부각되면서 그 기능은 주로 자신의 의견을 상대방에게 전달하는 수단으로서 활용되었다. 그것은 어떤 생각이 자신의 것이라는 의식을 전제로 하는 것이다. 이러한 상황에서는 생각을 명료하게 해야 할 뿐만 아니라 그 생각의 주체인 자기 자신에 대한 의식도 더욱 선명해지게 마련이다. 더구나 상업 활동이 활발해지면서 가치관도 변하기 시작했다. 화폐경제의 활성화를 통해 가치의 상당한 부분이 가격에 의해 새롭게 규정되고 점차 상대주의적 가치관이 형성되기 시작한 것이다. 한편 상업 활동이 더욱 보편화됨에 따라 정치형태는 점점 더 개인의 존재감을 부각시키는 민주정치로 제도화되었고 이러한 정치 양식은 언어를 대화와 설득의 방식으로 발전시켰다. 무엇보다 이 시기에 음성 문화는 보관이 가능하고 객관성을 확보할 수 있는 문자문화로 점차 이행한다는 사실에 주목할 필요가 있다. 이러한 상황을 운문 형태가 산문 형태로 변화하는 시기라고도 할 수 있는데, 이것은 단순히 표현의 수단이 바뀌는 것을 의미할 뿐 아니라 새로운 사유 형태의 도입을 의미하기도 한다. 김남두가 지적하듯이 "글을 쓰는 사람이나 읽는 사람이나 모두 씌어진 것에서 일정한 거리를 취하며 그 내용을 음미하는 것이 가능"해질 뿐만 아니라 "그 내용이 사실에 부합하는지 또는 앞뒤가 맞는지에 대해, 즉 그것의 진리치에 대해 좀 더 주목하고 관심을 가지게 하는 일반적 태도를 촉진"시킬 수 있는 것이다.[01] 그는 이어 문자문화의 중요성을 이렇게 설명한다.

> 씌어진 것들은 이미 더 이상 사람을 사로잡을 수 있는 열변의 능력을 가진 소수의 전유물이 아니며, 좀 더 넓게 공동적으로 소유되고 음미될 수 있는 공공적인 것(ta koina)으로 된다. 그것은 공동체 구성원들의 검토의 대상이 되며, 더욱 엄격한 로고스의 요구에 맞출 것이 요구된다. 따라서 씌어진 것들은 더욱 엄밀한 분석과 개념적 엄격성의 요구에 맞추어 조직되고, 제기된 반박에 대해 스스로 반박할 수 있을 것이 기대된다.[02]

이와 같이 운문에 의해서 상대를 감동시키고 공감대를 넓혀 가는 방식이 아니라 기록으로 남아 있는 산문에 의해 객관적으로 존재하는 사실을 밝히고 이것을 근거로 해서 논증을 펼치며 이 논증이 다시 기록될 때 자기가 한 말에 대해서 책임을 지는 형태로 사유하도록 강요된다는 것이다. 이러한 상황이 아니라면 철학에 관한 탈레스나 소피스트들의 논변, 의학에 관한 히포크라테스의 문헌, 역사에 관한 투키디데스의 기록, 그리고 페리클레스의 연설문 같은 것은 남아 있지도 않겠지만 그러한 것이 구성되거나 창출되지도 않았을 것이다.

한편 이러한 현상을 가속화하는 언어 외적인 요소가 있는데 그것을 우리는 정치의 형태라고 할 수 있다. 고대 문화의 형성기에 대부분의 지역에서는 군주제가 실시되었고 과도기에 귀족제나 참주제가 도입되었으나 본격적

01 김남두, "서구 대화 문화의 그리스적 기원," 크리스찬 아카데미 편(서광사, 1992), p.162.
02 *Ibid.*

이고도 체계적으로 민주제가 실시된 것은 그리스 지역이 거의 유일한 예외에 속한다고 보아야 할 것이다. 이미 언급한 바와 같이 이미 기원전 750년과 450년 사이에 그리스의 여러 도시 국가들은 점진적으로 민주주의를 발전시켜 나갔다. 그런데 민주제는 다수에 대한 지배가 더 좋다는 생각에 기반하고 있다. 민주제에서는 신의 의지나 자연의 섭리, 혹은 주술의 힘보다는 많은 사람들의 의견이 반영되어야 하고 그 의견이 곧 정치적 권력의 원천이 되는 것이다.

일반적으로 정치 형태들은 주로 권력의 원천이 어디에 있는지에 따라 각기 다른 형태로 나타난다고 할 수 있다. 종교와 정치가 분리되지 않았을 때에는 주술이나 기도가 권력의 근거가 되며 이러한 정치를 '신정(神政)'이라고 한다. 그러나 점차 권력과 신앙이 분리되어 권력 집단이 세속적인 이유를 근거로 형성되었을 때 그 원천이 폭력에 있다면 참주정치가 되고 혈통에 있다면 귀족정치, 그리고 금권에 있다면 금권정치라고 할 수 있다. 그런데 널리 알려진 바와 같이 민주정치는 다수의 국민에 의한 통치를 말한다. 이것이 가능하려면 의견을 모아야 하는 과정이 필요한데, 그것이 곧 대화이며 이 방법을 통해서 상대를 설득시키거나 논증을 통해 자기 의견의 정당성을 입증해야 한다. 만약 이것이 사실이라면 민주정치는 언어가 권력의 원천이 됨으로써 비로소 성립되는 정치제도라고 할 수 있다. 물론 여기서도 현실적으로는 폭력과 금력이 여전히 위력을 발휘하고 직접적으로나 간접적으로 혈통이 작동하는 것이 사실이다. 적어도 형식적 혹은 표면적으로는 설득력과 논증력이 권력의 근원이 되며, 또 그렇게 되어야 하는 것이다. 소크라테스는 감정과 직관과 영감이 지배하던 신화의 시대에서 언어의 비중이 운문형태로부터 산문형태로 변화하던 시기에, 그리고 다수가 정치 현실에 등장하여 연설과 변론술과 논증술로 상대방을 제압하고 권력을 쟁취하고자 하는 민주주의적 정치형태에서 당시의 대표적 지식인인 소피스트의 한 사람으로 등장한 인물이었던 것이다.

소크라테스는 합리적 사고를 중요시하고 논증의 방법을 소중히 여겼으나 과학적 방법을 도입하지는 않았다. 가령 아리스토파네스의 『구름』에 묘사된 바와 같이 번개를 제우스가 분노하여 내려친 불칼이 아니라 자연 현상이라고 주장하여 그는 자연 철학자로 평가받았다는 풍문이 있었다. 그러나 그가 독배를 마시고 죽음이 임박해 오자 친구인 크리톤에게, “아스클레피오스에게 닭 한 마리를 빚졌는데, 꼭 갚아 주게나” 하고 부탁한 적이 있다. 아스클레피오스는 그 당시 ‘의술의 신’이었는데 병이 나으면 치료비 대신에 그의 신전에 닭을 바쳤다고 한다. 정확히 소크라테스가 무슨 이유로 이 신에게 빚을 졌는지 이해하기는 어려우나 삶을 일종이 질병이라고 생각했던 그는 죽음으로 이 질병이 치유되었다고 간주하고 그것을 부탁했던 것인지도 모른다. 어떤 경우든 그가 의술의 신을 언급했던 것은 소크라테스가 여전히 신화적 사고에 익숙해져 있음을 시사하며 삶과 죽음의 문제를 과학적으로 접근하지는 않았다는 것을 의미한다.

질병을 과학적으로 다룸으로써 ‘주술’을 ‘의술’로 대체한 사람은 소크라테스와 동시대인인 히포크라테스(B.C.460?-375?)였다. 그는 잘 알려진 바와 같이 “서양 의학의 아버지”로 추앙받고 있는 인물이며, 그의 이름은 의술의 동의어가 될 정도로 전설적인 존재이기도 하였다. 그는 원래 대대로 의술을 생업으로 삼은 의사 가문의 출신이었다. 그러나 그가 남긴 금언, “생명은 짧고 의술은 길다”라는 말이 함축하고 있듯이 그는 의술을 초자연적 능력이 아닌 인간의 ‘기술’ 또는 ‘과학’으로 보는 혁명적 사고를 도입하였다. 히포크라테스는 의술의 중요한 기초로 ‘임상적 관찰’과 ‘합리적 추론’을 들었다. 그는 그때까지 신의 저주로 여겨졌던 모든 질병의 원인을 합리적으로 이해하려고 했던 것이다. 그것은 소크라테스가 용기나 정의, 경건 등의 가치를 이성적 차원에서 이해하려는 것과 유사하다고 볼 수 있다. 그가 관찰과 추론을 얼마나 중요시했는지는 그의 이름을 딴 의학용어가 지금도 쓰이고 있는 데서도 확인된다.

히포크라테스가 개발한 의술의 과학적 측면은 그의 탁월한 능력 외에 의술을 교육하는 방식에도 두드러지게 나타났다. 이른바 '히포크라테스 선서'는 가문의 비의를 외부로 개방하여 제자가 되려는 모든 사람들에게 맹세시키려고 만든 것이다. "이제 의업에 종사할 허락을 받음에 있어서, 나의 생애를 인류 봉사에 바칠 것을 엄숙히 선언하노라 …"를 선서하게 하는 조건을 받아들인다면 누구에게나 그 기술이 개방되었던 것이다. 그 다음 히포크라테스는 제자들과 의술의 혜택이 귀족과 노예를 가리지 않고 모든 환자를 차별 없이 치료했으며, 무엇보다 의사의 편의보다는 환자의 고통을 중심에 둔 휴머니즘적 의술을 실천했고 제자들을 그렇게 하도록 가르쳤다. 그 선서는 이러한 점을 분명히 해 준다.

> 나는 내 능력과 판단에 따라 환자에게 도움이 될 치료를 해 주며 절대로 해치거나 옳지 않은 일을 행하지 않을 것이다. 나는 어떠한 사람이 독약을 처방해 달라고 하더라고 절대로 조제해 주지 않을 것이며, 그런 방법을 제안하지도 않을 것이다.[03]

이 부분에는 강력한 휴머니즘 외에도 과학이 지닌 보편성이 잘 표현되어 있다. 물리학이 질량을 가진 모든 물체를 다루듯이 의술은 생명을 가진 모

03 반덕진, 『히포크라테스 선서』(서울: 사이언스 북스, 2006), p.31 참조; 송상용, 『교양과학사』(서울: 유성문화사, 1983), pp.69–74 참조.

든 인간을 치료한다는 점에서, 혹은 어느 특정한 인간이 아니라 생명 그 자체를 돌본다는 점에서 특히 그렇다. 이러한 점들을 고려한다면 인간의 육체적 생명과 질병에 관해서 서양문화사를 통해 최초로 과학적 접근을 시도한 인물은 역시 히포크라테스였다고 할 수 있을 것이다. 그러나 소크라테스와 히포크라테스의 특히 중요한 공통점은 바람직한 인간의 삶을 위해 진력했다는 점이며 그 접근 방식이 주술이나 그 밖에 초능력을 통한 신비적인 방법이 아니라 누구나 이해하고 실천할 수 있는 합리적인 방법을 구사했다는 점이다. 그 두 인물은 영혼과 육체라는 서로 다른 대상을 다루었지만 그것을 돌봄에 있어서 이른바 '학문적' 혹은 넓은 의미의 '과학적' 방법을 도입했다.

물론 소크라테스가 히포크라테스적인 의미로 인간에 대한 의술이라거나 과학적 탐구에 종사한 것은 아니다. 심지어 그는 이오니아학파의 자연철학자들을 계승하여 자연과학과 관련된 문제들을 토론의 주제로 삼은 적도 없었다. 그는 『변명』에서도 자신이 과학을 가르칠 능력이 없다고 단언했다. 그는 자연철학자인 아낙사고라스가 우주의 구성 원칙인 '이성(Nous)'이 혼돈에 질서를 가져올 것이라고 가정했다는 말을 전해 듣고 그것이 어떻게 모든 것을 선으로 인도하는지 배우고 싶어 했다. 아리스토파네스의 희곡인 『구름』에서 소크라테스는 번개가 악인들을 벌주기 위해서 제우스가 일으키는 것은 아니라고 말한다. 벼락을 맞은 어떤 거목이 무엇인가를 잘못했기 때문에 그렇게 된 것이라고 믿기는 어렵기 때문이다. 아리스토텔레스는 『형이상학』에서 소크라테스가 귀납적인 추리를 통해 생겨난 일반적인 개념들의 정확한 정의를 찾기 위해 인간적이고 윤리적인 문제에 집착하는 풍조를 만들어 냈다고 전한다. 그는 인간이 가치를 결정한다는 소피스트의 입장과 달리 아테네인들을 초월적인 가치관으로 이끌려 했음이 분명하다. 이러한 정황으로 보아 그는 어떤 의미로도 자연철학자의 계열에 속한 인물이 아니며, 탈레스와는 달리 한 사람의 과학자로 해석하기에는 무리가 있다. 그럼에도 불구하고 그를 서구 근대 과학혁명의 근원을 제공했으며 계몽주의의 계기를 마련한 인물로 보는 이유는 무엇인가.

마르틴(Gottfried Martin)이 지적하는 바와 같이 자연과학이 성립하는 데에 소크라테스가 어느 정도 기여했는지 규명하기는 쉬운 일이 아니다. 그러나 그가 윤리적인 문제를 비롯하여 모든 정신의 영역에서 로고스의 의미를 인식하고 있었던 것은 의심의 여지가 없다. 심지어 그가 제우스의 불칼에 의해 어떤 거목이 스러졌다는 주장을 논박한 것은 분명히 우리를 신화적 사고로부터 넓은 의미의 과학적 인식에로 유도했다고 이해해도 좋을 것이다. 소크라테스의 경우 선이란 단순히 윤리적이거나 정치적인 의미만 가지고 있는 것이 아니라 인식 가능한 모든 것이 적용되는 것임을 감안할 때, 로고스는 분명히 합리주의와 계몽주의의 계기를 가지고 있다. 이러한 점을 강조하여 마르틴은 이렇게 말한다.

> 소크라테스는 풍속이나 관습이 그리스 사람들에게 윤리적인 영역에서, 아니 심지어는 종교적인 영역에서 강제하고 있는 거의 모든 것에 대해 이 로고스를 무기삼아 대항하고 있는 것이다. … 우리는 로고스의 힘에 대한 소크라테스의 통찰을 인류 역사상 가장 중요한 통찰로 보는 것이요, 누구나 자기 자신에 대해 자기는 전 생애를 통해 올바르다고 생각했던 로고스 이외에는 그 어떤 것도 따르지 않았노라고 말할 수 있었으면 하고 바라는 것이다.[04]

04 Gottfried Martin, *Socrates* 『대화의 철학: 소크라테스』, 이강서 옮김(한길사, 2004), pp.85–91.

소크라테스가 자연과학의 성립에 어떤 영향을 미쳤는지 이해하려면 그의 핵심적 주제였던 로고스, 그리고 그것이 지니는 과학적 합리성 및 계몽주의와의 관계에 관한 포괄적 이해가 필요한 것이다. 그러므로 우리는 먼저 과학이 무엇인지 새삼스럽게 다시 물을 수밖에 없다. 과학을 피상적으로 이해하거나 어느 측면만을 강조해서 부각시키면 소크라테스와의 관계도 찾기가 어려울 것이기 때문이다.

III. 과학의 이해와 과학의 세 국면

과학에 대해서 명확하게 규명한다는 것은 좀처럼 쉬운 일이 아니다. 그것은 과학철학의 핵심 주제 중에 하나인 이른바 "구획의 문제"와 관련된 것이어서 과학의 필요충분조건을 제시하는 문제이기도 하다. 그런데 흥미 있는 것은 오버턴(William Oberton)이라는 판사가 법정에서 제시한 조건이 매우 강한 설득력을 지닌다는 점이다. 여러 철학자들의 논의를 매우 핵심적으로 정리했을 뿐만 아니라 최재천 교수가 지적하듯이 "그 어느 자연과학자의 정의보다 훨씬 간결하고 정곡을 찌른다." 널리 알려진 바와 같이 1982년 미국의 아칸소 주에서는 진화론을 학교에서 강의해서는 안 된다는 근본주의자들의 주장 때문에 법정 논쟁이 벌어졌다. 당시 이 판결을 맡았던 오버턴은 각계의 전문가에게 폭넓은 자문을 구했고 일부 자연과학자들은 법정에서 증언하기도 했다. 그런 과정을 거치며 내린 과학의 특성을 그는 다음 다섯 가지로 설명했다.

첫째, 과학은 "자연법칙에 따라야 한다." 그것은 인간이 만들어낸 법규나 종교적인 강령이 아니라 자연에 존재하는 원리만을 따라야 한다는 뜻이다.

둘째, 과학은 "모든 것을 자연법칙에 따라 설명할 수 있어야 한다." 비록 어떤 것이 더 잘 설명한다고 하더라도 자연법칙이 아니면 폐기해야 한다. 셋째, 과학 이론은 "실제 세계에서 검증할 수 있어야 한다." 예를 들어 모든 것을 하나님이 창조했다는 것은 검증이 불가능하다. 넷째, 과학의 "연구 결과는 언제나 잠정적일 수밖에 없다." 새 이론이 등장하고 더 탁월한 실험 방법이 나오면 언제나 바뀔 수 있는 가능성을 가져야 한다는 것이다. 마지막으로 과학 이론은 "반박될 수 있어야 한다." 기존의 학설이나 믿음을 반증을 통해 뒤집을 수 있어야 한다는 것이다. 이것을 다시 정리하면 과학은 자연법칙에 따라 원칙상 실험적으로 검증할 수 있어야 하고 실험 결과에 따라 반박할 수 있어야 하는 학문이라는 것이다.[05] 세부적으로 검토하면 논란의 여지가 있겠으나 우리는 과학에 대해서 이러한 견해를 받아들일 수 있을 것이다.

일반적으로 '과학'은 자연을 탐구하는 과학, 즉 '자연과학'을 뜻한다. 그리고 과학을 특징짓는 것은 이 탐구의 과정에서 사용하는 방법, 즉 과학적 방법을 뜻한다. 이 방법은 사회현상에 적용될 수도 있지만 인간에게 '자유의지'라는 것이 있다는 것을 전제로 할 때 예측하기 어렵고 인간과 인간의 관계도 매우 복잡하기 때문에 그 인과적 혹은 확률적 관계를 규명하기가 결코 쉬운 일이 아니다. 그러므로 일반적으로 과학적 방법은 주로 자연의 비밀을 탐구하는 방법을 뜻하는 것이다. 이와 같이 과학은 자연의 비밀을 체계적으로 탐구하는 학문이다. 여기서 비밀이란 감추어진 사건이나 대상이 될 수 있으며, 사건들 간의 인과관계나 대상들의 구조가 될 수도 있다. 예를 들어 사건들 간의 인관 관계를 알아보고자 할 때 과학적 방법은 먼저 가설을 세

05 최재천, "과학의 조건," 『조선일보』 제284495호 A32면 참조.

우게 한다. 인과관계가 있음직한 사건들이 관찰되었을 때, 그 관계를 하나의 가설로 세워 보는 것이다. 여기서 가설이란 과학적으로 의미가 있는 것으로서 반드시 검증이나 반증이 원칙적으로 가능해야 한다. 뉴턴은 그렇지 않은 '가설은 만들지 않는다(Non fingo hypothesis)'고 말한 것으로 유명하다. 가령 과학에서는 '궁극적 원인'이나 구원과 같은 형이상학적, 혹은 신학적 주제는 다루지 않는다는 뜻이다. 또한 탐구의 과정에서 실험이나 관찰의 결과가 추측한 대로 나타나지 않으면 그 가설은 잘못된 것으로 판정받게 된다. 이때 실험이나 관찰 그 자체에 잘못이 없다든지, 그런 가설을 세우고 그러한 방식으로 검증하는 데 있어서 전제로 받아들인 어떤 과학적 진리에 잘못이 없다는 것을 조건으로 하는 것은 말할 필요도 없다.

과학적 탐구에서 자연은 자신의 비밀을 스스로 말하지 않는다는 것을 인정한다. 우리가 인위적인 방법으로 자극을 할 때 비로소 어느 정도 반응할 뿐이다. 그러므로 효과적인 반응을 얻어내려면 자연에 대한 상식적 지식을 갖추어야 한다. 관찰을 통해 가설을 검증할 때에도 어떤 사건 때문에 어떤 사건이 관찰되어야 한다는 것을 미리 알고 있어야 한다. 물론 여기서 그 관계를 잘못 짚을 수 있고 관찰을 잘못할 수도 있다. 그러나 과학적 방법의 특징은 그러한 잘못을 부정하는 데 있는 것이 아니라 그것을 인정하고 수많은 실수를 통해 그 가능성을 줄여 왔다는 데 있다. 그리고 그 가능성을 줄이는 데 있어서는 실험이나 관찰의 자료를 모두 수량화하여 정확하게 나타내고자 했기 때문이다. 과학적 가설을 수학적 공식으로 표현함으로써 가설의 검증을 위한 실험이나 관찰의 결과도 수치로 나타나게 한 것은 과학적 방법을 사변적 방법이나 그 밖에 다른 방법과 구별해 주는 중요한 요소가 되었다. 갈릴레이는 "자연의 비밀은 수학적 언어로 되어 있다"고 말한 적이 있는데, 바로 그렇기 때문에 과학은 정밀성과 객관성을 확보할 수 있다는 것을 의미한다.

가설의 설정에 있어서 상상력과 직관, 혹은 영감 같은 정신력이 개입되기도 하지만 실험과 관찰을 통해 그것을 검증하거나 반증해야 하는 과정을 거치기 때문에 그 탐구의 성과는 반드시 현실적이고 실천적인 영역으로 돌아온다. 그러므로 과학이 제공하는 정보와 지식은 단순히 추상적인 지식으로 머물러 있는 것이 아니라 새로운 세계관과 인간관, 가치관과 자연관을 갖도록 유도한다. 과학의 진보와 함께 과학적 사고와 태도가 강력한 저항에 부딪치고 과학자들이 자주 탄압을 받게 되는 이유도 바로 여기에 있다. 다른 문화권과 달리 서구의 문명이 근대 과학의 형성에 따라 격동기를 맞게 되는 것도 여기서 그 이유를 찾을 수 있을 것이다.

과학적 발견으로부터 야기된 새로운 지식이 새로운 자연관과 세계관을 만들고 전통적으로 보편화되었던 낡은 인간관과 가치관을 바꾸어 놓기 때문에 과학자들은 매우 조심스럽게 자기 연구의 결과를 발표하지 않으면 안 되었다. 코페르니쿠스와 갈릴레이가 그 좋은 예이며, 심지어 근대 과학을 완성시킨 뉴턴조차 자기의 주저 이름을 『자연철학의 수학적 원리(*The Mathematical Principle of Natural Philosophy*)』라고 지음으로써 그 연구 성과가 자연신학 혹은 자연철학의 연장선상에 있음을 간접적으로 비추었던 것이다. 산업혁명 이후 과학기술이 현실적으로 실생활에 도움이 되었다는 것이 입증되었음에도 불구하고 상황은 별로 개선되지 않았다. 그것은 과학적 탐구에 임하는 정신 자세와 방법 그 자체에 대한 반발도 있지만 그 결과인 과학지식, 그리고 그 지식의 기술적인 응용에 관한 문제가 더 많았다. 이것이 곧 과학기술이 보편화된 현대에 과학이 당면한 핵심적인 문제이며, 동시에 과학을 과학기술로 혼동하게 된 이유 중에 하나일 것이다. 그렇다면 과학을 구성하는 세 국면, 즉 과학정신, 과학지식 및 과학기술은 서로 어떻게 연관되어 있는가. 이제 과학의 본질을 이해하기 위하여 이 세 측면을 좀 더 자세히 살펴보자.

'과학'과 '과학기술'은 원래 이질적인 개념이다. 과학은 철학과 마찬가지로 자연과 세계와 인간 자신에 관한 지적 호기심을 충족시키기 위해 탄생되었다. 그러므로 그것은 존재론 및 인식론의 영역과 밀접한 관계를 맺으며 사변적인 성격을 띠면서 발전해 왔다. 물론 과학적 탐구의 방법, 다시 말해서 가설의 설정, 실험과 관찰, 그리고 추론의 과정 등은 기술적 한계나 현실적 상황과 밀접한 관계를 지니기 때문에 기술과 실질적으로 구분된다고 말하기는 어렵다. 그럼에도 불구하고 과학적 탐구의 궁극적 목적은 존재의 실상을 파악함으로써 진리를 탐구하려는 인간의 지적 호기심과 연관되어 있음을 간과해서는 안 된다. 바로 그렇기 때문에 그것을 인위적으로 방해하거나 저지한다는 것은 가능하지도 않고 또 바람직한 일도 아니다. 한편 과학기술은 원래 과학적 탐구의 성과를 현실생활에 유용하게 적용하기 위한 수단으로 나타난 것이기 때문에 그것은 본질적으로 가치의 영역에 속한다. 그러므로 과학기술은 그 유용성의 기준에 따라 선호도가 달라지며 그것을 이용하는 개인이나 단체, 혹은 정권에 따라 평가가 다양할 수밖에 없다. 결국 기술은 도덕적, 경제적, 군사적, 심지어 종교적 및 예술적 가치와도 밀접한 관계를 가지며, 그 파급 효과에 따라 권장되거나 통제되지 않으면 안 되는 것이다.

원래 학문으로서의 과학은 관조와 사유의 질서에 속하는 것으로서 행동이나 실천과는 직접적인 관계가 없는 것이었다. 그러나 근대 이후 과학적 탐구의 성과가 기술과 접목되면서 과학은 그 응용 가능성에 의해 평가되었고 이른바 이론과 실천의 간격도 점차 좁아지게 되었다. 베이컨(Francis Bacon)이 "아는 것이 힘이다(Scientia est potentia)"라고 했을 때, 그것은 종교적이거나 주술적, 혹은 그 밖에 다른 방식으로 아는 것이 아니라 과학적으로 아는 것만이 자연을 지배하는 힘이 된다는 것을 의미했다. 널리 알려져 있는 바와 같이 서양에서도 중세에 이르기까지는 다른 문화권에서와 마찬가지로 철학과 과학이 방법론적으로 엄격하게 구분된 것은 아니었다. 특히 아리스토텔레스의 전통을 이어받은 '자연철학', 말하자면 물리학 이론(Physica), 물리천문학(De Caleo), 물질이론(De Generatione et Corruptione), 심리학(De Anima), 생물학(De Animalibus) 등에는 철학의 형이상학적 측면과 과학의 경험적 측면이 섞여 있었고 그것을 가르치는 교사들도 물론 같은 사람들이었다. 이러한 상황에서 '과학(scientia)'이란 단어는 오늘날보다는 훨씬 더 넓은 의미로 사용되었다. 그것은 사변적이든 경험적이든 상관없이 체계적이고 지적인 활동 일반을 가리켰기 때문에 철학과 과학은 거의 동의어로 쓰였던 것이다.

과학이 철학과 분리된 데에는 여러 가지 이유가 있지만 그중에서도 가장 중요한 것은 전통적인 지식이 더 이상 통용되지 않는다는 이른바 "인식론의 위기"에서 그 원인을 찾을 수 있다. 이러한 위기는 교회가 도덕적으로 타락함으로써 그 권위가 뿌리로부터 흔들리게 되면서 비롯되었고 종교개혁을 계기로 해서 교회의 지적인 권위마저 의심받기 시작함으로써 가속화된 것이다. 특히 르네상스에 의해 고대의 다양한 이론들이 다시 거론되기 시작하였는데 그중에서도 괄목할 만한 것은 알렉산더 대왕의 원정에 동행하여 다양한 문화를 접촉했던 피론(Pyrrhon)의 극단적 회의론이 설득력을 지니며 지성계를 지배하기 시작했다는 점이다. 이러한 현상이 지속되자 철학자들은 절대적이고 불변하는 사변적 지식이 아니라 상대적이고 가변적인 실용적 지식을 선호하기 시작하였다. 여기서 '실용적'이란 효용성만을 의미하는 것이 아니라 현실성과 실제성, 그리고 어느 정도의 개연성을 의미하는 것이다. 그것은 영국 경험론의 중심인물인 로크(J. Locke)의 언명에 가장 잘 나타나 있다. 그는 "우리에게 필요한 것은 바다의 깊이가 정확하게 얼마나 되는지 알아내는 것이 아니라 그것이 항해하기에 충분히 깊은지 알아내는 것"이라고 천명했던 것이다.

경험론적 인식론은 사물의 본질이나 원인을 규명하기보다는 현상의 구조를 기술하고 예측하는 데 더 큰 관심을 가졌다. 말하자면 사변적인 '왜'라는 철학적 질문보다 구체적인 '어떻게'라는 과학적 질문에 집착함으로써 갈릴레이나 뉴턴과 같은 과학자의 탄생을 예고한 것이다. 가령 갈릴레이는 왜 물체가 낙하하는지를 묻지 않고 어떻게 그것이 낙하하는지 기술했으며, 뉴턴도 만유인력의 본질이나 원인을 규명하는 대신 그것이 존재했을 때 나타날 현상을 예측하고자 했는데 그것이 성공했을 때 만유인력의 존재가 충분히 증명된 것으로 인정하였다. 이와 같이 그들은 질문의 종류와 그 답변의 방식 및 한계를 전통적으로 다루어 오던 것과 차별화함으로써 과학의 성격을 분명히 하였다. 그의 영향을 받은 데이비드 흄(D. Hume) 같은 철학자도 신이나 '자아'가 무엇인지보다는 사람들은 그러한 것들의 존재를 '어떻게 해서' 믿게 되는지에 대해서 관심이 있다고 천명한 것은 흥미 있는 일이다.

일반적으로 근대 과학의 특징을 세 가지로 규정하는데, 수학적 정밀성, 기계적 인과성, 그리고 실험적 경험성 등이 그것이다. 이러한 특성들은 철학과 과학이 아직 뚜렷하게 분화되기 이전에도 탐구의 특성으로 나타났던 것이 사실이다. 가령 피타고라스는 우주가 수로 구성되어 있다고 하여 우주의 본질을 수학적 체계의 관점에서 해명하려고 하였으며 데모크리토스는 원자론을 제창하여 우주가 원자들의 기계적인 운동의 결과라고 주장하였고, 아리스토텔레스나 히포크라테스는 생물학과 의학 분야에서 주의 깊은 관찰과 함께 '실험'이라는 것을 시도한 흔적이 있다. 그러나 근대과학이 탄생하는 과정에서 괄목할 만한 현상은 이 세 가지 분야가 더욱 심화되고 세련되었을 뿐만 아니라 서로 유기적인 형태로 보완관계를 맺게 되었다는 점이다. 이 중에서도 근대과학의 특성을 두드러지게 하는 것은 실험의 방법이 본격적으로 도입되고 과학적 탐구의 중심적 위치를 점유하게 된 점이라고 할 수 있다.

과학적 탐구에서 실험이 중요하게 된 데에는 여러 가지 이유가 있을 것이다. 과학이 아직 철학과 밀착되어 사변적인 측면을 드러내는 시절에는 기독교의 영향을 받아 자연은 '신의 증여에 의해 인류의 것'이 된 것에 불과하기 때문에 거기에 적극적으로 개입하거나 그것을 지배할 여지가 없었다. 그러나 16세기에 접어들면서 창조적 작업에 종사하는 기술자나 장인들의 사회적 지위가 높아지자 지식인들은 그들의 실용적인 지식과 자연을 대하는 태도에 주의를 기울이기 시작하였다. 여기에 방법론적 의미를 부여한 철학자가 바로 베이컨(F. Bacon)이었던 것이다. 그는 무엇보다 신의 피조물인 자연을 제대로 알고 거기에 복종할 것을 강조한다. 그는 "자연은 우리가 복종할 때에만 그 무엇이었다"고 주장하며 이렇게 말한다.

> 과학과 인간의 힘은 모든 점에서 일치하며 같은 목표에 이른다. 어떤 결과를 얻지 못하는 것은 원인에 대해서 모르기 때문이다. 우리는 자연에 복종함으로써만 그것을 이길 수 있는 것이다. 이론 속에서 원칙, 결과 또는 원인이었던 것이 실천 속에서는 규칙, 목표 또는 수단이 된다.[06]

베이컨은 성장기부터 어머니의 칼뱅주의적 감화를 받아 세속적인 삶을 성스럽게 여기는 경향이 있었고 신비보다는 일상을 소중히 여겼으며 그리스적인 관조보다는 영국식 실천과 행위를 선호하는 기질이 있었다. 그는 철학자들의 사변적 담론보다 기술적 장인들의 제작, 혹은 이른바 '자연 개조'

06 F. Bacon, Novum Organum (1620), *The Works of Francis Bacon*, ed. J. Spedeling, R. Ellis, D. Heath (London, 1857), I. 1장, 3절 참조.

행위를 높이 평가했다. 그는 이 행위를 통해서 '정신과 사물의 교차'와 '조작적 과학의 실천'을 목격할 수 있었기 때문이다. 그러나 무엇보다 그는 장인들의 행위가 조직적인 것도 아니었고 보편적 통찰에 기초해 있는 것도 아니라는 사실에 주목했다. 말하자면 그들에게는 체계적이고 보편적인 이론적 배경이 갖추어져 있지 않았던 것이다.

베이컨은 또한 과학적 '발견'이라는 인간의 행위에 기독교적 의미를 부여하였다. 그에 의하면 발견이란 하나의 새로운 창조이고 신의 역할을 '모방'하는 행위인데, 이러한 행위를 통해서 피조물에 지나지 않는 인간은 신의 영역에 끼어들고 마침내 자연을 지배할 수도 있게 된다. 그러나 인간은 신의 창조적 영역에 직접 끼어들 수 없기 때문에 '실험'이라는 방법을 통해 "사물과의 교차"를 시도해야 하며 이른바 "세계의 분해와 해석"을 거쳐 자연을 해부해야 한다. 이렇게 건설된 "인간의 왕국"에 들어가기 위해서는 속죄와 정화가 필요한데 그것이 곧 그가 말하는 '우상'에서 헤어나는 일이다.

자연과의 관계를 통해 여기서 직접적인 공감을 얻으려고 하지 않았다는 점에서 베이컨이 말하는 실험은 주술의 일종이 아니라는 것을 인식할 필요가 있다. '실험'은 간접적으로 자연을 파악하는 방법일 뿐인데, 이것을 그는 '성과를 얻는 실험'과 '빛을 얻는 실험'으로 나누었다. 전자는 개별적인 성과만 성급하게 구하려는 장인들의 단순하고 무원칙적이며 제한적인 실험이고, 후자는 '빛의 아버지인 신'이 자연에 부여한 일반적인 원리와 원인을 알아내는 과학자의 실험을 의미한다. 그가 "아는 것이 힘"이라고 했을 때 그것은 이러한 종류의 실험을 통해서 자연에 대해 안다는 것을 의미하는 것이다. 그러한 의미에서 어떤 성직자의 의식과도 같이 과학적 '실험'은 그에게 하나의 종교적 행위이기도 하였다. 그뿐만 아니라 그러한 행위를 통해서 마침내 과학은 단순히 지적 호기심을 충족시키는 탐구의 일종이 아니라 자연을 개조하고 변질시키는 실용적 기술이 되는 것이다. 그러나 그 기술이 신의 창조 의지와 일관된 것인지는 별개의 문제이다. 여하튼 서양의 근대과학은 이러한 과정을 거쳐서 실용적 학문으로 변질되었고 여기서 과학기술이 중요한 부분을 차지하게 된 것이다.[07]

이제 과학적으로 안다는 것은 단순히 자연의 인과적 연쇄를 파악한다는 뜻에 머무는 것이 아니다. 그것을 파악한다면 자연의 인과적 운행을 예측할 수 있기 때문에 과학은 이러한 능력을 적절히 응용한다면 인류에게 유익한 결과를 가져올 수 있다는 의미가 된 것이다. 더구나 과학적으로 안다는 것은 그 방법의 보편성 때문에 누구에게나 알려질 수 있다는 것을 의미하고, 그 결과 과학적 지식은 기회나 능력에 있어서 인간을 자유롭고 평등하게 만드는 계기를 마련하기도 하였다. 서구에서 근대 과학의 등장과 함께 정치적으로는 민주화가 급속히 진행되고 경제적으로는 산업화와 시장화가 가속화되었으며 문화적으로는 예술이 대중화되는 결정적 계기를 마련하게 된 원인도 여기서 찾을 수 있다. 이와 같이 베이컨의 이러한 가르침은 산업혁명 이후 인류가 이룩한 거의 모든 분야의 문명적 성과에 의해서 적중했음을 보여 주었다. 그것이 우리가 과학과 기술을 구분하지 않고 혼용하는 가장 중요한 이유 중 하나이다.

그러나 오늘날 우리가 과학기술에 특별히 관심을 기울이는 것은 단순히 베이컨적 통찰 때문만은 아니다. 현대과학의 첨단 기술은 단순히 수족의 기능을 확장하는 수준에 그치는 것이 아니라는 것이다. 사물을 인식하는 매체를 고안할 뿐만 아니라 '사이버 공간(cyber-space)'을 창출함으로써 실제로 존재와 인식의 세계를 확장시키고 있다는 사실에 철학적 관심을 쏟는다. 또한

07 히로시케 토오루 외 지음, 『사상사 속의 과학』, 남도현 옮김(서울: 다우출판사), 113–116 참조.

과학기술은 망원경이나 현미경을 통해서 칸트가 말하는 "현상(phenomena)"의 영역을 확장시킬 뿐만 아니라 미지의 세계에 대한 정보를 제공하고 이른바 "전자 광장(electronic agora)"으로 우리를 인도함으로써 통상적 의미의 현실 혹은 실재의 정체가 무엇인지를 자각하게 해 준다.[08] 이것은 단순히 인식론적 혹은 존재론적 의미의 '과학적' 탐구의 결과가 아니라 그것을 적용한 기술의 성과인 것이다. 기술이 객관적으로 존재하는 세계에 대해 중립적으로 혹은 수동적으로 관계하는 단순한 도구에 지나지 않는다고 생각하는 것은 이와 같이 피상적인 관찰에 근거한 오류에 지나지 않는다. 그러한 견해는 기술적 '매개'를 너무 과소평가하는 것이며 인식과 존재의 문제를 왜곡시킬 수 있는 위험을 안고 있다.

인간의 감각적 지각과 오성적 판단이 세계와 인간의 관계를 규정하면서 현상의 근거에 관여하듯이 이제 기술은 현실의 근거를 제시하는 데 적극적으로 참여하고 있다. 근대의 합리론자들이 "생득관념(innate idea)"을 중시하고 경험론자들도 지각의 형성과정에 몰두했듯이 현대 철학자들은 유전 공학이나 대뇌 생리학 등에서 활용하는 기술에 주목하지 않으면 안 된다. 그것은 인간의 인식 상황을 해명할 뿐 아니라 존재의 성격을 동시에 규정하기 때문이다. 하이데거(Martin Heidegger)의 표현을 빌리면 기술은 현실을 열어 밝히며, 그래서 그동안 은폐되었던 신비의 영역에 빛을 던져준다는 의미로 '진리(aletheia)'의 탐구에 관여한다. 다시 말해서 인식의 종류와 능력 혹은 상황에 따라 존재의 양상이 달라지듯이 이제 기술의 수준과 그 유형에 따라 현실에 대한 이해가 달라지고 자연과 세계의 존재가 변모된다는 것이다. 그는 『기술과 전향』에서 이렇게 주장한다.

08 William J. Mitchell, *City of Bits* (Cambridge: MIT Press, 1955), p.52.

따라서 기술은 그저 하나의 수단만은 아니다. 기술은 탈은폐의 한 방식이다. 이러한 점에 유의한다면 기술의 본질이 갖는 전혀 다른 영역이 우리에게 열린다. 탈은폐의 영역, 즉 진리의 영역이 그것이다.[09]

그는 이어 "우리가 기술적인 것만을 생각하고 그것을 이용하는 데에만 급급하여 거기에 매몰되거나 그것을 회피하는 한 기술의 본질에 대한 우리의 관계를 결코 경험할 수 없다"고 주장한다.

현대에 와서 기술은 분명히 과거와 양상을 달리한다. 그것은 인식의 대상과 주관, 즉 세계와 나를 잇는 매개체로서의 수단에 머물러 있지 않는다. 기술은 인식의 주체에 편입됨으로써 현상의 세계를 규정하고 변질시키며 또 창조한다. 현대의 기술은 또한 자연의 법칙에 순응함으로써 그것을 역이용한다는 베이컨적 전제를 더 이상 따르지 않는다. 가령 풍차는 그 날개가 바람의 힘으로 돌아가게 함으로써 동력을 얻어낸다. 그러나 현대의 '풍차'는 기류의 에너지를 저장하기 위해 개발되며 그 목적을 달성하기 위해 필요하다면 '자연의 법칙'을 거역한다. 오늘날 철학에서 과학기술에 대해 쏟는 관심은 그것이 인식의 주관에 편입됨으로써 존재의 세계에 적극적으로 관여한다는 점과 전통적으로 이해된 자연의 법칙을 거역함으로써 인류의 운명을 예측하기 어렵게 만든다는 사실에 모아진다고 말할 수 있다.

이와 같이 과학기술은 단순히 과학적 탐구의 기술적 적용이 아니라 탐구의 과정과 방법, 그리고 그 성과에 모두 관여하고 있다고 말할 수 있다. 그럼

09 M. Heidegger, 이기상 역, 『기술의 전향』(서광사, 2003), p.35. 그는 또한 오늘날 농부의 역할은 과거의 경우와 확연히 달라졌음을 지적하며 이렇게 말한다. "오늘날 농토 경작은 자연을 닦아 세우는, 이전과는 다른 종류의 경작 방법 속으로 흡수되어 버렸다. 이제는 그것도 자연을 도발적으로 닦아 세운다. 경작은 이제 기계화된 식품 공업일 뿐이다. 공기는 이제 질소 공급을 강요당하고, 대지는 광석을, 광석은 우라늄을, 파괴를 위해서든 평화적 이용을 위해서든 우라늄은 원자력 공급을 강요당하고 있는 것이다(*ibid*., p.41).

에도 불구하고 그것이 과학 그 자체는 아닌 것이다. 그러한 기술이 등장하기 위해서는 과학적 탐구의 성과인 과학지식이 존재해야 하기 때문이다. 이제 이러한 지식의 의미와 그 특성, 그리고 그것이 어떠한 방식으로 과학혁명의 계기를 마련했는지 살펴보기로 하자.

과학지식은 과학적 탐구의 결과로 획득한 지식을 의미한다. 그것은 물론 과학적 이론의 체계를 의미할 수도 있지만, 단순히 거기서 머물러 있지 않는다. 그것은 베이컨이 강조했듯이 지식을 통해 '힘'을 창조한다. 여기서 말하는 힘이란 단순히 실용적 기술만은 아니다. 그것은 혁명적 사고방식과 생활양식을 제공할 수 있는 힘이기도 하다. 과학지식이 우리에게 제공하는 것 중에 가장 중요한 것은 새로운 자연관이며, 이에 근거한 인간관과 세계관, 가치관이다. 가령 과학은 우리가 원자로 구성되어 있고 시공은 무한하며 인간의 역사적 위상은 결국 진화의 산물이라는 구체적인 이야기를 제공하는 데 그치지 않는다. 말하자면 파인만(Richard Fyenman)이 지적하듯이 그것은 인간도 다른 생물처럼 행동으로, 혹은 원자의 행동으로 설명될 수 있다는 의미에서, 그리고 궁극적으로는 물리법칙으로 이해될 수 있다는 의미에서의 '보편성'을 주장한다. 이것은 과학지식의 보편성에 근거한 것이다. 이러한 지식의 원천은 아리스토텔레스도 지적했듯이 신화나 철학에서와 마찬가지로 일종의 '경이'이다. 과학지식이란 결국 "자연의 경이를 올바른 얼개(framework)에 짜 넣는 것에 지나지 않는 것"이기 때문이다.[10]

과학적 관점에서 제대로 자연을 "짜 넣으려면" 무엇보다 미신에 오염되지 않는 것이 중요하다. 파인만에 의하면 막연히 어떻게 될 것이라고 믿든지, 혹은 알 수 없는 그 무엇이 주재한다고 믿는 것이 모두 일종의 미신에 오염

10 Richard Feynman, 『발견하는 즐거움』, 승영국, 김희봉 옮김(승산, 2001), p.135.

된 상태라는 것이다. 그것을 '상식'이나 '관습'이라고 부르든 '종교'라고 부르든 그 결과는 마찬가지이다. 그러한 오염에서 벗어나려면 일단 증거에 의존해야 하고 그것을 제대로 판단하지 않으면 안 된다. 그것을 제대로 판단하려면 이미 답을 알고 있다고 착각해서는 안 되는데, 그렇게 되면 더 이상 증거를 수집할 이유가 없어진다. 그러므로 의심하는 태도와 불확실한 자세를 견지하는 것이 중요하다. 이것을 달리 표현하면 단순히 권위에 의존하지 않는다는 뜻이다. 권위는 진리가 무엇인지 암시하기도 하지만 그것이 곧 정보의 원천은 아니기 때문이다. 가령 관찰과 권위가 상충한다면 권위를 무시해야 한다. 또한 결과의 기록은 이해관계와 무관하게 이루어져야 한다. 여기서 무관심하다는 것은 증거가 가리키는 생각 외에는 영향력을 주지 않게 해야 한다는 뜻이다. 파인만은 1964년에 행한 갈릴레이 탄생 400주년 기념 강연에서 이것을 "갈릴레이의 정신"이라고 부른다.[11] 오늘날에도 과학자들은 거의 그대로 그의 정신을 따르고 있기 때문이다. 그는 "현대사회에서 과학문화란 무엇이며, 어떤 역할을 해야 하는가"라는 기념 강연에서 이렇게 말한다.

> 세부적인 수치 계산까지도 그 전통을 정확하게 따르고 있으며, 적어도 물리학에서는 그것을 더욱 훌륭한 도구로 발전시켜 사용하고 있다고 설명할 것입니다. 그리고 과학이 그의 독창적인 생각에 직접적이고 끊임없는 영향을 받아 아주 잘 발전해 왔으며, 그가 발전시킨 정신을 그대로 따르고 있다고 할 수 있습니다. 그 결과 마녀와 유령은 더 이상 없다고 할 수 있습니다.[12]

11 *Ibid.*, pp.136–137.
12 *Ibid.*, 138.

파인만은 신앙 치료나 점성술을 무조건 무시하거나 배척하지는 않는다. 그것이 맞을지도 모르기 때문이다. 그러나 그것이 옳다고 믿는다면 좀 더 제대로 하기 위해서라도 철저하게 검토하고 조사해 보아야 한다. 가령 별들이 인생에 어떤 영향을 주는지 알아내기 위해 그 증거를 과학적이고 객관적으로, 혹은 통계적으로 치밀하게 조사해서 그 체계를 강화할 수 있을 것이다. 그것이 참으로 옳다면 이러한 절차를 회피할 필요가 없다. 그것은 최소한의 지식을 확보하기 위한 필요조건에 불과하기 때문이다.

이렇게 해서 획득된 과학지식은 새로운 세계관을 형성하는데, 파인만이 지적하듯이 그것은 특히 종교적 세계관과는 차별화되며 과학자들은 과학적 세계관을 더 선호한다. 그러나 우리가 어떤 세계관을 갖든지 상관없지만 파인만이 강조하듯이 "좀 더 조리 있는 세계관을 갖도록 노력할 필요"가 있는데, "일관된 세계관을 갖지 않는 것은 두뇌의 낭비이고 사고의 혼란을 가져올" 뿐이기 때문이다. 그러므로 점성술사는 논쟁에 이기기 위해서라도 천문학을, 그리고 신앙 치료사는 의학에 관해 어느 정도 알아 두어야 하고 과학과의 관계를 가져야 한다고 그는 역설한다.[13]

과학지식을 다른 종류의 지식과 구분하는 또 하나의 특징은 불확실성과 의심을 무시하거나 극복하려 하지 않고 오히려 적극적으로 수용한다는 점이다. 이것이 과학에서 매우 중요하지만, 그러나 그것은 무제한 허용되는 것은 아니다. 불확실성은 항상 허용된 범위 안에서 논의되어야 한다. 가령 증거가 쌓이면 그 생각의 개연성이 증가하거나 감소해야 한다. 그러나 항상 의심의 여지를 남겨 두지 않으면 진보도 없고 배움도 없다. 인간은 아무것도 제대로 알 수는 없기 때문에 실제로는 다만 그렇게 믿을 뿐이며, 사실 모

13 *Ibid*.

르는 채로도 얼마든지 살아갈 수는 있다. 파인만은 "의심하는 자유"야말로 과학의 발전에 절대적으로 필요하다며 이렇게 지적한다.

> 이 자유는 모든 문제에 대한 해답을 가졌던 과거의 조직적 권위 곧 교회와 투쟁을 통해서 얻은 것이고, 갈릴레이는 투쟁의 상징이었으며 가장 핵심적인 인물이었다.[14]

철학자들은 그동안 존재의 비밀이나 삶의 의미에 대해서 심혈을 기울였다. 그러나 그 대답은 제각기 다르다. 그리고 대답이 다르면 경직된 태도를 취하며 서로 혐오하고 공포를 느끼기도 한다. 사실 얼마나 그 차이 때문에 처참한 일들이 벌어졌던가. 파인만에 의하면 오히려 그러한 문제에 답이 없다고 말함으로써 우리는 열린 자세를 가질 수 있다. 그러한 위험을 무릅쓸 때, 다시 말해서 '혼란스럽지만 끝내고자(muddling through)' 할 때, 이것이야말로 가장 "과학적인 진보"의 방법이라고 할 수 있다.[15] 그 대신 '이것이 알아야 할 모든 것' 혹은 '이것이 모든 것의 답'이라는 식으로 밀고 나가면 우리는 '의심의 자유'를 잃고 상상력의 한계에 부딪치며 창의력을 빼앗기게 된다는 것이다.

과학지식의 이러한 성격에는 두 가지 측면 있다. 하나는 거기에 분명히 한계가 있다는 점이고 다른 하나는 과학자들이 그 한계를 부정하지 않는다는 점이다. 따라서 그러한 지식에 근거를 둔 자연관, 그리고 여기서 연유된 세계관과 인생관, 가치관 등도 항상 수정되고 개선되어야 할 그 무엇으로 인식되지 않으면 안 된다. 폴라니(Michael Polanyi)는 우리가 터득하는 지식의 성

14 *Ibid*., 146.
15 *Ibid*., 149.

격을 이렇게 설명한다.

> 우리는 자신의 안경을 검사하기 위해 자기 자신의 안경을 검사할 수 없다. 이론이란 이런 안경과 같다. 우리는 그것을 가지고 사물을 검토하며 사물에 관한 지식은 바로 그것을 사용하는 것에 의존한다. 마치 우리가 자신의 몸에 거주하면서 그것을 보완하는 도구를 사용하듯이 우리는 이론 속에 거주한다. 어떤 사람이 어떤 이론을 '검사한다'고 한다면 스스로 의식하지 못하지만 자기가 암묵적으로 받아들인 다른 이론과 가정(그가 어떤 이론을 검사하는 동안에는 이 행위 자체에 대해서는 집중적으로 의식할 수 없다)에 의존하고 있음이 분명하다.[16]

따라서 우리의 지각뿐만 아니라 과학적 지식도 현실로부터 완전히 초연함으로써 성립된 지식이 아니라 "인격적인 앎, 즉 거주를 통한 참여"라는 것이다.[17] 그는 '후기 비판철학'이란 이름으로 어떤 전환점을 염두에 둔다고 지적하며 이렇게 말한다.

> 비판운동은 지금 거의 막다른 골목에 와 있는 듯하지만 인간 지성이 견지한 것 중에서 아마 가장 알찬 노력이었다고 할 수 있을 것이다. 지난 4, 5세기는 중세적 우주를 서서히 파괴하거나 뒤엎으면서 이와 비슷한 기간 동안 지속했던 그 어느 시대와도 견줄 수 없을 정도로 우리의 도덕적 및 정신적 삶을 풍요롭게 해 주었다.[18]

16 Michael Polanyi, *Meaning* (Chicago: Univ. of Chicago Press, 1975), p.44.

17 M. Polanyi, *Personal Knowledge: Towards a Post-Critical Philosophy* (London: Routledge & Kegan Paul, 1958), pp.299–306 참조.

18 *Ibid*., p.265.

이어 그는 "기독교로부터 물려받은 기름이 그리스적 합리주의의 산소와 맞닿을 때 밝은 불을 활활 태울 수가 있었다. 그러나 연료가 다 떨어졌을 때 비판적 사고의 틀도 불타고 말았다"고 경고한다. 그는 여기서 과학지식이 지적 호기심 그 자체를 충족시키려는 그리스적 욕구와 절대자의 의지를 이해하려는 기독교적 열망의 절묘한 조합임을 확인하려는 것이며, 바로 그렇기 때문에 비판적 합리성은 항상 자기반성을 수반해야 한다는 소크라테스적 이념을 환기시키려는 의도로 해석할 수도 있다. 그렇다면 이러한 유형의 지식을 탄생하게 한 과학정신이란 무엇인가. 이미 간접적으로 많이 언급되었지만 그것을 다시 정리하고 과학기술시대인 현대사회, 특히 우리 한국 사회에 함축하는 의미를 검토해 보자.

IV. 과학정신과 비판적 합리성

이미 지적한 바와 같이 베이컨이 과학적 지식의 유용성을 강조한 이래 급격하게 과학과 기술이 만나게 되었고 바로 그 힘이 축적되어 과학혁명으로 이어졌을 뿐만 아니라, 영국의 산업혁명과 프랑스의 정치혁명을 이루게 되었으며 오늘날 이와 비견되는 이른바 '문화 혁명'이 진행되고 있다. 그 이후로 세계는 과학정신에 의해 단련되고 과학기술로 무장한 서구인들에 의해 주도되어 왔다. 이러한 현상에 대해서 과학자들은 과학기술이 중국에서 먼저 발달했음에도 불구하고 그것이 과학혁명으로 연결되지 않았는지에 대해서 지금까지 많은 논란이 있어 왔다.[19]

19 조지프 니덤(Joseph Needham)에 의하면 중국과학이 초기에 서양보다 우월했다는 것을 인정하지만 결국 유교사상에 바탕을 둔 관료제로 인하여 그것이 '근대과학'으로 발전하지 못했으며 "과학혁명"이 일어나

여하튼 19세기 말경 서구 문명이 동아시아로 거침없이 밀려왔을 때 중국에서는 '중체서용(中體西用),' 일본에서는 '화혼양재(和魂佯才),' 그리고 우리나라에서는 '동도서기(東道西器)'의 논리를 내세웠다. 서로 강조하는 점이 다소 다르기는 하였지만 한마디로 요약하면 정신은 우리가 우월하지만 기술이 쓸모가 있으니 서구로부터 그것만 받아들이자는 입장이었다. 이미 그러한 태도는 지금까지 지속되고 있는 것이 아닌가 하는 의구심을 떨쳐 버리기 어렵다. 서구의 과학기술문명이 인류의 생존을 위협할 정도로 많은 문제를 야기했고 아직 뚜렷한 해결책이 보이지 않으므로 동양의 고전으로부터 대안을 마련하자는 사람들이 많이 있기 때문이다. 일본은 재빨리 과학기술을 습득해서 표면상 선진국의 반열에 들어섰고 한국과 중국도 갈 길을 재촉하고 있지만 과학에 대한 관심은 여전히 그 수준에 머물러 있는 것 같다. 다시 말해서 과학지식과 과학기술을 가능하게 한 이른바 '과학정신'에는 별로 신경을 쓰지 않는 것 같다는 것이다. 상당히 많은 부분이 명백하게 거짓임이 드러났지만 여전히 전통적인 인간관과 세계관을 고집하고 있으며, 그리하여 그것이 현대사회에서 작동하지 않음에도 불구하고 이에 근거한 가치관과 인생관에 집착하고 있기 때문이다.[20] 오늘날 그것은 동양에 국한된 현상만

지 않은 중요한 이유가 된다고 주장한다. 그의 *Science and Civilization in China* (Cambridge: Cambridge Union Press, 1954), 『중국의 과학과 문명』 전 3권, 이석호 외 옮김(을유문화사, 1988), 이것이 이 방대한 저서의 일관된 논지이기도 하다. 김영식 편, 『역사 속의 과학』(창작과 비평사, 1982), pp.61-85 참조.

20 김영식, 『동아시아 과학의 차이』, 각주 p.259. 그는 당시의 상황을 이렇게 전해준다. "중국과 일본, 그중에서도 특히 일본에서는, 서양문화의 다른 영역으로부터 완전히 분리시켜서 그 과학기술만을 도입할 수는 없고, 따라서 서양의 과학기술과 함께 그 근본이 되는 서양문화 전체를 받아들여야 한다는, 즉 '서기(西器)'와 함께 '서도(西道)'를 받아들여야 한다는 인식이 자라난 데 반해, 한국에서는 서양의 과학기술이 순전히 실용적이기만 한 도구에 불과하고 서양문화의 다른 요소와 분리해서 별도로 받아들일 수 있다는 믿음이 지속적이었던 것이다. 그리고 과학기술을 순전히 도구로만 인식하는 이 같은 공리주의적 과학 기술관은 한국의 정부와 국민들이 과학기술에 대해 지니는 기본 인식이 되었으며 이는 현재까지도 크게 바뀌지 않고 있다." 여기서 '서도'가 무엇을 의미하는지 분명하지 않다. 그러나 그것은 기독교가 아니라 과학적 합리성, 혹은 과학정신을 의미하는 것은 비교적 분명하다. 일본에서 기독교의 영향력은 한국에 비교할 때 미미한 수준이기 때문이다.

은 아니다. 서구에서도 사정은 마찬가지이다. 문명비평가들을 비롯한 많은 지식인들이 서구 문명의 한계를 지적하고 그 몰락을 예견하는 이유도 바로 여기에 있다고 판단된다. 그렇다면 과학정신이란 무엇인가.

과학은 이미 언급한 바와 같이 본질적으로는 지적 호기심을 충족시키기 위한 탐구의 한 형식이다. 그러나 이 형식은 인간이 '보편적으로' 지니고 있는 이성적 판단과 감각적 지각의 능력에만 의존한다. 바로 그 방법 때문에 과학이 연금술과 점성술 등 갖가지 주술뿐만 아니라 철학과 신학으로부터도 구분되는 이유이다. 과학정신은 기본적으로 오직 실험과 관찰을 통해 얻어낸 자료를 근거로 해서 논증이란 방식에 의해 새로운 지식을 획득하려는 탐구의 정신이다. 여기서 쉽게 찾아볼 수 있듯이 과학적 탐구의 방법에는 한계가 있다. 인간의 과학적 인식능력은 제한되어 있고 그 인식 대상인 우주는 무한하기 때문이다. 그런데 왜 하필 우리는 과학정신을 말하는가. 여기에는 이 시대를 특징짓는 갖가지 핵심적인 요소가 들어 있으며, 그렇기 때문에 그것을 확인하고 극대화함으로써 보편적인 시대정신으로 승화시킬 수 있을 때에만 미래 사회에 희망과 번영과 행복이, 무엇보다 인간의 생존이 보장받을 수 있기 때문이다. 그렇다면 과학정신의 특징은 무엇인가. 과학정신에는 적어도 다음 여섯 가지 특징이 있다고 할 수 있다.

첫째, 그것은 합리적 방식을 지닌다. 그 탐구의 방법에서 볼 수 있듯이 계시나 초능력 등이 아니라 인간이라면 누구나 지니고 있는 감각적 지각과 이성적 판단에만 의존하기 때문에 과학은 합리적이다. 가설을 설정하는 과정에서 그것은 개인의 직관과 상상력, 때로는 영감 같은 것에 의존할 수 있지만 거기에 머물러 있지 않고 반드시 경험적 증거와 합리적 논증을 거쳐야 한다는 점에서 합리성을 지닌다는 것이다.

둘째, 그것은 비판적 입장을 지닌다. 과학자의 세계에는 영원한 진리나 절대적 권위가 존재하지 않고 어떠한 이론도 항상 새롭게 검토된다는 점에서 비판적이다. 이러한 비판을 받아들이고 좀 더 진리에 가까이 다가가려는 태도를 지니지 않는다면 과학적 탐구 자체가 성립되지 않았을 것이다. 과학은 다른 과학자의 이론에 대한 비판에 그치는 것이 아니라 궁극적으로 자기 비판의 과정을 거쳐서만 새로운 형태의 포괄적인 진리에 도달할 수 있는 것이다.

셋째, 그것은 개방적 자세를 지닌다. 과학은 탐구의 과정에서 끊임없이 실수와 오류를 범하지만 그것이 검증되거나 반증되면 그 결과를 기꺼이 받아들인다는 점에서 개방적이다. 과학적 진리가 다른 종류의 진리와 달리 끊임없이 개선되고 그 축적의 과정을 통해서 오늘의 수준에 이르렀음을 부인하기는 어려울 것이다. 과학자는 항상 불확실성을 인정하고 자기가 도달한 결론에 회의를 품으며 결국 어떠한 형태의 위압적이고 폐쇄적 권위도 인정하지 않음으로써 개방적 자세의 전형을 보여 준다.

넷째, 그것은 보편적 성격을 지닌다. 과학적 탐구의 성과는 어느 시대나 지역, 혹은 특정한 국가나 민족 등에만 국한되는 것이 아니라 우주 삼라만상에 골고루 적용될 수 있다는 점에서 보편적이다. 또한 그것을 적용한 기술이 어느 특정한 부류의 개인이나 집단에만 귀속될 수 없다는 점에서도 보편성을 지닌다. 물론 과학자에게는 가정이나 조국, 혹은 자기 자신의 전문적 공동체가 있다고 하지만 그것을 극복하고 탈피하는 자세로 탐구에 임하는 것이 항상 과학자로서의 임무이며 당위인 것이다.

다섯째, 그것은 자율적인 태도를 지닌다. 과학자는 과학적 공동체 안에서 관습을 준수하고 규범을 지키며 일정한 패러다임을 수용하거나 정당화하기도 하지만 그것은 방법론상의 작업적 장치들일 뿐이지 거기에 갇혀 있지 않으며 이 모든 것은 결국 극복되기 위해서 과도기적으로만 존재할 뿐이다. 과학자에게 자기가 수용할 수밖에 없는 패러다임은 소중하지만 진리는 더욱 소중하다. 이러한 태도는 진리에 임하는 자신의 자율성의 발로, 즉 최선을 다하고 그 결과에 대해서 책임지는 자세에 의해서만 가능하다. 종교적 진리는 종교인을 영적으로 자유롭게 하지만 과학적 진리는 무지와 편견, 그리고 불편과 위험으로부터 해방시킴으로써 모든 인간을 자유롭게 한다. 이것은 과학적 탐구와 자율성이 가져다준 가시적 성과이기도 한 것이다.

마지막으로 그것은 정밀한 방법만을 채택한다. 자연의 비밀을 탐색하기 위하여 수학적 표현과 논증의 방식을 구사하는 것은 신이 그러한 방식으로 세계를 창조했는지의 여부를 떠나 실제로 자연이 그러한 방식으로 운행되고 있다고 믿기 때문이다. 더구나 그러한 방식으로 표현되어야만 객관적으로 검증이 가능하고 오류가 쉽게 발견되며, 그것을 수정하고 극복함으로써 과학은 지식이 진보하고 성장할 수 할 수 있는 근거를 마련할 수 있는 것이다. 심오한 진리가 때로는 모호하게 표현될 수 있지만 모호하게 표현되었다고 해서 모두 진리는 아니며, 그러한 진리에서는 오류도 발견되지 않아서 개선의 여지도 없다. 아마 이 외에도 더 많은 특징들이 있을 것이다. 그렇다면 '갈릴레이의 정신'이라고도 할 수 있는 이 과학정신을 터득했을 때 그것이 함축하는 의미는 무엇인가.

칼 포퍼(Karl Popper)에 의하면 과학자들이야말로 당연히 이러한 특징을 가장 잘 터득하고 있다고 말한다. 그들이야말로 과학적 탐구에 임함에 있어서 엄격하게 합리적이고 비판적일 뿐 아니라 자율적이고 개방적이며 보편적인, 적어도 그렇게 되려고 노력하는 인간들이라는 것이다. 그에 의하면 과학자 개개인이 이러한 덕목을 갖추지 못하여 편견을 가지고 있고 독단적 태도를 보인다고 할지라도 과학의 방법을 진리탐구의 수단으로 채택하면 개인적인 차원을 넘어 결국 '객관성'에 도달할 수 있다고 말한다. 물론 이것은 개인적 차원에서 획득된 과학정신의 소산만은 아니다. 그는 이렇게 주장한다.

> '과학적 객관성'이라고 부르는 것은 과학자 자신의 무사 공정성의 산물이 아니라 과학적 방법의 혹은 공공적인 성격의 산물이다. 과학자 개인의 무사 공평성은, 설령 그것이 존재한다고 하더라도 사회적으로 혹은 제도적으로 짜여진 과학의 객관성의 원천이 아니라 그 결과이다.[21]

이것을 정치적 상황에 적용하면 민주주의의 형태가 될 수밖에 없다. 그는 "비판적 사고의 자유와 진보를 보장해 주는 것은 민주주의 제도뿐"이라고 지적한다. 과학적 탐구의 자세와 과학자의 공동체야말로 민주주의가 가장 잘 실현된 형태이며, 다른 한편으로는 민주주의야말로 그러한 자세를 가장 온전하게 보장할 수 있다는 것이다.

우리는 포퍼가 염두에 두고 있는 과학자의 예를 파인만의 증언에서도 확인할 수 있다. 그는 『남이야 뭐라 하건!』이란 회고록에서 이렇게 말한다.

> 내가 과학의 분야에서 성공하는 유일한 방법은 무엇이 어떻게 되어야 한다는 생각과 상관없이 증거만을 매우 조심스럽게 제시하고 서술하는 것이다. 어떤 이론을 만들었다면 그 이론의 좋은 점과 나쁜 점을 동시에 설명해야 한다. 과학을 함으로써 순수와 정직이라는 규범을 저절로 배우는 것이다.[22]

그는 또한 과학의 발전과 진보를 이룩하기 위해서는 우리의 무지함을 깨닫고 확실시되는 것에 대해서도 어느 정도는 의심하는 것이 얼마나 중요한

21 K. Popper, *The Open Society and It's Enemies*, Vol. I. (London: PKP, 1966), p.220.
22 *Ibid*., p.223.

지를 배웠다고 말한다. 그는 『발견하는 즐거움』에서 이렇게 말한다.

> 과학자들은 무지와 의심과 불확실함에 대해 경험이 많다. 이 경험은 매우 중요하다고 생각된다. 과학자가 문제에 대한 답을 모를 때 그는 무지한 것이다. 결과가 어떻게 될지 짐작만 한다면 그는 불확실한 것이다. 사실 결과가 어떻게 될지 꽤 확신이 서도 그는 얼마간 의심한다.[23]

그는 이어, "진보하기 위해서는 무지를 인식하고 의심의 여지를 남겨두는 것이 가장 중요하다는 것을 우리는 깨달았다"고 술회한다. 또한 그는 과학적 탐구의 과정에서 일종의 '도덕성'이 필요하다고 지적한다. 증거를 판단하고 보고할 때 과학자들은 서로에 대해서 책임을 느끼기 마련인데 여기서는 이해관계를 떠나는 것이 유용한 기준이 되며 가능한 한 자기 욕망을 배제해야 한다. 그렇게 함으로써 "아이디어의 총체적 발전"을 꾀할 수 있다. 그는 이것을 "과학적 도덕성"이라고 하는데, 이러한 관점에서 보면 "정치선전 같은 것은 추한 것"일 수밖에 없으며 이러한 현상을 최소화하기 위해서라도 과학자는 사회와 접촉할 기회를 많이 가져야 할 필요가 있다고 그는 주장한다.[24]

이와 같이 이러한 특징은 과학적 탐구의 과정에만 머물러 있거나 과학자의 집단에만 국한되는 것이 아니다. 바로 그러한 정신을 구현해야 소규모의 상업문화가 자본주의와 국제적인 시장경제로 확대될 수 있고 봉건적인 폐쇄사회가 자유민주주의로, 그리고 독점적인 제국주의적 문화가 개방적인

23 Richard Feynman: *What Do You Care What Other People Think?* (남이야 뭐라 하건!), 홍승우 옮김, Ralph Leighton 엮음(사이언스 북스, 2004), pp.303-304.

24 R. Feynman, 『발견하는 즐거움』, *op.cit.*, p.157.

다원적이고 자율적인 문화로 발전할 수 있는 것이다. 한마디로 우리가 누리고 있는 자본주의적 시장경제 체제나 자유민주주의 정치제도, 다원적 문화 형태 등이 적어도 부분적으로는 과학정신의 구현들이라고도 말할 수 있다. 포퍼가 자유민주주의의 모델을 과학적 탐구의 자세에서, 그리고 '개방사회'의 전형을 과학자 집단에서 찾은 이유도 바로 여기에 있는 것이다.

과학정신은 또한 현대를 특징짓는 사회적 및 인문적 가치이기도 하다. 합리적이고 자율적이며 개방적인 태도를 지닌 인간이라면 다른 인간을 단순히 수단이나 도구로 대하지 않고 동시에 목적 혹은 인격으로 대하려 할 것이다. 이러한 태도는 곧 칸트(I. Kant)가 말하는 도덕률의 한 조건이 된다. 그는 『도덕형이상학의 기초』에서 인간이 도덕적 행위로 나아가는 근거가 무엇인지 규명하는 데 있어서 합리성과 보편성, 자율성 등을 핵심적인 개념으로 활용한다. 특히 칸트는 인간성의 절대적 가치와 도덕적 인간의 자율성에 대한 무한한 신뢰를 강조한다. 그는 또한 이성의 힘으로 이성 자체의 능력을 비판한 것으로도 유명하다. 그는 『순수 이성 비판』에서 대상세계에 대한 선험적 인식의 한계는 "우리가 인식할 수 있는 것은 현상이지 물 자체가 아니다"라는 명제로 표현된다.[25] 이것은 선험적 원칙들이 경험되는 것들에만 타당할 뿐 이것을 넘어선 절대적 진리에까지 적용되는 것은 아니라는 뜻이며, 이것이 이른바 '비판철학'의 핵심이다. 이러한 방식에 의해서 인식적 판단뿐만 아니라 도덕적 판단과 심미적 판단에서도 그 판단들의 내용이 아니라 그러한 내용이 담겨진 그릇, 즉 판단의 형식인 인식과 의지와 미감이 형

25 Kant의 *Grundbegung Zur Metaphysik der Sitten* (1785), 특히 1장, "도덕에 대한 평범한 이성 인식에서 철학적 이성 인식으로 넘어감"을 참조할 것. 이원봉의 번역서에 있는 해제, "자유로운 인간을 위한 도덕"이 자율성 개념을 이해하는 데 도움을 준다. 『도덕 형이상학을 위한 기초놓기』(책세상, 2002), pp.143–188. 한자경의 『칸트 철학에의 초대』(서광사, 2005)는 칸트 철학 전반을 하나의 일관된 비판철학으로 재조명하는 시도를 보이고 있다.

식을 발견한다. 이것은 이성의 비판적 기능을 활용하여 보편성에 이르는 하나의 전략인 것이다.

일반적으로 비판적인 태도를 지닌 사람은 정치적 제도, 문화적 관행 및 종교적 권위 등을 비판적으로 수용할 뿐 아니라 자신의 가치관이나 신념 체계까지 항상 비판적으로 검토하기 때문에 개방적이며 동시에 보편적인 성향을 지니는 것이다. 예술적인 상상력이나 종교적 영감도 바로 이 비판적인 정신과 자율적인 태도에 의해서 탄생하고 성장할 수 있으며 개방적 자세에 의해서만 진화될 수 있다. 과학기술시대에 과학지식과 과학정신을 무시하고 전통적 인습에 근거한 도덕적 및 종교적 관행을 지나치게 강조하고 예술적인 감성이나 상상력에 너무 호소하면 우선 소통에 차질을 가져오고 그 다음 가치관의 전도에 의한 혼란과 위험이 따라올 것이다.

이미 지적한 바와 같이 과학자라고 해서 반드시 과학정신으로 무장되어 있고 과학의 시대에 산다고 해서 모든 사람들이 그 정신을 구현한다고 말할 수는 없다. 그리고 과학정신이 반드시 과학자의 전유물이라고 단언할 수도 없다. 그러나 그것은 현대인 모두에게 적용될 수 있고 또 실현되어야 하는 보편적 덕목이라고 할 수 있다. 종교의 시대인 중세에 성직자들이 더욱 깊은 신앙심으로 뭉쳐 있었고 일반인들도 기독교적 가치를 최고의 덕목으로 받아들였듯이 과학의 시대에 사는 우리들은 진정한 의미의 과학이 무엇인지 이해하고 과학기술과 함께 과학지식을 습득하고 과학정신을 터득하여 그것을 생활화할 필요가 있다. 미래 사회에도 인간이 과학의 시대를 산다는 것은 의심하지 않아도 되는 객관적 사실이며, 그렇기 때문에 과학을 온전히 이해하고 그 시대를 제대로 산다는 것은 우리의 시대적 당위이라고 해야 할 것이다.

인류의 문명과 다양한 문화현상이 합리성의 작동 없이 기능하지 않았겠지만 그중에서도 자연과학이야말로 가장 철저하게 그것을 온전하게 적용하고 실용화한 분야라고 말할 수 있을 것이다. 이미 언급한 바와 같이 과학에서는 특히 비판적 합리성이 실험, 관찰, 논증이라는 증거 등에 의해서 제시되고 그것이 경험적이고 구체적인 자료에 대한 연속적인 검증, 혹은 확증이나 반증에 의해서 검토된다. 그동안 이러한 과정을 견지하지 않았다면 과학지식은 탄생하지 않았을 것이며 과학지식을 결여한 과학기술의 등장은 상상할 수 없고, 따라서 오늘날의 "과학기술문명"은 그 모습을 드러내지 못했을 것이다. 그러므로 과학기술시대에서 과학문명을 향유하는 현대인은 과학정신을 체득하는 것이 권리이며 의무이기도 하다.

그것은 요즈음 지구촌에서 유난히 대형 사고가 많이 일어나고 있다는 사실에서도 입증된다. 지구에 인류가 삶을 꾸려온 이래 사고가 없었던 적도 없었겠지만 오늘날처럼 각종 사고가 급속도로 대형화되어 가는 이유는 무엇일까. 물론 과거에도 화산 폭발이나 해일, 지진과 산불, 그리고 끊임없는 전쟁 등으로 엄청난 각종 재해가 항상 있었던 것이 사실이다. 그러나 오늘날 각처에서 일어나는 재난들은 주로 인위적인데다가 그것도 첨단 기계기술의 발달로 말미암아 인명의 피해가 막대하다는 데 그 특징이 있다. 거대한 선박의 침몰이나 비행기 추락사고, 대형 인조 건축물의 화재와 붕괴 등은 문명의 이기인 과학기술이 주로 '해기(害器)'로 돌변한 경우라고 볼 수 있다.

우리는 그동안 과학기술이라는 이기가 해기로 돌변하는 현상을 막기 위하여 여러 가지 대책을 세우기도 하였다. 무엇보다 공학적 차원에서 치밀한 안전장치들을 고안하여 생활화해 왔고 정치적으로나 사회적으로 다양한 제도들을 마련하여 시행하기도 하였다. 분야마다 마련된 수많은 매뉴얼들이나 교통법규들이 그 좋은 예일 것이다. 그런데 그러한 장치들이 어느 정도 도움이 되기는 했지만 문제를 근원적으로 해결하지는 못하였다. 과학기술의 급속한 발달과 이러한 문명의 이기들을 향유하려는 욕구를 현대인들의 의식이나 정신력이 미처 감당할 수 없었기 때문이다.

미국의 사회학자인 오그번(William F. Ogburn)은 이미 1927년 현대에 접어들어 급진전하는 과학기술과 문화 사이의 격차를, 다시 말해서 급속하게 발전하는 것과 그에 부응하는 문화 간의 격차를 그의 『사회변동론』에서 '문화지체(cultural lag)'라고 불렀다. 그는 이 개념을 이렇게 규정했다.

> 오늘날 현대 사회변동의 원인은 대부분 물질문화이다. 물질문화의 변동은 사회제도나 관습 같은 분야에 부분적으로 영향을 주지만 그러나 이 부분의 변동은 그 속도를 따라잡지 못한다. 그 문화는 물질문화의 변동에 지체되며, 따라서 우리는 항상 부적응의 시기를 살아간다.[26]

그는 우선 물질문화(material culture)와 적응문화(adaptive culture)를 구분한다. 전자는 주로 기계기술로 구상된 문화이며 후자는 가치관, 신념, 규범, 제도 및 사회적 상호작용 양식 등을 포함한 비물질적인 문화이다. 기술변화의 속도와 양적인 누적으로 인하여 비물질적인 문화의 변화와 적응은 항상 물질문화의 변화와 발달의 속도를 따라잡지 못한다는 이론이다. 가령 자동차의 개발과 보급은 자동차 공업의 발달과 함께 빠른 속도로 이루어지지만 자동차와 관련된 질서의식이나 교통도덕이 확립되기까지는 훨씬 더 많은 시간이 걸린다. 또한 새로운 상황에 맞는 교통 법규의 제정도 같은 맥락에서 생각할 수 있다.

만약 문화지체 이론이 어느 정도 타당하다면 현대인이 당면한 문제를 어

26 William James Ogburn, *Social Change with Respect to Culture and Original Nature* (Columbia University Press, 1922), p.196 참조.

떻게 극복할 것인가. 더구나 우리는 급속한 산업화와 정보화를 통해서 그 어느 나라보다도 빨리 과학기술을 습득했다고 자부하고 있으므로 그 누구보다도 그 지체현상이 심각할 것인데 이러한 현상을 어떻게 극복 혹은 완화할 수 있을 것인가. 그 해답은 비교적 간단하다. 첫째, 과학기술의 발달 속도를 다소 늦추지 않으면 안 된다. 그러나 과학 그 자체가 지적 호기심의 산물이기 때문에 그 속도를 늦추는 데에는 분명히 한계가 있다. 더구나 첨단 기술개발에 혈안이 되어 있는 대기업의 경영주들이나 각국 지도자들의 경쟁의식 때문에 그것을 기대하기는 거의 불가능에 가깝다. 둘째, 국가 정책이나 사회 제도로서 문화지체를 완화할 수 있는 장치를 개발할 필요가 있다. 그러나 오늘날 주로 이러한 문제를 담당할 국가들의 기능에는 한계가 있다. 독재국가는 효율적일 수 있지만 위험하고, 민주국가는 안전한 편이지만 비효율적인 경향이 있다. 더구나 현대사회에서 일반적으로 국가는 작은 문제를 해결하기에는 너무 크고 큰 문제를 해결하기에는 너무 작기 때문에 여기에도 한계가 있는 것이다. 마지막으로 현대인 각자가 과학기술시대에 걸맞은 의식구조, 말하자면 과학적 합리성 혹은 '과학정신'으로 무장하고 각성할 필요가 있다. 그러나 문제가 심각해질수록 전근대적인 전통과 가치로 회귀하려는 복고주의 혹은 낭만주의가 여전히 기승을 부려서 문제의 본질을 외면하고 그 핵심을 직시하지 않으려는 풍조가 더욱 팽배해지고 있다. 문화자체보다 더욱 위험한 '정신지체(spiritual lag)'를 부추기는 세력들의 위협이 여전히 심각하다는 것이다.

과학기술시대란 과학기술이 사회변화의 가장 중요한 동인이 되는 시대를 의미한다. 그러므로 기술의 발전에 따른 문화적 변화도 전면적이며 일상 곳곳에서 이루어지게 마련이다. 그런데 사회문화적 환경이 과학기술이 발전하는 속도를 따라잡지 못하면 문화지체 현상은 사회병리현상으로 비화될 수도 있다. 과학기술문명이 발전하면 과학정신문화가 뒷받침해 주어야 한다. 그러나 이것을 기대하는 데에는 분명히 한계가 있다. 그러므로 현대인인 우리들 각자에게 새로운 계몽정신이 필요하다. 그것은 프로메테우스의 '불'을 남용하거나 원망하는 무분별한 자세가 아니라 그 본질을 성찰하고 그 은덕에 감사하며 제대로 활용할 줄 아는 성숙한 책임의식이다.

미래 사회에서는 더욱 더 다양한 가치체계와 상충하는 가치요소들이 혼재하여 개인적 신념 체계를 정립하기가 어려워지고 자율적 인격체로 존립하기가 그만큼 더 힘들어질 것이다. 특히 환경파괴와 유전자 조작, 세련된 로봇의 등장과 사이버 공간의 확대 등으로 가치관과 세계관, 인간관을 새롭게 정립해야 하고 그 과정에서 극심한 혼란이 야기될 것이 분명하다. 여기서 절실하게 필요한 것이 신념체계를 정립하기 위한 내적 통합력이며 새로운 환경에 신축성 있게 대처하기 위한 외적 적응력이다. 내적 통합력이 강한 인간은 독단적 합리성이 강한 인간이기도 한데, 일관된 신념체계와 행동양식을 지니고 있고 가치관이 뚜렷하여 적극적이고 능동적인 태도를 취하는 경향이 있다. 그러나 새로운 환경에 적응하는 데 어려움을 느끼고 독선주의와 배타주의의 성향을 드러내기 쉽다. 그러므로 동시에 외적인 적응력을 기를 필요가 있다. 그렇게 하기 위해서는 변화를 관조하고 성찰할 뿐만 아니라 때로는 비판하고 도전하며, 때로는 이에 참여하고 순응하기도 해야 하는데, 여기에서 절실하게 필요한 것이 근거 있고 건설적인 비판 이성이며 새로운 가치체계와 생소한 환경을 수용할 수 있는 열린 자세이다.

V. 과학적 합리성 비판과 그 수용

지금까지 우리는 인간 이성의 능력을 두 가지 측면으로 나누어서 살펴보았는데, 하나는 체계적이고 종합적이며 독단적인 면이고 다른 하나는 분석적이고 반성적이며 비판적인 면이 그것이다. 이 중에서 서구 문명에 두드러진 것이 후자, 즉 비판적 합리성이라고 할 수 있다. 그것은 근대 과학을 탄생시키는 데 결정적인 역할을 했다고 볼 수 있는데, 특히 과학정신의 관점에서 조명하면 소크라테스에까지 거슬러 올라갈 수도 있다. 한편 과학은 일반적으로 과학기술과 혼동해서 이해하는 경향이 있는데 우리가 당면한 과학기술 시대의 본질을 파악하고 여기서 배태된 여러 가지 시대적 징후를 해결하기 위해서는 과학정신의 핵심인 비판적 합리성을 좀 더 부각시키고 생활화하여 하나의 시대정신으로 승화시킬 필요가 있다는 점을 지적하였다. 과학정신이야말로 과학지식을 창출하고 그것을 활용한 과학기술의 원천이기도 하기 때문이다. 더구나 이미 언급한 바와 같이 근대 과학이 없었다면 현대의 자본주의적 경제체제, 자유주의적 민주주의 정치제도, 그리고 다원주의적 문화구조의 등장은 상상할 수조차 없기 때문이다. 다시 말해서 과학정신에 배태된 비판적 합리주의가 과학기술의 시대를 향유할 수 있게 할 뿐만 아니라 이 시대가 낳은 갖가지 부정적인 현상, 가령 환경오염이나 유전 공학, 핵전쟁의 위협 등의 난제를 풀어갈 수 있는 실마리를 마련해 줄 것이기 때문이다. 사실 과학기술시대의 현대인들은 과학적인 것은 합리적이고 합리적인 것은 과학적이라는 인식을 공유하는 경향이 있다. 그러나 철학자들은 과학적 합리성에 대해서 의문을 제기하고 특히 과학적 탐구의 방법을 정당화하는 근거에 대해서 면밀히 검토하고자 한다. 가령 과학은 경험적 증거에서 출발하는데 과연 어떠한 경험을 과학적인 자료로 받아들이는지, 가설을 설정하는 데 있어서 지나치게 직관이나 상상력에 의존하는 것은 아닌지, 추론의 과정에서 주로 귀납법을 사용하는데 그 방법 자체가 합리적인 것인지 등에 대해서 많은 논란이 있어 왔다. 이 문제에 대해서 철학자들은 아직 서로 의견을 달리하고 있다.

과학적 탐구가 과연 합리적인 작업인지에 대해서 처음으로 의문을 제기한 사람은 흄(D. Hume)이었다. 그에 의하면 과학적 탐구가 주로 귀납법에 의존하는데 이 방법 자체가 합리적으로 정당화되지 않는다는 것이었다. 가령 아무리 많은 까마귀가 까맣다는 것이 확인되었다고 해도 모든 까마귀가 까맣다는 법칙적 결론에 도달할 수는 없기 때문이다. 한편 이러한 입장을 계승한 논리실증주의자들은 귀납법을 정당화하고 그 합리성을 입증하기 위하여 확률론을 도입하는 등 최선을 다하였으나 여러 가지 문제에 부딪치며 해법을 찾는 것이 여의치 않았다. 포퍼는 과학이 합리적이지만 귀납법에 의존하는 것은 아니라고 주장하고 그 대안으로 연역적 구조를 유지하는 반증주의를 제시하였다. 과학의 합리성은 과학적 법칙이나 이론이 가설로서 가혹한 반증의 절차를 견디어 내는 한 확보되며 유지될 수 있다는 것이다. 말하자면 까맣지 않은 까마귀가 나타나지 않는 한 까마귀는 까맣다는 명제가 합리적으로 정당화된다는 것이다. 그러나 이러한 입장들을 전면적으로 거부하며 과학이 귀납적인 방법을 쓰는 것도 아니고 합리적인 학문도 아니라고 주장한 사람은 토마스 쿤(Thomas Kuhn)이었다. 물론 그의 입장에 대한 이러한 해석이 정당한 것인지는 논의의 여지가 있으나 대체로 이 주제에 관한 한 그렇게 요약할 수 있을 것이다.

쿤은 『과학혁명의 구조』에서 과학의 발전이 자연에 대한 진리를 축적하는 방식으로 일어나는 것이 아니라 과학자 사회에 의해 수용된 패러다임을 정교하게 만드는 정상과학과 이것이 위기를 맞으면서 다른 정상과학으로 바뀌는 급격한 과학혁명에 의해 전개된다고 주장했다. 쿤의 해석에 따르면 과학 활동의 대부분은 자연에 대한 진리를 추구하는 혁신적 활동이라기보다는 패러다임을 정교하게 만드는 보수적인 활동이었다. 말하자면 비판적 합리성보다는 독단적 합리성이 더 많이 작용하는 작업이며 때로는 종교나 예술, 정치적 상황에서와 마찬가지로 직관과 충동에 의해서 좌우되는 학문이라는 것이다. 무엇보다 패러다임은 자연 그 자체에 대한 객관적인 진리라기보다 과학자가 만든 일종의 모델 같은 것이었다. 더구나 쿤에 따르면 두 개의 패러다임 사이에는 합리적인 소통을 어렵게 하는 단절 비슷한 것이 항상 존재한다는 것이다.[27]

쿤의 해석에 대해서는 숱한 반론과 논쟁이 이어졌으며, 어떤 과학자는 그가 과학을 '군중심리'로 격하했다고 분노에 찬 비판을 쏟아 내기도 하였다. 그러나 이 책은 20세기 후반기 동안 인문학과 사회과학의 거의 모든 분야에 큰 영향을 미쳤고, 과학을 보는 사람들의 관점을 송두리째 바꾸었다. 과학은 신이 만든 법칙을 찾아내는 활동이 아니라 '과학자'라는 사람들이 복잡한 자연을 이해하기 위해 노력하는 과정이자 그 결과 외에 아무것도 아닌 것으로 이해되기 시작하였다. 쿤은 과학을 하늘에서 땅으로 끌어내렸으며, 그것을 둘러싼 신비의 그림자를 걷어냈다는 것이다. 무엇보다 그의 과학관은 흄 이래로 문제가 되어 왔던 과학의 합리성에 커다란 타격을 가하게 되었고, 동시에 과학기술이 풍미하고 있는 현대의 시대정신도 치명적인 손상을 입게 된 것이다. 과학은 합리적인 방법에 따라 세계의 실상뿐만 아니라 이 세상의 객관적 가치를 드러내어 준다는 신념이 흔들리게 되었기 때문이다. 그러나 과학적 탐구는 과연 실재하는 세계와 아무런 상관이 없고 다만 과학자라

27 T. S. Kuhn, *The Structure of Scientific Revolutions* (Chicago: The University of Chicago Press, 1970), 참조.

는 사람들의 잠정적인 합의의 산물에 불과한 것일까.

사실 과학적 탐구도 결국 인간들이 펼치는 노력의 한 형태이기 때문에 인간이 지닌 인식의 한계를 뛰어넘지는 못할 것이다. 더구나 과학자들도 독자적인 탐구에만 몰두해 있는 것이 아니라 자신이 속한 공동체를 의식해야 하고, 그 공동체의 한 성원으로서 결국은 거기서 인정을 받아야 하기 때문에 사회적 존재로서의 한계를 벗어날 수 없을 것이다. 가령 쿤이 지적하듯이 불가피하게 어떤 패러다임 안에서 연구를 지속하고 그것을 정당화하는 작업에 종사하지 않을 수 없다는 것이다. 그러나 이것이 과학자가 지닌 역할의 전부이며 이러한 사실이 반드시 과학의 합리성에 대해서 부정적인 요소로만 작용하는 것일까. 그것은 오히려 합리성의 개념을 확장시켜 가는 긍정적인 효과를 야기하는 것은 아닐까.[28]

우리는 합리성을 확보하는 데 있어서 타가드(Paul Thagard)가 지적하듯이 개인적인 측면과 집단적인 측면을 나누어서 고찰해 볼 수 있다.[29] 개인적 합리성은 과학적 탐구의 경우 가설의 설정과 검증 혹은 반증의 과정에서 추적될 수 있다. 이 과정에서는 귀납법이 완전한 도구는 아닐지라도 검증과 반증 및 확률적인 통계의 도움을 받아 우리가 어느 정도의 합리성을 확보할

28 스티브 풀러(Steve Fuller), 『쿤/포퍼 논쟁 (*KUHN VS POPPER*)』, 나헌영 옮김(서울: 생각의 나무, 2007) 참조. R. Carnap을 비롯한 논리실증주의자들에 의하면 과학적 탐구활동은 논리적 추론을 근간으로 하는 객관적인 지적 활동이다. 그러나 Kuhn은 이러한 지적 활동은 특정 패러다임의 통제 아래 이루어질 경우에만 의미가 있다. 풀리지 않는 문제들이 누적되면 이 패러다임 자체가 위기에 처하고 결국 새로운 패러다임이 도출된다. 이러한 혁명의 과정을 설명하면서 '게슈탈트 전환', '종교적 개종' 등의 비유를 사용하기도 하였다. 그러나 이러한 그의 입장은 과학적 합리성을 부정하는 상대주의의 혐의를 피하지 못하였으며 유명한 Popper와의 논쟁을 불러일으켰다. 그에 의하면 이론의 과학성을 확립하기 위해서는 그것을 입증하는 증거를 모을 것이 아니라 스스로 엄격한 비판의 가능성을 열어 두어야 하며, 이러한 '반증가능성'이야말로 합리성을 확보할 뿐만 아니라 과학적 지식이 성장하는 원동력이라는 것이다. 이에 대해 Kuhn은 이론과 맞지 않는 사례가 등장할 때마다 그것을 포기한다면 과학 활동 자체가 불가능하다는 점을 지적하였는데 그것은 이들의 논쟁에서 핵심적 주제가 되었다.

29 P. Thargard, "Rationality and Science," *The Oxford Handbook of Rationality*, ed. by A. R. Mele & P. Rawling (Oxford Univ. Press, 2004), pp.372-377 참조.

수 있는 방법이 될 수 있다. 한편 집단적인 합리성은 긍정적 측면에서 이해할 때 개인적 합리성이 공동체의 차원에서 공인되고 비판적 검토를 통해 더욱 공고해지는 장치라고 말할 수 있다. 과학적 집단의 경우 그것은 정치가나 예술가, 혹은 경영인이나 성직자 등 단순히 무작위로 소집된 다양한 구성원이 아니라 과학자들로 구성된 전문가들의 공동체를 의미하므로 여기서 확보되는 합리성이 더욱 증진될 것을 의심할 필요는 없다. 그러나 어떤 패러다임을 정당화하는 합리성이 한계에 부딪칠 경우에는 어떻게 할 것인가. 쿤이 지적하듯이, "개인적인 사건들과 역사적인 사건들이 뒤섞여 있어 분명히 자의적이라고 할 수 있는 요소가 어떤 특정한 시대의 과학적 공동체가 신봉하는 신념들을 형성하는 데 구성 요소"가 되는 경우에는 역시 합리성에 한계가 드러날 수밖에 없다.[30]

일반적으로 우리는 어떤 공동체에서 관습이 더 이상 통용되지 않을 경우 그것이 지닌 합리성에 한계가 있음을 실감하게 된다. 이러한 경우 개인적인 판단의 주관성 때문이 아니라 그가 속한 집단에서 인정하는 합리성의 한계 때문이라고 할 수 있다. 그러므로 새로운 환경에 성공적으로 적응하기 위해서는 좀 더 설득력이 있는 관습을 필요로 하게 되고 그것을 정당화하기 위해서는 한 차원 높은 합리성이 요구된다고 볼 수 있는 것이다. 바로 이러한 상황에서 흔히 우리는 특별한 지혜를 지닌 이지적 영웅을 필요로 하게 된다. 비상시에도 인간의 행동을 깊이 이해할 수 있는 충분한 경험과 숙고할 능력을 개발한 사람만이 높은 식견을 가지고 현명한 결단을 내릴 수 있다. 과학적 공동체의 경우, 쿤이 말하는 새로운 패러다임이 등장하기 위해서는 혁명적 과도기가 필요하고 이 시기를 성공적으로 극복할 수 있는 과학적 천

30 T. S. Kuhn, *The Structure of Scientific Revolutions*, *op.cit.*, p.4.

재가 필요하다는 것이다. 그러한 사람을 우리는 아리스토텔레스적인 의미로 탁월한 '대인(megalopsycheia)', 그리고 그의 능력을 '식견' 혹은 '실천적 지혜(phronesis)'의 일종으로 해석할 수도 있을 것이다. 이 능력은 과학자들의 공동체뿐만 아니라 어떤 종류의 집단에서든지 바람직한 결단을 내리기 위해서 반드시 필요한 실천적 차원에서의 지혜이다. 그러므로 과학적 공동체라고 해서 예외가 될 수 없는 그러한 종류의 능력인 것이다.

과학적 탐구에 합리성이 있는지의 여부는 좀 더 포괄적이고도 체계적으로 검토해 보아야 할 문제이다. 그러나 상대적으로 합리성이 개입되는 다른 분야와 비교해 볼 때, 가령 종교나 윤리, 정치, 예술 등과 문화의 전반에 걸쳐서 대조해 볼 때 과학이 덜 합리적이라고 폄하해서는 안 된다. 특히 합리성을 현상에 대한 이해와 설명, 예측의 수준으로 평가할 때 과학을 다른 분야와 비교하는 것 자체가 무리일 것이다. 또한 합리성을 개인적 차원과 집단적 차원으로 나누어서 고찰할 때 과학적 합리성을 알고리즘적 측면에만 국한하여 과학자들의 공동체에서 추적될 수 있는 천재 과학자들의 실천적 지혜를 외면할 필요가 없다. 이 지혜가 단순히 직관이나 충동의 산물이 아니라면 과학은 매우 차원 높은 합리성의 산물임에 틀림없다. 그러한 의미에서 쿤은 과학적 탐구가 지닌 개인적 차원에서의 한계를 부정적으로 평가하였지만 집단적 차원에서의 합리성이 보완관계를 이루어야 함을 지적함으로써 오히려 과학적 합리성을 더욱 강화하였다고 이해할 수도 있다. 장대익이 지적하듯이 결국 "반증을 당하는 것은 이론이 아니라 사람"이며,[31] 정병훈도 지적하듯이 쿤에게 "과학의 합리성은 과학자 집단의 합의의 합리성, 과학자 개개인의 판단의 합리성이고, 그것은 결국 인간의 합리성"이라고 할 수 있

31 장대익, 『쿤과 포퍼: 과학에는 뭔가 특별한 것이 있다』(파주: 김영사, 2011), p.122.

기 때문이다.[32]

쿤의 과학관을 계승하고 후기 비트겐슈타인(L. Wittgenstein)의 언어관을 더욱 극단적인 방향으로 발전시킴으로써 포스트모더니즘의 한 형태인 '신 실용주의(Neo-pragmatism)'를 제창한 인물이 로티(Richard Rorty)이다. 그가 비트겐슈타인으로부터 배운 것은 철학이 진리를 탐구하는 작업이 아니라 서로 다른 언어 게임 안에서 사용된 언어의 의미를 명확히 하는 '활동' 외에 아무것도 아니라는 것이다. 그가 쿤으로부터 배운 것도 역시 과학이 자연에 관한 객관적 지식의 탐구가 아니고 과학자 사회가 공통적으로 인정한 '합의' 혹은 패러다임을 이끌어 가는 '활동'이라는 점이었다. 이러한 배경과 이론을 바탕으로 그는 과학이란 '발견하기'가 아니고 '만들기'에 불과하다고 선언했다. 더구나 그는 과학을 일종의 언어활동으로 보고 다른 언어활동, 가령 종교나 예술에 비해서 특별한 권위를 누리는 활동은 아니라는 견해를 갖고 있다. 과학적 합리성에 대한 그의 비판적인 태도는 이러한 맥락에서 제기된 것이다.

로티는 합리성을 두 가지로 구분한다.[33] 하나는 '강한' 의미의 합리성으로서 주로 방법을 모색하는 도구적 의미로 쓰인다. 여기서 '합리적'이란 미리 주어진 성공의 규칙이나 기준을 찾는다는 뜻이 된다. 이러한 뜻으로는 시인이나 화가는 주어진 방법에 따라 시를 쓰거나 그림을 그리지 않기 때문에 비합리적이다. 반면에 과학자는 이러한 합리성의 상징적인 존재로 군림한다. 그들은 치밀한 과정을 거쳐서 가설을 설정하고 그것이 반증될 수 있는 방안을 모색하며 실험적 결과에 따라 항상 포기할 용의를 갖추고 있다. 물

32 정병훈, "역사주의 과학철학자, 쿤," 『과학철학: 흐름과 쟁점, 그리고 확장』(파주: 창비, 2011), p.122.
33 Richard Rorty, "Science as Solidarity," in *The Rhetoric of Human Sciences*, ed. J. S. Nelson and others (Wisconsin: The University of Wisconsin Press, 1987, pp.38–40 참조. 좀 더 자세한 논의는 신중섭의 "로티의 네오 프래그머티즘: 대화와 연대의 철학," 신일철 외 지음, 『현대철학과 사회』(서광사, 1992), pp.138–144 참조.

론 과학 이론의 성공을 평가할 수 있는 명확한 기준도 가지고 있다. 이러한 의미의 합리성에는 미래를 예측할 수 있는 능력과 자연의 어떤 부분을 통제할 수 있는 명확한 기준도 갖추고 있다. 이것이 자연과학을 합리성의 전형으로 간주하는 이유라고 할 수 있다.

로티에 의하면 다른 하나는 '약한' 의미의 합리성으로서, 그것은 '양식이 있는' 혹은 '분별 있는'이란 뜻으로 쓰인다. 이것은 과학적 탐구나 기술의 개발이 아니라 세상에 임하는 태도에 함축되어 있는 것으로서 주로 도덕적 덕목을 지칭하는 개념이다. 가령 주위에 있는 사람들의 인격을 존중하고 그들의 의견을 경청하며 완력이 아니라 대화를 통해 상대를 설득하려는 자세 등을 말하는 것이다. 그러므로 여기서 '합리적'이라는 말은 거의 '교양 있는'이란 말과 동의어가 된다. 그러므로 그것은 과학과 예술 혹은 종교를 구분하는 어휘가 아니라 단순히 교조적이고 폐쇄적이며 방어적인 태도를 고수하지 않는다는 것을 의미할 뿐이다.

이러한 구분을 통해서 본다면 과학적 접근만 합리적이고 다른 방식으로, 가령 인문학적으로 접근하면 비합리적이라는 주장은 성립되지 않는다. 과학은 강한 의미로 합리적이지만 약한 의미로는 비합리적일 수 있으며 정치나 예술 혹은 종교는 약한 의미로 합리적이지만 강한 의미로 비합리적일 수 있기 때문이다. 그러나 합리성을 이렇게 엄격하게 두 가지로 구분하는 것이 가능하고 또한 바람직한 것인가. 가령 과학적 합리성은 교양인과 무관하단 말인가.

혹시 다른 어휘를 사용하는 것이 더 바람직하지 않을까. 강한 의미의 과학적 합리성이 과학뿐만 아니라 다른 영역에도 항상 적용되어 왔고 또 그렇게 일반화하는 것이 더욱 바람직한 것이 아닐까. 그러한 점을 이해하려면 합리성에 대한 좀 더 세심한 고찰이 필요하다.

합리성을 약한 의미로 해석하여 "자문화 중심(ethnocentric) 시민적 교양"의 맥락으로 이해하는 로티에 의하면 일반적으로 '탐구'라는 것은 다양한 문제에 기준을 적용하는 행위가 아니라 주관적 신념의 그물을 끊임없이 다시 짜는 작업에 지나지 않는다. 신념이 변함에 따라 기준도 변하기 때문에 이러한 변화와 무관한 비역사적인 사실이나 진리를 보장해 주는 불변의 시금석은 존재하지 않는다. 그러므로 과학에서든 인문학에서든 진리는 발견되는 것이 아니라 만들어지는 것이며 합리성의 기준도 부단히 변하는 것이기 때문에 "진정한 지식"이나 "단순한 소견" 또는 "사실적인 것"과 "판단된 것" 사이의 구분은 무의미하다는 것이다.

어떤 의미로 합리성을 과학적 합리성과 인문적 합리성 혹은 이론적 합리성과 실천적 합리성으로 구분해서 고찰하는 것은 이 주제를 이해하는 데 도움이 될 수도 있을 것이다. 과학적 탐구도 결국은 인간이 전개하는 지적 작업이므로 절대적이고 불변하는 진리를 발견하는 것은 아니라는 주장도 어느 정도 설득력이 있다. 그러나 우리는 여기서 적어도 몇 가지 문제점을 지적할 수 있다. 우선 그 구분이 너무 과장되어 있다는 것이고, 과학에 대한 이해가 너무 편협하거나 느슨하다는 점이며, 그리고 무엇보다 과학이 지닌 문화사적 함축을 직시하고 있지 못하다는 점 등이다.

우선 과학적 탐구에 있어서 논리적으로나 경험적으로 엄밀성을 강조하고 정밀성을 요구한다는 사실을 부정할 수는 없을 것이다. 그러한 것을 무시한다면 이른바 "객관적 사실"에 관한 지식에 접근하는 것은 불가능할 것이기 때문이다. 그러나 이미 언급한 바와 같이 과학자들은 그러한 사실에 좀 더 가까이 다가가기 위하여 접근하는 방법뿐만 아니라 지금까지 성취한 것을 본질적으로 다시 검토하고 비판하며 심지어 전면적으로 부정하기도 한다는 사실을 또한 외면하기 어려울 것이다. 만약 그러한 태도를 견지하지 않았다면 비판의 대상이 되고 있는 과학기술의 성과도 기대할 수 없다. 그런데 바로 이러한 자세야말로 과학정신의 핵심이며 그가 "약한 합리성"의 특징이라고 주장하는 개방성과 비판성의 표현이 아닌가. 그러한 자세에 의해서 과학자들은 그 어떤 분야에서보다도 폐쇄적이고 교조적이며 방어적인 태도에서 탈피하고자 하기 때문이다.

한편 과학적 탐구의 과정에서 개인적 신념이 반영되고 상상력이 동원되며 그 결과가 언어적 형태로 기술된다고 하더라도, 그리고 바로 그렇기 때문에 그것은 문학이나 종교 혹은 정치사상과 다를 것이 없다고 주장하는 데에는 분명히 문제점이 있다. 이들 사이의 중요하고 의미 있는 차이점을 그가 간과하고 있다는 것이다. 가령 이들 분야에서 각기 '표상'이라는 개념을 사용한다고 하더라도 서로 다른 뜻으로 쓰인다고 볼 수는 없는 것일까. 고양이와 강아지가 모두 네 개의 다리를 가지고 있다고 해서 고양이는 강아지라는 결론에 도달할 수는 없지 않은가. 여기서 합리성은 좀 더 신중하고 면밀하게 검토해야 할 문제임을 실감할 수 있다. 과학적 합리성을 지닌다고 해서 기존의 교통규칙을 지키는 것만이 합리적이라고 주장하지는 않을 수도 있기 때문이다.

끝으로, 합리성이 자문화적 맥락에서 지금까지 다른 뜻으로 쓰였다고 하더라도 보편성을 강조하는 과학적 탐구가 급속하게 진척됨에 따라 "초문화적(trans-cultural)" 현상이 가시화될 것이며, 그 결과 우리는 세계화의 과정에서 실감할 수 있듯이 자문화 중심의 외연도 점차 넓어진다고 예상할 수 있다. 이것을 대화의 성과로 얻어진 유대성의 확보로만 이해할 것이 아니라 대화 자체를 가능하게 하는 객관성과 합리성이 작동한 결과로 이해할 수도 있다는 것이다. 여기서 우리는 과학적 합리성에 대한 미래지향적 통찰의 중요성을 실감하지 않을 수 없다. 차인석이 지적하듯이 미래 사회에서는 자문화적 둥지를 벗어나서 초문화적 "세상화(mundialization)"의 길을 걷게 될 것이 분명하기 때문이다.[34] 그러나 이러한 확신도 과학이 주도하는 합리성에 대한 신뢰를 전제로 한다는 점을 인식해야 할 것이다.

VI. 맺는 말

지금까지 우리는 이성을 두 가지 측면으로 나누어서 살펴보았는데, 하나는 체계적이고 종합적이며 독단적인 면이고 다른 하나는 분석적이고 반성적이며 비판적인 면이 그것이다. 이 중에서 서구 문명에 두드러진 것이 후자, 즉 비판적 합리성이라고 할 수 있고 그것은 근대 과학을 탄생시키는 데 결정적인 역할을 했다고 볼 수 있으며, 특히 과학정신의 관점에서 조명하면 소크라테스에까지 거슬러 올라갈 수 있다. 우리는 또한 과학의 세 국면, 즉 과학정신, 과학지식 및 과학기술을 구분하여 검토함으로써 과학의 본질을 포괄적으로 이해하고 과학기술시대를 살아가는 데 있어서 바람직한 자세가 어떤 것인지 살펴보았다. 과학은 원래 지적 호기심을 충족시키기 위한 동기로 출발하였지만 그 지식이 지닌 유용성으로 인하여 곧 기술로 발전하였다. 그리하여 일반적으로 오늘날 과학이 마치 과학기술인 것처럼 착각하기에 이른 것이다. 그러나 과학의 본질을 심층적으로 이해하기 위해서는 과학지식을 창출하고 과학기술을 출현하게 한 과학정신의 내용을 파악하지 않으면 안 된다는 인식에 도달한 것이다. 그리고 과학기술시대를 바람직하게 살아가는 지혜도 바로 이 과학정신을 체득하여 생활화하는 데 있다는 것을 지

34 In-Suk Cha, *The Mundialization of Home in the Age of Globalization: Towards a Trascultural Ethics* (Lit Verlag Dr. W. Hopf Berlin, 2012), 특히 "Mundialization towards the Great community," pp.1–38 참조.

적하였다.

과학정신에는 합리성, 자율성, 비판성, 개방성, 보편성, 엄밀성 등 여러 가지 특징이 있지만 그 요체는 대체로 "비판적 합리성"으로 모아진다고 말할 수 있다. 그러나 논자들 사이에는 과학적 합리성 그 자체에 대한 비판도 만만치 않다. 흄이 귀납의 정당화에 대한 문제를 제기한 이래 치열한 논쟁이 지속되어 왔지만 그중에서도 최근에 등장한 쿤의 '패러다임' 논제와 그것을 확장한 로티의 포스트모던적 해석은 매우 진지하고 심각하다고 할 수 있다. 그러나 그것을 자세히 검토해 보면 과학을 신성시하는 과학주의에 대한 비판의 성격을 띠지만 오히려 과학적 합리성의 본질을 제대로 이해하는 데 공헌하였다고 해석할 수도 있는 것이다. 과학적 진리는 신의 계시와 같은 것은 아니지만 인간의 합리성을 극대화한 최고의 지식 형태임을 확인한 것이다. 이제 우리의 과제는 그것을 바람직하게 활용하는 방안을 찾고 실천하는 데 있다.

한편 과학은 일반적으로 과학기술과 혼동해서 이해하는 경향이 있는데 우리가 당면한 과학기술시대의 본질을 파악하고 여기서 배태된 여러 가지 시대적 징후를 해결하기 위해서는 과학정신의 핵심인 비판적 합리성을 좀 더 부각시키고 생활화하여 하나의 시대정신으로 승화시킬 필요가 있다. 과학정신이야말로 과학지식을 창출하고 그것을 활용한 과학기술의 원천이기 때문이다. 더구나 근대 과학이 없었다면 현대의 자본주의적 경제체제, 자유주의적 민주주의 정치제도, 그리고 다원주의적 문화구조의 등장은 상상할 수조차 없을 것이다. 다시 말해서 과학정신에 배태된 비판적 합리주의가 과학기술 시대를 제대로 향유할 수 있게 할 뿐만 아니라 이 시대가 낳은 갖가지 부정적인 현상, 가령 환경오염이나 유전 공학, 핵전쟁의 위협 등의 난제를 풀어 갈 수 있는 실마리를 마련해 줄 것이기 때문이다.

사실 현대철학은 그동안 직접적으로나 간접적으로 이 난제를 풀어 가기 위해 제각기 다른 입장을 취해 왔다. 물론 여러 가지 혜안을 제시한 점도 있으나 문제의 핵심을 비껴 나간 측면도 있다. 현대철학의 큰 조류를 실존적 현상학과 비판적 사회철학, 그리고 분석적 과학철학으로 나눌 수가 있다. 실존적 현상학은 후설에서 하이데거로 이어지는 사조로서 주로 과학기술이 야기한 문명의 위기에 관심을 기울이고 그 해법으로 반과학주의적인 형이상학적 혹은 낭만주의적 접근을 시도한다. 그러나 이것은 문제의 핵심을 외면하는 복고주의적 처사이다. 비판적 사회철학은 마르크스로부터 비판철학을 거쳐 하버마스로 이어지는데, 이 학파도 과학기술에 치중하여 사회비판에 관심을 보일 뿐 근원적 해법에 접근하지 못한다. 가령 이상적 담화의 상황을 형성하는 것은 사변적이고 추상적인 요소를 담고 있을 뿐만 아니라 이상주의적 혐의가 농후하다. 마지막으로 분석적 과학철학은 과학적 탐구의 성과인 기술보다는 그 과정인 과학정신에 더 큰 비중을 두는 입장으로서 러셀과 포퍼로 이어진다. 이것이 갖는 장점은 과학주의를 피하면서 과학적 탐구의 자세인 비판적 합리성을 극대화한다는 점에 있다. 말하자면 실존적 현상학이 지나치게 반과학적이어서 극약처방을 시도하는 폐단이 있다면 비판적 사회철학은 과학기술의 성과가 야기한 사회현상에 대증요법적 접근을 시도함으로써 근원적인 처방을 마련하지 못하고 있다는 것이다. 이에 비해서 분석적 과학철학은 과학의 본질인 과학정신에서 진단과 그 처방을 찾고자 함으로써 문제의 핵심에 접근하고 있는데 그것은 과학의 성과가 야기한 문제를 그 탐구의 정신으로 해결하고자 하기 때문이다. 이러한 접근은 한국적 상황을 진단하고 처방하는 데 해법을 마련할 수도 있다.

한국은 수난과 질곡의 현대사를 겪으면서 분단을 극복하지 못한 채로 눈부신 경제발전과 정치 발전을 이루었다. 널리 알려진 바와 같이 급속한 민주와과 산업화가 그것이다. 그러나 오늘날 이에 만족하지 않고 세계화 시대의 정보화를 선도하고 있다. 그런데 이 모든 것은 과학기술의 발달에 의존하지 않으면 불가능한 일이었고 또 앞으로도 불가능할 것이다. 그러나 과연 우리는 이에 걸맞은 과학정신, 혹은 비판적 합리성을 갖추고 있는가. 아마 아무도 긍정적인 답변을 선뜻 제시하기가 어려울 것이다. 동서와 고금이 격돌하는 이 땅에서 격동의 시대를 어떻게 지혜롭게 살아갈 것인가. 이것이 우리가 당면한 시대적 사명이고 역사적 과제가 아닐 수 없다. 이 문제에 접근하기 위해서는 이른바 '한국적 상황'이 어떤 것인지에 대해 좀 더 면밀한 검토가 필요할 것이다. 이미 지적한 바와 같이 한국의 현대적 상황은 고대 아테네의 그것과 경제적으로나 정치적으로, 그리고 문화적으로 구조적인 유사점이 있고 차이점이 있다면 과학기술의 발달로 급진적으로 그 규모가 확대되고 있다는 점이다. 이러한 특수성을 이해하기 위해서라도 과학의 본성을 포괄적으로 이해할 필요가 있었던 것이다. 한국적 상황을 입체적이고도 체계적으로 이해하기 위해 먼저 고대 아테네와 예루살렘에 기원을 둔 서양문화와 다른 우리의 민족문화, 특히 '민족'이라는 공동체 의식과 그 주체인 이른바 '민족적 자아'에 관하여 검토해 보기로 하자.

제 3 장

한국의 민족사상과 공동체적 자아

I. 머리말

한국적 상황을 이해하고자 할 때 우리는 종적이고 수직적인 측면과 횡적이고 수평적인 측면에서 입체적으로 접근할 수 있다. 수직적인 측면은 시간적 접근을 의미하는 것으로서 현대라는 역사적 인식과 민족적 현실을 고려해서 파악하는 방법이다. 이에 비해 수평적인 측면은 주로 공간적 접근을 의미하는데, 오늘날 이 나라가 처해 있는 국제적 위상과 국가적 정황을 근거로 해서 이해하는 방법이다. 이것은 어떤 개인이 처한 입장을 파악하고자 할 때 접근하는 방식과 유사하다. 만약 그 사람을 평가할 때 과거의 행적만 추적한다면 현재의 업적이나 불운에 대해서 오판할 여지가 있고, 그러나 현재의 지위나 평판만을 위주로 해서 접근하면 그가 어떤 인물인지 혹은 어떤 인물이 될 것인지를 입체적으로 파악하기 어려울 것이다. 그리고 이것은 다른 사람을 평가할 때뿐만 아니라 자기 자신을 인식할 때도 적용되어야 할 방식이라고 판단된다. 따라서 이것은 우리가 한국적 상황을 이해하고자 할 때도 활용할 만한 접근 방식이 될 것이다. 정체성의 문제에 접근할 때는 개체의 경우이거나 집단의 경우를 막론하고 종횡의 입체적인 접근 방식이 필요하다는 것이다.

잘 알려진 바와 같이 한국은 조국이 분단된 상황에서도 경제적으로나 정치적으로 발전을 거듭하여 원조를 받는 최빈국에서 원조를 할 수 있는 유일한 선진국으로 약진한 것으로 평가받고 있다. 혹자는 우리가 단군 이래로 한반도에서 가장 부강한 국가를 일구어 내었으며 지금 이룩한 성과만으로도 충분히 자긍심과 자부심을 가질 만하다고 주장한다. 어떤 의미에서 그것은 사실일지도 모른다. 그러나 이러한 위상은 다각적인 차원에서 좀 더 면밀한 분석과 검토가 필요하다. 그것이 고대 아테네의 경우와 마찬가지로 일시적이고 과도기적인 표면적 현상에 지나지 않는지, 혹은 지속적이고 구조적이며 실질적 성과인지를 검토해 보아야 한다는 것이다. 그 어떤 경우이든 제대로 진단과 처방이 이루어져야 거시적 관점에서 체계적인 대책을 강구할 수 있기 때문이다.

한편 우리나라는 지난 반만년 동안 한반도를 중심으로 단일민족으로서 빛나는 민족문화를 창출하고 비교적 선명한 정체성을 유지하며 통합된 민족국가를 유지해 왔다. 물론 지정학적으로 강대국 사이에 갇혀서 수없이 많은 침략을 경험하고 수난과 질곡의 얼룩진 역사를 지녔던 것을 부정할 수는 없으나 그것이 반드시 부정적인 요소로 작용한 것만은 아니다. 상처받은 조개가 진주를 품듯 주위의 선진 문물을 적극적이고도 능동적으로 수용하여 우리의 고유하고 독창적인 문화를 창출할 수 있었고 강인한 민족성을 바탕으로 하여 오늘날 우리는 민족의 통일과 함께 또 하나의 비약을 꿈꾸고 있다. 그러나 이러한 희망 혹은 야망은 결코 낙관할 만한 것이 아니다. 조국의 강토와 이념과 국가 체제가 분단된 지 반세기가 넘도록 통일의 기미는 조금도 나타나고 있지 않으며, 세월이 갈수록 분단체제는 더욱 더 고착화되어 가는 양상을 보이고 있음을 부정하기 어렵다.

더구나 북한은 곧 붕괴되리라는 전문가들의 예측과는 달리 국제 여론인 한반도의 비핵화를 거부하고 이른바 '강성대국'을 향해 3대째 세습을 거듭하면서 '불량국가'의 길을 가고 있다. 남한에서는 정권이 바뀔 때마다 대북정책이 달라지며 여론의 행방에 따라 이른바 '남남갈등'이 심화되고 있을 뿐만 아니라 주변의 그 어느 나라도 한반도의 통일을 진정으로 바라고, 또 그것을 돕고자 하는 기미가 별로 보이지 않는다. 이 시점에서 과연 가까운 시일 안에 조국의 통일을 기대할 수 있을지 우리는 다시 한 번 진지하게 묻지 않을 수 없다. 더구나 최근에는 평화주의나 보편적 인류애를 거론하며, 혹은 통일이 가져오는 경제적 불이익을 계산하며 과연 민족의 통일이 반드시 필요한 것인지의 문제를 제기하는 논자들이 점점 더 늘어 가고 있는 실정이다. 이것이 우리가 개인적 차원에서의 '인격적' 자아뿐만 아니라 국가적 혹은 민족적 차원에서의 '공동체적' 혹은 '민족적' 자아를 부각시켜야 하는 이유이다. 개인적 차원에서 정신분열증이나 정신착란증 등 각종 신경병 증세가 나타나면 정체성의 문제를 제기해야 하듯이 민족적 차원에서도 분단구조가 심화되어 여러 가지 개념적 혼란이 일어나고 판단의 기준 자체가 모호해지면 민족의 정체성 그 자체를 문제 삼아야 한다는 것이다. 우리가 민족의 문화사를 통해서 '비판적 종합으로서의 한국사상'의 특성을 조명하는 이유도 또한 여기에 있는 것이다. 우리 민족의 사고방식과 행동양식을 형성하고 규정하며 한 민족으로서의 정체성을 유지하게 한 원리가 무엇인지를 새삼스럽게 다시 규명할 필요기 있기 때문이다. 개인의 정체성이 자의식의 문제이듯이 한 민족의 정체성은 우선 그 민족이 오랜 역사를 통해 형성해온 고유한 민족 사상과 거기에 근거한 공동체적 자아에서 찾아야 하기 때문이다.

II. 민족 사상과 비판적 종합

1. 머리말

소크라테스의 가르침이 한국적 상황을 진단하고 처방하는 데 어떤 역할을 할지는 가늠하기 어려운 일이다. 그러나 고대 아테네와 우리의 역사적 현실이 구조적으로 유사하다면, 그리고 내용적으로는 우리의 상황이 훨씬 더 심각한 것이라면 그가 말하는 무지의 자각과 자아의 인식에 입각한 "반성과 숙고의 삶"은 분명히 우리에게 시사하는 바가 있을 것이다. 그러나 문화사적으로 분명히 우리는 다른 전통에 서 있었다. 현세에 관한 한 유교에 입각한 가부장적 국가관과 사회관에 더 익숙해져 있었고 관계적인 인간관, 유기체적인 자연관, 순환적인 역사관 등에 길들여져 있었다. 내세에 관한 한 구원이나 해탈은 이차적인 문제였고 죽음의 문제도 삶의 연장선상에서만 의미를 지니는 것이었다. 사실 소크라테스의 삶과 죽음은 서양에서도 흔한 예는 아니었지만, 한국의 사상사적 혹은 문화사적 전통에서는 그 유례를 찾아보기 어려운 일이다. 한국의 전통 문화를 장식한 위대한 죽음은 대부분 국가나 사회, 그리고 가문의 영광을 위한 영웅적 성격을 지닌 것이었다. 그것은 좀 더 구체적으로 일반화한다면 인애의 실천을 위한 충효의 표현이었다. 그 좋은 예를 우리는 화랑도의 장엄한 전사, 혹은 사육신의 충성과 열녀의 정절을 위한 죽음, 이순신의 살신성인의 자세 등에서 찾을 수 있다. 그러나 제1장 V에서 언급한 바와 같이 김부식의 『삼국사기』 열전에 소개된 검군(劍君)의 경우가 다소 예외적이라고 할 수 있다. 그것은 거듭하거니와 사상사적으로 우리의 전통적인 민족 사상이 소크라테스적 계보를 잇는 현대의 서구 사상과 얼마나 대척관계에 있는지를 잘 시사해 준다고 볼 수 있는 것이다. 현대의 한국적 상황과 그 사상적 현주소를 이해하기 위해서라도 우리의 민족사상을 개괄적으로나마 조명해 보아야 하는 이유가 여기에 있다.

어떤 사람을 이해하기 위해서는 그의 용모나 체격뿐만 아니라 성격이나 인품도 파악해야 하며 사실 이러한 측면이 더 중요하다고 할 수 있는데, 바로 그 부분이 그 사람을 평가하고 그의 행동을 예측하는 데 있어서 더 중요한 역할을 하기 때문이다. 그런데 어떤 사람의 인격을 평가하기 위해서는 지금 그 사람의 언행을 통해 사고방식과 행동양식을 살펴보는 것이 중요하겠지만 그것을 좀 더 심층적으로 파악하기 위해서는 그 사람이 어떤 환경에서 어떤 교육을 받았고 어떤 생각을 했으며 어떤 일을 해왔는지 검토할 필요가 있다. 그것은 국가나 민족의 경우에도 마찬가지일 것이다. 어떤 나라를 이해하기 위해서는 그 나라의 자연 환경이나 조건뿐만 아니라 역사적 배경과 문화적 특성 등을 살펴보지 않으면 안 된다. 그중에서도 가장 중요한 것이 그 나라의 문화적 성취를 가능하게 한 사상사적 특징을 파악하는 일이 될 것이다. 결국 오늘날의 그 민족이나 그 국가를 그러한 모습으로 존재하게 했을 뿐만 아니라 장차 어떤 모습으로 존재하게 될지를 가늠하게 하는 것도 바로 이 사상사적 특징이 될 것이기 때문이다. 우리가 한국의 정체성과 미래의 운명을 가늠하기 위해서 민족 사상의 요체를 파악하지 않으면 안 되는 이유도 바로 여기에 있는 것이다.

우리 민족이 반만년에 걸쳐서 정체성을 유지하며 격조 높은 문화를 창달하고 전수해 왔음은 널리 알려진 사실이다. 그러나 그것이 지닌 고유성과 독자성이 무엇인지, 그리고 객관적으로 평가할 때 어느 정도의 격조를 지니고 있는지 규명하는 일은 결코 용이한 일이 아니다. 장구한 세월동안 다양한 유형의 이질적인 문화들이 밀물처럼 밀려들어 왔고 그때마다 우리의 고유한 문화는 끊임없이 변신을 거듭해 왔기 때문이다. 그럼에도 불구하고 한반도라는 문화의 해변에 일정한 형태의 문양을 사유의 모래톱에 남기게 되었으니, 그 특성을 우리는 넓은 의미로 "비판적 종합(critical synthesis)"이라고 표현할 수 있을 것이다.

한국사상이 모두 비판적 종합의 형태를 띤다고 주장하는 것은 물론 아니다. 거기에는 비판적이라기에는 너무도 독자적이고 교조적이며, 종합이라기에는 지나치게 분석과 맹종의 요소가 많이 들어 있는 것도 또한 사실이기 때문이다. 그러나 이러한 특징이 한국사상의 핵심적 구조를 이루는 것도 아니고 일관되게 지속적으로 흘러온 것도 아니다. 많은 논자들이 '융화(融化)', '합명(合明)', '묘합(妙合)', '원융(圓融)', '회통(會通)' 등으로 거듭 강조해 왔듯이 다양한 의미의 비판적 종합만이 한국의 전통 사상을 더욱 한국적이게 했고 외부의 새로운 사조들을 한국사상으로 흡수하는 기재의 역할을 수행해 왔던 것이다. 그렇다면 우리의 사상사에서 뚜렷한 특징으로 간주되는 비판정신은 어떠한 형태로 나타나며, 그것은 또 어떠한 유형의 종합으로 그 모습을 드러내는가.

일반적으로 비판이 이루어지려면 일관된 기준이 필요하다. 그 기준은 몇 가지 원칙일 수도 있고 선험적으로 받아들일 수밖에 없는 세계관이나 가치관, 혹은 인생관일 수도 있다. 여하튼 이러한 것이 전제되어야 어떤 원칙이나 관점을 기준으로 해서 주체적 비판이 전개될 수 있으며 그러한 비판의 과정을 거친 다음에야 비로소 창의적 종합이 이루어질 수 있는 것이다. 그런데 이렇게 설정된 기준의 조건들은 흔히 문화적 특수성을 창출하고 그러한 특수성은 대부분 지정학적 여건에 의해서 좌우되게 마련이다. 우리가 한국사상의 고유성을 탐색하기 위하여 우선 고대의 신화로부터 한민족의 기질에 관해 유의미한 해석을 찾아내어야 하며 자연적 조건이면서 동시에 문화적 조건이기도 한 한(韓)반도적 환경을 염두에 두어야 하는 이유가 바로 여기에 있는 것이다.

물론 이러한 주장이 문화적 필연성이나 역사적 결정론을 함축하는 것은 아니다. 그럼에도 불구하고 비판적 종합이 어떠한 방식으로 전개되고 또 어떠한 형태로 결실을 맺고 있는지 고찰하려면 특정한 조건과 일정한 기준을 전제로 하지 않으면 안 된다. 그러한 맥락에서 볼 때 박종홍(朴鍾鴻)의 다음 글은 전통적인 한국사상에 관해 핵심적인 내용을 제공한다.

삼천리 반도 이 강토에 태어나 이 땅에 뼈를 묻은 우리의 선조는 원래 광명을 존중하며 살아왔다. 유달리 청량한 하늘 밑에 벌어진 수려한 강산, 그의 맑은 정기를 타고난 이 땅의 겨레는 철학적 사색에 있어서도 훌륭한 소질을 나면서 이어받아 왔다. 외래 사상의 섭취와 아울러 그의 정치한 천명과 전개가 한 걸음 나아가 가끔 창의적인 독창성을 발휘하여 이방에까지 영향을 주는 일이 많았다.[01]

그는 이어 이렇게 말한다.

그리고 본래가 현실을 떠난 추상적 이론을 따지기 좋아한 것도 아니다. 자연의 승경을 찾아 소요함은 현실의 도피를 위함이 아니요, 오히려 고결한 심지와 활달한 기상을 길러 장차 유위(有爲)의 인물이 되려 함이었고, 외모를 중시한 화랑도의 정신도 분명히 심신일여(心身一如), 언행일치(言行一致)의 도의를 기본으로 하는 이 민족의 본유 사상의 발로가 아닐 수 없다. 때로는 불교의 신앙을 통하여, 때로는 유학의 이론을 밝힘으로써 우리 선각들의 사색은 면면히 그 특색을 드러내온 것이다.[02]

이와 같이 비판적 종합은 우리 민족의 기질과 천성을 기준으로 해서 유불선 등 외래사상을 능동적으로 수용하며 창의적으로 수정하고 보완함으로써 변증법적 종합의 형태를 이룩했다고 볼 수 있다. 여기서는 이러한 비판의 과정과 종합의 결과를 검토하고 그것이 지닌 사상사적 함축을 조명해 보기로 한다.

01 박종홍, 「哲學槪說」, 박영사, 1961, p.281.
02 *Ibid*.

이러한 작업을 수행하기 위하여 우리는 한국사상사 전반을 분석하고 검토할 필요는 없을 것이다. 그것은 가능하지도 않고 반드시 바람직한 것도 아니기 때문이다. 그러므로 우선 전통사상의 단초를 제공하는 단군신화가 함축하는 의미를 분석하고 그것이 비판적 종합의 계기를 마련하고 그 주도적 역할을 담당했던 원효와 지눌, 율곡과 다산, 혜강 및 수운 등의 사상 형성과 전개에 어떻게 반영되는지 살펴볼 것이다. 이것을 요약하면 다음과 같다.

첫째, 비판적 종합으로서의 한국사상은 시대마다 그 내용과 강조하는 점이 다르지만 대체로 단군신화가 지닌 세 가지 요소, 즉 현세 중심적이고 인본주의적이며 융화 지향적인 특성을 보여 주고 있다.

둘째, 그러한 특성은 역사의 전개에 따라 사상사적 배경과 시대정신을 창출하고 주도한 사상가들의 기질 및 역량에 따라 다르게 나타나지만, 유불선의 사상을 수용하고 발전시킴에 있어서 주요 사조들의 공통적 요소로 나타난다.

셋째, 그러나 문화사적 위상이나 지정학적 여건이 제공하는 여러 가지 유리한 조건으로 볼 때 이들 주요 사상가들에 의해 전통적으로 시도된 비판적 종합은 그 심도와 수준에 있어서 다소 미흡하다는 결론에 도달하게 된다.

넷째, 만약 이러한 분석이 옳다면 현대 한국사상계의 과제는 비판적 종합의 전통을 온전히 계승할 뿐 아니라 그 비판의 심도를 강화하고 그 종합의 수준을 한층 높여야 하는 시대적 사명을 안고 있다.

다섯째, 그러나 동서와 고금의 온갖 사조가 격랑처럼 순식간에 몰려왔다가 흩어지고 있는 오늘날의 사상적 풍토에서는 비판적 종합의 전통을 계승하기가 더욱 어려워졌으며, 따라서 전통적 고유 사상에 대한 현대적 이해뿐만 아니라 다양한 현대적 사조에 대한 체계적 검토와 주체적 수용의 중요성이 더욱 심각하게 부각된다. 이제 이러한 점들을 좀 더 자세히 살펴보기로 하자. 우선 전통적 사상에 단군신화가 함축하는 의미를 분석하고 그것이 비판적 종합의 특성 및 그 주역을 담당했던 원효와 지눌, 율곡과 다산 및 혜강과 수운 등의 사상 형성에 어떻게 반영되는지 조명하기로 한다.

2. 단군신화와 비판적 종합의 특성

일반적으로 어떤 민족이 지닌 의식구조와 기질의 형태를 탐색하려면 우선 그 원초적 자각의 상징인 신화를 해석하고 음미하는 것이 바람직하다. 우리 민족의 건국신화도 한국인의 정신적 고향으로서 우리 조상이 자각한 철학적 및 사상적 원리의 신화적 표현이라고 할 수 있는 것이다. 그런데 단군신화는 여러 가지로 이해되고 그 의미도 다양하게 해석될 수 있지만 그것이 지닌 핵심적인 내용은 한국사상의 특징인 비판적 종합의 준거 틀을 제공한다고 볼 수 있다. 다시 말해서 그것은 우리 조상들의 가치관과 세계관, 인생관 등 민족적 사유 형태의 본질적인 내용을 구성한다는 것이다. 이러한 점에 대해서 황광욱은 다음과 같이 주장한다.

> 단군신화는 그 오랜 세월만큼이나 거기에 참여했던 수많은 사람들의 생각이 보태어졌을 것이다. 그 생각들이 혹은 자연에 대한 인식일 수도 있고, 인간에 관한 자각일 수도 있으며, 사회에 관한 구성 원리일 수도 있을 것이다. 이런 생각의 조각들이 쌓여 하나의 긴밀한 구조를 가진 세계관으로 정립되어 표현된 것이 단군신화다.

따라서 그는 "단군신화에 대한 분석과 종합은 우리 민족 구성원이 지니고 있는 '민족의식' 혹은 '민족사상의 원형'에 대한 탐색 자료로 손색이 없다"고 주장하며 이렇게 말한다.

단군신화는 오랜 세월 동안 많은 사람들의 사상적 조각들이 쌓여 온 만큼 그 해석, 그리고 사상성을 추출해 내기는 용이하지 않다. 그러나 쌓여 온 세월의 두께만큼, 그리고 많은 사람들의 입에 회자되었기에 단군신화는 우리 민족의 구심점이 될 수 있으며 사상적 의미도 있다고 할 수 있다.[03]

잘 알려진 바와 같이 그 신화에 의하면 천제(天帝)인 환인(桓因)에게 신인(神人)인 환웅(桓雄)이라는 아들이 있었는데, 그가 한 남자로 변하여 여자로 변한 곰과 신시(神市)의 신단수(神檀樹) 아래서, 다시 말해서 이 남녀로 변신한 천신(天神)과 지물(地物)이 서로 화합하여 혼례를 올림으로써 단군(檀君)이 탄생되고 그가 곧 우리나라, 즉 아사달(阿斯撻) 광명의 나라를 건설했다는 것이다.[04] 물론 이러한 이야기 자체도 외부의 영향을 받지 않고 독자적으로 형성될 수는 없다. 김재원(金載元)이 잘 지적한 바와 같이 "그 근간은 도교의 신선사상이지만, 그 외의 은대(殷代) 혹은 주초(周初)의 청동기에 나타나는 밤 혹은 어둠에서 광명과 생명이 솟아 나온다는 중국 고유의 창세 사상이 혼입되어 있고, 다시 그 외에 북방계 샤만교의 영향이 있다는 것을 알 수 있기" 때문이다. 그러나 여하튼 여기서 우리는 몇 가지 사유의 원초적 발상을 비교적 쉽게 추적할 수 있다. 첫째는 하늘의 정기(精氣)와 땅의 정기가 만나서 인간이 만들어지고 생장된다는 것이고, 둘째는 하늘의 질서와 땅의 질서가 모

03 황광욱(黃光旭), "한국 고유 사상의 본질과 그 특성," 「한국철학사상사」, 한국철학사 연구회, 한울 아카데미, 1997, p.21.

04 一然, 「三國遺事」(上), 김동환 역주(삼중당 문고, 1983), p.5. 단군신화에 관한 연구는 이 밖에도 많이 있다. 그중에 李基白 편, 「檀君神話論集」(새문사, 1990); 李丙燾의 「韓國史」 고대편, 1959; 安浩相의 「단군과 화랑의 역사와 철학」, 1979, 「한웅과 단군과 화랑」, 1985; 이종욱의 「고조선사 연구」, 일조각, 1994; 이은봉의 「한국고대 종교사상」, 집문당, 1984; 최남선의 "不咸文化論", "단군 및 그 연구", "단군론", "단군신화의 古意" 등 논문이 있다. 그리고 신화적 및 사상사적 의미 그 자체에 관한 연구로는 김열규의 「한국의 신화」, 1976; 이어령의 「신화 속의 한국인」, 1985; 그리고 김형효의 "고대 신화에 나타난 한국인의 철학적 사유," 「한국철학사」 4권, 1987 등이 중요하다.

순관계를 이루어 투쟁한다는 것이 아니라 서로 조화를 이루어 이상적인 인간의 세계가 형성되어 유지된다는 것이며, 셋째는 하늘의 광명과 땅의 암흑이 신시에서 서로 만나지만 전자가 후자를 이끌어 가며 '새 밝음(白)'의 역사를 창출한다는 것이다. 이것이 적어도 우리 건국신화에 얽힌 최소한의 인간적 자각의 내용이라고 할 수 있다.

한편 우리는 여기서 한민족 고유의 몇 가지 사상사적 유형을 추출해 낼 수 있다. 그것은 첫째, 한울님(天帝)이라는 초인적인 존재를 의식한다는 것이고, 둘째, 그러나 인간 중심적인 현세적 삶의 중요성이 강조된다는 것이며, 셋째, 그것이 가능하기 위해서는 광범위한 조화 또는 융합이 이루어져야 한다는 것 등이다. 그것은 동양적 세계관이나 사유 방식에서는 특별히 두드러진 것이 아닐 수도 있으나 이 세 가지 특징을 연계해서 다른 문화권과 구체적으로 비교하면 그 독자성과 고유성이 명확하게 드러난다. 이제 이러한 점들을 좀 더 구체적으로 살펴보기로 하자.

우선 이 신화가 구체적이고 인격적인 천신(天神) 혹은 신령(神靈)의 존재를 전제로 해서 시작된다는 것은 하나의 특징이 아닐 수 없다. 특히 이 신적인 존재와의 유기적인 관계를 자세히 들여다보면 그 특수성이 더욱 뚜렷하게 드러난다. 그것은 어느 정도 다른 차원의 초월적인 측면을 보이지만 유태교적 전통에 서 있는 신과 달리 파격적인 주종관계에서 절대적인 복종만을 요구하는 관계가 아니며, 그렇다고 해서 범신론 혹은 스피노자나 동양의 도가 및 불가에서 나타나듯이 내재적인 측면만을 강조한 비인격적인 운행의 법칙 혹은 천리(天理) 같은 것도 아니다. 또한 최근덕이 지적하듯이 단군 설화뿐만 아니라 우리의 고대국가 건국신화에서는 그 시조가 천제(天帝)이거나 그 아들 또는 자손이라는 것을 예외 없이 강조한다는 것을 유의할 필요가 있다. 그에 따르면 "이러한 기록들은 우리 민족이 天을 절대적 초월적 실체로 인식하고 있다는 증거이고 천제(天帝)를 인격화해서 숭앙하고 있었음"을 보여주고 있으며 "천(天) 또는 그 주재자인 천제의 자손에 의해 다스려지고 있음을 확인함으로써 민족자존을 과시"하려고 했던 것이다.[05] 그는 이어 그것을 이렇게 해석한다.

> 天에 대한 생각은 외래 사조가 스며드는 과정에서 다소 변화를 보여 주었다. 유교에 의해 도덕적으로 강화되고 철학적 빛깔이 용해되기 시작했으며 불교는 내세관과 연결시켜 주고 도교는 화복수요로 해석을 덧붙여 갔다.[06]

이와 같이 "천인합일(天人合一)을 제시하는 형이상학적 시도는 전통 사상의 오랜 과제로 그 맥락이 이어져 내려오고 있다"는 것이다. 오히려 이러한 시도를 통해서 외래 사상들은 우리 민족의 독특한 신관, 말하자면 초월적인 존재를 받아들이되 신 중심이 아닌 신관으로 변질되고 또 각색되어 왔던 것이다. 이것이 최초로 등장한, 그리고 가장 두드러진 비판적 종합의 한 형태이며 후에 그 특징은 동학의 '인내천(人乃天)' 사상을 거쳐 오늘날 기독교를 수용하는 과정에서도 뚜렷한 모습을 나타내고 있다.

한편 천에 대한 의식 못지않게 한국사상사에 나타난 인간 중심적 사고 혹은 '인본성(人本性)'의 전통도 장구한 세월 동안 면면히 이어져 온 것 같다. 가령 그것은 신인(神人)인 환웅(桓雄)이 인간의 세상이 궁금하여 하강하고 동물인 곰도 사람이 되기를 원하여 웅녀가 되었다는 설화의 등장 이래 오늘날까지 한국인의 '근원적 신앙'처럼 의식 구조 속에 깊숙이 자리 잡고 있다. 이러한 인본성은 김형효(金炯孝)가 지적하는 바와 같이 서양 정신사에 있어서 "신

05 崔根德, "한민족의 天思想," 「한국유학사상연구」(철학과 현실사, 1992), p.17.
06 *Ibid.*, p.18.

중심적 세계관에 대항하는 인간 중심적인 휴머니즘과 무신론" 같은 것과는 거리가 멀다. 유신론과 무신론의 논쟁은 우리에게 생소하고 우리는 인간이 우주의 중심이라고 주장한 적도 없기 때문이다. 이와 같이 사실 "우리는 신 중심도 인간 중심도 아니고 단지 하늘의 신성(神性)과 대지의 물성(物性)이 인간 속에 수렴되는 전통을 귀하게 여겨 왔을 뿐"이라는 것이다.[07]

그런데 신과 인간의 사이가 정다운 부자관계처럼 밀착된 모습으로 묘사되고, 따라서 내세와 현세가 뚜렷이 구분되지 않는 유기적인 관계로 인식되면 인간은 대체로 현세 중심적이 되게 마련이며 현실적인 경향을 나타냄과 동시에 실천적인 면모를 보여 주기도 한다. 이렇게 되면 신 또한 의인화되는 경향이 있고 종교는 결국 구복 혹은 기복신앙의 형태로 전환될 우려가 있으며, 전통적인 역수(曆數)의 원리도 순수 수학으로 발전하여 실험과 관찰 및 추측에 근거한 실증주의적 과학을 낳기보다는 복술(卜術)이나 풍수사상의 수준에 머물게 되는 것이다. 이것을 우리는 유불선은 물론 기독교 사상의 도입과 전개, 그리고 그 정착의 과정에서도 목격할 수 있다.

마지막으로 융화 정신에 관해서 우리는 다양한 형태로 나누어서 그 특징을 고찰해 볼 수 있을 것이다. 그것은 단순히 사유의 구조를 드러낼 뿐 아니라 생활 태도와 국가 정책 혹은 교육의 지침에 이르기까지 광범위한 문화적 특징으로 나타난다. 가령 단군신화가 보여 주듯이 신과 인간은 하나가 아니지만 그렇다고 해서 서로 배타적 관계에 있는 별개의 두 개체도 아니다. 그

07 김형효, 「한국 정신사의 현재적 인식」(고려원, 1985), pp.41-42. 한편 이 신화는 서구 신화와 달리 권력을 차지하는 방법이 투쟁이 아니라 평화로운 방법으로 이루어진다는 사실이 주목할 만하다. 金光日이 잘 지적해 주는 바와 같이 일반적으로 신화에서 아버지와 아들이 화합하는 이야기를 찾아보기 어렵다는 점을 상기할 필요가 있다. 그는 이 점을 이렇게 설명한다. "아버지와 아들은 늘 싸우는 사이이고 아버지의 권력은 언제나 아버지를 죽이고 아들이 빼앗는 것이다. 환웅처럼 권력을 물려받는 개념은 서구 신화에 존재하지 않는다. 아버지로부터 물려받은 권력을 환웅은 자기 아들 단군에게 물려준다. 여기에도 아들과 아버지 사이의 갈등은 있을 법한데 아무런 기록이 없다. 평화롭게 권력 계승이 이루어진 것이라고 볼 수밖에 없다." "설화 속의 한국인," 「韓國 傳統文化의 精神分析: 神話, 巫俗 종교체험」, 1984, 시인사, p.88.

러한 점은 하늘과 땅의 관계도 마찬가지이며 오륜(五倫)에 나타나는 여러 가지 인간관계, 그리고 죽음과 삶, 부처와 나, 열반과 사바, 이치와 기운 등 매우 고차적이고 추상적인 형이상학적 세계에 이르기까지 관통되어 "하나도 아니지만 둘도 아니다(不一而 不二)"라는 하나의 명제로 요약되어 있다. 그러한 의미로 단군신화의 핵심적 사상 중에 가장 중요한 것은 넓은 의미의 융화 정신이었고 바로 이것이 한국사상사의 전반에 걸쳐서 면면히 흘러온 가장 큰 특징을 이룬다고 볼 수 있다.

한국사상사에서 단군신화가 함축하는 이 세 가지 특징들이 비판적 종합의 형태로 가장 명료하게 구체적으로 나타난 최초의 자료는 최치원(崔致遠)이 국선(國仙)사상을 묘사한 부분일 것이다. 『삼국사기』에서 김부식은 그의 '난랑비서(鸞郎碑序)'의 다음과 같은 구절을 인용하고 있다.

> 나라에 현묘(玄妙)한 도(道)가 있으니 일컬어서 풍류(風流)라 한다. 설교의 근원이 선사(仙史)에 자세히 마련되어 있으니 실로 삼교(三敎)를 포함하고 일상생활에 연결시킨 것이다. 뿐만 아니라 들어가서는 가정에 효도하고 나가서는 나라에 충성함은 공자의 가르침이요, 무위한 일에 처하여 불언(不言)의 가르침을 행함은 노자의 지침이며, 악행을 저지르지 말고 두루 선행을 쌓도록 함은 석가의 교화라.[08]

실제로 이러한 해석적 융합의 정신이 한국사상사에 구체적으로 어떤 형

08 金富軾. 「삼국사기」 卷4, 24, 眞興王, 송항룡의 "최치원 사상연구," 「한국철학사상 연구」, 한국정신문화연구원, 1982, pp.321-328 참조. 이 서문은 풍류도를 가장 설득력 있게 묘사해 주고 있으며 三敎에 관한 최치원의 해석이 잘 나타나 있다. 송 교수는 "崔孤雲의 哲學과 思惟"에서 그의 포괄적인 입장을 잘 정리해 준다. 그의 「동양인의 哲學的 思考와 그 삶의 세계」, 明文堂, 1991, pp.206-267 참조. 그는 최치원의 三敎사상이 독창적인 사상이 아니라 그 당시의 보편적인 공존적 사상이라고 해석한다. 최치원의 자료집은 1972년 成大의 大東文化研究所에서 「崔文昌候全輯」이라는 影印本으로 정리되었다.

태로 나타났는지 가늠하기가 결코 쉽지는 않으나 그것이 일상생활에서 사람들에게 생기를 불어넣고 사회를 교화했으며 화랑을 비롯한 젊은이들에게 역사적 인식과 시대적 사명을 깨닫고 임무에 충실할 것을 가르친 것만은 분명하다. 이러한 융합사상은 "음양의 보합"이라고 표현될 수도 있는데, 김형효가 지적하는 바와 같이 한국의 역사에서 중흥과 웅비의 모습을 보여 준 것도 그러한 사상이 완숙의 경지에 들어갔을 시기였다고 해석할 수 있을 것이다. 그는 그 예를 화랑정신의 구조에서 찾으며 이렇게 주장한다.

> 화랑정신은 다 아는 바와 같이 문/무(文/武)의 묘합과 전형이며, 또 성웅(聖雄)의 회통(會通)이고 합일이며, 도덕적 충효정신, 풍류적 유희의 이원적 일원화이며, 현세적 구국 사상/종교적 신앙심과의 묘합과 합명(合明)에서 이루어지고 있다. 이런 묘합과 합명 정신의 원본이 되는 것이 다름 아닌 음양 태극의 사상이다. 이런 사상이 신라 중흥의 정신적 자양이 되었음은 말할 나위도 없다.[09]

그는 하나라고 할 수 없지만 둘도 아닌 "음양 태극의 이법(理法)이 실사의 모든 부문에 생기 있게 되살아날 때, 국가사회가 화합되고 단결력이 생기며, 개체나 전체가 유기체적 생명력을 유지한다고 보는 것이 한국 정신사의 큰 특징"이라고 부연한다.[10] 사실 그것은 중국을 비롯한 동아시아의 일반적인 특징이라고 할 수도 있다. 그러나 가령 음양이나 개체와 전체가 서로 어떤 관계인지, 혹은 그것이 하나를 보는 관점의 차이거나 다른 국면일 뿐인지 등에 관해 좀 더 체계적이고 세밀한 논증이 아쉬운 것은 사실이다.

09 김형효, 「한국 정신사의 현재적 인식」, *op.cit.*, p.29.
10 *Ibid.*

그러면 융합 혹은 융화 정신은 어떠한 방식으로 비판적 종합을 시도하며 한국사상에 등장하는가. 우리는 그것을 몇 가지 다른 방식으로 구분해 볼 수 있을 것이다. 이종후와 윤명로에 의하면 융화정신이 나타나는 방식은 다음 세 가지로 정리할 수 있다.[11]

첫째는 자기가 신봉하는 어떤 사상을 바탕으로 하여 다른 사상들을 하나로 융합시키려 하거나, 또는 여러 사상들 사이의 경계를 넘나들면서 사상들 간의 차이성을 도외시하고 일치성이나 상통성을 강조함으로써 여러 사상들을 융화시키려고 하는 "혼합적 사유방식(syncretism)"이다. 이러한 사유 방식은 우리 한국사를 통하여 민족사상의 밑바닥에 면면히 흐르고 있으며, 신라, 고려, 조선조 각 시대마다 이 방법을 자각적으로 수행하여 유불선 3교의 융합, 또는 유·불 양대 사상 간의 융화를 도모한 사상가가 흔히 배출되고는 하였다. 이러한 사상가의 대표적인 예로 신라 말의 유학자 최치원(崔致源), 고려 말의 유학자 이색(李穡), 조선의 고승 함허득통(涵虛得通), 휴정(休靜), 그리고 조선말의 동학교조 최수운(崔水雲) 등을 들 수 있다.

둘째는 일체의 서로 모순을 나타내며 대립하며 쟁론하는 입장이나 주장들을 초월한 절대적 진리의 입장에서 문득 자비롭게 저 모든 입장들을 동시에 부정도 하고 긍정도 함으로써 그것들로 하여금 서로 융화, 회통시키고자 하는 일종의 "변증법적 사유방식"인데, 이것은 대승불교 특유의 진리탐구 방법이기도 하다. 그 전형적인 예를 우리는 원효(元曉)의 화쟁(和諍)사상에서 찾아볼 수 있을 것이다.

셋째는 "대화적 사유방식"으로서, 사상적 입장이나 신앙을 달리하는 탐구

11 이종후, 윤명로, "전통사상에 나타난 융화정신," 「한국철학사상연구」, *op.cit*. pp.162–163. 그들은 융화정신이란 "여러 이질적인 문화요소들을 조화롭게 종합하여 새로운 내용과 형식을 가진 문화를 창출하는 인간의 창조적 정신의 기본 요소"라고 규정하고, 따라서 "한민족의 창조적 정신이 왕성하게 활동할 때는 융화정신도 왕성하게 발휘되며, 창조적 정신이 쇠퇴할 때는 융화정신도 쇠퇴하기 마련"이라고 주장한다. p.163.

자들이 대화를 통하여 상호이해를 바탕으로 서로 상대편의 사상을 이해하고 비판하며, 또 상대편의 비판을 받아들여 자기 성취와 자기비판의 계기 혹은 참고로 삼는다. 비록 합의에 도달하지는 못한다 하더라도 하나의 진리가 적어도 이념상으로는 존재할 수 있다는 신념을 공유하며 대화를 계속해 나간다. 가령 김시습(金時習)은 유교와 불교를 넘나들면서 유학자로서의 자기와 선사로서의 자기 사이에 끊임없는 대화를 지속시켜 나갔던 것이다.

이와 같이 혼합적, 변증법적 및 대화적 사유 방식을 통해 융화 사상이 비판적 종합의 형태로 그 모습을 드러낸다고 할 수 있는데, 물론 이것은 서로 배타적인 관계가 아니며 또 반드시 이 세 가지로 국한시킬 필요도 없을 것이다. 더구나 여기에 열거된 사상가들 외에도 비록 융화적 측면, 즉 비판적 종합의 형태를 덜 갖춘 사상가라 하더라도 학자로서나 그 영향력에 있어서 비중이 더 큰 인물들, 가령 지눌(知訥)과 이이(李珥), 그리고 정약용(丁若庸)과 최한기, 최수운(崔水雲) 등도 각기 중요한 시기에 사상사에 현세적 융화 정신을 통해 새로운 국면을 열고 당대의 시대정신을 창출했다는 사실을 결코 간과해서는 안 될 것이다. 이제 이러한 중요 사상가들의 융화 방식과 그 성과를 간단하나마 검토함으로써 비판적 종합으로서의 한국사상이 지닌 특징을 좀 더 자세히 음미해 보기로 하자.

3. 불교 사상과 비판적 종합

잘 알려진 바와 같이 융화정신의 능동적이고 창의적이며 구체적인 모습으로 가장 잘 나타난 시기는 삼국 통일을 전후한 약 200년간이었다고 할 수 있다. 이 시기에 우리 민족으로서는 "문화 창조적 정신이 가장 왕성하게 활동하던 시기"로서 이종후와 윤명로가 지적하는 바와 같이 중국 대륙의 문화와 사상을 적극적으로 받아들여서 그것을 성취하고 소화시킨 다음 다시 문화 후진국인 일본에 전파시키곤 하던 시기이다. 그들은 이렇게 주장한다.

> 가령 신라의 경우 불교 수용 후 불과 100년도 못 되어 원광, 자장, 원측, 원효, 의상 등과 같은, 그 당시 당(唐)의 불교 세계에서까지도 그 명성이 자자하고 교학상으로 크게 영향을 끼친 고승 석학을 배출하였고, 특히 외래 사상인 불교는 재래의 고유사상인 풍류도(風流道)와 융합하여 삼국통일의 대업을 완수하고, 통일 후 찬란한 불교문화를 창조하는 데 있어서 정신적 원동력이 되었던 것이다.[12]

이와 같이 이 시기에 통일신라를 지배한 이데올로기는 불교라고 할 수 있는데, 그것은 불교를 단순히 수동적으로 받아들인 결과라기보다는 오히려 그 시대의 요청에 맞게 수정하고 보완하여 하나의 시대정신이 되도록 새로운 불교를 창출한 비판적 종합의 산물이라고 할 수 있다.

그러나 박종홍(朴鐘鴻)이 잘 지적한 바와 같이 이 시기뿐만 아니라 한국 불교 전반을 관통하는 좀 더 포괄적인 특징이 있다면 이른바 "회통(會通)의 정신"이라고 할 수 있을 것이다.[13] 승랑과 원측, 원효와 의천, 그리고 지눌에 이르기까지 중요한 불교 사상가들은 어느 종파나 고정된 철학적 입장에 사로잡히기를 거부하고 서로 대립되는 입장들을 비판적으로 검토한 다음 창의성을 발휘하여 이것을 구체적으로 종합한다. 길희성은 이러한 특징을 받아들이며 다음과 같이 정리해 준다.

> 유와 무, 긍정과 부정 어느 것에도 걸리지 않으며 어떤 것은 자유로이 구사하

12 *Ibid*., p.164.
13 박종홍, 「박종홍 전집」 IV, 한국사상사 1, 민음사, pp.193–205 참조.

는 승랑의 이체(二諦)합명, 중돈의 원리, 유심 사상가이면서도 오성각별설(五性各別說)과 같은 정통 유식 사상이 지니고 있는 편협성에 구애받지 않으며 나아가서 중관의 공(空)과 유식의 유(有)를 희롱하는 원측의 자유로움, 입(立)과 파(破), 개(開)와 합(合), 여(與)와 탈(奪)을 자유로이 구사하면서 모든 불교 사상을 하나의 근원으로 귀일시키는 원효의 화쟁정신, 교관겸수(教觀兼修)의 기치아래 모든 불교 사상의 겸학을 주장하고 선과 교의 대립을 극복하고자 했던 의천의 넓은 시야, 그리고 선(禪)과 교(教), 돈오(頓悟)와 점수(漸修)를 한데 엮어 한국 불교의 포괄적 수행 체계를 정립한 지눌 선의 포용성….[14]

그중에서도 특히 우리의 관심을 끄는 것은 원효와 지눌의 업적이라고 볼 수 있는데, 그것은 그들이 다룬 주제가 불교의 가장 광범위하고 핵심적이며 오래된 것이기 때문이며, 그 주제들에 대하여 매우 설득력 있는 대안을 한국사상의 전형으로 제시하였기 때문이다. 우선 원효의 입장을 좀 더 자세히 살펴보자.

원효 당시에는 대승(大乘)불교에서 가장 뚜렷하게 대립되는 두 학파가 있었는데, 그것은 중관(中觀)학파와 유식(唯識)학파였다. 중관학파는 2세기경 나가르주나(Nagarjuna)와 그의 제자 아리야데바(Ariyadeva)가 체계화한 입장인데 「반야경(大般若波羅密多經)」에 나타난 석가의 '중도(中道)'를 계승하였다. 이 학파에 의하면 영원하고 불변하는 실재가 있다고 주장하는 유(有)의 입장을 비평하고 모든 것이 결국은 완전히 없어진다고 주장하는 무(無)의 입장도 거

14 길희성, "열암 철학에서의 한국 불교사상 연구," 「현실과 창조」 열암 기념사업회 엮음, 천지, 1998, p.252. 그는 박종홍의 「한국사상사: 불교사상 편」을 논의함에 있어서 한국 불교가 지닌 특징으로 會通의 정신, 사고의 명석성, 사상사적 연속성, 국제적 공헌 등을 들고 있다. 그러나 그는 "회통과 화쟁은 자칫하면 치자와 강자를 위한 현상 유지의 논리가 되기 쉽다"고 지적하고 "그것은 손쉬운 타협, 혹은 저항과 투쟁을 잠재우는 거짓 평화로 이끌기 쉬운 논리"이기 때문이라는 것이다. p.256.

부한다. 이 세상에 존재하는 것은 자성(自性)을 지니지 않으므로 모든 것은 '공(空 sunyata)'이라는 것이다. 그러나 여기서 말하는 공은 불변하는 독립된 실체가 없다는 뜻이지 '아무 것도 없음(無)'과 같은 것은 아니다. 그런 의미로 공이란 일정한 조건에 의해 생겼다가 사라지는 현상의 참모습을 나타내는 말이며 유와 무의 중도를 제대로 드러내고(顯正) 유나 무에 떨어지는 집착을 깨뜨리기(破邪) 위하여 제시된 개념인 것이다.

한편 유식학파에서는 모든 사물이 자성을 가지고 있지 않아 공인 것은 사실인데, 그것은 객관적으로 실재하는 것이 아니라 인간의 마음, 혹은 '식(識, vijnana)'에만 의존하고 있다는 입장을 취한다. 그러므로 존재하는 것은 모두 이 '식'이 변하여 된 것이거나 그것이 만들어낸 소산에 지나지 않는다는 것이다. 이와 같이 유식학은 존재의 문제를 인식의 문제로 전환시키는데, 기본적으로는 「해심밀경(海心密經)」에 그 근거를 두고 있고 마이트레야(Myitreya, 彌勒)가 그의 「유가사지론(瑜伽師地論)」에서 이것을 체계화함으로써 계기가 마련되었다. 다시 이러한 사상을 크게 발전시켜 중관학과 대립관계를 이룩한 사람은 아상가(Asanga, 無着)과 바수반두(Vasubandu, 世觀) 형제이다. 이들의 학설에 의하면 '식(識)'이란 의식 또는 인식 작용 자체를 뜻하기도 하고 인식된 내용을 지칭하기도 한다. 그것을 세 가지로 나누는데 오관(五觀)을 통해서 얻은 경험적 내용을 통합하는 '6식, 여기에 통일성을 부여하는 7식, 그리고 자아의 본체이며 식 자체를 가능하게 하는 8식 등이 그것이다. 이와 같이 세 가지 식의 작용에 따라 큰 바다의 물결같이 전변(轉變)이 일어나며, 여기서 삼라만상의 법이 그 모습을 드러낸다. 이 유식철학은 중관철학과 대립관계를 유지하는 동안 각각 공(空)과 유(有) 쪽으로 치우쳤는데, 전자를 대표하는 청변(青變, Bhavaviveka)과 후자를 대표하는 호법(護法, Dharmaphla)에 의해 그 대립이 더욱 첨예화되었다. 그러한 학문적 분위기는 현장(玄奘))과 길장(吉藏)

에 의해 중국으로 옮겨졌고 승랑(僧郎)과 원측(圓測)을 통해 한국 불교계에 중요한 쟁점으로 등장하였다.

한편 중관학과 유식학의 첨예화한 대립을 완화하기 위해 마명(馬鳴, Asvaghosa)은 「대승기신론(大乘起信論)」을 저술하였는데, 원효는 바로 여기서 중관론과 유식론을 변증법적으로 종합할 수 있는 단서를 찾아내었다. 그가 다른 승려보다 탁월한 점은 학승으로서 문자상의 논의에만 몰두하거나 종파불교에 머무르지 않고 참된 대승(大乘)의 입장에 서서 널리 대중 속에 들어가 참다운 보살도(菩薩道)를 실천해 나갔다는 점이다. 다시 말하면 그는 화엄(華嚴)만을 존중한 것이 아니며, 그렇다고 사체(四諦), 연기(緣起) 등의 인과설이나 반야사상, 또는 유식사상, 그리고 법화(法華), 열반 등의 사상을 배격한 것도 아니다. 그는 모든 사상에 특유한 역사적 의미와 상대적 가치가 있음을 인정하였다. 그러나 원효는 잘 알려진 바와 같이 모든 것을 회통하는 '일심(一心)'의 정화에 최고의 가치를 부여하면서, 중생의 제도(濟度)에 중점을 둔 실천불교, 즉 여래장(如來藏) 불교에 심혈을 기울였다.[15]

이와 같이 원효가 다룬 문제는 불교철학의 역사와 함께 배태되어 온 문제였고 따라서 그것은 불교사상 전반을 관통하는 핵심적인 과제였다. 그렇기 때문에 그는 수많은 불교의 경전을 포괄적으로 연구를 할 수밖에 없었고 그 과정에서 창의적이고 독특한 주석을 내용으로 한 방대한 저술을 남겼다. 결국 그는 그때까지 불교계에 대립된 대부분의 견해를 그의 독특한 "화쟁의 논리"로 비판적 종합을 이룩하여 이른바 "해동종(海東宗)"의 시조로 널리 숭앙을 받았다. 여기서 화쟁의 논리란 여러 가지 불교 경전의 부분적 견해를 통합하고 석가의 가르침에 대한 서로 다른 의견들을 최대한으로 살리면서

15 길희성, 『인도철학사』, 민음사, 1984, pp.132-157 참조.

이를 화합하여 하나로 만드는 논리이다. 여기에는 모든 대립을 유지하면서 도(立) 동시에 격파(破)하는, 다시 말해서 긍정과 부정의 두 가지 방법이 동시에 사용되었다. 그 결과 그는 다음과 같은 결론에 도달한다.

> 그 참모습은 광활하다. 그것은 크게 텅 빈 것처럼 사사로움이 없고 넓고 넓어서 큰 바다처럼 지극히 공평하다. 공평하므로 동정(動靜)이 인연 따라 이루어지며, 사사롭지 않으므로 염정(染靜)이 모두 하나가 된다. 염정이 하나가 되므로 진속(眞俗)이 평등하고 동정이 함께 이루어지므로 모든 운동에 차별상(差別相)이 있는 것이다(대승기신론 별기).

이와 같은 원효가 이룩한 회통의 성과를 박종홍은 다음과 같이 평가한다.

> … 이로써 미루어 볼 때 원효는 바로 삼론(三論)과 유식의 사상을 그의 화쟁의 논리로써 지양한 것, 다시 말하면 승랑과 원측의 사상을 보다 심오한 근본적이며 전체적인 입장에서 화합시킴으로써 장차 전개하여야 할 한국 불교, 나아가 전 불교사상의 올바른 방향을 명시한 것이다. 그리고 그것이 다름 아닌 입파(立破)와 여탈(與奪)의 자유로운 구사에 착안한 원효의 논리적인 두뇌와 역량의 소치이었음을 주의하게 된다.[16]

이러한 성과의 내용과 그 성과에 대한 구체적인 평가에 대하여 체계적으

16 박종홍, 「박종홍 전집」 IV, *op.cit.*, p.101. 원효는 「大乘起信論 別記」 초두에 자기의 입장을 이렇게 요약한다. "긍정적 정립을 안하지는 않지만 스스로 집착을 버려야 하고 『自遣』, 논파하지 아니함이 없지만 긍정의 마음을 가져야 하며 『還許』, 긍정자는 가는 것이 절정에 이르러 다시 두루 정립함을 나타내는 것이고, 부정자는 허여(許與)함이 궁극에 미쳐 다시 불허함을 밝히는 것이니 이것이 모든 논리의 으뜸(祖宗)이다." 그러나 은정희가 지적하는 바와 같이 이러한 사상은 석가 이전의 베다(Veda) 사상에도 있었던 것이 사실이다. 「원효의 대승기신론 소·별기」, 일지사, 1991, pp.11–12 참조.

로 논의하는 것은 지금 우리의 과제가 아니다. 그러나 한 가지 분명히 짚고 넘어가야 할 것은 원효의 사상에 우리의 고유한 인간중심주의와 현세 위주의 실천 중심사상이 강력하게 반영되고 있다는 점이다. '공(空, sunyata)'에 대한 존재론적인 문제나 '식(識, vijnana)'에 관한 인식론적인 문제가 인도인들과 중국인들, 그리고 불교학자들에게는 가장 중요한 과제인지 모른다. 그리고 중국학자들은 그것을 공(空)과 유(有)의 갈등으로 이해하고 그 주제를 격화시킬 이유가 있었을 것이다. 그러나 원효나 대부분의 다른 한국의 불교학자들에게 그것은 우선적으로 실천의 문제였고 따라서 상식적인 삶의 통상성과 평상성과 일상성을 떠나서는 큰 의미를 지니지 못하는 것이었다. 물론 이 주제의 심오성을 간과하거나 무시하는 것은 결코 아니다. 그러나 그것이 다시 우리들 모두의 삶 속으로 돌아오지 않으면 한낱 공허한 사변으로 끝난다는 사실을 그는 알고 있었음이 분명하다. 말하자면 그는 실천을 중시하는 넓은 의미의 실용주의자였던 것이다. 이것은 원효의 관심사였던 진속(眞俗)뿐만 아니라 지눌이 고심했던 선교(禪敎)의 융화 문제도 마찬가지였다.

'선(禪)'은 외적인 견문으로 인한 지식이나 이론의 습득이 아니라 자신의 구체적인 내적 체험을 통해 자력으로 터득하는 신앙의 한 형태이다. 이것은 철저한 내관(內觀)을 통해 자기 마음속에 잠재하는 무한한 잠재력을 일깨워 직관하게 하는 것으로 자아와 사물의 본질에 관한 객관적인 인식이 아니라 주체적인 자아의 추구와 새로운 자아의 발견에 일차적인 목적을 둔다. 말하자면 직접 마음의 근본을 깨우쳐 부처와 동등한 경지에 들고자 하는 단도직입적 특성을 지닌다.

사상적으로 선종은 반야공(般若空) 철학에 뿌리박고 논리와 정서를 배격하는 실천도로서 스스로 전통적인 불교이기를 거부하고 새로운 조도(祖道)로서 궁극적인 종파를 형성하였다. 신라에 선사상이 처음 대두된 것은 대체로

9세기부터라고 할 수 있다. 당시만 해도 경전과 계율을 중요시하는 교학불교가 성행하였는데, '실천과 수행'의 기치를 든 이 새로운 운동은 특히 삼국통일 후 체제적이고 주술적 성격을 띠기 시작하는 교종의 한계를 지적하고 그 권위에 도전하는 비판적 기능을 지니기도 하였다. 그러나 이기영(李箕永)이 지적하는 바와 같이, 선종이 중국에서 출현하는 데 있어서는 멀리 원효의 영향이 없지 않았다는 사실을 상기할 필요가 있다. 그는 이것을 이렇게 설명한다.

> 그가 유일한 평론자가 된 「금강삼매경론」의 이입사행설(二入四行說)은 종밀(宗密)을 거쳐 혜능에게까지 전달되어 생사가 곧 열반이요, 일념이 곧 무량겁(無量劫)이라는 「화엄경」의 시공관에 곁들여 일초직입(一超直入)하여 문자와 사변의 매개 없이 분각세계를 실현하려는 자력수행의 길이 바로 선종을 형성하기에 이르렀다.

그는 그러한 의미로 원효가 진정한 선종의 창시자라고 주장하며 이렇게 말한다.

> 단지 후대의 선종의 주장과 다른 점이 있다면 원효 등은 결코 교의 중요성을 무시하지 않는 데 비해 선종에서는 지나치게 그것을 무시 내지 멸시하는 경향을 보였다는 것이다. 원효는 그의 「금강삼매경론」 안에서 일찍이 선을 표방하는 것은 이미 진정한 선이라 할 수 없다고 잘라 말한 일이 있다.[17]

17 이기영, "한국의 불교사상 개설," 「한국의 불교사상: 원효, 의상, 지눌」, 이기영 역, 삼성출판사, 1977, pp.20–21. 그는 당시 고려 불교의 복잡한 현실을 다음과 같이 설명해 준다. "고답적인 산간 불교는 선종의 경우나 교종의 경우나 다 대중과는 거리가 먼 상태에 있었고, 대중의 절실한 종교적 요구에 부응하기 위해서는 본의 아니게 양재초복(攘災招福)의 의례에 의존하지 않을 수 없게 되고 말았다. 그것은 오히려 잡다

그럼에도 불구하고 "중국의 남돈선(南頓禪)을 직수입한 신라 말 및 고려 초의 선문 구산(九山)은 이 전통에서 벗어나 조도(祖道)의 법맥을 존중하는 소승적 권속관념(眷屬觀念)을 우리나라에 도입하는 역할"도 한 셈이었다.

이와 같이 중국에서 일어난 선종의 대두는 한문 문화권의 전반에 걸쳐서 지대한 영향력을 미치게 되었는데, 특히 그중에서도 선과 교를 어떻게 조화시키는지의 문제는 매우 심각하고 절박한 과제로 등장하였다. 그것은 병립 아니면 대립, 그렇지 않으면 원융(圓融)의 방식 외에는 달리 해결할 수 없었는데, 지눌의 등장 이전에는 병립의 상태에 머물러 있을 뿐이었다. 지눌의 위대성은 선교 양종의 "원융적 회통"이란 실천적 단계에서 그것을 실현시켰다는 점에 있는데 이것은 신라의 화엄전통을 재인식할 수 있었던 덕택이며, 그러한 의미로 그것은 "원효 불교의 르네상스"라고 할 수도 있는 것이었다.

지눌의 이른바 '보조선법(普照禪法)'은 돈오점수(頓悟漸修)와 정혜쌍수(定慧雙修)라고 할 수 있다. 여기에는 문득 깨닫는 것(頓悟)과 점차로 깨닫는 것(漸悟), 그리고 깨달음 전후의 과정에서 그것을 완성하기 위한 학습과 실천의 단계(漸修)가 필요한지, 그렇다면 왜 필요한지의 주제를 다루는 문제이다. 지금까지 살펴본 한국적 사유 방식이나 한국 불교적 전통에 따르면 그것은 당연히 필요하다. 불교도 결국 인간의 바람직한 삶을 위한 가르침이라면, 그리고 그 가르침이 몇몇 종교적 천재들이나 선택받은 행운아만을 위한 것이 아니라면, 그리하여 모든 중생들의 일상적인 삶을 실천적 차원에서 고양시키는 것이 궁극적인 목적이라면 깨달음의 방법이나 과정을 문제 삼지 말고 온

한 밀교적 경전에서 그 근거를 찾아야 했으며, 그렇지 않으면 선수(禪修)로 얻은 도력(道力)을 발휘해서라도 타당화시키지 않으면 안 되었으므로, 교리 이해가 미흡하거나 도력이 미숙한 선·교 양종의 승려로서는 불가피하게 양심을 속이는 경우가 발생하였다. 이것은 회를 거듭할수록 습관화되어 고려 사회를 온통 주술적이요, 기만적인 의례에 대한 미신의 풍조 속으로 몰아넣게 되었던 것이며, 그러한 경향은 몽고족의 지배 하에서 더욱 극심하였다." p.23. 이러한 현실은 지눌이 시도한 선·교의 비판적 종합이 얼마나 절실한 시대적 요청이었는지를 잘 설명해 주고 있다.

갖 수단과 방법이 동원되어야 하기 때문이다.

중국 선종을 완성시킨 인물은 이미 언급된 바와 같이 남종의 돈오파인 혜능(慧能)이고 이와 대립된 입장을 대표하는 인물은 북종의 점오파인 신수(神秀)이다. 아마 혜능에게는 돈오가 깨달음의 더 효과적인 방법이고 신수에게는 점오가 더 체질에 맞는지도 모른다. 그러나 인간 중심적이고 현세적이며 융화 정신의 전통을 계승하는 한국 불교의 관점에서 볼 때 깨달음에는 한 가지 방법만이 통용되어야 할 이유가 없으며 어느 특정한 인물의 전유물이 되어서도 안 된다. 그러한 의미로 성철(性澈)이 굳이 돈오뿐 아니라 돈수까지 고집했다는 것이 사실이라면 그는 혜능의 유능한 추종자일 수는 있어도 한국 불교의 법통을 이어받은 인물이라고 해석하는 데 이의를 제기할 수도 있다.[18] 과연 그것이 바람직한 것인지의 문제는 차치하고라도 여하튼 그 법통은 분명히 지눌에 의해 계승되었다고 판단되는데, 그에 따르면 자기 본성이 밝혀졌을 때 중생과 부처, 나와 남의 차이가 모두 사라지며, 그러므로 자기 안에 있는 부처의 본성을 밝히기 위해서라도 남과의 공존이 필연적인 사바의 세계에 뛰어들어야 하기 때문이다. 지눌이 선정(定)과 지혜(慧)를 모두 동원하여 체용일원(體用一源)의 관계를 정립한 것은 양자가 단순히 양립될 뿐 아니라 보완관계이어야 한다는 한국 불교 사상의 비판적 종합에서 훌륭한 예를 보여 주었다고 할 수 있다. 그는 선과 교의 관계에 관하여, "세존(世尊)이 입으로 설파한 것이 곧 교가 되고 조사(祖師)가 마음으로 전한 것이 곧 선이 되니 불타와 조사의 마음과 입이 서로 위배될 리가 없다"고 주장한다(「知訥和尙文集」'華嚴論節要序'). 사실 이러한 종류의 종합은 수준 높은 사유 형식과

18 性徹은 「선문정로(禪門正路)」(1981)에서 頓悟頓修論을 주장하면서 知訥의 입장을 비판하였다. 특히 지눌의 '돈오'는 진정한 의미의 깨달음이 아니라는 해석이 논의의 초점이 된다. 이효걸, "돈점 논쟁: 돈점 논쟁의 새로운 전개를 위하여," 「논쟁으로 보는 한국철학」(1995), pp.48–50 참조; 이덕진, "돈오돈수와 돈오점수 논쟁: 깨달음의 방법에 관한 논쟁," 「논쟁으로 본 불교철학」(1998), pp.275–277 참조.

심오한 신앙 형태가 보편적으로 지닌 특징이라고 할 수도 있다. 박성배가 지적해 주듯이 격조 높은 인식은 단순히 지적 이해에 머물러 있는 것이 아니라 도덕적 실천의 양식으로 나타나고 그러한 행위를 통해서 마침내 깨달음 혹은 신앙의 경지에 도달하게 되는데, 그러한 점에서 지눌과 성 아우구스티누스의 내적 체험에는 어느 정도 공통점이 있다고 볼 수도 있기 때문이다. 지눌이 『진심직설(眞心直說)』에서 '진심묘체(眞心妙體)'에 관해 언급한 것은 이러한 정신을 잘 반영해 준다. 그는 이렇게 말한다.

> 직심의 본체는 인과를 초월하며 고금을 취하였으며, 범부와 성현을 구별하지 않고 아무 상대할 것이 없다. 마치 허공이 어디나 두루한 것처럼 그 묘한 본체는 고요하여 온갖 실없는 말들이 끊어져서, 나지도 않고 없어지지도 않으며, 있는 것도 아니고 없는 것도 아니며, 움직이지도 않고 흔들리지도 않아 항상 고요하게 머무른다.[19]

여기서 우리는 불교가 비판적 종합의 형태로 우리의 고유한 사상이 되어 있음을 목격하게 된다.

지금까지 우리는 원효와 지눌을 통해서 불교가 어떠한 형태로 한국의 전통사상에서 주류를 형성하게 되는지 간단히 살펴보았다. 물론 이들이 통일신라와 고려 시대를 대표하는 유일한 사상가들도 아니고 기준에 따라서는 다른 사상가들을 조명할 수도 있을 것이다. 가령 원효보다는 원측이나 의상을 더 높게 평가할 수도 있고, 지눌보다는 의천(義天)을 더 비중 있게 다룰 수

19 박성배, *Buddhist Faith and Sudden Enlightenment* (Albany: SUNY Press, 1983), pp.17–18. 물론 그는 지눌과 아우구스티누스 사이에 중요한 차이점이 있다는 것을 지적한다. 가령 지눌의 깨달음에는 유신론적 체계나 영원성에 관한 이론이 정립되지 않은 채 '眞心'에 직접 몰입한다는 점이 다르다는 것이다. 그러나 이것이 과연 중요한 차이점이라고 할 수 있는지 의문을 제기할 수 있다.

도 있다. 그러나 이들의 입장이 본질적으로 다르지 않고, 더구나 다른 사상가들과의 사소한 차이점을 부각시키기보다는 공통점이 더 중요하게 작용하고 있기 때문에 일단 그 점을 부각시킨다는 점에서 충분하리라고 판단된다. 그렇다면 그 공통점은 무엇인가.

우선 이들은 단군신화가 암시하는 사상적 특징, 즉 인간 중심의 현세적 융화사상을 불교적 맥락에서 투영하고 있다는 점이 지적되어야 할 것이다. 통일 이데올로기로서의 역할을 담당했던 신라의 불교는 무엇보다 사상적 통일이 선행되어야 했고 그것은 곧 불교에서 여러 쟁론들을 하나로 융합하여 '화쟁(和諍)'하는 일을 의미하는 것이었다. 원효의 「십문화쟁론」은 바로 이러한 시대적 요청에 대한 응답이었다. 한편 고려 시대에는 "무신의 난"을 기점으로 하여 그 이전에는 교종이, 그리고 그 이후에는 선종이 큰 영향력을 미쳤는데, 이 두 종파 간의 갈등은 단순히 이론적 논쟁과 종교적 대립을 넘어 정치적 파행을 야기할 정도로 심화되는 상황이었다. 의천(義天)이 원효의 화쟁사상을 거듭 천명하고 지눌이 수행에 전념하다가 정혜사(定慧社)를 결성하여 수신적 선정(禪定)과 실천적 지혜(智慧)를 동시에 갖춤으로써 불자 본연의 자세를 지니도록 촉구한 것은 모두 인간 중심의 현세적 삶을 위한 실천적 태도를 반영하는 것이라고 볼 수 있다. 한국사상의 특징인 비판적 종합의 전형적 사례를 예증한 것이다. 이제 이러한 종류의 종합이 유교 사상에서는 어떠한 양상으로 이루어지는지 그 특징이 가장 강하게 드러나는 조선조 중반을 중심으로 간단히 살펴보자.

4. 유교사상과 비판적 종합

중국의 원시유학은 이미 고대에 전해져서 원효의 아들인 설총(薛聰)은 한국 유학의 조종(祖宗)으로서 임무를 다했고 최치원은 당나라에까지 그 이름이 크게 떨칠 정도였다. 고려 왕조에 들어와서도 「해동공자(海東孔子)」라고 불려진 최충(崔冲), 최초의 주자학도로 알려진 안유(安裕), 동방성리학의 시조로 일컫는 정몽주(鄭夢周) 등을 배출하기도 하였다. 그러나 대부분의 경우 유학이 본격적인 학문적 연구대상으로 다루어진 것이 아니라 바람직한 인격을 닦고 존경받는 관리가 되거나 문인으로서의 재능을 과시하기 위한 수단으로 다루어졌다고 볼 수 있다. 그것은 김종직(金宗直), 김굉필(宏弼), 정여창(鄭汝昌) 등 조선조 중엽을 대표하는 학자들의 경우에도 예외가 아니었다.

한국의 유학은 인종, 명종, 선조에 이르는 시기에 그 전성기에 도달했다고 말할 수 있는데 결국 성리학(性理學)의 연구에 의해서 비로소 철학적 깊이를 더하였고, 이것을 계기로 그 후 다양한 주제로 유학자들이 비판적 종합을 통해서 독창적으로 유학의 발전에 공헌했다고 말할 수 있을 것이다. 더구나 불교와 달리 유학의 궁극적 목표가 '수기치인(修己治人)'에 있기 때문에 현실적이고 실천적인 측면은 더욱 두드러진다고 할 수 있다. 이제 이것을 각기 다른 맥락에서 이퇴계, 이율곡, 정약용과 최한기, 최수운 등의 입장을 통해서 간단히 살펴보기로 한다.

우선 퇴계 이황(李滉)은 '이치(理)'의 철학을 정립하여 한국 성리학을 집대성한 인물이라고 말할 수 있다. 그는 "이치가 우선이고 기운(氣)은 그다음(理先氣後)"이라는 입장에서 이치가 기운보다 더욱 근원적이요 일차적인 이유를 해명하고자 하였다. 우주의 궁극적인 실재를 탐구해 보면 기운이 활동하는 이유와 그 법칙으로서 이치가 실재해 있다는 것이다. 이기의 관계는 마치 장수와 병졸의 관계처럼 이치는 기운의 통솔자이며 기운은 이치의 추종자로서 비유된다고 한다. 이러한 형이상학을 배경으로 삼고 그는 방대한 성리학적 사상체계를 수립하였다. 그 특징을 간단히 정리해 보자.

우선 퇴계는 인간을 공경(敬)해야 한다는 특유의 휴머니즘을 제창하였다.

그것은 그의 특유한 자연관에 근거하고 있다. 자연을 진리의 자기전개로 이해하고 자연의 산물인 인간에 진리가 내재한다고 그는 믿었다. 그의 인간존중 사상은 여기에 근거한다. 특히 인간에 내재하는 인간성은 자기 삶의 원리로서 이것을 '천명(天命)', '성(性)', 또는 '명덕(明德)'이라고 불렀다. 인간은 자신의 인간성에 대한 공경의 자세를 유지함으로써 삶의 원리를 확보할 수 있다고 주장했다. 그의 학문관과 교육관도 이른바 그의 '경' 사상에서 온다고 할 수 있다.

이러한 퇴계의 주장은 본질적으로 중국 성리학의 창시자인 주희(朱熹)의 입장과 유사하다고 평가된다. 그는 정호(程顥)와 정이(程頤)의 '이치(理)' 개념을 받아들이고 장재(張載)가 말하는 '기운(氣)'을 그 체계 속에 끌어들여서 우주의 존재를 설명하였다. 주자에 의하면 우주에는 이치도 있고 기운도 있다. 이치란 형체를 초월한(形上) 최고의 법칙인 도(道)이며, 만물의 존재를 가능하게 한 원인이기도 하다. 한편 기운이란 형체에 내려와 있는(形下) 구체적인 용기(器)이며 만물이 형성되는 데 필요한 재료이기도 하다. 그러므로 인간을 포함한 모든 존재는 반드시 이 이치를 받아야 본성을 가지게 되고 이 기운을 근거로 형체를 지니게 된다는 것이다. 이와 같이 주희는 이치와 기운의 밀착된 관계를 강조하여 기운이 모이는 곳에 바로 거기에 이치가 있다고 하였다. 그러나 양자의 궁극적 관계에 관해서 그는 이치가 마침내 주인이 되어 기운을 주재하게 된다고 주장한 것이다.[20]

20 勞思光, 『中國哲學史(宋明篇)』, 정인재 역, 탐구당, 1987, pp.233–439 참조. 그는 '理'와 '氣'가 아리스토텔레스의 '형상'과 '질료'의 뜻으로 쓰이는 것은 아니지만 "기본적인 의미에서 '理'는 '形式義'를 취하고 '氣'는 '質料義'를 취하고 있다는 것을 의심할 수는 없다"고 주장한다(p.322). 그 근거로 그는 다음 구절을 인용한다. "천지 사이에는 이치도 있고 기운도 있다. 이치란 것은 형이상의 도이며 만물을 생성하는 근본이다. 기운은 형이하의 기구이며 만물을 생성하는 도구이다. 그러므로 사람과 만물의 생성됨은 반드시 이 이치를 품수한 연후에야 형체를 가지고 있다"(「朱子文集」 卷58 答黃道夫書). 퇴계는 천성이 온화하기로도 유명하다. 어느 해 율곡에게 보낸 편지에, "그대가 처음부터 끝까지 논변한 것을 보면 번번이 앞 시대 학자의 학설을 논할 때마다 반드시 먼저 그 옳지 않은 것을 찾아내어 배척하기에 힘써서, 그가 다시는 입도 뻥끗할

이황은 이러한 입장을 더욱 발전시켜서, 태극(太極)인 이치는 자신의 자체 운동에 의하여 음양의 기운을 발생하게 되는데, 그것은 스스로 작용하는 능력을 가지고 있으므로 저절로 음양의 기운을 낳는다고 주장한다. 확실히 이러한 주장은 당대 중국 성리학의 법통을 이어받고 그것을 계승하고 발전시켰다는 점에서 큰 공헌을 한 셈이고 그러한 의미로 이황은 주자를 계승한 중국사상 계열의 위대한 철학자임에 틀림없다고 할 수 있을 것이다. 그러나 잘 알려진 바와 같이 그는 유기론(唯氣論)을 주장하는 서화담(徐花潭)을 의식하지 않을 수 없었고 제자인 기고봉(奇高峰)의 도전을 외면할 수도 없어서 이기의 극단적 이원론에서 다소 양보하고 사단칠정(四端七情) 논쟁에서도 이기호발(理氣互發)의 입장으로 후퇴하게 된다.

이러한 상황에서 이이(李珥)의 등장은 매우 의미 있는 것이었다. 무엇보다도 그의 입장은 이황이 벌인 논쟁에 대한 가장 강력한 비판의 역할을 했으나 그것보다 사상사적인 면에서 중국의 지배로부터 독립을 시도했다는 것과 성리학의 흐름을 실학의 방향으로 유도했다는 것, 그리고 이러한 맥락에서 유학사상을 비판적으로 종합하고자 했다는 것이 높게 평가된다는 것이다. 요컨대 이황은 조선의 유학계가 낳은 가장 위대한 성리학자라고 평가될

수 없게 한 다음에야 그친다"(『答李淑獻』)는 말로 질책한 적이 있다. 다산은 퇴계의 편지에서 이 대목을 읽고, "처음 배우는 자가 경전을 가지고 선생이나 어른과 왕복하여 토론하려면 반드시 그 학설에서 착오가 있는 곳을 드러낸 뒤에야 의문을 제기하여 해명할 수 있는 것이다. … 무릇 남의 흠을 꼬치꼬치 찾아내고 새로운 의견 내는 데 힘쓰는 것은 진실로 큰 병통이 되지만 지혜를 버리고 끊어서 전적으로 옛 경전을 답습하는 것도 또한 실지로 얻음이 없다"(『陶山私淑錄』)고 함으로써 양자의 입장을 종합하고자 시도하였다. 다산은 비판과 포용의 태도로써 "남의 잘못된 곳을 발견하더라도 공평한 마음으로 미루어 이해하고 순리로 해석하여, '아무개는 그렇게 보았으므로 그렇게 말하였던 것이요, 지금 이렇게 보면 마땅히 이렇게 말해야 한다'고 하였다. 금장태는 율곡을 합리적 분석가형으로, 퇴계를 수도자형으로 분류한다. 그리고 다산의 입장을 종합형으로 부르며 그것을 더욱 바람직한 것으로 간주한다. 그는 "우리 사회에서처럼 서로 대립하여 끊임없이 의견의 충돌이 일어나고 비판의식만 첨예하게 내세우고 있는 현실에서는 퇴계의 수도자적 자세를 다시 음미하는 다산의 목소리에 귀 기울여 볼 만하다는 생각이 든다"고 한다[『실학산책: 비판과 포용 사이』(다산연구소 180호)]. 그러나 여기서 쟁점이 무엇인지에 따라 다른 의견이 나올 수 있다. 종합형에 의해서 과학혁명을 기대하기는 어려울 것이다.

수 있을지 모르나 이이는 그가 이룩한 학문적 성과를 한국적 사유 체계, 즉 인간중심의 현세적 융화의 구도 안에서 수정하고 보완하여 그것을 마침내 한국사상의 주류로 승화시킨 인물이라고 보아야 한다는 것이다. 이러한 점들을 좀 더 자세히 살펴보자.

이이는 이황과 마찬가지로 태극을 이치라고 간주했으나 이치와 기운은 서로 분리되지 않는다는 입장에서 이황의 이선기후(理先氣後)의 이론과 서경덕의 일기장존(一氣長存)의 이론을 동시에 비판하였다. 그는 이치와 기운이 혼융(混融)되었다는 데 기반을 두고 이른바 '이통기국설(理通氣局說)'을 주장하였다. 무엇보다 그는 이치가 모습도 없고 운동능력도 없으나 기운은 형체와 운동능력이 있다고 설명함으로써 그 성격을 분명히 구분하였고 이것을 근거로 하여 태극에서 음양의 기운이 발생한다는 이황의 학설을 부정하였다. 그런데 여기서 중요한 것은 이황이나 서경덕의 입장보다 율곡이 제시한 이론이 얼마나 더 훌륭한 것인가의 문제가 아니다. 그가 그러한 논쟁 자체에 회의를 품기 시작했을 뿐만 아니라 아리스토텔레스가 플라톤의 '이데아 설'을 논박했던 자세로 자기 자신의 입장을 주체적이고도 과격하게 옹호하고 나섰기 때문이다. 가령 그는 "만일 주자 자신이 이기(理氣)가 호발한다고 했다면 그 역시 잘못된 것이니 어찌 주자라고 할 수 있는가"(答成浩原) 하고 탄식하며 비록 성인이 나타난다고 해도 자기 자신의 주장만은 굽힐 수 없다고 선언했다는 사실에 주목할 필요가 있다. 최근덕이 지적하듯이 이것은 당시 학계의 분위기를 고려할 때 "강한 학문적 주체성의 발로라고 아니 할 수 없으며 정주(程朱)의 수준을 오히려 뛰어넘어 한 차원 전진하게 된 계기가 된다"고 볼 수도 있다.[21] 특히 사변적 차원을 벗어나 이론과 실천의 관계를 좀

21 최근덕, 「한국유학사상 연구」, *op.cit.*, p.443. 율곡은 또한 이렇게 주장한다. "성현의 말에 역시 미진한 곳이 있으니 태극의 양의(兩儀)를 생각한다고만 말하고, 양(陽)은 본래부터 있는 것이요, 어떤 때 갑자기 생긴 것

더 현실적인 관점에서 조명하고 여기서 자주성과 주체성을 부각시켰다는 점에서 그렇다는 것이다.

율곡의 자주성과 주체성은 두 가지 측면에서 접근할 수 있다. 하나는 알맞게 사고하고 정치함으로써 시대의 요청에 부응하는 것이고, 다른 하나는 지적 탐구의 성과를 사회정의와 국가 이익이 부합되도록 행위하는 것을 의미한다. 이것은 퇴계의 보편적이고 추상적이며 실존적인 자기 정체성으로서의 자주성과 좋은 대조를 이룬다. 인의(仁義)라는 가치개념에 의해 설정되는 자주성과 주체성을 퇴계는 "인극(人極)"이라고 표현했고, 그러한 인간은 "참다운 자기를 찾는 것을 원본(原本)으로 여기는 생활자세"를 취한다고 주장하였다. 이러한 입장에 비하여 율곡의 개념은 좀 더 사회적이고 현실적이라고 할 수 있으며, 이동준(李東俊)의 표현을 빌리면 "개명적(開明的) 정신", 혹은 한국적 계몽주의의 한 형태를 보여 준다고 할 수도 있다.[22] 시대의 요청에 부응하는 의미의 자주성에 관하여 "율곡은 정치를 함에 있어서 때에 마땅한 것을 알지 못하고 일을 당함에 있어서 실질적인 데 힘쓰지 않으면 비록 성현이 서로 만나는 일이 있어도 효과를 이루지 못할 것이다(疏箚 3)"라고 지적한다. 이러한 비판적이고도 창의적 발상은 그가 자기의 시대를 어떻게 파악했는지의 문제와 밀접한 관계가 있는데, 율곡은 그것을 '창업'이나 '수성(守成)'이 아니라 '경장(更張)'의 시대로 평가하고 이에 걸맞게 자주성이나 주체성의 성격도 그 기준을 확보해야 한다고 믿었다.

이 아니라는 것을 말하지 못했다. 그러므로 글만 보고 해석하는 사람은 기(氣)가 있기 전에는 다만 이(理)만 있을 뿐이라고 하니 이것은 하나의 오류이다"(栗谷全書 卷九 書一 答朴和叔). "무릇 형이상자는 자연한 이치요, 형이하자는 자연한 기운이니, '이'가 있으면 '기'가 없을 수 없고, '기'가 있으면 만물이 생길 수밖에 없다. '기'가 움직이면 '양'이 되고, '기'가 고요하면 '음'이 된다. 한번 움직이고 한번 고요한 것은 '기'요, 움직이게 하고 고요하게 하는 것은 '이'이다. 음양이 이미 나누임에 이의(二儀)가 비로소 열리며 만화(萬化)가 일어나니 그러한 현상은 '기'요, 그렇게 되는 까닭은 '이'이다. 나는 누가 이것을 주장하는지 알 수 없으니 저절로 그렇게 될 따름이다(全書 卷十四 雜著).

22 李東俊, 『유교의 인도주의와 한국사상』, 한울 아카데미, 1997, pp.466-482 참조.

한편 율곡은 경장의 시대에 필요한 가치의 기준을 창출하기 위하여 사회정의와 국가이익이 양립할 수 있는 가능성을 타진한다. 그는 추상적 사회정의론을 배격하고 구체적인 현실을 바탕으로 하며 개선된 현실의 창조에 필요한 정의를 염두에 두어야 한다고 믿었으며, 여기서 실리와 명분이 서로 보완관계를 이루게 하는 것이 무엇보다 중요하다고 강조하였다. 이것을 조선의 지정학적 관점에서 국가의 이익과 연결시켰을 때 안보의 개념이 구체화되는 것은 당연하다. 사회와 국가적 차원에서 주체성과 자주성이 확보되려면 "나라가 평안(安基國)하고" "국민이 보호받아야(保基民)" 하기 때문이다(全集, 新著2. 時務七條策). 김형효가 지적한 바와 같이 이러한 태도는 실학의 등장을 예고하기도 한다. 그는 이렇게 말한다.

> 이처럼 이이적(李珥的)인 주체성과 자주성이 시비와 이해를 따짐에서 보편적인 사회정의 개념(是)과 특수적인 국리(利)를 종합하여 현실상황에서 '안보'적 차원까지 이어져야 한다고 주장한 점에서 그의 사상은 닥쳐올 실학 시대를 예고하고 있다.[23]

이이는 이론적이고 추상적인 차원뿐만 아니라 그것을 현세적인 맥락에 접목시켰다는 점에서는 원효와 지눌의 융화정신을 계승했고, 실천적이고 경세적인 차원에서는 주체성과 자주성을 강조하여 보편적 이론과 민족적 현실의 거리를 좁힘으로써 유가사상을 비판적으로 종합하는 데 있어서는

23 김형효, 「한국정신사의 현재적 인식」, *op.cit.*, p.61. 김형효는 율곡이 국가와 사회의 안녕과 질서의 차원에서 자주성과 주체성을 강조했다면 다산은 한걸음 더 나아가 대외 관계나 국제적 맥락에서 이것을 구체화하는 성격을 띤다고 주장한다. 그는 이렇게 말한다. "특히 그는 중국을 의식하며 문화적으로 독립할 것을 역설하고 그 아류가 될 수 없다는 점을 강조한다. 그리하여 그는 중국 중심의 주자학적 세계관에 대한 분화의 다원성을 강조하였고, 우리나라가 '동방'이 아니라 중국 못지않게 '중심'이라는 점을 부각시켰다." *Ibid*.

특히 독보적인 모습을 보여 주었다고 할 수 있다. 이러한 율곡의 입장은 기호학파를 형성하여 향후 조선조의 지성계에 주도적인 역할을 하게 되는데, 이것을 우리는 다음과 같이 정리할 수 있다.

우선 이황의 호발설(互發說)을 지지하는 학자들과의 논쟁을 통해서 전통적 성리학의 한계를 드러내 주었고 이것은 곧 예학(禮學)을 독립된 학문으로 발전시킬 수 있는 계기를 마련하였을 뿐만 아니라 인성(人性)과 물성(物性)의 관계를 규명하는 이른바 '호락(湖洛)논쟁'의 발단이 되었던 것이다. 한편 율곡은 실천적인 측면을 강조하여 남인계 학자들에게 영향을 주어 실학의 형성에 계기를 제공하는 한편 양명학 도입의 발판이 되기도 하였으며 척사위정론(斥邪衛正論)으로 의리의 정신을 실천하는 표본이 되기도 하였다. 율곡은 현세적이고 실용적인 비판적 종합을 다음과 같이 표현한다.

> 정치를 행할 때에는 시세(時勢)를 아는 것이 중요하고 일을 행할 때에는 실효에 힘쓰는 것이 중요하기 때문에 상황에 마땅함을 파악하지 못하고 실효를 거둠에 힘쓰지 않는다면 비록 성군(聖君)과 현신(賢臣)이 서로 만나더라도 다스림의 효과가 있을 수 없다(「栗谷全書」 券5, 12편).

이러한 그의 입장은 "이치는 기운을 떠나 있지 않고 또는 일용(日用)의 사이에 있다"는 말로 요약될 수 있다.[24] 이러한 성과는 직접적으로나 간접적으로 향후 실학과 동학에 의해 각기 다른 방향으로 계승되었다.

실학(實學)이 청조(淸朝)의 문물에 자극 받고 서양의 문화, 즉 서학(西學)의 실용적 및 과학적 측면으로부터 영향을 받아서 새롭게 실증적이고 실천적

24 柳承國, 『東洋哲學硏究』, 동방학술연구원, 1988, p.346.

인 학문체계를 정립했다면, 동학(東學)은 서학의 사상적 및 종교적인 측면, 특히 천주교로부터 충격을 받고 새로운 천(天)사상을 정립하여 민족의 역사적 현실에서 시대적 사명을 수행하고자 했다고 말할 수 있다. 그러나 이 두 사상은 비록 급진적인 변혁을 겪기는 했지만 본질적으로는 "개신유학"의 성격을 벗어나지 못했고, 결과적으로 그 개혁이 성공을 거두지는 못했다고 하더라도 한국 현대사와 현대사상의 성격을 규정하는 데 있어서 결정적인 역할을 담당했다고 판단된다. 또한 이 두 사조는 어느 정도 원시 유교에로의 복귀라는 특징을 보여 주었으며 동시에 각기 다른 방식으로 유학 사상의 비판적 종합을 시도했다는 공통점을 지니고 있다. 이제 이러한 점들을 간단히 살펴보기로 하자.

실학은 널리 알려진 바와 같이 주로 사변적인 공리공론을 일삼는 성리학에 반발하고 현실을 구체적으로 파악하여 "실사구시(實事求是)"를 구호로 삼으며 제세안민(濟世安民)과 자립실천을 시도한 학풍이라고 할 수 있다. 특히 이것을 전통적인 유학의 비판적 종합으로 이해했을 때 우리는 몇 가지 특징을 열거할 수 있다. 그것을 이을호(李乙浩)는 다음과 같이 정리해 준다.[25]

첫째, 음양설의 경학적(經學的) 이해를 들 수 있다. 이제 음양오행설은 단순히 음양의 대대(對待)원리로만 파악하고 오행설은 언급되지 않는다. 그러므로 음양설은 태일(太一)의 형태를 지닌 태극원리로도 이해될 수 있는 것이다. 둘째, 인성론은 천리(天理)를 배제하고 이를 성명론(性命論)으로 파악한 점을 들 수 있다. '성명'이란 인성과 천명의 합일을 의미하는데 이는 중용의 천명을 인격적인 상제천(上帝天)으로 간주하는 입장을 나타낸다. 셋째, 삼강오륜에서 삼강의 수직 윤리를 배제하고 오륜의 수평 윤리만을 강조한다. 인

25 李乙浩, "한국의 실학사상개설," 「한국의 실학사상」, 삼성출판사, p.26.

(仁) 또한 호혜적인 관점에서 이해할 따름이다. 이을호는 이러한 입장을 '변증법적'이라고 이해하며 이렇게 설명한다.

> 음양합일에 의한 태극이라는 관점은 성명의 합일이라는 관점에서도 찾을 수 있거니와 부자유친(합일)이라는 상황에서도 찾아볼 수 있다. 이처럼 우주론(음양설), 인생론(성명론), 윤리설(오륜설)을 통하여 얻어진 그들의 철학적 입장은 완전히 정주학의 세계에서는 멀리 떨어져 있다는 사실을 여기서 재확인하지 않을 수 없다.[26]

이것을 우리는 형이상학적 이론의 체계로부터 실천적, 종교적 및 정치적 실행으로의 전환이라고 규정할 수 있다. 또한 역설적으로 그것은 서학으로 그만큼 가까이 다가가 있다는 것을 의미하는데, 그러한 경향이 가장 잘 표현되어 있는 것이 정약용(丁若鏞)의 이른바 '목민지도(牧民之道)'라고 할 수 있다. 그는 잘 알려진 바와 같이 그의 「목민심서」의 서문에서 성서의 가르침을 연상하게 하는 목자상(牧者像)을 수기와 치인의 반반으로 파악하여 수기치인(修己治人)을 이상적인 인간상으로 이해한 것이다.[27] 또한 그는 「경세유표(經世遺表)」에서 정전법을 개선하고 상공업의 발전을 권장하는 등 서구의 근대화를 의식한 개혁의 방안을 제시한다. 이러한 경우 "우매한 백성은 성공을

26 *Ibid*. 이러한 점을 더욱 강조하여 윤사순은 실학의 방법론을 '탈성리학적'이라고 규정하며 이렇게 주장한다. "실학자들이 현실타개를 위해 모든 문제 해결을 도모할수록, 근본적으로는 당시의 철학사상인 성리학과 대결하지 않으면 안 되겠다는 자극에 이르렀을 것이고, 그에 따라 그들의 새로운 사상을 마련하게 되었을 것이다. 더욱이 대부분의 실학자가 성리학 지배의 환경에서 학문을 익힌 학자들임을 상기한다면, 철학사상으로서의 성리학과 대결하고 그것을 극복하는 데 필요한 새로운 철학사상을 마련했을 가능성이 매우 높다." 「동양사상과 한국사상」, *op.cit*., p.203.

27 *Ibid*., p.25. 그는 상제에 관해 규명하고 섬기는 학문을 '소사학(昭事學)'이라고 불렀다. 그것은 다산의 신학 혹은 종교철학인 셈이다. 이상익, "실학의 성립과 발전," 『한국철학사상사』, 한국철학사연구회 편(한울아카데미, 1997), p.301에서 재인용.

함께 누릴 수 있지만 당초 계획은 함께할 수 없으니 온 나라가 시끄럽게 될 것"을 염려하기도 하고 특히 순(舜)임금은 무위(無爲)하였다는 것을 소극적으로 해석해서는 안 된다고 역설한다(「與猶堂全書」 第 5集 卷 1, '經世遺表' 卷1).

그러나 무엇보다 흥미 있는 것은 정약용이 전통적인 성리학의 주제를 서학의 기독교적 관점에서 다루고 있다는 점이다. 가령 그는 행위와 선의 개념을 도입하여 유학의 중핵을 이루는 인의예지(仁義禮智)라는 덕목을 실용주의적 혹은 행동주의적으로 설명할 뿐만 아니라 아우구스티누스(St. Augustinus)의 신과 자유의지 개념을 연상하게 하는 파격적인 시도를 보이기도 한다. 우선 그는 인의예지는 행위에 의해서 성취되는 덕목이요, 그 이전에 마음속에 있는 본성이 아니라고 주장함으로써 형이상학적이고 사변적인 요소를 배제하고자 한다. 그는 이렇게 주장한다.

> 인의예지란 것은 행한 뒤에 이루어진다. 그러므로 사람을 사랑한 뒤에 인하다 하지 그전에 인하다 하지 않고, 자신을 선하게 한 뒤에 의롭다 하지 자신을 선하게 하기 전에 의롭다 하지 않는다. 손님과 주인이 절하고 읍한 뒤에 예를 지킨다고 이르고, 사물을 분명히 분간한 뒤에 지혜롭다고 이른다. 어찌 인의예지 네 알맹이가 주렁주렁 복숭아 씨 혹은 살구 씨처럼 사람의 마음 가운데 매달려 있는 것이겠는가(앞의 책, 2집, 권4, 孟子要義 권1, 22면).

이와 같이 그는 실천적인 측면을 강조하고 행위의 결과를 중요시한다. 또한 그는 맹자의 성선설을 전제로 하여 인간을 도심과 인욕으로 대립하고 있는 존재로 파악한 다음 다른 동물과 달리 인간에게는 '자주지권(自主之權)', 즉 결단할 수 있는 능력, 혹은 자유의지와 선의지가 있음을 지적하며 이렇게 말한다.

그 자주의 권능으로 말한다면 그 형세가 선을 행할 수도 있고 악을 행할 수도 있다. 양웅(楊雄)은 이것을 성이라고 생각하여 선악혼(善惡混)이라 이름하고 … 순경(荀卿)도 이것을 성으로 여겨서 성악(性惡)이라고 이름하였다(앞의 책, 2집, 권5, 孟子要義 권2, 33면).

그는 또한 이렇게 말한다.

하늘(上帝)이 사람에게 자주지권을 주어서 그로 하여금 선하려 하면 선을 하도록 하고 악을 하려 하면 악을 하도록 하니 고정되어 있지는 않다. 그 권능이 자기에게 있어서 금수의 정해진 마음과 같지 않다. 그러므로 선을 행하면 실로 자신의 공이 되고 악을 행하면 자기의 죄가 된다. 이는 마음의 권능이지 이른바 성(性)은 아니다(「與猶堂全書」 2集 卷5 「孟子要義」 卷2).

이와 같이 정약용은 성리학에 자유의지의 문제를 도입하여 결정론과 대비되는 성격의 논쟁으로 변모시키는 것은 물론 조심스럽게 초월적인 인격신의 개념을 도입하고 '상제로서의 천(天)'을 부활시키고 있는 것이다. 그렇게 하기 위해서는 성리학의 천리(天理) 대신 인격신으로서의 상제가 주제자임을 밝혀야 한다. 그것을 그는 '홀로 있음에 삼간다'는 뜻의 '신독(愼獨)'이라는 개념을 다시 해석함으로써 더욱 분명히 한다. 이것은 원래 군자의 덕목으로서 내성적 수양을 위한 당위의 규범이다. 그런데 이러한 규범을 지키기 위하여 일체의 지각과 행위 능력이 없는 '이(理)'라는 형이상학적 원리만을 따라서는 부족하다는 것이 다산의 입장이다. 따라서 신독이 제대로 이루어지기 위해서는 상제의 도입이 불가피하다는 것이다. 그는 이렇게 주장한다.

군자가 어두운 방에 있을 때, 전전긍긍하여 감히 악행을 하지 않는 것은 상제가 그에게 임해 있음을 알기 때문이다. 이제 명(命) · 성(性) · 도(道) · 교(教)가 모두 하나의 '이(理)'라고 한다면, '이'는 본디 무지하고 위능(威能)이 없는데 어찌 경계하여 삼갈 바이며 어찌 무서워서 두려워할 바이겠는가(위의 책, 2집 3권).

이와 같이 상제는 인격적이고 유일한 존재이며 전지전능하기 때문에 그의 존재를 인정하면 그러한 역할, 즉 혼자 있을 때에도 바람직하게 행동하는 것이 가능하다는 것이다. 말하자면 상제의 존재를 전제로 해야 보편적으로 비로소 신독이 가능하다는 것이 그의 입장이다. 그러한 존재를 전제로 하지 않고도 성현(聖賢)을 추구하는 선비들의 경우 자율적인 존재로서 순수한 자긍심의 한 표현으로 그러한 것을 경험하고 신독을 실천하는 것이 더 바람직한 것이 아닌가에 대해서는 충분히 논의의 여지가 있을 것이다. 가령 엄한 부친이나 스승의 존재를 의식하지 않아도 바람직한 인간이 되기 위하여 자신이 이행할 의무를 절감하고 자율적으로 행동했다면 그것을 더욱 바람직한 것으로 평가할 수도 있기 때문이다. 여하튼 우리는 서학의 기본 사상을 그가 실학에 능동적이고 적극적으로 수용한 흔적이 뚜렷하다고 이해할 수 있다.

한편 혜강(惠崗) 최한기(崔漢綺)는 다른 성리학자들과는 달리 특히 서구의 자연과학에 큰 영향을 받고 그것을 비판적으로 종합하여 자신만의 '기학(氣學)'을 창안한 독창적인 실학자이다. 그는 물리, 천문, 의학, 수학 등 서양의 다양한 과학지식을 섭렵했으며 1000여 권에 달하는 책을 남겼다고 전해진다. 그는 또한 코페르니쿠스의 태양중심설을 가장 먼저 이해하고 소개했으며 지구가 둥글다는 내용의 책을 입수하고 경탄을 금치 못하였을 뿐만 아니라 이를 바탕으로 이른바 '지구설(地球說)'을 담은 『기측체의(氣測體義)』를 완성시켰다. 무엇보다 최한기는 여기서 서양의 자연과학과 동양의 인문학인 성리학을 통합하려고 시도했다. 그는 천체물리학의 법칙을 우주에 충만한 기운의 원리에서 찾으려 했던 것이다. 한 예로 밀물과 썰물의 발생 원인을 기로 둘러싸인 지구와 달의 운동 메커니즘으로 설명했다. 모든 천체가 수레바퀴 모양의 기로 둘러싸인 채 도는데, 지구와 달의 기가 부딪쳐 요동친 결과 조석이 생긴다는 것이다. 이러한 설명은 다소 거칠긴 하지만 그의 독창적인 것이라고 볼 수 있는데, 그가 당시에 읽은 책에는 조석의 원인을 규명한 설명이 없었기 때문이다. 훗날 최한기는 『담천(談天)』에서 뉴턴의 만유인력의 법칙을 접하고는 "모든 우주의 운행법칙이 나의 기철학과 일맥상통한다"고 감탄했다고 한다.

최한기의 사상은 특히 과학지식의 기초가 되는 경험주의적 인식론에 관심을 기울였다는 점에서 주로 과학기술의 효용성에 매료되었던 다른 실학자들과도 구분된다. 그의 사상은 '신기(神氣)', '통(通)', '추측(推測)' 등의 개념을 중심으로 구성된 인식론적 관심, 기운의 '운화(運化)'를 중심으로 전개되는 존재론적 사유, 그리고 그 운화를 과감하게 응용한 사회·정치사상 및 미래 지향적 문명관으로 구성되어 있다. 그의 경험주의적 입장은 문제의식이 주로 현실에 집중되어 있음을 보여 주며 난국을 실용적으로 타결하려는 태도가 드러난다. 최한기는 베이컨이 강조한 것처럼 귀납의 중요성을 지적하고 경험한 것을 근거로 하여 경험하지 않은 것으로 미루어 가는 것이 바람직한 학문의 태도라고 생각했다. 가령 그에 의하면 무(無)는 유(有)를 통해서 추측할 수 있을 뿐이요 유를 떠나서는 추측도 불가능하다고 본다. 사변적인 담론을 경계하는 그의 경험적이고 현실적인 철학은 이러한 입장에 근거해 있는 것이다. 그는 『인정(人政)』에서 이렇게 말한다.

> 우리가 힘입어 생육되는 바와 의뢰하는 바가 오늘에 있지 옛것에 있지 않으며, 꼭 써야 할 바와 힘써 행할 바가 오늘날에 있지 옛것에 있지 않으니, 옛것을 버릴지언정 오늘날을 버릴 수는 없다(『인정』 11권, 27-28면).

물론 최한기는 민족의 고유한 사상을 폄하하거나 무시한 것은 아니었다. 그러나 그는 서세동점의 현실에서 전통적인 예교(禮敎)에 급급할 것이 아니라 새로 밀려오는 서양문물을 체계적으로 이해하고 적극적으로 수용하여 당면한 문제들을 해결하는 것이 더 바람직하다고 주장한 것이다.

한편 최한기의 기학은 정약용의 입장과는 다른 의미로 성리학적 이기론의 체계에서 벗어난 것임을 주목할 필요가 있다. 그는 무엇보다 우주만물의 생성근원이 되는 기운의 활동성을 강조하며, 그것을 '운화'라고 부른다. 이 운화는 세 가지 다른 차원, 즉 대기(大氣)와 통민(統民)과 일신(一身)에서 동시에 작동하는데, 그것을 그는 자연과 사회와 개인으로 나누어서 접근한다. 그는 이 개념을 활용하여 세 차원의 작동 원리를 제시하는데, 그것은 전통적인 이기론도 아니지만 자연과학적인 접근도 아니어서 아리스토텔레스적인 자연주의적 경향이 짙은 형이상학적 체계라고 이해해도 좋을 것이다. 이러한 입장을 그는 이렇게 요약한다.

> 통하느냐 통하지 않느냐 하는 것을 어찌 제 마음대로 단정할 수 있겠는가? 반드시 남에게 증험하여 통하지 못한 것을 통하여야 하며, 그래도 오히려 석연치 않거든 또 모름지기 물건에 증험하여 하늘과 사람의 신기가 서로 통하여 어그러짐이 없는 것을 찾아야 한다. … 모름지기 기(氣)와 질(質)이 서로 통하여 처음부터 끝까지 언제나 어그러지지 않는 것을 몇 번이고 자주 시험하고 증험하여야 한다(『신기통』 1권 19면, 『體通』 〈物我證驗〉).

최한기는 또한 경험주의적 인식론과 자연주의적 존재론을 바탕으로 새로운 정치관을 피력하고 과감한 사회개혁을 제기하기도 하였다. 군주제에 대한 도전은 없었으나 맹자의 민본주의와 혁명론을 강화하였으며, 민생과 복지, 그리고 민주주의의 한 형태라고 볼 수 있는 이른바 '공치(共治)'에 관심을 가졌다. 또한 그는 '운화'의 원리에 근거하여 동서가 하나로 어우러지는 대동사회의 도래를 낙관적으로 전망하기도 하였다. 서로 낙후된 부분을 개선하고 보완적 관계를 유지함으로써 인류 전체가 이상사회를 이룰 수 있다고 여겼던 것이다.[28] 물론 이러한 주장의 근거가 그 자신이 제시한 대로 얼마나 객관적인 사실과 치밀한 분석, 그리고 심도 있는 '추측' 혹은 추론을 통해 이루어진 것인지는 좀 더 체계적인 검토가 필요하겠지만 성리학자들과는 달리 인식론적 접근을 시도하며 심도 있는 주체적 사유와 비판적 안목이 반영되어 있다는 점에서 높이 평가되어야 하고, 동시에 그가 비판적 종합이라는 한국적 사상의 중요한 계승자임을 보여 주고 있는 것이다.

한편 실학파의 입장을 인식론적이고 자연과학적 맥락에서가 아니라 서학을 한층 더 종교적 측면으로 밀고 가서 또 하나의 비판적 종합을 시도한 것이 '동학(東學)'을 창시한 최수운(崔水雲)의 혁신적 접근 방식이라고 할 수 있다. 이미 살펴본 바와 같이 퇴계는 물론 율곡의 성리학에서도 기운(氣)은 인격적 주체나 의지적 대상이라기보다 자연적이고 필연적인 존재 그 자체이다. 한마디로 그것은 경외하고 신앙하며 찬양하면서 영광을 드려야 하는 인격적 대상이 아니라 그 작용의 이법이 규명되어야 할 관찰과 탐구의 대상일 뿐이다. 김경재(金敬宰)는 그러한 입장을 일반화하여 다음과 같이 정리해 준다.

28 김인규 외, "실학의 성립과 발전," 『한국철학사상사』, *op.cit.*, pp.315–321 참조.

유가에 있어서는 우주의 근원과 삼라만상이 생성을 가능하게 하는 기가 곧 인간성 속에서 작용하는 잠세적인 자율적 생명능력과 동질, 동양의 것이므로 그 양자 사이의 조화, 합일이 인간의 자기완성의 목적이고 구원이 된다. 따라서 조선 유교는 순명(順命)이 강조되기보다는 순리가 강조되었고 시대가 악할 때는 기와 이를 인간이 지배하고 조종하고 해석하려고 하였다.[29]

최수운의 경우도 예외는 아니었다. 그에 의하면 동양에서는 옛날부터 천도의 항구 불변함을 받아들여 모든 것이 천명이라고 생각했고 그것을 공경하며 천리(天理)를 순종하려고 노력하였다. 그러나 그는 "근래에 들어 사람들이 불경해졌음"을 탄식하고 『용담유사(龍潭遺詞)』에서 이렇게 설파한다.

대저 인간 초목 군생(群生) 사생재천(死生在天) 아닐는가. 불시풍우(不時風雨) 원망해도 임사호천 (臨死呼天) 아닐는가. 효박(淆薄)한 이 세상에 불고천명(不顧天命)하단 말가. 조화(造化) 중에 생겼으니, 은덕은 고사하고 근본조차 잊을소냐. 가련한 세상사람 각자위심(各自爲心)하단 말가. 경천(敬天)순천(順天)하여서라.

이것은 격동의 시대인 당시의 사회적 분위기와 민심의 삭막함을 잘 말해주고 있다. 급변하는 시대적 상황과 가치관의 혼란을 실감하게 해 주는 것

29 김경재, "최수운의 신개념," 「東洋思想과 東學革命」, 이현희 엮음, 청아출판사, 1984, p.133. 최수운에 의하면 氣라는 것은 허영(虛靈) 창창하여 무슨 일에도 관여하며 직시하지 않는 것이 없다. 형용이 있는 것 같지만 그것을 형상화하기 어려우며 들리는 듯 하나 보기가 어려운 것이니 이 또한 혼원(渾元)한 기운이라고 한다. 무엇보다 그는 사람의 "선악간 마음 용사 이도 역시 기운이니", 그 마음을 지키고 그 기를 바르게(守其心 正其氣) 할 것을 거듭 강조한다. 그 자신이 인정하듯이 동학사상은 유학의 근본이념에 근거하고 있으나 바로 이것이 그의 독창적인 공헌이라고 할 수 있다. 「經國大典」에서 밝히고 있듯이 "仁義禮智는 先聖의 가르친 바요, 守人正氣는 오직 나의 다시 정한 바"라고 하여 동학에서 시도하는 비판적 종합의 면모를 보여 주고 있다.

이다. 이것은 또한 하늘에 대한 몰가치적 이치보다는 그 준엄한 인격적 위상에 대한 존경과 순종의 의미를 부각시키고 있다. 그러나 다른 한편 그는 갑자기 밀어닥친 서학의 영향, 그중에도 기독교적 교리의 급진적 전파를 우려하며 이렇게 경고한다.

> 무지한 세상 사람 아는 바 천지라도 경외지심(敬畏之心) 없었으니, 아는 것이 무엇이며, 천상에 상제(上帝)님이 옥경대(玉京臺)에 계시다고 보는 듯이 말을 하니 음양이치 고사하고 허무지설(虛無之說) 아닐는가.

그는 이어 "상천(上天)하고 무엇할꼬 어린 소리 말아서라" 하고 덧붙인다. 그러나 또한 그는 교주인 자기 자신이 신앙의 대상이 될 것을 염려하여 이렇게 설파한다.

> 너희라 무슨 팔자 불로자득(不勞自得)되단 말가. 하염없는 이것들아, 날로 믿고 그러하냐. 나는 도시 믿지 말고 한울님만 믿어서라. 네 몸에 모셨으니 사근취원(捨近取遠)한단 말가.

여기서 우리는 최수운의 '한울(天)' 혹은 '한울림(上帝)'의 개념이 유태교나 기독교의 초월적인 인격신이 아니라 내재적인 자연신에 가깝고 특히 그것을 밖에서 찾는 것이 아니라 자기 자신에서 찾으려는 점에서 신본(神本)주의적이라기보다는 오히려 인본(人本)주의적이라는 점을 추적할 수 있다. 이러한 점에서 그의 사상은 서학인 천주교적 사상과 분명히 구분되지만 인본주의적 개념인 성(誠)과 경(敬)에 머물지 않고 신(信)의 중요성까지 강조한다는 점에서 서학으로부터 간접적으로나마 영향을 받고 있다는 것을 알 수 있다.

신일철(申一澈)은 이러한 점을 지적하여 다음과 같이 말한다.

유학에 대해 비판할 때에는 천주에 대한 '경외지심(敬畏之心)'의 결여를 지적하고 있다. 결국 수운은 유, 불 등 전통사상과 새로 수용되는 서학과의 주체적 종합을 시도한 점에서 그의 사상적 위치를 설정할 수 있을 것이다.[30]

김경재에 의하면 최수운의 신관은 범재신론(Panentheism)이며, 더구나 그것은 "인류고등종교의 발달 상태에서 나타나는 신관"이기도 하다. 그는 이것을 다음과 같이 설명한다.

전통적인 신관에서 보면 '절대적'인 것과 '상대적'인 것은 한 신적 속성에서 모순 개념이다. 뿐만 아니라 '존재로서의 신'은 '생성으로서의 신' 또는 '인격으로서의 신'과 모순되는 것으로 규정되었다. 그러나 수운이 이해하고 체험한 신은 존재의 근원이면서 동시에 인격적인 당신이었으며 절대적인 영원한 무궁이면서 동시에 변화과정 속에 있는 상대적인 시간적 생성신(生成神)이기도 했다.[31]

30 신일철, "최수운의 역사인식," *op.cit.*, p.33. 그는 또한 "수운의 역사관은 동아시아의 역사적 세계인 '천하'라는 보편적 세계에서 '我國運數'에 관심을 돌려 주체적으로 민족사 단위의 역사세계로서 '아국'의 역사를 논한다"고 지적하며 이렇게 설명한다. "따라서 그의 혁명사상은 '아국'의 '개벽'이며 '하육갑이 지나고 상육갑 호시절'에의 대망도 역시 우리나라에 초점을 두고 있다. 그는 '12제국 괴질 운수 다시 개벽 아닐는가'(夢中家)라고 해서 동아시아 문화위기를 예고하면서도 결국 '아국 운수 기구하다'는 데 귀결되고 운수, 운세 등 주역 원리에 의해 '無往不復之理'를 전제로 다시 성운이 도래한다는 대망도 아국미래를 본위로 한 것이다." p.24.

31 김경재, "최수운의 신개념," *op.cit.*, p.126. 기독교 신학의 입장에서 볼 때 대표적인 범재신론자로 G. L Morgan, S. Alexander, A. N. Whitehead, N. Hartman, P. Teilhard de Chardin 등을 들 수 있다. 이들은 대체로 자연과학자들이거나 그 분야에 조예가 깊은 사상가들이며 진화론적 실재론의 경향을 보인다. 김경재는 그 특징을 이렇게 설명한다. "실재계는 처음부터 오늘날의 모습처럼 다양한 현상으로 창조된 것이 아니고, 원인을 알 수 없는 준원자의 거대한 에너지 폭발이 있은 후 물질계–생명계–정신계–영계로 점진적인 발전과정을 거쳐 불연속적인 연속성을 띠면서 유기체적인 상관관계를 이루게 되었다. … 이제 한 개체와

그는 그 의미를 구체적으로 설명하기 위해 하트숀(Charles Hartshorne)이 말하는 신성의 5가지 요소, 즉 자의식, 전지성, 내재성, 영원성, 시간성을 소개하고 이 요소들을 모두 갖추고 있다는 점에서 최수운의 신관은 범재신론적이라는 것이다. 대체로 그것은 전통적인 유신론과 범신론이 "창조적으로 종합 지양된 형태"로서 셸링(F. Schelling)의 경우에 그 좋은 예를 찾아볼 수 있다. 요컨대 신은 자의식적인 생존으로서 세계에 관해 모두 알고 있으며 존재 자체이면서도 신적 상대성을 갖고 있는 시간적 존재라는 것이다. 김경재에 의하면 이것의 "상징성은 정립을 지향하는 원무형의 입체이며 인간과 신과의 관계는 순리와 순명에 서서 신과 공역적이며 동역적인 창조행위로 참여하는 관계를 띤다"고 한다.[32] 이와 같이 최수운의 신개념은 원시유교로 복귀하려는 실학의 도움을 받아 인격적 천(天)사상을 회복하고 이것을 다시 서학의 천주교적 초월신 개념으로부터 자극 받아 이른바 범재신론적 융합을 시도했다고 말할 수 있다. 여기서 우리는 우리 사상사의 특징인 또 하나의 비판적 종합이 이루어지고 있음을 목격할 수 있다.

동학의 특징 중에 하나는 그것이 단순한 종교사상에 그치지 않고 민족종교인 유태교처럼 제국주의의 침략에 대한 민족주의적 저항을 담고 있다는 점이다. 최제우는 무엇보다 탈중화적 영향권에서 벗어나고자 하였으며 종교적 색체가 강하게 나타나지만 당시의 서학과 구분하는 특성을 보였다. 그는 이렇게 말한다.

> 나는 또한 동방에서 태어나 동방에서 도를 받았다. 도는 비록 천도이지만, 학

개체로서 완성된 정신은 복합적이고 창조적으로 진화하여 사회라는 생명현상을 이루고 이 사회는 점점 밀접해지고 유기체화함으로써 정신의 복합체인 초인류를 형성해가고 마침내 우주 전체는 점점 정신화, 영화되어 간다고 보는 것이다." *Ibid.*, p.136.

32 *Ibid.*, p.127.

은 동학이다. 하물며 땅은 동서로 나뉘어져 있으니, 서가 어찌 동이 되고 동이 어찌 서가 되겠는가? 공자는 노(魯)에서 태어나 추(鄒)에서 교화를 베풀었는바, 추로의 풍(風)이 이 세상에 전해진 것이다. 나의 도는 여기에서 받고 여기에서 베푸는 것이니, 어찌 서학으로 이름지을 수 있겠는가? (『東經大全』, 論學文).

한편 동학은 전통적인 고유한 사상과 당시의 토착적 민간 신앙에 호소함으로써 민족의 정체성을 확인하고 종교로서의 기본적인 기능을 극대화하려는 시도를 보여 준다. 가령 천도는 단순히 유불선의 종합이 아니라 단군신화의 '재세이화(在世理化)'나 '홍익인간(弘益人間)'의 이념을 가지고 있으며 최치원의 '풍류도(風流道)'를 계승할 뿐만 아니라 '국선도(國仙道)'와 같은 재래 신앙을 수용하려는 의도가 엿보이는 것이다. 또한 동학은 널리 알려진 바와 같이 민족의 격변기에 동학혁명이 보여 준 것처럼 국난을 극복하려는 동력으로 작용하기도 한다. 그러나 이렇게 이질적인 이념이나 사상 혹은 신앙형태를 모두 종합하고 수용하는 것이, 더구나 그것을 저항 민족주의의 구현에 활용하는 것이 현실적으로 가능하고 또한 과연 바람직한 것인지는 진지하게 객관적으로 검토해 볼 필요가 있다.[33]

5. 비판적 종합의 수준과 반성

지금까지 우리는 단군신화가 함축하는 한민족의 합일적 신인관, 현세적 인생관, 융화적 사고방식 등을 중심으로 중요한 외래사상, 특히 불교와 유교가 어떻게 비판적 종합을 거쳐서 한국사상으로 용해되는지를 살펴보았다.

33 김인규 외, "실학의 성립과 발전," 『한국철학사상사』, *op.cit.*, pp.321–322 참조.

그러나 이미 언급한 바와 같이 그러한 특징을 강하게 나타내는 사상가나 사조만을 강조해서 다루게 되면 우리의 고유사상이 지닌 특수성을 오히려 간과하게 될 수도 있다. 무비판적 추종에 몰두한 사상가들도 얼마든지 있으며, 더구나 그러한 정도의 비판과 종합을 진정한 의미로 주체적인 독창성의 산물이라고 평가할 수 있는지 의문을 제기할 수 있기 때문이다.

가령 다카하시(高橋 亨)에 의하면 한국의 사상적 특징은 고착성과 종속성에 있다고 본다. 여기서 '고착성'이란 한 가지 사상에 의지하기 시작하면 아무리 세월이 흘러도 그것으로부터 벗어나지 못하는 성질이고, '종속성'이란 어떤 사상에 아무리 오랫동안 의지하더라도 거기에 독창적인 요소를 첨가하지 못하고 맹종할 따름인 성질을 의미한다. 이와 같이 한국인들은 남의 사상을 받아들이더라도 그것을 토착화하여 자기 자신의 사상으로 발전시키지 못한다고 하는데, 그러한 특징은 성리학, 불교, 풍수설은 물론 의복을 비롯한 풍속 전반에 걸쳐 나타난다고 그는 지적한다.

그러나 윤사순에 의하면 다카하시의 주장은 적어도 두 가지 이유로 오류를 범하고 있다. 첫째는 그가 한국사상사에 대한 충분한 이해를 결여하고 있다는 것이고, 둘째는 그가 일제의 식민통치를 정당화하기 위해 한국인으로 하여금 사상적 열등감을 조장하기 위한 장치로 그러한 해석을 시도했다는 것이다. 특히 그는 주자학이 조선조의 관학의 자리에 있었지만 양명학도 있었다는 점, 그리고 17세기 이후에는 반(反) 주자학적 실학이 상당히 광범위하게 흥기했음을 지적하며 이렇게 주장한다.

> 주자의 본지를 따랐던 사실이 없지 않았지만, 그것은 한·중·일 어디에서나 있었던, 당시로서는 선인(先人)의 학설에 의탁하여 자기의 신설을 제기하는 유학이론 개발의 한 방법이기도 하였음은 누구나 아는 사실이다. 도대체 퇴

계, 율곡 등의[이기(理氣)에 의한] 사칠신설(四七新說)이나 태극설 등은 주회암설(朱晦庵說)을 훨씬 능가한 이론임을 오늘날 중국학자들도 시인해 마지않는 것이다.[34]

그리하여 그는 "고착성, 종속성 등에 의한 한국사상 부재론은 전혀 타당성이 없는 억설에 지나지 않는다"는 결론에 도달한다. 사실 다카하시의 비판은 피상적이며 공정하지 못한 데가 있는지도 모른다. 그러나 우리는 그러한 비판이 순전히 억설에 지나지 않는 것인지 진지하게 반성해 볼 필요가 있다. 사실 사칠신설이나 태극설에 대한 전문적인 평가는 차치하고라도 양명학이나 실학도 있었다고 강변하는 것은 다소 무리가 있지 않을까. 그것은 오히려 조선조 말기와 일제 치하를 거치는 동안 서양문물을 수용하는 과정에서 나타난 과도기적 현상이 아니었을까.

여하튼 우리가 살펴온 중요한 사조 중에는 독창적인 요소가 많이 있고 또 사상가들 중에도 세계 사상사에 굵은 선을 그을 인물들이 있다고 하더라도 그들의 업적에 대한 좀 더 세밀하고 객관적인 평가의 작업이 더 많이 이루어져야 하기 때문이다. 또한 이러한 평가의 결과 그것이 다시 확인되었다고 하더라고 지정학적 위치로 보나 문화사적 입지조건으로 보아서 우리의 고유한 전통 사상의 전개 과정에서 좀 더 광범위하고 심도 있는 문화적 종합을 기대할 수도 있는 것이다.

34 윤사순, 「동양사상과 한국사상」, 을유문화사, 1983, p.139. 다카하시의 입장에 대해서는 "朝鮮儒學大觀," 「조선사 강좌」(조선총독부 간행) 및 "조선인의 특성", "조선인의 사상과 성격"(조선총독부 간행) 등을 참조할 것. 윤 교수는 그의 해석이 곧 "한국사상에 대한 부정"을 의미하고 이것은 "한국인이 지닌 사고 능력에 대한 부인 외에 다른 것이 아니다"라고 주장한다. 그는 이어 이렇게 말한다. "이것은 곧 한국인의 자율적이고 자립적인 사고능력의 불비(不備) 내지 결여를 의미하는 것이다. 따라서 한국인에 대한 사고능력 결여로서의 '허상화의 효과'를 노린 것이 그의 견해임을 알 수 있다. 한국인이 무능한 허상으로 조작될 때, 일인의 현인 지배가 그 근거를 갖게 됨은 자명한 일이다. 이렇게 본다면 그의 이론의 향방은 결국 '식민지 정책의 합리화'의 길인 셈이다." pp.152–153.

우선 고착성의 문제를 먼저 살펴보자. 우리 민족은 지정학적으로 동아시아의 끝자락에 위치해 있기 때문에 전통적으로 대륙에서 오는 온갖 다양한 사조의 종착역이 되어 왔던 것이 사실이다. 물론 앞서 언급한 바와 같이 이러한 사조들을 능동적이고 창의적으로, 또 상당한 수준에서 그것들을 종합하여 새로운 형태의 사상을 창출한 측면이 있지만, 오랜 기간 동안 어느 특정한 사조만을 고집하여 배타적이고 독선적인 태도를 취하는 경우가 많이 있다. 원효나 지눌, 혹은 율곡이나 다산 등이 등장하기까지는 어느 한 사조에만 집착하여 서로 적대적인 관계를 유지하다가 결국 정치적 이데올로기의 대립 양상을 나타내는 경우가 흔히 있는 것이다. 이렇게 되면 사상의 종속성에 얽매일 위험에 처하기 마련인데, 어느 사조가 일단 이데올로기적 양상을 보이면 그것을 정당화하거나 합리화하는 작업에 급급할 수밖에 없고, 따라서 학문적 엄밀성과 비판성, 자율성과 개방성 등을 스스로 포기하는 셈이 되기 때문이다.

무엇보다 괄목할 만한 현상은 한국사상사가 유불선의 비판적 종합을 시도하였고, 이것이 통일신라와 고려 시대에는 국가의 시책에 따라 불교 중심으로 전개되었으며 조선시대에는 성리학이 주도하는 양상을 보였으나 그러한 의미로 도교가 이에 상응하는 역할을 한 적은 없다는 사실이다. 탈속과 은둔을 장려하고 부정의 철학을 강조하는 선(仙) 사상이 국시가 될 수 없었음은 당연한 일이겠으나 인간 중심의 현세적 융화 정신을 반영해 온 한국 전통 사상에서 그러한 특징은 오히려 당연한 현상인지 모른다. 가령 장유(張維)는 17세기 초엽 조선의 학풍이 타율적이고 폐쇄적임을 비판하여 다음과 같이 말한다.

중국에는 학술의 갈래가 많아서 정학(正學)도 있고 선학(禪學)도 있으며 단학

(丹學)도 있다. 정주(程朱)를 배우는 자가 있는가 하면 육씨(陸氏)를 배우는 자가 있어서 학문상의 방도가 한결같지 않다. 그러나 우리나라에는 학식이 있고 없고를 막론하고 책을 끼고 글을 읽는 사람이면 모두 정주(程朱)의 말을 암송할 뿐, 다른 학문이 있음을 알지 못한다. 우리나라 선비들의 학풍이 과연 중국보다 나아서 그런 것인가? 아니다.

그는 이어 이렇게 주장한다.

이른바 잡학(雜學)만 없는 것이 아니다. 정학에 있어서도 언제 무슨 얻음이 있었던가. 비유하자면 토지를 개간하고 씨를 뿌려 꽃이 피고 열매가 맺힌 뒤라야, 오곡과 피를 가려낼 수 있는 것이다. 텅 빈 땅에서 어느 것이 오곡이고 어느 것이 피인지 알 수 있겠는가(『谿谷漫筆』卷1).

임선영(林善英)이 잘 지적한 바와 같이 이것은 "당시 대부분의 학자들이 양명학을 거의 맹목적으로 배척하여 정당하게 받아들이지 않는 데 대한 심정을 나타낸 것이고, 또 학문의 자율성과 개방성을 요구한 것"이지만 이러한 지적은 비록 정도의 차이는 있지만 한국사상사 전반에 걸쳐서 제기되어도 큰 무리가 없을 것이다.[35] 만약 이것이 사실이라면 비록 다카하시의 인식에 다소 과장된 데가 있더라도 진정한 의미의 비판적 종합을 이룩하기 위해서는 한국사상이 지닐 수 있는 고착성과 종속성의 가능성에 대해서 진지하게 음미해 볼 필요가 있다. 그것이 오늘날 우리가 포괄적으로 비판적 합리성의 중요성을 음미하는 이유이기도 하기 때문이다.

35 임선영, "양명학의 수용과 전개 과정," 「한국철학사상사」, *op.cit.*, p.261.

그러나 지금은 우리의 고유한 사상의 정체가 무엇이고 어떠한 형태로 전개되어 왔는지를 재평가할 시점은 아니다. 무엇보다 지금은 우리의 고유한 사상이 과거에 끊임없이 확장되고 재생산되며 변신을 거듭해 왔듯이 지금도 그러한 현상이 이루어지고 있으며 앞으로도 계속 재현되리라는 점을 인식하지 않으면 안 된다. 황광욱(黃光旭)이 잘 지적하듯이 "고유 사상의 탐색은 고유성의 차원을 넘어 민족의 현실문제와 미래에 대한 구상까지 펼쳐야" 하기 때문이다. 그는 이렇게 강조한다.

> 우리가 '역사'를 문제 삼을 때 항상 '미래'를 염두에 두는 것과 마찬가지로 고유사상은 박물관 유리벽 안에 숨죽인 채 조명을 받고 있는 때 묻은 유물이 아닌 것이다. 따라서 전통을 얘기한다고 할 때, 특히 사상을 말할 때는 항상 생명력 있는, 그래서 현장감을 느낄 수 있는 사상이어야 한다.[36]

우리의 고유한 사상을 체계적으로 정리하고 비판적으로 검토하여 반성해 보아야 하는 이유가 바로 여기에 있다. 그것은 단순히 숭배와 찬양의 대상이 아니라 새로운 전통을 창출하는 출발점이어야 하며, 여전히 유효한 부분을 발굴하여 민족의 장래를 이끄는 지표로 삼아야 하기 때문이다.

윤명로와 이종후는 오늘날 이 땅에 현대화의 물결을 타고 서구의 문물이 범람해 들어옴에 따라, 식자들 사이에서는 이 서양 문물의 수용 태도가 심각하게 논란의 대상이 되고 있지만, 그러나 "우리의 정신 속에 전통적으로 이어오는 융화, 조화의 기질이 살아 있는 한" 이는 크게 우려할 바가 아니라고 주장한다. "어떠한 이질적인 문물이 들어온다고 해도 우리는 반드시 우리

36 황광욱, "한국 고유사상의 본질과 그 특성," 「한국철학사상사」, *op.cit.*, p.19.

민족이 이 기질적인 슬기에 의하여 취사선택하고, 우리의 고유문화 속에 조화 있게 융화, 용해하여, 보다 높은 차원의 새로운 민족 문화를 창출해 낼 것이 틀림없기 때문"이라는 것이다.[37] 그러나 우리의 선조들이 이룩한 비판적 종합의 수준으로 보나 오늘날 각양각색의 문화적 도전이 지닌 강도로 보나 그러한 낙관은 별로 설득력이 없는 것 같다. 우리는 새로운 각오와 문제의식, 그리고 강력한 의지로 이 도전에 임하지 않으면 안 된다. 그러한 맥락에서 한국사상의 중요한 특징이라고 할 수 있는 비판적 종합의 방식은 충분히 검토해 볼 이유가 있다. 지금까지 살펴본 바와 같이 한국사상의 특징을 우리는 "인간 중심의 현세적 융합성"이라고 표현할 수 있다. 그러나 심층적이고도 광범위하게 분석되지 않은 현실과 창의적이고 구체적이며 미래 지향적인 융합이 접목되지 않을 때 여러 가지 문제점이 제기될 수 있다. 요컨대 현세성이라는 특성이 묘합성 혹은 융합성을 잘못 만나면 수준 낮은 기회주의와 속물주의로 전락할 위험이 있다. 이러한 점들을 좀 더 구체적으로 살펴보자.

우선 융합이라는 형태의 종합에 관하여 검토해 보자. 이미 살펴본 바와 같이 한국사상은 가장 중요한 특징 중에 하나로서 다양한 측면에서 서로 이질적이고 상반된 듯한 입장을 동시에 수용하는 능동적인 자세를 보여 왔다. 그러나 과연 그것은 항상 바람직한 방식으로 수행되었으며 동시에 설득력 있는 대안을 성공적으로 제시했다고 단언할 수 있는가. 가령 단군신화로부터 정약용을 거쳐 최수운으로 이어지는 인간과 신의 관계 혹은 신의 개념은 아주 모호하여 명확하게 개념화하기가 어렵다. 또한 원효나 지눌에 의해 시도된 진속(眞俗)과 선교(禪敎)의 융합 혹은 양립도 너무 높은 차원의 의식 수

37 윤명로, 이종후, "전통사상에 나타난 융화 정신," 「한국철학사상연구」, *op.cit.*, p.224.

준에서만 실감할 수 있는 제한된 의미의 시도가 아닌지 의문시되는 것이다. 만일 이러한 것들이 명확하게 규정되지 못하고 낮은 수준에서 현실화된다면 적당주의에 머물게 될 수도 있고 결국은 속물주의를 정당화하는 이론 체계로 전락할 우려가 있는 것이다. 가령 김형효가 지적하듯이, "묘합성의 범주가 분명한 철학적 원리와 생명을 갖고 한 시대를 통찰하는 이념형이 되지 못하고, 그것의 음영이 우리 사고를 지배하게 될 때, 그 묘합성은 명증적 사고를 방해하는 얼버무리기 식의 적당주의 근성을 부채질하기 쉽다." 그는 이어 이렇게 주장한다.

> 이 묘합성은 중도(中道)라는 허울 좋은 명칭 아래 분절(分節) 의식이 선명한 과학적 명증성을 후퇴시키고, 소신에 찬 기개를 위험시하고 어중간한 태도와 입장을 현실 타개의 알맞은 논리라고 착각하게 한다. 이른바 기회주의적 논리를 정당한 것으로 여기게 하는 온상이 되기도 한다.[38]

따라서 융합의 정신은 퇴색되고 그것은 의도와는 상관없이 어느 특정한 이데올로기를 정당화하는 도구로 전락하게 될 수밖에 없다. 이러한 관측에 다소 무리가 있다고 하더라도 전통 사상을 제대로 평가하고 계승하려면 충분히 음미할 가치가 있는 것이다.

이러한 위험에 빠지지 않으려면 무엇보다 주체적 창의성이 필요하다. 이것은 융합을 단순한 나열이거나 하나로 묶는 상태보다 한 단계 높이는 기제의 역할을 해낸다. 지금까지 언급한 원효나 지눌, 율곡이나 다산, 최수운 등의 시도는 바로 이 주체적 창의성 때문에 비교적 두드러진 비판적 종합의

38 김형효, 「한국 정신사의 현재적 인식」, *op.cit.*, p.35.

예를 보여 주었지만 대부분의 경우 문제의식에 비해서 적절한 방법론이 뒤따르지 못했다는 우려를 갖게 된다. 우리는 그 좋은 예를 김시습에게서 볼 수 있다. 그는 유교와 불교의 융화 가능성에 관하여, "크게 깨달아 인(仁)에 능하고 세상에 응하여 중생을 교화하는 것"이 부처의 뜻이라고 강조하며 이렇게 주장한다.

> 불교의 근본 뜻은 자애를 우선으로 삼는 것이니, 임금 된 자로 하여금 이로써 백성을 사랑할 바를 알게 하고, 남편 된 자로 하여금 이로써 아내를 사랑할 바를 알게 하여, 위로는 그릇되고 어긋난 정치가 없게 하고, 아래로는 죽이고 반역하는 생각을 품지 못하게 함으로써 사람들이 모두 편하고 무사하게 살면서 농사에 힘쓰고 처자를 기르고 어른을 공경하고 어린이를 보살피게 하는 것이다. 그러므로 비록 '인(仁)'이니 '의(義)'니 하는 말은 없으나 죽이지 말고 도둑질하지 말라는 깨우침이 이미 '인'과 '의'의 자취를 드러낸 것이니, 왕실을 복되게 돕고 백성을 길이 편안하게 하는 공이 또한 더할 바가 없는 것이다(「梅月堂文集」 卷16, 9면).

이러한 접근 방식은 물론 위대한 종합의 가능성이나 문제의식을 제시할 수 있지만 양자 사이의 중요한 차이점을 간과하거나 그것을 극복할 수 있는 장치를 마련하지 못했기 때문에 결국 하나의 비판적 종합으로 승화될 수 없었던 예라고 말할 수 있다. 자칫하면 다리가 네 개라는 이유로 고양이는 개와 다를 것이 없을 뿐만 아니라 개를 관찰함으로써 고양이를 더 잘 이해할 수 있다는 결론에 도달할 수도 있기 때문이다. 김형효가 지적한 바와 같이 융화의 과정에서 주체적 창의성을 발휘하지 못할 때 "묘합성의 문화는 잡화상이나 고물상, 만물상의 문화로 전락할 위험을 내포"하게 될 수도 있다. 그는 오늘날 우리의 문화적 상황도 예외가 아님을 지적하며, "오늘날 현대 한국의 정신문화가 주체적 보자기에 싸여서 지저분한 잡화상이나 만물상의 무질서에로 추락하느냐 하는 중대한 갈림길에 서 있다"고 지적한다.[39] 특히 보자기 문화는 전문성을 결여하기 쉽고 이러한 경우 현대 산업사회의 발전과 자본주의의 성장에 치명적인 타격을 입을 수 있음을 지적하며 그는 이렇게 말한다.

> 한국인은 전문가가 되려고 하지 않고 성공하면 모든 것을 다 통괄하려고 한다. 이 현상은 우리들에게 경험적으로 증명된다. 실업가가 정치가와 교육가를 다 겸하려 한다. 이런 특례가 세계적으로 그리 흔하지 않다. 여기에 또한 한국정신의 어려움이 있다.[40]

이와 같이 융화의 질적 수준을 유지하는 것은 좀처럼 쉬운 일이 아니기 때문에 각론적인 논박에 현념하기보다는 일반적으로 심각한 반성과 끊임없는 노력이 항상 요청되는 것이다. 물론 전문성만 가지고는 매우 복잡하고 더욱 다단해지는 현대사회에서 통합적인 사고를 전개하기는 결코 쉽지 않다. 그러나 창의성은 어중간한 수준에서의 교류와 소통에서 나오는 것이 아니라 전문적이고도 비판적인 심오한 통찰의 자연발생적 산물이기 때문이다.

한편 한국의 전통사상이 융화의 과정에서 강조하는 현세성에도 비판적 종합의 과정에서는 적지 않은 위험이 따른다. 그것은 특히 이론적 대립구조를 극복하는 데 있어서 문제의 초점을 흐리게 할 우려가 있음은 물론 쉽게 현실주의를 의식하면 의외의 역효과를 낳게 될 수도 있기 때문이다. 가령

39 *Ibid.*
40 *Ibid.*, p.36.

극단적 현실주의와 야합하면 속물근성을 만연시키거나 위험한 이상주의를 강요할 수 있다는 점도 간과해서는 안 된다는 것이다. 김형효는 특히 현세성의 사고 범주가 정신적 도덕의식에 의해서 제동 받지 않으면 현세적 현실주의는 속물주의로 타락하기 마련이라고 지적하며 "현세적 속물주의"의 본질에 대해 이렇게 설명한다.

> 가능한 한 덜 사랑하고 존재의 의미를 덜 가지려고 하는 생활 태도가 그것이다. 오늘날 우리의 정신문화는 이 속물근성은 외양과 외모만 꾸미고 심각하게 깊이 생각하지 않고 그냥 계산적으로만 따져 보고, 돈만 아는 심성이고, 사랑을 탐욕에 의한 정복으로만 여기는 자세다.[41]

한마디로 "속물주의는 허물을 벗어 가는 해탈의 미덕을 전혀 모른다"는 것이다. 가령 원효는 대중 속에 파고들어 보살도를 실천하고자 하였고 정토(淨土)신앙을 바탕으로 대중을 교화함으로써 불교를 대중화하는 데 지대한 공헌을 하였다. 그는 파계하여 속복으로 갈아입고 "일체에 걸림이 없는 사람이라야 한길로 생사의 번뇌에서 벗어나리(一切無导人, 一道出生死)"라는 무애가(無导歌)를 부르며 진정한 의미로 '통불교(通佛教)' 혹은 '총화불교(總和佛教)'를 실천하는 자유인임을 보여 주었다. 그러나 이러한 가르침과 행적을 속인들이 이해하는 데에는 한계가 있고 또 실천에 옮기기에는 위험이 따르는 경우가 많이 있게 마련이다. 사실 그러한 사고와 행위는 궁극적으로 초월을 추구하는 종교와 현세에서의 바람직한 인간이 되기를 염원하는 도덕 사이의 미묘한 갈등을 낳는 문제도 있다.

41 *Ibid.*, p.49.

사실 김형효가 강조하는 바와 같이 "현세성에 비진리와 무의미의 면"이 개입될 위험을 배제할 수가 없다. 무엇보다 현세성의 범주를 너무 지나치게 이상주의적 관점에서 접근하면 이른바 실천의 괴리현상을 무시하고 "과격한 유토피아 사상"에로 치닫게 될 위험이 있다. 그는 이렇게 설명한다.

> 현세와 현실생활에 정치와 도덕의 완전한 일치를 주장하면서 그것을 발전적 역사의식에 의하여 점진적으로 구현하려 하지 않고 도덕주의적 완전성과 정치력에 의하여 한꺼번에 창조하려 할 때, 현실의 조그만 악이나 스캔들도 결코 용서하지 못하는 이상주의적 악마가 우리 속에 일어날 수도 있다. 그래서 그런 의식은 현실 역사에 있어서 발전의 개념과 가치를 몰아내게 된다.[42]

말하자면 이것은 이론과 현실이 너무 밀착된 경우의 한 사례이므로 "발전의 의식이 희미할 때 현세성은 도덕적 전일주의로 뒤덮이고 만다"는 것이다. 따라서 우리는 다카하시가 지적하는 고착성과 종속성의 위험 외에도 폐쇄성과 저속성, 저돌성 등을 항상 경계하지 않으면 안 된다. 사실 길희성도 강조하듯이 현실적으로 구체적인 정치적 상황에 적용될 때 "화통과 화쟁은 자칫하면 치자와 강자를 위한 현상유지의 논리"가 되기 쉽다. 그것은 "손쉬운 타협, 혹은 저항과 투쟁을 잠재우는 거짓 평화로 이끌기 쉬운 논리"이기 때문이다. 그는 이어 불교적 화쟁의 논리가 "신라의 삼국통일의 정신적 원동력이 되었다고 말하듯이, 남북의 갈등까지도 극복하면서 7천만 한국인을 하나로 묶어 주는 새로운 사상의 형성에 진정으로 힘이 될 수 있을지" 의문을 제기한다.[43] 이러한 문제점은 개념이 명료하지 않고 주체적 창의성이 결

42 *Ibid.*, pp.48–49.

43 길희성, "열암철학에서의 한국 불교사상연구," 「현실과 창조」, *op.cit.*, p.256.

핍된 융화사상에 일반적으로 확대하여 적용될 수 있을 것이다. 그렇지 않으면 이 수난과 질곡으로 점철된 격동의 시대에서 돌파구를 마련할 또 하나의 수준 높은 "비판적 종합"으로서의 한국사상을 창출하기는 어렵다.

6. 맺는 말

지금까지 우리는 한국의 전통적인 고유한 사상을 비판적 종합의 형태로 조명해 보았다. 이미 언급한 바와 같이 한국의 사상사를 구성하고 있는 모든 사조가 그러한 특징을 지니고 있는 것이 아니며 또한 중요한 사상가들이 비판적 종합의 정신을 모두 공유했다고 보기도 어렵다. 그러나 지정학적인 위상으로 보거나 실제로 전개된 사상적 조류의 성격을 분석해 볼 때, 시대마다 다른 방식으로 전래되어 온 여러 이질적인 외래 사상을 우리의 인본주의적이고 현세적이며 융화적인 자세로 수용했을 뿐만 아니라 그것을 다시 비판적으로 해석하고 창의적으로 종합하여 전통 사상의 주류를 형성해 왔음을 또한 부정하기 어렵다. 동서와 고금의 온갖 사조가 용광로처럼 들끓고 있는 오늘날 이 땅에서도 많은 사상가들에 의해서 비판적 종합이 다양하게 시도되고 있는 것이 사실이다. 서구의 기독교는 물론 과학 사상을 비롯한 변증법적 유물론, 분석 철학, 실존주의, 현상학, 그리고 탈근대주의와 탈구조주의에 이르기까지 거의 모든 조류가 흘러 들어와서 또 하나의 새로운 종합을 시험하고 있다. 그렇다면 이러한 상황에서 우리가 유의해야 할 점은 무엇인가. 여기서 우리는 박종홍의 다음과 같은 충고를 음미해 볼 필요가 있다. 그는 "한국사상 연구에 관한 서론적 구상"에서 이렇게 말한다.

> 과거에서 무엇을 보며 또 그것을 어떻게 보는가는 미래에 대한 태도가 결정한다. 보통은 과거가 그대로 밀려 내려와 현재가 되고 또 미래가 된다고 하나

인간의 능동적 건설적인 해운은 그처럼 간단한 것은 아니다. 삼국시대의 역사에서 또는 고려 시대의 역사에서 무엇을 보며 또 그것을 어떻게 보는가는 현재의 우리의 태도에 달렸고, 이 현재의 우리의 태도는 미래에 대한 건설적 의욕에 의하여 제약되는 것이다.[44]

지금까지 검토해 온 것이 어느 정도 옳다면 우리는 전통적인 사상의 맥을 따라 선조 사상가들이 시도했던 것처럼 당연히 이 땅에서 새로운 관심과 문제의식을 가지고 또 하나의 비판적 종합을 창출해 내지 않으면 안 된다. 그러나 이미 지적한 바와 같이 오늘날 우리가 창출할 '한국사상'은 과거에 우리의 선조들이 시도했던 것과는 비교되지 않을 정도로 복잡하고 다단하다. 거듭하거니와 거의 유일하게 이 땅에 동서와 고금의 다양한 사조들이 전 지구적으로 난류와 한류가 부딪치듯 격돌하고 있기 때문이다. 그뿐만 아니라 조국은 반세기가 지나도록 강토와 국가와 민족이 분단되어 자유로운 의사소통마저 불가능한 채로 서로 이질적인 사유 실험을 지속시키고 있다. 전통적인 사상에 대한 해석조차 공유할 수 없는 것이 오늘의 현실이다.

그러나 우리는 오히려 이러한 위기를 기회로 전환시키려는 적극적이고도 낙관적인 자세를 견지하지 않으면 안 된다. 그렇게 하기 위해서는 우선 비판적 종합의 수준을 높이기 위해 무엇보다 광범위한 외래 사상을 심도 있게 연구하고 창의적으로 수용할 수 있도록 노력하지 않으면 안 된다. 그러나 그러한 노력이 효과적으로 진행되려면 자유로운 사상적 풍토가 마련되어야 하고 수용의 준거를 선정하기 위해 우리의 전통사상이 현대적 관점에서 새롭게 다시 조명되어야 하며 선별적으로 수용되어야 할 것이다. 그리고 이러

44 박종홍, 「박종홍 전집」 IV, *op.cit.*, p.7.

한 모든 시도가, 다시 말해서 새롭게 진행되는 또 하나의 비판적 종합이 바로 이 민족에 의해서 주체적으로 수행되려면 그 주체의 실체인 이른바 "민족적 자아"가 확인되어야 한다는 것이다.[45] 어떤 개인의 생각은 자신이 지닌 인격적 자아의 표현이듯이 한 민족의 사상체계와 문화는 "공동체적 자아"의 한 형태인 그 민족의 민족적 자아로부터 도출되지 않으면 안 되기 때문이다. 이것은 우리 민족의 역사적 상황이 매우 복잡하고 혼란스럽기 때문에 그만큼 어려운 작업이 아닐 수 없다. 비판적 종합으로서의 새로운 한국사상이 창출되기가 어려운 이유도 바로 여기에 있다. 우선 공동체적 자아가 무엇인지 살펴보고 민족이 어떤 의미로 하나의 공동체이며, 특히 오늘날 우리에게 민족적 자아의 확인이 그토록 절실하게 필요한 이유가 무엇인지 살펴보자.

III. 공동체적 자아와 한국민족주의

1. 머리말

일반적으로 '자아'는 한 개인의 주체성을 확인하는 인격적 개념으로 쓰인다. 그러나 인격적 자아의 정체를 규명하는 것은 쉬운 작업이 아니다. 그것은 인격체를 구성하는 부분들의 관점에서는 일종의 '공동체적 자아'이기 때문이다. 유전체나 세포들의 입장에서 보면 한 개인은 거대한 공동체의 일종으로 인식될 수 있다는 것이다. 그러므로 자아는 인간을 한 인격체로 간주한다는 것을 전제로 해야 비로소 존재한다고 할 수 있는 이른바 칸트적인

45 엄정식, "민족문화와 민족적 자아," 「문화철학」, 한국철학회 편(철학과현실사, 1995), pp.149–170.

'선험적 개념'인 것이다. 이러한 관점에서 본다면 가족이나 민족 등 공동체적 담론에서도 그것을 통합하는 원리로서의 공동체적 자아 개념을 도입할 수 있다. 물론 그것을 생물학적 유기체와 유사한 개념으로 이해하면 독재주의나 전제주의의 위험이 있지만 적당히 활용하면 민족이나 국가의 역사성과 사회성을 좀 더 심도 있게 이해하는 데 유용한 개념이 될 것이다.

잘 알려진 바와 같이 인문학의 중심 과제 중에 하나는 자아의 개념이다. 가령 인간을 탐구함에 있어서 자연과학이나 사회과학은 인간의 생체 구조나 사회 통합적 역학의 관점에서 접근할 수 있지만 그러한 접근을 시도하는 주체와의 관계를 문제 삼지 않는다. 그러나 인문학에서는 역설적으로 탐구의 주체인 자아가 동시에 탐구의 대상이 되며, 바로 그렇기 때문에 그 결과는 단순히 객관적 현상으로 환원될 수 없는 것이다. 나의 눈으로 나의 시야에 들어오는 사물들을 관찰할 수 있으나 눈 그 자체를 볼 수 없듯이 자아의 탐구에는 논리적이고 구조적인 한계가 있다는 것이다. 그러나 요즈음 학제 간의 접근 방식이 활성화되고 이른바 융합이나 '통섭'을 시도하는 경향도 활발해져서 인문학에 관한 엄격한 규정은 가능하지도 않고 또 반드시 바람직한 것도 아니라는 인식이 보편화되어 가고 있다. 말하자면 인문학은 눈을 떴을 때 보이는 사물을 탐구하는 것이 아니라 눈을 감아야 비로소 보이는 의미의 세계를 탐구한다는 통념이 심각하게 도전을 받고 있다는 것이다. 자연과학은 오늘날 그 눈의 정체와 본다는 것, 혹은 의미의 세계 그 자체에 대해서 본격적으로 탐구하기 시작했기 때문이다.

일반적으로 자아의 개념은 그동안 인격적 차원에서만 통용되어 왔다고 볼 수 있다. 가령 어떤 인간을 개별화하여 그를 한 인격체로 파악했을 때 비로소 우리는 그의 '자아'를 거론할 수 있다. 그는 인간으로서 반성적 기능을 지니고 있으며 이 능력에 근거하여 자의식을 경험할 수 있고 자아는 바로 이 자의식의 산물이기 때문이다. 그러므로 우리가 흔히 다른 동물이나 컴퓨터와 같은 기계의 경우 '자아'를 문제 삼지 않았던 이유도 여기에 있다. 그러나 자아를 규정하는 것은 매우 난해한 문제이다. 과연 '현상'이나 '과정', 혹은 '기능'으로 환원되지 않는 '그 무엇'으로서의 자아가 존재하는지, 그것은 존재론적인 문제가 아니라 단순히 '관점'이나 '사고', 혹은 언어적 '서술'의 방식에 관한 문제는 아닌지에 관한 많은 논의가 개입되어 있기 때문이다. 그러나 무엇보다 중요한 것은 '자아' 개념을 반드시 인격적 차원에서만 적용해야 하는 것인지의 문제이다. 비록 린네(Carl von Linné)가 생물학적으로 규정한 '사색인(homo sapiens)'에 국한하지 않더라도 파블로프(Ivan Pavlov)가 보여 준 바와 같이 조건반사 실험을 통해 개의 경우에도 반성적 기능을 어느 정도 추적할 수 있으며 오늘날 인지과학 분야에서는 인공지능에서 그 가능성을 활발히 추적하고 있는 것이다.

이 장에서는 이러한 현상을 염두에 두고 인간 혹은 인격체들로 구성된 다양한 공동체에 '자아'의 개념을 적용할 수 있는지 검토해 볼 것이다. 가령 어떤 가족이나 직장과 같은 공동체에서, 혹은 민족이나 국가적 차원에서 이 개념을 활용할 수 있는지, 그리하여 인격체에만 적용되는 인격적 자아가 있듯이 공동체에도 '공동체적 자아'를 수용하고 또 적용할 수 있는지 살펴볼 것이다. 특히 한민족의 경우 분단의 시대가 장기화되면서 이러한 상황을 종식시킬 이론적 근거로 이른바 '민족적 자아'라는 선험적 개념이 절박하게 요청되기 때문이다.

2. 인격체와 인격적 자아

일반적으로 우리가 세계에 존재하는 사물에 관하여 논의할 때 몇 가지 고려할 사항들이 있다. 존재의 세계를 구성하는 요소로서 다양한 종류와 무수한 수량을 염두에 둘 때 그것을 구분하는 특정한 근거와 방식이 있어야 한다는 것이다. 그것을 흔히 개별성(individuation), 단일성(unity), 정체성(identity), 그리고 생멸성(becoming)의 문제라고 하는데, 이러한 점을 고려하여 사물의 본성과 현상의 구조를 설명하게 된다. 이러한 특성에 관하여 좀 더 자세히 고찰해 보자.

첫째, 개별성의 문제는 이 세상에 사물이 얼마나 많이 존재하는지를 다룬다. 우리가 사물을 바라보며 여러 개를 셀 수 있다면 분명히 하나 이상 존재한다고 말할 수 있다. 가령 어떤 학생이 책상 위에 있는 종이 한 장을 바라보며 의자에 앉아 있다고 생각해 보자. 그는 동시에 담배 한 대를 피워 문 채 그 향기를 음미하며 라디오에서 흘러나오는 쇼팽의 야상곡을 듣고 있다. 여기서 종이와 음악, 그리고 그 담배의 향기를 고려한다면 비록 다른 형식이긴 하지만 적어도 3개의 개체가 존재한다고 말할 수 있다. 물론 이 모든 것이 결국 하나의 근원 물질로 구성되어 있다는 입장도 있지만 우리는 일단 그러한 것은 고려하지 않기로 한다. 이와 같이 개별화는 존재의 세계를 여러 개의 개체로 나누어 보는 작업인 것이다. 그런데 여기서 사물을 하나 혹은 둘로 계산한다는 것은 우리의 사고와 사물과의 1대 1 대응관계를 확인하는 작업이 된다는 점을 염두에 두어야 한다. 무엇을 계산한다는 것은 일종의 정신 작용이며 그것은 존재하는 대상에 관한 것이기 때문이다. 그렇다면 그러한 관계를 어떻게 설정할 것인가. 종이를 한 장으로 세고 어떤 곡을 하나로 규정하는 근거는 무엇인가. 물론 종이와 음악을 세는 방식은 다르며, 따라서 개별화의 기준도 달라진다. 이러한 방식과 기준을 다루는 것이 개별성 문제의 내용인 것이다.

둘째로 단일성의 문제를 살펴보자. 가령 종이의 면적은 넓지만 어떤 부분을 한 장으로 계산하고 음악은 여러 소절로 구성되어 있지만 그것을 한 곡으로 간주한다. 그런데 그러한 것을 단일한 것으로 통합하는 근거나 원리는 무엇인가. 물론 여기서도 종이와 음악의 경우는 서로 다르다. 종이는 일정한 공간에 섬유질로 연결되어 있는 한 그것을 하나로 볼 수 있지만 음악은 시간적으로 연속적일 때에만 그렇게 간주할 수 있는 것이다. 그러한 특성을 우리는 한 학급이나 한 가족, 혹은 한 민족의 경우에서도 생각해 볼 수 있다. 이러한 것들을 서로 다른 것으로 보고 그것을 하나로 묶는 원리나 근거를 따져 보는 것이 단일화의 문제다. 말하자면 어떤 음악을 바로 그 음악이라고 간주할 때 종이 한 장을 취급하는 방식으로 접근해서는 안 된다는 것이다.

셋째로 정체성의 문제는 어떠한가. 일반적으로 우리는 세월이 지나서 많은 변화를 겪어도 어떤 사람이나 사물을 이전과 동일할 뿐만 아니라 앞으로도 동일한 것으로 보는 경향이 있다. 그러한 경우 우리는 이른바 '정체성' 혹은 '동일성'을 유지한다고 하는데 여기서도 물론 사물의 종류에 따라 그 기준이 달라진다. 가령 어떤 학생이 종이에 낙서를 했다고 해도 그것은 같은 종이이고 어떤 곡을 피아노가 아니라 기타로 연주했다고 해도 다른 곡이 되는 것은 아니다. 사실 이러한 종류의 변화나 변주는 그 대상의 정체성 자체를 바꾼다고 볼 수 없는 것이다. 그렇다면 어떤 변화가 일어나야 그것을 바꿀 수 있는가. 가령 종이 한 장을 태워서 재로 만들었는데 그것이 여전히 정체성을 유지한다고 말할 수 있는가. 그러나 악보가 적혀 있는 그 종이를 태운다고 그 곡이 소멸되었다고 판단할 수는 없지 않은가. 마지막으로 이러한 변화나 생성의 문제는 사물의 종류에 따라 정체성의 기준이 달라진다는 것을 보여 주지만 동시에 생멸, 혹은 존재 그 자체의 문제도 제기한다. 종이를 태워서 재가 되었다면 더 이상 그것이 종이로서 존재한다고 볼 수 없기 때문이다. 그러므로 이것은 동시에 생멸성의 문제이기도 한 것이다.

이제 이러한 점들을 고려하여 인간 자신의 경우 인격과 자아의 문제를 검토해 보자. 한 인간에 관해서 개별성과 단일성, 그리고 특히 정체성과 생멸성을 논의할 때는 당연히 종이 한 장과 어떤 음악 한 곡의 경우와 다른 기준이 적용되어야 할 것이다. 그렇다면 인간을 다른 존재와 구분 짓는 인간의 고유한 속성은 무엇인가. 우리는 이것을 '인격(personality)'이라고 할 수 있다. 인격은 분명히 인간에게 해당되는 개념이다. 여기서 인간은 자연종으로서의 동물의 일종을 의미한다. 따라서 그것은 자연계에 존재하면서 다른 생물들과 마찬가지로 자연의 법칙을 따른다. 그러나 한편 인격은 인간만의 특성이라고 할 수 있는 도덕성과 깊은 연관이 있고, 또 이것은 자연 법칙으로 용이하게 설명되지 않는 측면이 있기 때문에 단순히 자연종의 특성만 강조하면 인격 개념을 설명하기 어렵게 된다. 더구나 오늘날에는 로봇이나 자율기계의 발달로 이른바 '인공 인격(artifact person)'의 가능성을 고려할 수도 있게 되었다. 인조인간은 우리와 같은 기능적 특성을 갖는 것이 원리적으로 가능하다고 믿는 경향이 점점 더 강하게 확산되고 있는 것이다. 이러한 경향은 궁극적으로 그것들이 우리와 같이 도덕적 의식을 갖게 된다는 사실을 함축한다. 그러나 일단 우리는 인격을 인간에게만 적용되는 개념이라고 간주하고 그 특성을 좀 더 자세히 살펴보자.

툴리(Michael Tooley)는 하나의 인격을 구성하는 특성들을 다음과 같이 정리해 준다. 즉 그것은 쾌락과 고통을 경험할 수 있고 믿음이나 욕구를 지닐 수 있으며 과거에 일어난 사건을 기억할 수 있을 뿐 아니라 미래에 일어날 사건들도 예상하거나 기대할 수 있고 시간의 경과를 숙지할 수 있는 능력 등을 지니고 있어야 한다. 또한 그것은 지속적 자아나 심리적 주체가 될 수 있고 경험이나 심리 상태들과 구분되어 순수 실체로서 존재하는 의식적 자아 등의 속성을 지녀야 한다. 그 밖에도 자기의식의 능력, 이성적 판단, 문제해

결, 자율적 태도 등의 능력 등을 더 열거할 수 있을 것이다.[46] 그런데 무엇보다 중요한 것은 인격이 매콜(Catherine McCall)이 주장하는 바와 같이 "개별적 인간을 이해하는 하나의 방식"으로 이해되어 왔다는 것이다.[47] 인간의 경우 인격은 개별성의 기준이 된다는 것이다. 그러한 점에서 그것은 자아(self)나 인간 종(human being)과 유사하나 서로 다른 측면이 있다.

매콜이 지적하는 바와 같이 자아 개념은 한 개별자가 자신에 대해 경험하고 반성하거나 의식하는 능력, 혹은 속성들에 관한 개념이다. 우리는 자신의 행위와 사고와 의도와 기억 등을 의식하는 '나'가 존재한다고 말할 때 자신을 자아로서 인식하는 것이다. 한편 우리는 자신을 다른 동물과 구분하여 '이성적 동물' 혹은 호모사피엔스로 분류하여 이해하는 방식을 취하기도 한다. 이러한 경우에 인간 종은 어느 측정한 생물학적 속성들로 구성된 일종의 집합 혹은 공동체로 이해될 수도 있는 것이다. 이와 달리 인격의 개념은 사회의 한 구성원으로서 특히 타인과의 관계를 통해 권리와 의무와 책임의 귀속 등을 근거로 나 자신을 이해하는 방식이다. 특히 인격의 사회성을 강조하여 김선희는 "인격들은 사회 안에서만 형성되고 창조되는 사회적 존재들"이라고 주장하며 다음과 같이 말한다.

> 개별자들은 공동체 안에서 비로소 인격이 될 수 있으며, 인격이 되기 위해서는 다른 인격들과 사회적으로 관계해야 한다. 또한 하나의 인격이 되기 위해서는 자신이 여러 인격들 중의 하나라는 것을 이해해야 하며, 따라서 자신만이 아니라 타인 또한 인격으로 볼 수 있어야 한다.[48]

46 Michael Tooley, *Abortion and Infanticide* (Clarendon Press: Oxford, 1983), pp.90–91.

47 Catherine McCall, *The Concept of Person* (Avebury: Aldershot/Brookfield, 1990), p.8.

48 김선희, 『사이버 시대의 인격과 몸』(서울: 아카넷, 2004), p.36. 인격에 관한 자세한 논의는 제2장을 참조할 것. 인격에 관한 포괄적인 논의는 *Personal Identity*, S. Shoemaker and R. Swinburne ed. (Oxford: Basil

이와 같이 인격은 한 인간을 다른 인간이나 동물과 구분하는 개별화뿐만 아니라 단일화의 기준이 되고 사회적 존재로서 자신을 확인하는 근거가 되기도 한다. 그러나 동시에 그것은 수많은 세월이 지나서 거의 알아보기 어려울 정도로 변모한 어떤 사람의 정체성을 확인하는 근거가 되지는 못한다. 우리는 그 인간의 인격을 여전히 하나의 거점으로서 그의 것으로 간주할 수 있는 좀 더 근원적인 근거를 필요로 하기 때문이다. 그렇다면 어떤 인격체의 정체성은 무엇으로 확인할 수 있는가. 여기서 우리는 결국 '나의' 인격이라고 할 수 있는 이른바 '자아'의 문제와 대면하게 되는 것이다. 좀 더 정확하게 표현하면 그것은 '인격적 자아'의 문제인 것이다.

일반적으로 우리는 인격적 자아의 이론을 중심설(center theory)과 비중심설(non-center theory)로 나누어서 고찰할 수 있다. 브로드(C. D. Broad)에 의하면 중심설이란 "특정하게 존재"하지만 정신적 현상에 비대칭적인 관계에 있으므로 "마음의 상태가 아닌 중심"이 있다는 입장이다. 어떤 마음의 상태들을 바로 그 상태이게 하는 어떤 거점이 있다는 것이다. 한편 비중심설이란 그러한 중심의 존재 혹은 거점을 부정하는 입장으로서 "정신적 현상은 특정한 방식으로 서로 관계 맺고 있거나 그렇지 않다는 사실"에 근거한 이론이다.[49] 이러한 기준에 따르면 데카르트(R. Descartes)의 실체설은 중심설의 고전적 예가 될 수 있고, 흄(D. Hume)의 관속설(管束說) 혹은 다발설은 비중심설의 전형이라고 볼 수 있다. 데카르트의 정신적 실체는 같은 수준에 있는 여러 정신적 현상 중의 하나가 아니라, 그러한 현상을 가능하게 하는 능동적 중심의 역할을 하고 있기 때문이다. 또한 흄이 주장하는 지각의 묶음은 단순히 여러 종류의 지각이 교차하는 평면적 관계에 지나지 않고 특정한 중심을 부정

Blackwell, 1984) 참조.

49 C. D. Broad, *The Mind and Its Place in Nature* (N. J.: Littlefield, Adams & Co., 1960), p.558.

하는 까닭에 비중심설의 일종인 것이다. 그러나 여기에는 각기 많은 문제점들이 있다. 잘 알려진 바와 같이 데카르트는 보편적인 회의의 과정을 거쳐서 유명한 "코기토 명제", 즉 "나는 생각한다, 고로 존재한다(Cogito, ergo sum)"라는 명제를 발견한다. 그에 따르면 생각한다는 사실은 의심할 수 없이 확실한 것으로 파악되는데, 그것은 속성에 지나지 않고 속성은 반드시 실체를 필요로 하므로 자아를 '생각하는 실체(res cogitans)'로 규정했던 것이다.[50] 사실 이러한 실체가 존재한다면 우리는 자아에 관한 많은 문제들을 해결할 수가 있을 것이다. 가령 나는 하나의 정신적 실체이기 때문에 나의 생각들은 모두 그 실체의 표현으로 이해되고, 또 어제의 나와 내일의 나를 오늘의 나로 연결시킬 수 있는 근거가 되어 줄 뿐 아니라 육체가 사멸하더라도 생존할 수 있는 원리를 마련해 줄 수도 있는 것이다. 그러나 그러한 정신적 실체가 과연 존재하는지는 전혀 다른 차원의 문제가 된다. 가령 모든 인식의 근거를 경험적인 인상과 관념에서 찾아내려는 흄의 경우 아무리 내성의 기능을 다 발휘해 보아도 정신적 실체로서의 자아는 발견할 수 없다고 고백한다. 다만 "여러 다른 지각들이 다발이나 묶음을 이루어서 상상할 수 없을 정도로 빠르게 연속적으로 흘러갈 뿐"이라고 주장하며 그는 이렇게 말한다.

> 여기서는 어떤 한 순간의 단순성뿐만 아니라 연속적인 다양성에서의 동일성도 존재하지 않는다. … 마음을 구성하는 것은 연속적인 지각들뿐이며 우리

50 Descartes는 다음과 같은 결론에 도달한다. "그러므로 나는 내가 존재한다는 것을 확실히 알고 있는 반면 내가 사고하는 자라는 점 외에 나의 본성이나 본질에 다른 무엇을 필연적으로 부가할 수 있다는 것을 언급하지 않았기 때문에 나의 본질이 다음과 같다는 사실, 즉 나는 그 본질이나 본성이 사고하는 것, 사고하는 자, 혹은 사고하는 실체일 뿐이라고 정확하게 결론 짓는다." *Philosophical Works of Descartes*, vol. I, E. S. Haldane and G. R. T. Ross (Cambridge Unicersity Press, 1967), p.190.

는 이러한 장면이 어디에서 연출되고 있는지 혹은 그것이 무엇으로 구성되어 있는지 전혀 알 도리가 없다.[51]

결국 그는 자아의 존재를 전제하려는 심리현상을 심리적인 연상의 법칙으로 설명하고자 할 뿐이며, 철학적 정당화를 포기한 채 자신이 일종의 회의론자임을 자인하고 만다.

한편 데카르트의 정신적 실체로서의 자아 개념은 형이상학적이고 객관화할 수 없는 직관에 의해 파악되는 것이기 때문에 비판하는 데 어려움이 있다. 더구나 흄과 같이 경험론적 근거로 비판한다는 것은 처음부터 지식의 원천에 관한 견해를 달리하는 것이기 때문에 설득력을 결여하고 있다. 오운(Bruce Aune)이 잘 지적해 준 바와 같이 "우리가 지각할 수 없는 숱한 사물들의 존재를 합리적으로 믿을 수 있다면 자아를 지각할 수 없다는 사실만으로 그것이 경험의 다발일 뿐이라고 증명하지는 못할 것이다.[52] 그렇다면 데카르트적 중심설이나 흄이 제시하는 비중심설을 극복하고 종합할 수 있는 자아의 이론은 없는가. 우리는 그 대안을 칸트의 비판철학에서 제시되는 이른바 초월적 자아설에서 찾아볼 수 있을 것이다.

칸트는 정신적 실체로서의 자아를 부정하는 흄과 입장을 같이한다. 그러나 마음속에서 그러한 것을 경험적으로 찾아낼 수 없기 때문에 결국 자아는 지각의 다발에 불과하다는 그의 결론은 받아들이지 않는다. 만약 단일하고 동일한 능동적 자아가 존재하지 않는다면 지각의 다발조차도 경험되지 않

51 D. Hume, *A Treatise of Human Nature*, ed. L. A. Selby-Bigge (Oxford. 1887) bk. 1. Pt. 4. Sec 6, pp.252-253. 그는 Descartes가 정신적 실체를 찾아냈다는 것을 의심하며 이렇게 말한다. "내가 나 자신이라고 일컫는 가장 친숙한 곳으로 들어가면 열냉, 음양, 애증, 고락 등 특수한 지각을 발견하게 된다. 나는 어떤 지각 없이 나 자신을 파악할 수 없으며 그 지각 없이는 이러한 것을 관찰할 수 없다."

52 B. Aune, *Metaphysics: The Elements* (University of Minesota, 1985), p.168.

을 것이기 때문이다. 가령 애국가의 시작 부분에 나오는 가락을 들을 때 우리가 어떤 경험을 하는지 생각해 보자. 실제로 별개의 음이 하나씩 주어지지만 그것을 단일한 것으로 의식한다. 그런데 이렇게 의식한다는 사실이야말로 어떤 경험을 하나로 통합하는 능동적 주체가 있음을 말해 준다고 칸트는 생각하였다. 사실 애국가의 마지막 음을 들을 때 첫 번째 음은 그친 지 오래되었지만 우리는 그것을 기억하며 그 기억은 지금 듣고 있는 것과 혼합된다. 더구나 하나의 다발이 아니라 숱한 다발들을 경험할 때는 연속적인 사건을 포함하므로 여기서 일정한 통일성을 부여하는 능동적 자아가 존재하지 않으면 안 된다는 것이다.

그러나 칸트는 이러한 자아가 데카르트가 주장하는 바와 같이 정신적 실체라고 믿지는 않았다. 데카르트는 이미 지적한 바와 같이 보편적인 회의를 통해서 코기토 명제를 도출하였고, 사고란 무엇의 속성에 불과하기 때문에 그러한 속성들은 하나의 "실체"인 자아에 속해 있어야 한다는 형이상학적인 이유로 그러한 결론에 도달했던 것이다. 그러나 칸트는 이러한 이유를 받아들이지 않기 때문에 정신적 실체로서의 자아 개념을 거부할 수 있었던 것이다. 그렇다면 흄의 '경험'에서 보여 주듯이 마음 안에서 찾아낼 수도 없고 직관적으로 명확하게 인식되는 하나의 실체도 아니라면 칸트의 자아는 과연 무엇일까. 그는 이 자아가 잡다한 경험을 하나로 묶는 역할을 수행한다고 말할 수 있을 뿐 우리가 경험을 초월해 있기 때문에 그것이 무엇인지 개념화 할 수 없다고 말한다. 그런 뜻으로 이 자아는 '선험적(a priori)'이라고 말할 수 있을 뿐이다. 그는 이렇게 말한다.

> 나는 다양한 것은 전혀 포함하지 않는 주체라는 선험적 개념으로부터 이 주체 자신의 절대적 통일을 추리하지만, 그렇게 할 때조차도 나로서는 그 주체

에 대해 아무런 개념도 가지지 못한다.[53]

그는 또한 이렇게 말한다.

'나', 즉 생각하는 '나'는 항상 주어로 간주되며, 그래서 단순한 술어로서 사고에 속하지는 않지만 반드시 인지되어야 하는 그 무엇으로 간주될 수 있다. … 그러나 대상으로서 내가 자존적인 존재 곧 실체라는 것을 의미하지는 않는다. 뒤의 진술은 앞의 진술을 훨씬 넘어서고 있으며, 사고 안에서는 찾아질 수 없는 증거자료를 요구한다.[54]

결국 칸트의 초월적 자아는 하나의 현상이 아니므로 '물자체(Ding-an-Sich)'에 속한다고 할 수 있다. 따라서 이 자아는 정신적 실체를 확인할 수 없는 것과 마찬가지로 지각의 다발이라고 말할 수도 없지만, 그럼에도 불구하고 그 존재를 부정할 도리가 없는 이른바 "규제적 의미"의 자아인 것이다.

그러나 이것은 이론적 차원에서 바라본 자아일 뿐이다. 실천적 차원의 관점으로 옮겨갈 때 이 초월적 자아의 존재는 단순히 인식의 대상이 아니라 능동적인 행위의 주체로 나타난다. 물론 초월적 자아, 혹은 보편적 의식 일반으로 규정된 이 자아의 문제는 여전히 남아 있다. 칸트의 경우 "'나는 생각한다'는 나의 모든 표상을 수반할 수 있어야" 하며 이러한 사유의 주체는 곧 의식 일반을 의미한다. 시간과 공간이라는 직관 형식과 범주의 사유 형식을 가진 인식의 주체는 단순히 개체로서 구분되는 데 그치는 것이 아니라 그러한 인식의 구조를 공유하는 모든 주체들의 의식 일반이기도 하다는 것이다.

53 I. Kant, *Critique of Pure Reason*, trans. N. K. Sminth, N.(9) St. Martin Press, 1965, p.328.
54 *Ibid*., p.369.

그것을 그는 보편적 의식 주체로 규정하며 경험적 자아와 구분하여 '초월적 자아'라고 부르는 것이다.

바로 이 자아 때문에 우리는 자연에 관한 공통된 인식을 가질 수 있으며 사회적 차원에서도 다른 사람들과의 관계를 성립시키고 유지함에 있어서 실천적 주체로서 이성의 보편성을 실행할 수 있는 것이다. 그리고 바로 이 보편성을 근거로 해서 도덕률의 형식인 "네 의지의 준칙이 항상 동시에 보편적 입법의 원리로 타당할 수 있도록 행위하라"는 정언 명법을 도출하는 것이다.[55] 칸트는 특히 이성의 자발성에 호소하여 "이성은 '이념'이라고 할 수도 있는 것으로서 자발성을 순수하게 나타내기 때문에 감성이 제공할 수 있는 것을 훨씬 넘어설" 뿐만 아니라 "그것은 감각적 세계와 지성적 세계를 서로 구분함으로써, 그리하여 오성 그 자체에 한계를 그음으로써 그 최고의 기능을 과시한다"는 것이다. 그는 이어 이렇게 주장한다.

> 이 이성적 존재자는 자기 자신을 지성적(qua intelligence)(따라서 하위 능력의 측면이 아닌) 존재로 간주해야 하므로 감각적인 것이 아닌 예지계에 속한 것으로 간주해야 한다는 것이다. 따라서 그는 자기 자신을 인식하는 데 있어서, 그리고 자기 능력을 행사하고 결과적으로 자기의 모든 행동을 통제함에 있어서 두 가지 관점을 갖게 된다. 첫째는 감각계에 속해 있는 한 자신을 자연의 법칙 아래 둘 수 있고(타율성), 둘째는 예지계에 속해 있는 한 자연과 독립적이어서 경험적이 아닌, 그러나 그 근거를 이성에 있는 법칙 밑에 있는 것으로 자신을 인식할 수 있다는 것이다.[56]

55 I. Kant, *Kritic der Praktischen Vernunft* (Hamburg, 1974), S.36.
56 I. Kant. *Groundwork of the Metaphysic of Morals*, trans. H.J. Paton (Harper Torchbooks, 1964), p.109.

이와 같이 칸트에 의하면 초월적 자아에 우리가 접근할 수 있는 유일한 방법은 실천 이성의 활동을 통하는 것뿐이다. 칸트는 우리가 행위의 주체라는 것, 자유롭다는 것, 혹은 책임을 져야 한다는 것 등이 이론적 문제라고 주장하지 않는다. 이를 이성적 관점이 아니라 실천 이성적 관점에서 본다면 그렇다는 것이다. 우리가 의지를 발동할 때 이 주체가 행위의 결과에 대해서 최초의 원인이라는 점을 인식할 때 이러한 사실은 매우 당연하게 받아들여질 수 있다. 그것은 형이상학적 혹은 이론적 사실과 아무런 상관이 없는 것이다.

이론적 관점에서 본다면 어떤 행위는 단지 또 하나의 현상 혹은 경험일 뿐이라고 간주될 수 있을 것이다. 그러나 실천적 관점에서 본다면 행위나 선택에는 행위자가 있고 선택자가 있다. 이것이 곧 행위나 선택이 단순히 우리에게 벌어진 일종의 사건 혹은 현상이 아닌 이유이기도 하다. 사실 코스가드(C. Korsgaard)가 지적하는 바와 같이 "실천적 관점에 의해서만 행위(action)와 선택(choice)이 생물학적 및 심리학적 법칙에 의해 결정되는 단순한 행태 혹은 행동(behavior)"과 구별될 수 있는 것이다. 그는 이것을 다음과 같이 설명한다.

> 행위자로서의 우리의 존재가 부가적 사실을 주장한다거나 이론적 관점에서 식별될 수 있는 별도의 실재물을 요구한다는 뜻이 아니다. 우리의 행동과 선택에 대한 우리의 관계가 본질적으로 주도적(authorial)이라는 것은, 그것을 우리들 자신의 것으로 여긴다는 것은 실천적 관점으로부터 본 것이다. 우리들 자신의 삶이 개인적으로 문제가 되는 것은 이러한 방식으로 보기 때문이라고 생각한다. 우리는 삶을 나의 삶이라고, 심지어 경험하는 것도 우리가 하

는 그 무엇이라고 생각한다.[57]

사실 실천적인 측면에서 능동적으로 바라보지 않는다면 인격체에서도 '자아'라는 개념이 적극적인 의미를 지니지 못할 것이다. 생물학적 관점에서 본다면 그것은 무수한 세포들의 유기적인 집합에 불과하고 심리적인 측면에서 보아도 복잡한 신경계통의 교류 작용이라고 볼 수밖에 없을 것이다. 만약 이것이 사실이라면 이미 살펴본 바와 같이 인격체 자체도 다른 유기체들과 본질적으로 차별화되기가 어렵고, 심지어 인조인간이 지닌 인공 지능의 작용과 구별하기도 결코 쉬운 일은 아닐 것이다.[58]

지금까지 우리는 인격의 개념을 중심으로 그것이 어떻게 규정될 수 있으며 자아와의 관계가 무엇인지, 특히 칸트의 자아 개념을 중심으로 살펴보았다. 분명히 하나의 인격체(person)는 능동적인 동시에 수동적이며 행위자이면서 경험의 주체이기도 하다. 이 문제에 관하여 경험론자와 합리론자들은 각기 다른 측면을 강조해 왔는데, 가령 데카르트는 능동적인 측면을 부각시킨 반면 흄은 수동적인 측면에 초점을 맞추었다. 이에 비해서 칸트는 양쪽의 입장을 양립시키고 보완하고자 하였는데, 그것이 곧 본체적 혹은 초월적인 자아와 경험적 자아의 조화로운 관계이다. 이러한 개념을 도입하면 앞서 언급한 개별성과 단일성, 그리고 동일성과 생멸성의 문제도 어느 정도 해결될 것이다. 그러한 자아는 인격체의 경우 개별화와 단일성의 원리로 작용할 뿐만 아니라 동시에 시간의 경과에 따른 동일성의 근거가 되며, 한 인격체의 생멸성을 제시하는 기준이 될 수도 있을 것이다. 그러나 이러한 개념이 개

57 C. Korsgaard, *Creating the Kindom of Ends* (Cambridge University Press, 1996), p.364.

58 김선희, 『사이버 시대의 인격과 몸』(*op.cit.*) 5장, pp.147-216 참조. 여기서 그는 인조인간의 인격적 지위에 관해 자세히 논의하고 있다.

별적 인격체의 집단인 여러 종류의 공동체에도 적용될 수 있는가. 이제 이러한 점을 공동체가 지니고 있다고 상정되는 이른바 '공동체적 자아'의 개념을 중심으로 검토해 보자.

3. 공동체와 공동체적 자아의 개념

이미 살펴본 바와 같이 인격체의 경우 자아는 정신과 육체로 구성된 개별자로서의 인격을 통합하고 유지하는 능력을 지니고 있으며, 그것을 스스로 의식하는 자의식의 속성도 지니고 있다. 그런데 그러한 의미의 자의식 혹은 자아의식이 집단적 차원에서도 가능한가. 이 질문을 우리는 두 가지 뜻으로 해석할 수 있다. 하나는 집단의 구성원인 개인이 자기 자신뿐만 아니라 집단을 자아로 의식할 수 있는지의 문제이고, 다른 하나는 어떤 집단이 스스로 자아를 지닌다고 말할 수 있는지의 문제이다. 전자는 집단과 개인의 관계이고 후자는 집단이 집단 자신에 대해 갖는 자기 인식의 문제이다. 먼저 전자의 문제를 살펴보자.

일반적으로 우리는 자기가 속해 있는 다양한 공동체와의 관계를 통해서 자기 자신에 대해 생각하게 된다. 그리고 그 공동체를 구성하는 다른 구성원들과의 관계를 통해서 자기 자신을 규정하고 자아의식을 갖게 된다. 사실 김태길(金泰吉) 교수가 지적하듯이 개인적 차원의 자아의식이 인간이 갖는 자아의식의 전부는 아니다. '우리'라는 복수 일인칭 대명사가 상징하듯이 인간에게는 "집단적 자아의식"도 있다. 가족이나 국가 등 자신이 속해 있는 공동체를 의식할 때 그러한 자아의식을 경험한다는 것이다. 그러나 우리가 집단적 자아의식을 가지고 있다는 것이 "의식을 가진 인간 집단에 있어서 그 집단이 전체를 '자아'로서 인식한다는 뜻은 아니다. 물론 의식을 가진 것은 개인뿐이며 의식의 기관인 신경계통을 가진 유기적 집단은 존재하지 않는다"고 주장하며 그는 이렇게 말한다.

> 다만 의식의 주체인 개인이 우리가 보통 말하는 '자기'만을 자아로 인식하지 않고, 자기를 감싸고 있는 집단을 넓은 의미의 '나', 즉 '우리'로서 의식한다는 뜻에서 인간에게는 집단적 자아의식이 있다고 말할 수 있을 따름이다.[59]

다시 말해서 "인간 개인에게는 '자아'라는 의식이 있는데, 개인은 자기 한 사람만을 자아로 의식하기도 하고 자기가 속해 있는 집단을 자아로서 인식한다"는 것이다. 그런데 이러한 의식의 확인은 단순히 객관적인 사실로 그치는 것이 아니라 그 두 개의 자아가 근접할 것을, 다시 말해서 인격체적 차원의 자아가 공동체적 차원의 자아로 확대될 것을 요구한다. 도덕적으로나 정치적으로 그것은 바람직한 것이기도 하기 때문이다.

김태길 교수는 바람직한 사람의 실현을 위해 적합한 심성이 갖추어야 할 조건의 하나로 "자아의 의식이 거시적 안목과 결합하는 일"이라고 지적한다. 우리는 누구나 무엇인가를 위해서 살게 마련이고 그 '위함'의 세계는 '나'를 중심점으로 해서 나선형으로 전개되는데, "이 '위함'의 대상에 해당하는 세계의 범위가 클수록, 그는 우리의 유토피아 실현을 위해서 바람직한 인품"이라는 것이다. 김 교수는 이어 이렇게 말한다.

> 세상을 바라보는 안목이 거시적일수록, 그 안목이 자아의식과 결합할 때, 그 사람이 갖는 '위함'의 대상의 범위가 넓어지게 마련이다. 그러므로 "자아의식이 거시적 안목과 결합된 심성의 인품"이라는 말과 "'위함'의 대상의 범위가

59 김태길, 『변혁 시대의 사회철학』(철학과 현실사, 1990), p.90.

넓은 인품"이라는 말은 외연이 같은 개념을 지칭하는 말이 된다.[60]

이것을 우리는 "이기적인 사람보다는 공동체 의식이 강한 사람이 바람직한 삶을 실현하기에 적합한 인물"이라고 해석할 수 있으며 또한 "공동체적 자아"가 강한 사람 혹은 그러한 자아의 인식이 확실한 사람이라고 표현할 수도 있을 것이다. 그런데 이 공동체적 자아의식은 정상적인 경우 대체로 인격적 자아와 이완된 관계를 유지하지만 자기가 속해 있는 공동체가 특수한 상황에 처해 있을 때는 더욱 밀착된 관계를 보이게 마련이다.

사실 콘(Hans Kohn)이 지적하는 바와 같이 인간의 정신생활은 일반적으로 인격체적 자아의식 못지않게 집단의식에 의해 지배 받는다. "양자는 모두 복합적인 정신 상태이며, 우리는 차별과 반대, 자아와 그 주변 세계, '우리' 집단(we-group)과 집단 바깥의 사람들에 대한 경험들을 통하여 그러한 상태에 도달"한다는 것이다. 집단의식은 서로 다른 집단을 중심으로 형성될 수도 있는데 어떤 것은 일시적이고 또 어떤 것은 좀 더 항구적일 수 있다. 그는 그것을 이렇게 설명한다.

> 이러한 집단의식은 저마다의 영속성에 따라 집단 내의 동질성, 즉 일치된 공동 행동을 지향하고 또 이를 용이하게 만드는 자발적인 순응과 의견의 통일을 창출하고자 노력하게 마련이다. 그런 의미에서 우리는 집단정신(group-mind)이니 집단행동(group-action)이니 하는 말을 사용할 수가 있다.[61]

콘에 의하면 집단에는 여러 종류가 있으며 이 모든 집단은 독자적인 특성

60 *Ibid.*, pp.263–264.
61 Hans Kohn, "민족주의의 개념," 『민족주의란 무엇인가』, 백락청 편(서울: 창작과 비평사, 1981), p.26.

을 발전시킨다. 각 집단은 독자적인 상징과 사회적 관례를 만들어 내고 그 집단의 여론으로 표현되는 사회적 전통의 지배를 받기도 한다. 그러므로 집단의식도 항상 배타적인 것은 아니다. 인간은 동시에 서로 다른 집단의 구성원이 되고 그 집단들도 늘어날 뿐 아니라 고정되어 있지 않기 때문에 경계가 유동적일 뿐 아니라 그 중요성도 변화한다. 그럼에도 불구하고 이 중에는 가장 중요한 것으로 여겨지는 것이 있다. 그런데 콘에 의하면 "자신의 소속 집단들에 대한 충성이 충돌하는 경우에는 바로 이 최고의 집단의식에 최고의 충성을 바친다." 그는 이어 이렇게 말한다.

> 그는 자기 수명이 다할 동안뿐 아니라 흔히는 그 기간을 넘어 자기 존재가 영속될 때까지도 이 집단 및 그 집단의 존재와 자기 자신을 동일시하는 것이다. 개인과 집단 간의 이와 같은 결속감은 때로는 개인이 그 집단에 완전히 매몰되는 경지에 이르기도 한다. 집단의 성원들에 대한 교육은 온통 공통적인 태도와 공통적인 행동을 위한 공동의 정신적 준비 태세를 지향하고 있다.[62]

집단에 대한 인격적 자아의 자아의식이 이러한 수준에 이르면 공동체적 자아가 단순히 개인적 차원에 머무는 자아가 아니라는 심증을 굳게 한다. 만약 개인이 집단에 완전히 매몰되어 그 정체성을 확인하기가 어렵게 되고 어떤 공동체의 한 부분으로서만 기능할 뿐이라면 그의 자아는 오로지 공동체적 자아의 부속품에 지나지 않기 때문이다. 이러한 경우 인격을 구성하는 인간종의 여러 신체적 및 정신적 작용이 인격적 자아의 통합 대상이 되는 것과 마찬가지로 인간의 개체들이 집단의 존재 이유와 그 목표를 향하여 이바지할 뿐

62 *Ibid.*, p.27.

이라면 단순히 비유로서가 아니라 인격적 자아와 유사한 의미의 "공동체적 자아"를 상정할 수 있는 것이다. 사실 어떤 집단이든 나름대로의 존재 이유와 목표를 지니게 마련이고 이것이 또한 그 집단의 성격과 특성을 규정한다.

롤스(John Rawls)가 지적하는 바와 같이 개인이든 가족이든 그 밖에 어떤 단체이든 간에 그것이 하나의 주체로서 일정한 목표와 특성을 지니고 제대로 작동하려면 그것을 가능하게 하는 능력 혹은 이성이 있어야 한다.[63] 그런데 이러한 능력 혹은 이성이 있다면 그것을 하나로 통합하고 다른 것과 구분되며 동시에 정체성을 유지하게 하는 '자아(self)'가 존재해야 하는 것이다. 이것을 우리는 또 다른 의미의 '공동체적 자아'라고 부를 수 있다. 이것이 가족에 적용될 때는 '가족적 자아', 민족에 적용될 때는 '민족적 자아', 그리고 서강대학교라는 특수 단체에 적용될 때는 '서강적 자아' 등으로 규정하고 또 그렇게 부를 수 있다는 것이다. 물론 그러한 표현을 우리는 일상적 대화에서 사용하지는 않는다.[64] 그러나 실제로 많은 경우에 그러한 의미로 통용되고 있는 사례를 얼마든지 찾을 수 있다. "우리 가족이 심각한 위기에 빠져 있다" 혹은 "한민족은 지금 표류하고 있다" 혹은 "한국은 방향 감각을 잃고 있다" 등은 여기서 언급되는 각 집단에 '자아'를 귀속시키고 있기 때문이다. 그리고 그러한 집단에 속해 있는 개인들 혹은 더 작은 집단들은 자연종인 인격체의 세포처럼 상대적으로 수동적인 기능을 수행하고 있는 것처럼 묘사된다.

일반적으로 이른바 "공동체주의자"들은 하나의 단위로서 생물학적인 개체로서의 개인보다는 그 집합인 공동체의 중요성을 강조하고 주로 공동선의 추구라는 목표를 부각시킬 뿐만 아니라 사회적 및 역사적 맥락을 도외

63 John Rawls, *A Theory of Justice* (Harvard University Press, 1971), pp.560–566.
64 '한국적 자아'나 '민족적 자아'는 다소 생소하게 들리지만 그것은 '한국혼' 혹은 '민족혼'으로 바꿔 쓰면 더욱 자연스럽다.

시하고서는 개인의 자유는 확보될 수 없음을 지적하며, 궁극적으로는 인격적 자아도 공동체의 산물에 지나지 않는다고 주장한다. 가령 테일러(Charles Taylor)에 의하면 우리가 분명히 심장과 간, 허파 등 여러 기관들을 가진 유기체이지만, 그러나 "일정한 질문 공간 속에서 움직이는 한에 있어서만, 즉 선에 대한 방향을 탐색하고 발견하는 한에 있어서만 우리는 비로소 자아가 된다."[65] 이것은 인격체의 차원에서도 혼자서는 자아가 될 수 없다는 것을 의미한다. 그는 이렇게 말한다.

> 나는 일정한 상대편과의 관계 속에서만 자아이다. 한편으로는 나의 자아를 규정하는 데 핵심적이었던 상대방들과 관련해서이고, 다른 한편으로는 나 자신을 이해하는 데 있어서 아주 중요한 사람들과 관련해서이다. 물론 이들은 서로 겹칠 수 있다. 자아는 '대화의 망(web of interlocution)'이라는 것 속에서만 존재한다.[66]

이와 같이 그는 원자론적 인간관을 부정하며 동시에 개인으로 구성된 유기체적 사회관을 제시하고 있는 것이다. 그러나 물론 이 유기체가 자연종인 생물학적 개체라는 것을 의미하는 것은 아니며 생물학적으로 그 유기적 작동이 설명될 수 있다는 뜻도 아니다. 그것이 비록 사회적이고 역사적인 차원의 유기체일지라도 그러한 의미의 자아가 있음을 함축하는 것일 뿐이다.[67]

65 Charles Taylor, *Sources of The Self* (Harvard University Press, 1989), p.34.

66 *Ibid.*, p.36. 공동체주의자와 자유주의자들의 '자아'에 관한 심도 있는 논의는 S. Malhall과 A. Swift의 *Liberals and Communitarians* (Blackwell, 1992)를 참조할 것.

67 드조지(Richard T. DeGeorge)는 집단 원리와 집단 책임의 근거로서 집단의 존재론적 성격을 언급하면서 여기서 이루어지는 관계의 역할을 강조한다. 특히 그는 집단이나 사회가 실재한다는 점을 지적하여, "집단의 구성원과 실재적 관계의 합이 그것의 형이상학적 존재를 구성하기" 때문에 형이상학적 지위를 가지며, 따라서 "단순히 그 구성원들로 환원될 수 없다"는 것이다. 그러나 그는 이 집단이 개인들로 구성되어 있음을 염두에 두어야 한다고 주장한다. "사회는 개인들과 마찬가지로 실재하지만 하나의 사물(thing)이 아

뒤르켐(Emile Durkeim)의 이른바 "사회통합이론"은 이러한 점을 '사회의 실재성' 혹은 '사회적 사실'을 강조함으로써 더욱 설득력 있게 설명해 준다. 그는 칸트의 '선험적 인식의 범주를' '사회화된 사고의 범주'라는 개념으로 전환시켰다. 즉 인간의 사고, 지식, 그리고 인식은 어떤 개인에게 주어진 인식의 범주에 의하여 결정되는 것이 아니라 그가 속한 '집단'의 사고 유형에 의해 결정된다는 것이다. 이러한 입장은 개인이 마치 자기의 사고가 어디에도 구애 받지 않고 자유로운 것처럼 생각하는 것이 오류임을 보여 준다. 비록 사람들이 아무런 제약을 받지 않고 자유롭게 사고하며 행동한다고 믿더라도 '실제로는' 개개인을 넘어서서 존재하는 사고 양식에 의해 제약받고 있다는 것이다. 그런데 이 중에서도 개인에게 가장 큰 영향을 미치는 것이 사회 전체 성원들이 정당하다고 받아들이는 '도덕' 개념이다. 뒤르켐에 의하면 이러한 도덕의식의 존재만이 개인들의 분쟁과 분열을 막을 수 있고, 그것은 그러한 의미로 '실재'한다고 말할 수 있다는 것이다. "따라서 사람들은 이러한 도덕의식을 그들이 존중하고 또한 자발적으로 추종하는 권위에 의해서만 부여받을 수 있다. 사회만이 이러한 중재 역할을 할 수 있다."[68]

김경만은 뒤르켐의 이러한 입장을 "모든 사회는 역사적으로 볼 때 사회의 모든 필요한 역할에 대한 평가와 보상에 대한 '집합적 기준'을 발전시켜 왔다"고 전제하고 다음과 같이 정리해 준다.

어떤 계급, 직종이 어떤 역할을 하여야 하며 또한 어떤 보상을 받아야 하는가에 대한 '집합적 합의' 혹은 '공적인 의견'을 발전시켜 왔다는 것이다. 여

니다. 사회는 유기체 혹은 초월적 개인이 아니다. 그것은 초월적 지성이나 초월적 의지를 지니고 있지 않기 때문에 결코 그 자체로서 존재하는 개체는 아니다. 그것은 그 자신의 목표나 관심, 욕구들 혹은 목적을 가지지 못한다. … 그것이 가치를 지니게 하는 것은 인간의 삶과 의식뿐이다"(그의 "Social Reality and Social Relations," *Review of Metaphisics*, 1983, p.37).

68 Emile Durkeim, *Elementary Forms of the Religious Life* (London: Allen and Unwin, 1954), p.249.

기서 중요한 것은 이러한 도덕의식도 어느 개인이 만들어낸 개인의 산물이 아니라 '사회적 사실'로서 개인의 사고와 인식, 정당성에 대한 개념을 지배하는 접합의식인 것이다.[69]

뒤르켐은 진리의 개념에 대해서도 마찬가지의 입장을 택하고 있다. 그는 이른바 진리의 '사회구성론'을 주장하고 있는 것이다. 진리의 기원은 주어진 집단의 사회 조직과 집합의식에서 찾아야 하며, 진리를 정당화하는 궁극적 존재를 '신'이라고 부를 수 있다면 "사회가 곧 신"이며 그 정당화의 방법으로 '이성'을 거론해야 한다면 그것은 역사적 맥락과 사회적 구조에서 찾아져야 한다는 것이다. 그는 이렇게 주장한다.

> 역사는 어디서도 시작하지 않았고 어디서도 끝나지 않았다. 인간의 모든 것들은 시간이 지남에 따라 인간에 의해 만들어진 것이다. 따라서 만약 진리가 인간적이라면 진리 또한 인간의 산물이다. 사회학은 이와 똑같은 사고를 이성에 적용하고 있다. 이성과 그의 원리, 그리고 범주를 구성하는 모든 것들은 역사성을 지니고 있다.[70]

뒤르켐은 데카르트의 실체적 자아나 칸트의 선험적 자아를 부정하고 마치 흄이 인격적 자아를 지각의 다발로 설명하듯이 사회적 자아를 사회의 실재성을 근거로 설명한다. 그런데 그가 말하는 '사회'를 존재 그 자체, 즉 우리가 통상적으로 말하는 문화적 차원에서의 사회뿐만 아니라 그것을 가능하

69 김경만, "한국 사회의 공동체적 통합의 과제," 『삶의 질을 위한 공동체 윤리와 교육의 과제』, 서강대 사회과학 연구서 편, 1995 사회과학 학술 세미나 자료, p.5.
70 *Ibid.*, p.5 재인용.

게 하는 토대로서의 자연, 좀 더 나아가 스피노자가 말하는 실체이면서 동시에 신이기도 한 자연으로 해석하면 이상한 관념론의 분위기가 감돌게 된다. 그러한 경우 사회는 곧 신이 되겠지만 사회학자인 뒤르켐의 의도와는 달리 '사회학적' 설명력을 잃게 되기 때문이다. 사실 헤겔을 비롯한 피히테, 셸링과 같은 극단적인 독일 관념론자들은 이러한 시도를 감행했음에 틀림없다. 이들 중 헤겔의 입장을 간단히 살펴봄으로써 우리의 논의를 정리해 보자.

헤겔은 칸트가 도달한 지점에서 출발했고 또 그를 비판 철학이 아니라 이른바 '사변철학'의 테두리 안에서 극복하려 하였다. 그러나 헤겔은 "미래의 어떤 형이상학도 과학을 의식해야 한다"는 『프롤로고메나(*Prologomena*)』 서문에서의 경고를 진지하게 받아들이지 않았다. 그리하여 그는 칸트가 설정해 놓은 "이성의 한계", 즉 존재론적으로는 '본체(Noumena)'의 영역에 진입하고자 하였고 인식론적으로는 선험성(apriority)의 경계를 뛰어넘으려 하였다. 그는 본체의 자리에 '절대정신'을 앉혀 놓았고 선험성을 극복하기 위하여 변증법을 도입하였다. 헤겔은 칸트가 구분한 개별적인 경험적 자아와 초월적인 자아의 관계를 유한과 무한의 관계로 인식하고 변증법적인 설명 방식으로 그 관계를 해명할 수 있다고 믿은 것이다.[71] 그 결과 진정한 자아의 문제는 유한과 대립되는 '악(惡)무한'이 아니라 그것을 포용하는 '진(眞)무한'의 문제가 되고 이 영역에 이성의 주체인 '자아'가 거주하며, 그것이 역사철학의 맥락에서는 '이성의 간계'를 행사하는 '세계정신' 그 자체일 뿐이며 인격적 자아나 공동체적 혹은 민족적 자아는 세계적 자아를 실현하는 과정에서의 도구에 불과하다.[72] 그러므로 헤겔에 의하면 가령 나폴레옹의 거사

71 한자경, 『자아의 연구』(서광사, 1997), 제8장 "헤겔: 보편을 실현하는 개체로서의 자아," pp.171–203.

72 F. Hegel, *Vorlesungen über die Philosophie der Geschechte*, Suhrkamp Verlag, S.49. 그는 "개별적인 것은 대부분의 경우 보편적인 것에 비하면 너무나 하찮은 것이다. 그러므로 개개인은 희생으로 바쳐지고 버림을 받는다"고 주장한다.

는 "위대한 이기주의"에 불과한데, 그가 개인적 야욕을 실현하고자 했으므로 이기주의의 표현이며, 그러나 스스로 자기가 세계정신의 자기실현을 의식하지 못했지만 이에 공헌하였으므로 위대하다. 정복자로서의 나폴레옹이 예나에 진주했을 때 헤겔이 그를 찬양하여 "보라! 저 마상의 세계정신을…" 이라고 외친 이유가 바로 여기에 있는 것이다.[73]

이러한 사변철학의 관점에서 본다면 공동체적 자아는 정신이나 이성, 혹은 궁극적 목표를 달성하는 중간 지점으로서 분명히 존재한다. 그 실재성에 있어서 세계적 자아만큼은 못하지만 분명히 인격적 자아보다는 훨씬 높다고, 혹은 헤겔 표현을 빌리면 "덜 불행하다"고 말할 수 있을 것이다.[74] 그러나 이러한 입장은 헤겔의 사변철학의 테두리 안에서나 도출될 수 있는 결론이다. 가령 칸트의 비판철학에서는 그것을 '이성'의 남용으로 평가할 것이다. 우리가 무한에 관해 알 수 있다면 유한과의 대비 개념이 상대적 무한 혹은 '악무한'에 관해서만 어느 정도 말할 수 있을 뿐이다. 그러나 헤겔은 유한과 '진무한'의 관계를 변증법적으로 접근함으로써 알 수 없는 '그 무엇'에 관해서 말한 셈이다. 그 결과가 포퍼(Karl Popper)가 말하는 이른바 '역사주의(historicism)'의 한 형태로 나타난 것이다.

포퍼에 의하면 헤겔의 입장은 전형적인 역사주의의 한 형태로서 '역사와 운명의 형이상학'에 불과하다. 이러한 역사주의는 "역사적 예언이 여러 사회과학의 주요 목적이라고 생각하며, 또 이 목적은 역사가 진화하는 데 있어서

73 *Ibid*., S.47.

74 이 경우 '불행한 의식'은 특수성과 보편성이 아직 자기모순으로 남아 있는 의식을 뜻하며, 그것을 극복하기 위해서는 두 양극을 종합한 한 차원 높은 개체성을 확립함으로써 해소된다. 여기서는 동일성과 차별성뿐만 아니라 주체의 구체성과 개념의 추상성 사이의 종합도 이루어지는데, 그것을 헤겔은 '정신'이라고 설명한다. '나'와 '우리'가 종합을 이루어 보편적 개체가 되었을 때 이 정신을 우리는 '공동체적 자아'라고 볼 수 있는 것이다. Enzyklopädie der Philosophischen Wissenschaften I, in *Werk in Zwanzig Bänder* 11, §162 참조.

그 밑에 있는 '율동'이나 '유형', '법칙'이나 '경향'을 발견함으로써 도달될 수 있다고 생각하는 여러 사회과학에서의 접근법을 의미한다.[75] 물론 포퍼는 역사의 전개 과정에서 어느 정도의 합리성이 있다는 것을 인정한다. 그러나 그것은 장대한 역사의 이념이 가지는 헤겔적 합리성이 아니다. 다만 우리는 과학적 지식을 근거로 역사의 한 장면을 살아가면서 어느 정도의 '공학적' 합리성을 확보할 수 있을 뿐이다. 요컨대 우리는 거시적 예지의 능력이 없기 때문에 칸트가 예지계를 파악할 수 없다고 말한 것처럼 포퍼는 역사의 진보에 대해서 온전히 예측할 수는 없다는 것이다. 따라서 공동체적 자아도 적극적인 개념이 될 수 없음은 물론이고 칸트적 비판철학의 당연한 귀결일 뿐이다.

4. 맺는 말

지금까지 우리는 공동체적 자아 개념의 가능성에 관해서 검토해 보았다. 우선 그것을 "인격체적 자아"와 비교해 보았을 때 분명히 같은 차원에서 '자아'의 개념이 성립되는 것은 아니라는 사실을 확인하였다. 사회적 공동체는 그것이 가족이든 민족이든 간에 생물학적 개체는 아니기 때문이다. 그것은 유전자가 곧 인격체가 아닌 것과 마찬가지이다.[76] 그러므로 인격체적 담론과 공동체적 담론은 다른 범주에 속한다고 보아야 한다. 그러나 자아가 인격체적 차원에서 논의되는 내용을 보면 그렇게 단정하기에는 어려운 측면이 있다는 것을 알았다. 데카르트의 실체설과 흄의 다발설, 그리고 칸트의

75 Karl Popper, *The Poverty of Historicism* (London, 1957), p.3.

76 강신익, "게놈, 생명의 지도인가 인간종의 역사인가," 『창작과 비평』, 2001 가을 113호, 창작과 비평사. 그는 이렇게 설명한다. "유전자 또는 유전체는 그로부터 모든 다양성이 생겨나는 불변의 독립적 '실체'로서가 아니라, 주위의 맥락과 관계 속에서 세포 및 유기체와 함께 진화해 가는 역동적 '과정'의 일부로 보는 것이 더 그럴듯하다. 유전자 지도는 생명의 설계도나 신의 암호라기보다는 인류 진화의 족적이 기록된 역사책이다. 여기에 앞으로 어떤 것들이 기록될 것인가는 순전히 우리에게 달렸다. 새로운 역사책을 쓰기 위해서 우리는 역사관을 가져야 하며, 그것은 바로 유전과 유전자에 대한 새로운 인식구조이다." p.101. 이것이 사실이라면 어떤 유전체와 인격체와 공동체는 놀라운 구조적 유사성을 지녔다고 말할 수 있다.

선험적 자아나 헤겔의 절대적 자아 등을 검토해 본 결과 자아의 개념을 정립하는 것 자체에 많은 문제점이 있기 때문이다. 데카르트의 정신적 실체로서의 자아는 공동체에 적용될 근거가 없고 흄이 주장하는 지각의 다발로서의 자아는 통합의 원리를 찾을 수가 없으며, 칸트는 그 원리를 선험적인 영역에서 찾으려 하지만 적극적인 의미의 자아 개념을 정립하는 데에는 역시 한계가 있다. 이러한 맥락에서 보았을 때 헤겔의 사변철학만이 해결의 실마리를 제공할 수 있지만 이미 살펴본 바와 같이 그것은 너무 큰 형이상학적 전제에 근거해 있다. 여기서 우리는 다시 차선의 방책으로 칸트의 선험적 자아 개념에 주목하지 않을 수 없다.

이미 살펴본 바와 같이 인격체적 차원에서의 자아와 관련해서 논의할 때 공동체적 자아는 세 가지 다른 개념을 지니고 있다. 첫째는 "인격적 자아의 확대"로 해석하여 개인이 공동체와 심리적 일체감을 가졌을 때 생기는 자아 개념이다. 공동체는 별도의 인격적 자아를 지니지 않기 때문이다. 둘째는 인격적 자아를 "공동체적 자아의 축소"로 해석하여 오히려 공동체를 실체화한 결과로 얻어진 자아 개념이다. 여기서는 존재론적으로 공동체가 더 본질적인 것이며 인격체는 그것의 미분화의 산물로 간주된다. 셋째는 인격체와 공동체의 유사점, 즉 인격체의 생물학 및 심리학적 관점에서 부각된 공동체적 측면을 부각시키고 역사적 진화나 사회적 발전에서 차지하는 공동체의 개체성을 강조한 결과로 생성된 자아 개념이다. 이것이 곧 칸트의 비판철학적 관점에서 수용할 수 있는 자아 개념인 것이다. 자아의 개념을 정립하는 데 있어서 여러 가지 문제가 개입되어 있음에도 불구하고 우리는 지금까지 특히 이 마지막 개념을 공동체적 자아 개념의 한 형태로 수용하였다.

이미 살펴본 바와 같이 칸트는 선험적 자아의 존재를 데카르트처럼 적극적으로 주장하지는 않았다. 그러나 실천적 차원에서 개인의 존재를 인정하고 자유와 책임을 거론하려면 인격적 자아의 존재를 전제로 해야 한다는 것이 논지의 핵심이다. 사회의 한 구성원으로서 어떤 개인의 행위를 설명할 때 담론의 영역을 무시하고 그것을 세포들의 활동이나 뉴런의 작용을 근거로 논의해서는 안 된다는 것이다. 그러한 의미로 인격적 자아는 세포들의 관점에서 볼 때 공동체적 자아의 일종인 것이다. 그것은 담론의 종류에 따라 달라지는 것으로서 생물학적 담론 안에서 개인의 행위를 설명하는 데 한계가 있기 때문에 인격적 자아의 존재를 전제로 하는 것처럼 가족과 민족, 국가와 교회 등의 공동체적 담론에 개인적 심리상태나 개성에 근거하여 국제관계나 역사적 상황을 이해하고자 할 때 요청하는 선험적 개념인 것이다.

칸트적 비판철학에서 인격적 자아가 별도로 존재론적 지위를 갖지 않는 것과 마찬가지로 공동체적 자아도 그것이 정신이든 육체이든 별도의 개체를 필요로 하지 않는다. 그러나 그것은 공동체 그 자체를 규명하거나 다른 공동체와의 관계를 이해하는 데 있어서 분명히 필요한 개념일 수 있다. 가령 그것은 인격체의 경우에서와 마찬가지로 어떤 공동체가 어떤 목표를 향해 가고 있으며 어떤 내용으로 구성되어 있고 무슨 근거로 존재하는지, 그리고 이제는 왜 더 이상 존재한다고 말할 수 있는지에 관하여 개체성과 단일성, 또는 정체성과 생멸성의 근거를 제공할 것이기 때문이다. 그러나 이 자아를 너무 무시하거나 강조해서는 안 될 것이다. 그것을 일종의 느슨한 다발이나 묶음 혹은 단순히 상상력의 소산으로 이해하면 공동체의 결속을 다지는 근거를 찾지 못할 것이고, 반대로 형이상학적 실체로 간주하면 독재주의, 전체주의, 권위주의, 보수주의, 다수결의 횡포 등을 함축하는데 이는 인격적 자아의 공동체적인 구성적 결부와 귀속, 개인의 사회적 역할과 역사적 사명의 강조, 가치에 대한 공유된 이해와 통합을 바탕으로 이른바 "공동선의 정치"를 강조하기 때문이다. 이러한 점을 강조하면 하비(C. Harvey)의 표현대로 "잘된 실낙원(Paradise well lost)"이라는 공동체를 형성하게 되는데 이것은 잘못된 공동체 자아 개념의 좋은 예가 될 것이다.[77] 그러나 그것을 비판 철학적 관점에서 유용하게 활용하면 공동체의 역사성과 사회성을 새롭게 조명하는 데 분명히 도움을 줄 수 있을 것이다. 특히 오늘날 한국이 직면한 민족 현실과 분단 현상을 이해하는 데 있어서 공동체적 자아의 한 형태로서의 '민족적 자아' 라는 개념은 어느 정도 해결의 그 실마리를 마련할 수도 있다. 실천적 맥락에서 인격체에 자아 개념이 의미를 지니는 것처럼 한 민족의역사적 맥락에서도 그것은 필요하고 유의미한 것이기 때문이다.

Ⅳ. 한민족의 정체성과 민족적 자아

1. 머리말

현대를 우리는 자본주의적 상업주의와 개인주의적 자유주의, 그리고 기술주의적 과학주의가 특징을 이루는 시대라고 규정지을 수 있다. 이러한 특징에서 야기된 현상은 가치의 상대주의와 사회구조의 다원화, 극도로 팽창된 효용성 위주의 사고방식, 그리고 무분별한 관능적 쾌락의 추구 등이라고 판단된다. 그리하여 현대인은 사물의 본질과 현상의 구조를 파악함에 있어서 전 시대와는 다른 독특한 방식을 취하는 경향을 나타낸다. 가령 어떤 대상을 있는 그대로 바라보면서 그것이 지닌 가치를 균형 있게 경험하고 획득하며 누린다기보다는 주로 과학기술적 접근 방식을 너무 강조하거나 실용적인 측면만을 확대하여 효율성이나 성과 중심으로 삶을 살아가고자 한다

77 Charles W. Harvey, "Paradise Well Lost: Communitarian Nostalgia and the Lonely Logic of the Liberal Self," *Philosophy and Contemprary World*, Vol.1, pp.9–14 참조.

는 것이다. 이러한 경향은 인간을 목적으로서 상대하는 것이 아니라 단순한 수단으로서 이용하게 하고 이기주의적인 사고방식과 쾌락주의적인 생활태도를 조장하여 마침내 현대인은 인간성을 상실하고 자기 정체성의 위기를 맞이하게 되었다고 볼 수 있다.

오늘날 문명 비평가들이 지적하는 자기 소외 현상, 무규범상태, 환경파괴의 현실 등은 이러한 추세의 당연한 결과이며 그들이 이 시대를 한마디로 '아노미(anomy)' 현상이 만연된 '불안의 시대' 라고 부르는 이유도 바로 여기에 있을 것이다. 이와 같이 현대인이 당면한 문제를 흔히 '정체성의 위기(identity crisis)'라고 하는데, 이 문제에 대한 접근 중에 하나는 인간성과 가치의 구조를 분석하고 이 분석의 결과를 현대적 상황에 적용하는 데 있다고 본다. 이것을 우리는 바람직한 인간관을 창출하고 가치관을 다시 정립함으로써 정체성을 회복하는 문제라고 할 수 있는데, 현대의 문명적 위기는 전통적 인간관이 무너지고 새로운 가치관이 정립되어 있지 않은 과도기적 상태에서 생긴 문제라고 해석할 수 있기 때문이다.

한편 우리는 불안과 소외와 무규범의 시대를 살아가는 '현대인'일 뿐만 아니라 일제의 식민지 치하에서 벗어난 지 반세기가 훨씬 지나도록 좀처럼 통일의 기미를 보이지 못하는 분단시대의 '한국인'이기도 하다. 사실 우리는 근·현대의 가장 중요하고 결정적인 시기를 이민족의 침략과 압제에 시달렸을 뿐만 아니라 동족의 상잔과 첨예화된 이념적 대치로 수난과 질곡의 역사를 엮어 올 수밖에 없었다. 이러한 현대사적 특수성 때문에 현대의 보편적인 위기적 상황은 이 땅에서 더욱 악화될 수밖에 없었으며, 따라서 민족적 자존심이 손상을 입을 수밖에 없었을 뿐 아니라 인간관과 세계관, 그리고 가치관이 극도로 혼란한 상태에 빠져들게 된 것도 사실이다.

무엇보다 우리의 현실은 "분단의 구조"라는 역사적 상황과의 연관 속에서 분석되고 또 이해되지 않으면 안 된다. 우리나라는 일제 치하로부터 해방을 맞이하게 된 지 반세기가 지나도록 경제적, 정치적 및 문화적으로 매우 낙후된 상태에서 이데올로기적 분단체제를 지속해 왔다. 사실 일본의 식민지 통치는 결과적으로 한국의 민족적 자존심과 자긍심을 말살하려는 체계적인 획책이었다고 말할 수 있다. 특히 3.1운동 이후로는 한국의 고유한 전통문화를 말소하고 이것을 왜색문화로 대체하려는 본격적 "문화정책"이 시도되었다. 이러한 과도기적 상태에서 외세의 영향력에 의한 해방과 동시에 분단이 이루어졌는데, 공산주의적 사회주의와 자본주의적 자유주의라는 이질적 이데올로기로 분단은 더욱 심화되고 고착화되었다. 이러한 상황에서 정치적으로 남북한에 두 개의 독립적인 정부가 들어섰고 이데올로기적 대립 때문에 분열이 조장되고 있는 한 한민족 전체에 대해서는 그것이 불가피했는지는 모르겠으나 결코 바람직한 현상은 아니었다. 자유민주주의를 표방했던 남한의 이승만 정권과 공산사회주의를 실현하고자 했던 북한의 김일성 정권은 당시 김구를 중심으로 형성된 민족주의 세력을 희생시킨 결과로 성립된 정권들이었으며, 각기 그것을 유지하기 위해 필연적으로 정치적 파행과 혼란을 겪을 수밖에 없었다.

이러한 맥락에서 보면 한국의 정체성 문제는 직접적으로나 간접적으로 북한과 밀접하게 연결될 수밖에 없다. 오늘날 민주화의 세력들이 좌경이나 '종북세력'으로 인식되었던 것도 바로 이러한 맥락에서 이해할 수 있다. 심지어 북한의 인권에 관한 담론도 단순히 인간의 존엄성에 관한 보편적인 차원을 넘어 그것이 민족주의나 휴머니즘의 표현인지 혹은 북한 정권에 대한 도전인지 분간하기 어렵게 되는 이유도 여기에 있다. 또한 북한에 대한 대량원조가 '햇볕정책'의 일환인지 단순한 '퍼주기'인지의 문제는 북한을 어떻게 규정하는지에 달려 있다. 결코 단순한 문제는 아니지만 일단 북한을 주적(主敵)으로 간주하면 그것은 매우 위험한 이적 행위가 되겠지만 조국의 일부라고 생각하면 따뜻한 동포애의 적극적인 표현 외에 아무것도 아닌 것이다. 또한 남북관계는 다른 나라와의 단순한 외교문제가 아니다. 그렇다고 해서 그것이 지방자치제를 실시하는 동안 중앙정부의 통제를 받아야 하는 형태의 국내 문제만도 아니다. 그럼에도 불구하고 북한은 어떤 외국이나 국내의 어떤 지역보다 국가발전 계획을 수립하는 데 있어서 오히려 더 큰 영향을 미치고 있다는 점을 우리는 인정하지 않을 수 없다. 이것이 분단 상황에서 한국이 지닌 가장 중요한 문제 중에 하나인 것이다. 정책을 입안할 때 반드시 북한의 존재를 의식해야 하는 반면, 북한에 대해서 어떤 정책을 입안하느냐에 따라 그것이 보수든 진보든 간에 반대세력이 나타나기 때문이다. 그런데 더욱 심각하고 당혹스러운 것은 북한이 동족으로 구성된 조국의 일부이면서도 그것이 어떤 집단인지, 가령 일종의 정치 집단인지 단순한 무력집단이거나 사이비 종교 집단인지, 혹은 이 모든 것의 복합체인지 제대로 파악이 되지 않는다는 점에 있다. 한국에서 특히 정치 분야의 지도자가 된다는 것이 특별히 어려운 이유도 여기에 있다. 일반적으로 이 땅의 지도자들은 가장 격렬하게 요동치는 파도에서 가장 높은 파고의 정점에 서 있기 때문이다.

경제적으로 한국은 자유와 민주의 대가로 어느 정도 선진국에 들어섰다고 볼 수 있으나 분배의 정의 문제가 점차 심각한 수준으로 치닫고 있고 기득권층, 혹은 특권층과 빈민층과의 거리가 점점 더 심화되어 가는 경향이 있다. 이와 같이 계층 간의 갈등이 심각하고 저소득층의 소외감이 팽배해진 상태에서 준법정신을 강조하고 도덕성을 역설하는 것은 체제를 정당화하고 기득권층의 권익을 옹호해야 한다는 주장으로 해석되는 경향이 있다. 요컨대 이 땅의 분단구조는 직접적으로나 간접적으로 편법에 의한 정권탈취와 유지를 조장하였고 이러한 권력과 결탁하여 부당한 방법에 의해 부를 축재하는 경제적 불균형 상태를 야기했던 것이다. 이것이 지도층에서 도덕성이 무너진 중요한 이유일 뿐 아니라 일반 대중에게 부도덕성을 조장시킨 정치적 및 경제적 근거가 되기도 한 것이다.

한편 문화적으로는 남북이 분단된 이래 서구의 문물, 특히 미국의 가치관과 생활태도뿐만 아니라 퇴폐와 향락을 조장하는 소비 위주의 저질 문화가 쏟아져 들어와서 식민지 시대에 조장된 정신적 공백상태를 가득 채우고 있다. 이러한 현상이 더욱 두드러지게 된 것은 정치적 무관심을 조장하기 위해 방치한 정치세력과 독점 자본주의 경제체제를 강화하기 위한 재벌들의 선전과 광고에도 원인에 있으며 각종 매스 미디어가 이를 더욱 부채질한 결과이기도 하다. 이러한 상황에서 교육은 상업화되어 가고 종교마저 자의식을 마비시키는 편의주의의 일익을 담당하기 때문에 가치의 전도와 무질서를 바로잡기가 매우 어려운 지경으로 치닫고 있는 것이다. 이와 같이 우리는 현대가 공통적으로 당면한 시대적 징후를 분단의 구조 때문에 더욱 심각하게 앓고 있는 셈이다. 다른 나라의 국민들보다 더욱 심각하게 자기 상실감에 젖어 있고, 더욱 불안하기 때문에 근시안적일 뿐만 아니라 이기주의적이며 또 편의주의적 혹은 기회주의적인 성향이 강해진다. 우리에게 오늘날 도덕성의 상실이 그 어느 나라의 경우보다 더욱 심각한 문제로 제기되는 이유는 바로 여기에 있다고 판단된다. 그렇다면 우리의 위기상황에 대한 철학적 반응은 어떠한 것이어야 하는가.

앞서 지적한 바와 같이 소크라테스적 자아의 상실로 인한 불안감은 이 시대를 특징짓는 현대인의 일반적인 징후이다. 따라서 그것을 어느 정도 감수하고 온 인류가 공동적으로 대처할 마음의 여유를 갖는 것이 오히려 지혜로운 태도라고 할 수 있다. 그러나 분단 구조에 의해서 야기된 민족적 차원에서의 자아 상실은, 다시 말해서 민족적 자아의 상실은 우리 민족만의 문제이고 우리들 자신이 주도적으로 해결해야 할 역사적 과제이기도 하다. 그리고 우리의 정체성 문제가 본질적으로는 이 분단구조에 뿌리를 내리고 있다면 그 회복은 당연히 이 구조를 극복함으로써 이루어져야 할 것이다.

요컨대 우리는 현대인으로서 소외와 불안의 시대를 사는 동안 우리의 인격적 자아를 상실하고 있을 뿐만 아니라 분단의 구조를 감수해 왔기 때문에 이른바 '민족적 자아'마저 상실해 가고 있는 상태에 있다. 따라서 정체성의 확인은 원초적으로 이 구조를 극복하는 데서 그 실마리를 찾아야 한다. 그렇다면 이것은 어떻게 착수하고 시도되어야 하는가. 그것은 말할 필요도 없이 "민족적 자아"를 새롭게 형성하고 그것을 분명히 확인함으로써 시작해야 된다고 믿는다. 그렇게 하기 위해서 우선 우리는 우리가 한반도 남쪽에 살든 북쪽에 살든, 혹은 지구촌의 어디에 살든 과거를 돌이켜보고 선열들의 무능을 탓하거나 분단의 책임을 물을 필요가 없다. 군사독재를 매도하거나 민주정부의 실책 혹은 기득권자의 전횡을 비난할 겨를도 없다. 우리는 모두 비극적 시대의 희생자들이고 역사 앞에서 피해자들이기 때문이다. 미래의 창조적 작업인 "민족적 자아"를 확인하고 다시 정립하기 위해서 우리가 할 일은 무엇보다 "우리는 누구인가?"를 묻는 일이다. 이것이 곧 근원적이고 본질적인 대응방식인 것이다.

자타가 공인하는 바와 같이 우리 한민족은 매우 오랜 역사를 지녔다. 더구나 민족적 동질성을 지닌 채 지정학적으로 어려운 여건 속에서도 이토록 오랜 시일에 걸쳐서 독창적 문화를 창출하며 지금까지 존속해 있다는 것은 인류 역사상 결코 흔한 일이 아니다. 그것은 드물기 때문에 고귀한 것이요, 고귀하기 때문에 자랑할 만한 것이기도 하다. "민족적 자아"는 바로 이러한 객관적 사실에서 확인되어야 하며 우리가 자긍심을 가져도 되는 합리적 이유인 것이다. 그리고 자긍심을 가진 민족답게 존재하는 것이 곧 정체성 회복의 출발점이 되지 않으면 안 된다. 그러나 우리의 경우 민족적 자아를 확인한다는 것은 무슨 뜻인가?

첫째, 그것은 우리가 오랜 역사를 공유하며 동고동락해 왔다는 사실을 통해 개별성과 단일성, 그리고 일체감과 동질성 등을 다시 확인한다는 뜻이다. 물론 우리 민족은 분단의 시대를 거치는 동안 국가적으로 서로 타자 의식이 팽배해 있고 문화적으로나 정서적으로도 상당히 이질감을 느끼고 있는 것도 사실이다. 그러나 반만년의 세월에 걸쳐 공동의 운명체를 형성하며 존속시켜 온 것을 염두에 두고 이산가족의 재회라는 감격을 실감한다면 이러한 인식은 사소한 것으로 간주될 수 있을 것이다.

둘째, 그것은 우리가 지금 단 하나의 민족으로 비교적 강한 동질성을 유지하며 생존해 있다는 것은 우연한 사실이 아니라 강력한 의지와 능력의 소산임을 확인한다는 뜻이다. 그러한 의지와 능력은 물론 선조로부터 우리가 물려받은 유산이지만 우리들 자신만의 것이 아니기 때문에, 다시 말해서 한반도뿐만 아니라 지구상에 존재하는 7천만 동포와 그 후손들의 것이기도 하기 때문에 고귀하게 보존하고 소중하게 활용하지 않으면 안 된다는 점을 명심해야 하는 것이다.

셋째, 그러한 의지와 능력은 드물고 고귀하며 소중하기 때문에 우리는 자긍심을 가져도 좋다는 뜻이다. 여기서 자긍심을 갖는다는 것은 불필요하게 자괴감이나 열등감에 걸릴 필요가 없는 것처럼 과대망상증에 사로잡혀서도 안 된다는 것을 의미한다. 그것은 명료하고도 확실한 자아 정체성의 표현이며 역사적 현장에서 반드시 실현되어야 하는 당위이기도 한 것이다.

이러한 세 가지 사실을 확인했을 때 정체성 회복의 계기가 비로소 마련된다고 할 수 있다. 만약 우리가 지닌 일체감과 잠재력과 자긍심을 모두 확인했다면 우리의 행위가 분파적이고 파괴적이며 수치스러운 것이 되어서는 안 되기 때문이다. 나의 손가락 열 개가 모두 나의 것인 것처럼 나의 행복이 곧 민족의 행복이요, 민족의 행복을 위해서 우리가 모두 정체성을 회복해야 하는 이유도 여기서 찾을 수 있을 것이다. 그것은 '세속오계'를 어기느니 차라리 목숨을 버리겠다는 화랑들의 민족적 자존심과 개인적 자긍심을 동시에 지니고 가지고 살아갈 때 도덕적 엘리트로서 행동하는 계기를 마련할 수 있다는 뜻이다. 그렇게 함으로써 우선 민족적 자아를 더 이상 분열시키거나 훼손시키지 않는 것이 비판적 합리성의 표현이고 진정한 의미의 상식적인 접근방식인 것이다. 그러나 이러한 자아 인식을 구체적으로 어떻게 시도할 것인가. 그것은 먼저 한국인으로서의 우리가 누구인지를 구체적으로 확인함으로써 그 실마리를 찾지 않으면 안 된다.

세계 대전 이후 국제 질서를 규정해 왔던 미·소 중심의 냉전 구도가 와해된 오늘날 국제정세는 새로운 형태의 민족주의로 개편될 조짐을 보이고 있다. 이러한 현상은 구소련 지역과 동구권은 물론 서유럽과 아랍 지역에 이르기까지 광범위하게 나타나고 있는 현상이다. 따라서 앞으로 세계질서가 어떻게 형성될 것인지를 가늠하기 위해서는 민족주의 문제를 먼저 이해하지 않을 수 없다.[78] 한편 우리나라는 구시대의 유물인 냉전체제의 결과로 강

78 "21세기 세계질서, 민족주의로 재편되는가," 「전망」, 1993 5월호 특집 참조. 여기서는 민족주의의 역사와 현황뿐만 아니라 국제화 및 개방화 시대를 맞이하여 전개될 새로운 민족주의의 가능성에 관하여 심층적으로 논의하고 있다. 앤더슨(Benedict Anderson)은 『동아일보』(2005.4.26.) 권재현과의 대담에서 이렇게 주장한다. "20세기 민족주의는 19세기 민족주의와 큰 차이가 없었지만 21세기 민족주의는 기존의 민족주의와 전혀 다른 '돌연변이 민족주의(mutant nationalism)'가 될 것"이라고 한다. 그는 1984년 『상상의 공동체: 민족주의의 기원과 전파』는 에릭 홉스봄의 『만들어진 전통』과 함께 민족주의가 근대 정치적 목적에 따라 재구성됐음을 정교하게 이론화한 저서로 평가된다. 그에 따르면 과거에 민족주의가 정복과 팽창의 형태로 나타났다면 오늘날 민족주의는 오히려 분열과 해체, 응축의 형태로 나타난다. 그는 이 점에 대해서 이렇게 말한다. "민족주의는 21세기에도 번성할 것입니다. 민족주의는 이제 몸을 보호해 주는 피부 같은 존재가 되었어요. 우리의 정체성을 규정하고 공동체를 유지해 주니까요. 문제는 국내외 갈등상황만 발생하면 이 피부가 벌겋고 크게 부풀어 오른다는 데 있습니다." 그에 따르면 동북아는 물론 유럽에서도 민족주의가 잠복해 있고 미국은 민족주의가 가장 두드러지며 세계 최강의 지위를 유지하고 있다. 그는 또한 지구화의 흐름 속에 본토가 아니라 해외에 거주하는 민족구성원에 의해 민족주의가 근본주의화하는 문제도 지적했다.

토와 국가와 민족이 분단되었음에도 불구하고 반세기가 지난 지금까지 분단의 시대에 좀처럼 종지부를 찍지 못하고 있다. 분단의 당사자들인 강대국들이 그 명분인 이데올로기의 문제가 더 이상 첨예한 대립을 보이지 않고 있는 오늘날, 더구나 새삼스럽게 세계 도처에서 민족주의를 내세우고 있는 상황에서 민족국가인 조국의 분단 상황이 더욱 고착화되어 가고 있다는 사실은 심각한 아이러니가 아닐 수 없다.

이와 같이 남북문제는 단순히 남북한 정부 당국만의 문제가 아니며 우리 한민족만의 문제도 아니다. 그것은 국제 정치학적 관점에서 보았을 때 미국과 중국, 일본과 러시아가 군사, 경제 및 외교적인 측면에서 직접적으로 관련을 맺고 있고 동북아의 안보뿐만 아니라 지구촌 전체의 평화와 직결되어 있는 것이다. 한편 그것은 이데올로기적 혹은 사상사적 관점에서 보았을 때 단순히 북한의 사회주의적 공산주의와 남한의 자유주의적 자본주의의 갈등에 관한 문제만도 아니다. 그것은 고대 그리스에서 발생한 개인적 자유와 사회적 평등의 이념만큼이나 그 연원이 깊고 오래되었다고 볼 수 있다. 이와 같이 결국 이 문제는 지역적으로 볼 때 전 지구적 성격을 띠고 있으며 이데올로기적 측면에서 보더라도 인류 문화사의 흐름과 맥을 같이한다고 해석할 수 있다. 이러한 점에서 남북문제는 우리 민족이 당면한 역사적 특수성을 담고 있지만 동시에 온 인류가 함께 풀어야 하는 현대사적 보편성을 지녔다고 볼 수도 있는 것이다.

이 장에서는 이러한 민족적 현실을 간단히 살펴보고 우리가 당면한 문제

"아일랜드 본토에서는 이 나라 세계적 축제인 '성 패트릭 데이'에 동성애자들의 참가를 진작 허용했지만 미국 뉴욕과 필라델피아의 아일랜드인들은 전통에 어긋난다며 절대 허용하지 않습니다. 중국의 대만 공격을 가장 거세게 주장하는 사람들은 화교들입니다. 힌두교 근본주의 본부가 있는 곳은 인도가 아니라 영국 런던이죠." 앤더슨은 이러한 '원거리 민족주의'에는 과거에 대한 자부심과 집착이 숨겨져 있다는 점을 지적하면서 민족주의와의 행복한 동거를 위해서는 미래지향적 시각이 필수적임을 지적한다.

의 핵심개념인 '민족'이 인류학적이고 정치학적 면모를 지니고 있을 뿐만 아니라 동시에 형이상학적이고 존재론적인 측면이 있음을 지적한 다음 점차 분열되어 가는 이른바 '민족적 자아'의 새로운 정립을 위한 방안을 모색해 볼 것이다. 이것은 조국의 분단이 강토와 국가와 민족의 분단임과 동시에 한민족을 하나의 민족이게 하는 이념 혹은 통합의 원리인, 그리고 앞서 지적한 공동체적 자아의 한 유형이기도 한 민족적 자아의 분단일 수도 있음을 의미하는 것이다.

이러한 분단의 성격을 이해하기 위하여 우리는 먼저 일제 식민지 시대에 우리의 민족적 자아가 어떻게 도전 받았고 또 상실되어 갔는지 조명하고 이를 준거로 하여 분단시대의 양상을 분석해 보기로 한다. 이것은 민족적 자아가 상처받고 분열되는 현상이 전시대에 못지않게 심각하다는 점을 지적하려는 것이다. 그러나 이러한 부정적 현상에도 불구하고 우리 민족이 그 명맥을 유지하고 자랑스럽게 존립해 있는 사실을 통해서 오히려 우리는 민족적 자긍심을 확인하고 이것이 곧 민족통일의 정초가 될 수 있다는 결론에 도달하고자 한다. 이와 같이 이 장에서는 정치적 현상에 대한 분석과 역사적 사실에 관한 통찰에 민족적 자아라는 철학적 개념을 도입하여 우리의 시대적 사명이 무엇인지를 검토해 보기로 한다. 이제 이 개념의 성격을 규정하고 그것이 일제 식민시대에 어떻게 변질되고 있었는지 먼저 살펴보기로 하자.

2. 민족적 자아와 일제시대

민족국가인 한국은 민족적 자아의 확인을 전제로 하는 것이지만 일제 식민지 통치를 통해서 그것이 상실될 위기에 처해 있었고, 해방 후에도 이미 반세기가 지나도록 지속되고 있는 분단구조 속에서 극심한 분열의 현상을 나타낸다. 이러한 현상은 분단된 두 개의 조국에서 정치, 경제, 문화 등 각 분야에 걸쳐 갖가지 부정적 징후들을 드러내 보이는데 이 징후들은 분열의 현상을 더욱 심화시키고 있을 뿐이다. 이러한 상황에 대한 총체적 대응은 민족적 자아를 확인하고 회복하려는 강력한 의지를 다짐하는 것뿐이다. 그러나 '민족적 자아'란 무엇이고 우리 한민족의 경우 그것이 어떤 의미로 위기를 맞이하고 있는 것일까.[79]

우선 우리는 "우리가 둘이 아니라 하나"임을 증거하는 이른바 "민족적 자아(national self)"를 확인하지 않으면 안 된다. 한 개인 혹은 인격체에게는 그 사람을 바로 그 사람이게 하는 "인격적 자아(personal self)"가 있듯이 한 '민족체(nationality)'에는 그 민족을 바로 그 민족이게 하는 민족적 자아가 있다고 할 수 있다.[80] 물론 앞서 언급한 바와 같이 한 민족에 어떤 개인에 해당하는 인격적

79 '민족적 자아'의 개념에 관한 보충 설명은 필자의 "民族的 自我에의 의지"(「東亞硏究」 10호, 서강대학교 동아연구소 편)를 참조할 것. 민족적 자아 개념은 기본적으로 콘(Hans Kohn)이 말하는 '민족체 혹은 민족성(nationality)'과 관련된다. 그것은 기본적으로 자아의식과 집단의식 사이의 조화–대립–갈등의 긴장관계가 역사적으로 변화 및 발전하면서 형성 또는 민족성 개념과 본질적으로 동일하다. 특히 그는 clans, tribes, folk–groups 등 어느 정도 혈연관념에 기초한 이른바 '종족적 성격의 집단(ethenographic groups)' 및 그러한 집단에 수반하는 '종족적 질료(ethnographic material)'는 특정한 상황에서 민족성으로 나타날 수 있지만 경우에 따라 곧 새로운 민족성에 흡수되어 사라질 수도 있으며, 어떠한 민족성이나 그 요소들도 절대적일 수 없고, 살아있는 역사적 힘의 사물로서 언제나 가변적이고 불변하는 실체는 아니다. 그의 *Nationalism in the Twenties Century* (Oxford: Martin Robertson, 1979), pp.1–24 "Intrduction" 참조.

80 임지현은 그의 『민족주의는 반역이다』(*op.cit.*)의 "한국사 학계의 '민족' 이해에 대한 비판적 검토"라는 장에서 '민족체(nationality)'를 "민족을 구성하는 객관적 요소에서 일정한 동질성을 확보한 집단을 지칭하는 것"으로 사용한다. 즉 "장기간 역사적 경험을 공유함으로써 언어와 문화, 사회 역사적 의미에서의 혈연 등에서 동질화된 그러나 근대 민족에서처럼 모든 민족 성원이 능동적인 민족의식을 갖고 민족사에 적극적으로 참여하려는 주관적 의지는 아직 결여된 제한적 동질 집단을 뜻한다." 임 교수는 '전근대 민족'의 경우를 말하는데, 이러한 표현은 한국의 민족체가 서양의 민족체에 비해 응집력이 더 강했다는 점을 암시하기 위해서 고안된 것으로 보인다. 59ff를 참조할 것. 또한 그의 "한국 민족의 형성 시기에 대한 검토," 『역사비평』 19집(1992, 겨울)을 참조할 것. 역사학자들의 그러한 인식과 상관없이 '민족체'를 나는 "민족적 자아의 속성"이라는 의미로 쓰고 있다. 그것은 인격체가 인격적 자아의 속성인 것과 유사하다. 민족체는 전근대적이든 근대적이든, 혹은 탈근대적이든 민족체의 내용이나 형식의 변화와 상관없이 쓰일 수 있는 개념이기 때문이다. 그것은 민족체라는 공동체의 성격을 규정하는 표현일 뿐이라는 것이다. 그러므로 민족체는 반드시 근대적 의미의 국경이나 국가, 혹은 그 밖의 조건을 필요로 하는 것은 아니다. 그것은 인격적 자아가 인격체의 상태나 상황에 따라 달라지는 것이 아닌 것과 같다. 민족체의 탈근대적 성격은 미래 사회에서는 더욱 분명해질 것이다. 전 지구적 차원으로 세계화가 더 진행되면 국가나 국경의 개념이 약화되는 대신 민족의 개념은 더욱 강화되고, 따라서 민족체의 성격도 달라질 것이다. 가령 우리가 언제 어디에서 살고 있든 한민족으로서의 정체성을 유지하는 한 민족체는 지속될 것이고 그것을 확인하는 방법은 민족적 자아로서

자아가 있다는 뜻이 아니다. 어떤 개인에게 "세포적 자아"가 있을 수 없듯이 아무리 위대한 인물이라 할지라도 그가 곧 민족적 자아의 역할을 할 수는 없다. 그러나 일단 우리가 하나의 "민족"을 담론의 틀로 삼는 한 어떤 인격체에게 인격적 자아가 있듯이 그 민족을 다른 민족과 확연하게 구분 짓는 준거 틀로서 하나의 민족체에는 민족적 자아의 존재를 전제로 해야 하는 것이다.

이와 같이 우리의 민족적 자아는 우리 민족을 바로 한(韓)민족이게 하는 원리이며 다른 민족과 구분 짓는 근거인 동시에 반만년 동안 존속하게 한 실체라고 할 수 있다. 그러므로 이 자아 때문에 우리 민족은 다른 민족과 구분되는 개체성(individuality)을 지니며, 우리 민족의 성원들을 하나로 묶는 단일성(unity)의 원리로 작용할 뿐 아니라 그것을 유지하는 한 정체성(identity)을 확보할 수 있지만 그것이 파괴되면 우리는 더 이상 하나의 민족으로서 존재(being)하지 않게 된다고 말할 수 있다. 요컨대 민족적 자아란 하나의 민족이 형성될 때 그 모습을 드러내며 그 민족이 존재하는 한 지속되다가 멸망하는 순간 함께 그 모습을 감추게 된다. 그러므로 생명의 원리라는 점에서는 아리스토텔레스의 "영혼(psyché)"과 유사하고, 그 생명이 지속하는 한 존재한다는 점에서는 데카르트의 "정신적 실체(res cogitans)"와 비교될 수 있다. 또한 민족의 구성원인 인격적 자아를 넘어서고 그것을 통합한다는 점에서는 칸트의 "선험적 자아(transcendental ego)"의 한 형태라고 말할 수 있는 것이다. 물론 어느 특정한 시기에 어느 민족에게 민족적 자아가 어떠한 문제에 부딪치는지 분석하고 해명하는 것은 정치학이나 역사학, 혹은 사회학이나 심리학

나 자신에 대한 자의식일 뿐이기 때문이다. 다시 말해서 범국가나 범국경적 민족체라고 해서 민족체가 소멸되는 것이 아니라 더욱 강화될 수도 있다는 것이다. 그 좋은 예를 우리는 유대 민족주의에서 찾을 수 있다. 여기서는 근대적 의미의 인민이나 국가는 존재하겠지만 민족적 자아의 관점에서는 중요한 의미를 지니지는 않는다. 이 경우 민족의 문화적 의미는 강화될 것이며 민족적 자아가 민족체의 객관적 근거가 될 수도 있을 것이다.

등 경험과학의 문제이다. 그러나 그러한 자아가 과연 존재하며 그 정체가 무엇인지는 선험적(a priori)인 문제이고 따라서 인식론 및 존재론적 과제가 된다. 그것은 앞서 언급한 바와 같이 어떤 개인의 자아를 문제 삼는 것과 유사하다고 볼 수 있다. 내가 누구이며 어떠한 상황에 처해 있는지는 경험적인 문제이지만 내가 나로서 존재한다는 것을 전제로 해야 하기 때문에 나의 존재는 선험적인 문제인 것이다.[81]

사실 민족적 자아의 존재를 전제로 하지 않으면 어떤 민족을 다른 민족과 구분한다는 것은 매우 어려운 일이다. 가령 독일 민족을 다른 민족과 구분하여 개체성을 확보한다는 것은 단순히 인류학적인 문제도 아니고 정치학적으로만 규정할 문제도 아니다. 그 민족의 단일성이나 정체성도 마찬가지이다. 이것을 순전히 경험적 사실을 근거로 해서만 규정한다면 객관적이고 엄격한 기준을 설정하기가 어렵기 때문에 큰 혼란이 야기될 것이다. 오히려 독일 민족을 독일 민족이도록 하는 것은 선험적인 자아, 즉 독일인의 민족적 자아의 존재와 그 확인에 의해서 가능한 것이다. 그런 뜻으로 이 자아는 모든 의식을 하나로 통합하여 한 개인의 경험을 가능하게 하는 칸트의 '선험적 통각(transzendentale Apperzeption)'과 가장 유사하다고 할 수 있다.[82] 우리의 잡다한 경험들이 '나'의 경험이 될 수 있으려면 그러한 선험적 자아의 존재를 요청하기 때문이다. 피히테(J. G. Fichte)가 나폴레옹의 침공 당시 독일 민족을 향해서 절규한 것은 바로 이 민족적 자아의 확인과 회복을 호소한 것이라고

81 이러한 맥락에서 자아의 확인이나 인격동일성의 문제를 다룬 것으로는 R. Frondizi의 *The Nature of the Self: A Functional Interpretation* (London: Feffer & Simons, Inc., 1953)와 G. Vesey의 *Personal Identity: A Philosophical Analysis* (Ithaca: Cornell University Press, 1974)를 참조할 것.

82 순수통각 혹은 의식 일반이라고도 하는데 선험저이며 초개인적인 순수의식으로 Kant에 있어서는 객관적 인식정립의 근본조건, 즉 인식론적 주관이며 'Copernicus적 전환'을 가능하게 한 종합의 기초가 되는 초개인적인 자아이다. 그의 「순수이성비판」 A107–A110. C. M. Korsgaard, *Creating the Kingdom of ends* (Cambridge University Press, 1966), pp.363–364 참조. 여기서 그는 인격 동일성의 문제를 칸트의 실천이성적 관점에서 조명하고 있다.

해석해도 좋을 것이다.[83] 마찬가지로 지금 우리가 분단을 극복하고 평화를 구축하며 마침내 조국의 통일로 나아가는 길목에서 가장 핵심인 문제는 우리의 민족적 자아를 인식하고 실현하는 일이 될 것이다. 그렇다면 우리 민족의 경우 현대사에서, 특히 일본 식민지 시대를 거쳐 분단의 시대를 살아오는 동안 한국인의 민족적 자아는 어떠한 양상을 나타내고 있는가.

일반적으로 정상적인 상태에서 우리는 자기 정체성의 문제를 제기하지 않는다. 모든 것이 원만하게 진행될 경우에는 불안이나 소외, 혹은 자기 상실감 같은 것을 경험하지 않기 마련이다. 그러나 자기가 하는 일마다 실패를 거듭하고 다른 사람들의 비난의 표적이 되며 심지어 생명이 위협을 받는 경우 우리는 심각하게 자아 인식의 문제를 제기하게 되는 것이다. 국가나 민족의 경우도 마찬가지일 것이다. 소크라테스가 아테네 시민을 향하여 "너 자신을 알라"고 외친 것은 아마 이와 비슷한 이유였다고 판단된다. 고대 아테네의 몰락과 비슷한 상황이 우리 민족에게는 구한말 을사늑약과 한일합병을 계기로 갑자기 전개되었는데, 일본의 진보적 사학자인 미야다 테스코(宮田節子)는 당시의 억압과 속박의 상황에 대해 "그 본질이 한국인의 민족성을 말살하여 한국인을 일본인 아류화하는 것"에 있었다고 전한다.[84] 그는 특히 1911년 8월 23일, 칙령 제229호로 공포된 이른바 '조선 교육령'에 관하여 "결국 한국인을 일본 천황의 충실한 노예로 만드는 것"이었다고 지적한다.[85]

한 민족의 실체인 민족적 자아가 주로 정치적 자율과 경제적 자립 및 문화적 자존이라는 속성에 의해 확보되고 또 확인된 것이라면 일제 식민지시대에 우리는 분명히 민족적 자아를 상실해 갔다고 해석된다. 그 당시에는

83 I. H. Fichte의 *Reden on die deutsch Nation*과 *Grundzuge des gegenwartiger*, Zeitalters를 참조할 것.
84 宮田節子, "무단정치의 맹위와 3.1운동," 「한국근대사」, 渡部學 편, 김성환 역(서울: 동녘, 1984), p.117.
85 *Ibid.*, pp.117–118.

정치적으로 타율적이었고 경제적으로는 예속되어 있었으며 문화적으로 자괴감에 젖어 자율성을 잃어 가고 있었기 때문이다. 미야다(宮田)가 잘 지적한 바와 같이 3.1운동 이후의 "문화정치"는 "무단정치"의 본질적 개선 혹은 완화를 의미하는 것이 아니었다. 그것은 오히려 종래 이상으로 철저하고 체계화된 것이었고, "이것을 보다 교묘하게 행하기 위해 민족운동 분열을 위한 각양각색의 수단과 술책이 취해졌던 것"이다.[86] 그러나 그는 "이러한 그들의 의도는 확실히 일면에서는 성공하여 지주계급, 예속 부르주아지 등 일부의 소위 '친일분자'를 식민지 통치에 협력시켰지만 그러한 술책에도 불구하고 진정한 민족주의자, 노동자, 농민을 중심으로 한 독립운동을 저지할 수는 결코 없었다"고 지적한다.[87]

확실히 일제 말기의 식민지 통치는 일본 측에서 보면 성공적인 데가 있었다. 가장 대표적인 지성인이고 민족주의자이며 애국지사에 속하는 최남선이나 이광수까지도 친일파로 전락시킬 수 있었기 때문이다. 그러나 개인의 경우와 마찬가지로 민족적 차원의 자아도 가장 위급한 상황에 처해졌을 때 가장 절박하게 그 정체성에 대한 문제가 제기되게 마련이다. 민족적 자아는 지식인들을 더 이상 신뢰할 수 없고 경제적 핍박과 비인간적 탄압을 이겨내기 어려웠던 노동자나 농민들에 의해 '저항 민족주의'의 형태로 나타났으며, 신채호의 민족사학, 주시경의 국어운동, 안창호의 국민교육, 한용운과 김교신의 종교적 계몽 등이 민족적 자아에의 의지를 표출한 대표적인 예가 될 것이다. 가령 신채호는 역사를 "아(我)와 비아(非我)의 투쟁의 기록"이라고 규정하고 개인적 자아와 민족적 자아의 유기적 관계를 그의 논설 "큰 나와 작은 나"에서 다음과 같이 주장한다.

86 *Ibid.*, p.149.
87 *Ibid.*, p.150.

… 내가 국가를 위하여 눈물을 흘리는 나의 눈만 내가 아니라, 천하의 유심한 눈물을 흘리는 자 모두 이 나이며, 내가 사회를 위하여 피를 토하면 피를 토하는 나의 창자만 내가 아니라 천하의 값 있는 피를 흘리는 자 모두 이 나이며, 내가 뼈에 사무치는 극통 지원의 원수가 있으면 천하에 한을 들고 일어나는 자는 모두 이 나이며….[88]

한편 민족적 자아를 상실하게 된 원인이 민족의 성원인 국민 각자에게 있음을 역설한 안창호(安昌浩)는 무엇보다도 수양을 쌓고 인격을 닦아서 민족사회의 책임을 절감하라고 가르쳤다. 민족적 자아를 회복하기 위해서는 주인 의식을 가져야 하는데, 그것은 우리 민족이 수난에 대해서 책임을 진다는 것을 의미하는 것이다. 그는 "동포에게 고하는 글"에서 이렇게 말한다.

자기 민족 사회가 어떠한 위난과 비운에 처하였든지 자기의 동족이 어떻게 못나고 잘못하듯, 자기 민족을 위하여 하던 일이 몇 번 실패하든지, 그 민족 사회의 일을 분초 간에도 버리지 아니하고, 또는 자기 자신의 능력이 부족하든지 다만 자기의 지성으로 자기 민족 사회의 처지와 경우를 의지하여 그 민족을 건지어낼 구체적 방법과 계획을 세우고 그 방법과 계획대로 자기의 몸이 죽는 데까지 노력하는 자가 그 민족 사회의 책임을 중히 알고 일하는 중인이외다.[89]

그는 특히 이러한 의미의 '주인'을 "책임적 애국자"라고 부르는데 그 당시에 이러한 애국자가 많지 않음을 안타까워하였다. 그러나 한용운은 인식을

88 신채호, "큰 나와 작은 나," 송건호, 「한국 현대 인물사론: 민족운동의 사상과 지도노선」(서울: 한길사, 1984), p.308; 서중석, "民族私學과 民族主義," 송건호, 강만길 편, 「韓國民族主義」(서울: 창작과 비평사, 1982), pp.288-336 참조.

89 안창호, "동포들에게 드리는 글," 1924, 상해, 송건호, 「한국 현대 인물사론」, *op.cit.*, pp.213-234.

달리하여, "조선인은 당당한 독립국민의 역사와 전통이 있을 뿐만 아니라 현대 문명을 함께 나눌 만한 실력이 있는 것"이라고 주장하기도 하였다.[90]

여기서 일제 말기의 민족주의자들이 어떤 태도를 취했고 또 어떤 입장에서 민족적 수난을 극복하고자 했든지 간에 한 가지 분명한 것은 우리가 정치적으로 자율성을 잃고 경제적으로 예속되었을 뿐만 아니라 문화적으로도 열등감에 사로잡혀서 사실상 민족적 자아를 거의 상실한 상태였음을 전하고 있다는 점이다. 역사학자의 입장에서는 끊어진 역사를 잇기 위하여 국가가 아니라 민족을 역사의 주체로 삼을 수도 있겠지만 이 민족이 명목상으로만 살아남아 있었다면 민족적 자아의 관점에서 볼 때 사실상 그 정체성에 위협을 받고 있었던 셈이다. 이 점에 대해서 최창규는 다음과 같이 주장한다.

> "국가는 사라졌지만 민족은 살아남았다"로 요약되는 그 36년간은 국가를 역사의 주체로 볼 때에는 더욱 강인하게 이어지던 역사였던 것이다. 그래서 그 36년 앞에서 한민족이란 철저한 역사 주체가 없었더라면 사라지는 국가(조선왕조)와 함께 역사도 끊겨져 오늘의 우리 앞에는 1910년 이전의 4천 년 역사와 1945년 나라 광복 이후의 오늘의 현실을 연결시킬 수 있는 그 어떠한 근거나 활력도 있을 수 없었을 것이다.[91]

그러나 정치적으로 완전히 민족자결의 권리를 박탈당하고, 경제적으로 극심한 학대와 빈곤을 경험하였으며, 문화적으로도 열등감과 자괴감에 사로잡혔던 굴욕의 시대에 구태여 역사적 존속의 의미를 부여하고자 애쓸 필요가

90 한용운, "조선 독립 선언의 동기," 송건호, *op.cit.*, p.287.
91 최창규, 「새韓民族史」(서울: 금오출판사, 1975), p.40.

있을까.[92] 오히려 그것을 역사의 단절로 해석했을 때 지금 우리가 당면한 분단시대의 문제를 이해하는 데 더 많은 설명력을 지닐지도 모른다. 오늘날 우리는 단절된 역사 속에서 너무 크게 상처받아서 분열된 민족적 자아를 제대로 치유하거나 좀처럼 회복시키지 못하는 형편이라고 판단되기 때문이다.

3. 분단시대의 민족적 자아

지금까지 우리는 '민족적 자아'의 개념을 규정한 다음 일제 식민시대에 그것이 어떻게 변질되어 갔고 상실의 위기에 처하게 되었는지 살펴보았다. 그것은 해방 후 분단의 시대를 맞이하면서 오히려 더 심화된 느낌을 받게 된다. 물론 분단된 상태에서도 어떤 형태로든 남북이 모두 국제적으로 무시할 수 없는 위치를 누리고 있고 서로 기준은 다르지만 군사적으로나 경제적으로 혹은 문화적으로 국위를 선양하고 있다는 점을 부인하기는 어렵다. 사실 이러한 수준은 한민족의 역사를 통틀어 보아도 그 유례를 찾아보기 어려울 정도로 빛나는 업적으로 평가되어야 할지도 모른다. 그러나 민족적 자아의 관점에서 보면 그것이 정체성을 위협받고 단일성과 개별성을 잃었다는 점에서 일제 식민시대의 상황과 조금도 나아진 것이 없다는 사실을 인식하지 않으면 안 된다. 민족적 자아는 민족의 단합과 이것을 유지하고 발전시킬 수 있는 민족주의의 세력에 의해 계승되어야 함에도 불구하고 비민족주의 세력의 반목으로 인하여 분단시대를 열었을 뿐만 아니라 그 주체인 '국민' 혹은 '인민'의 의지를 억압하여 비민주적 성격을 띠게 되었기 때문이다. 이제 이러한 점들을 분단의 계기가 된 민족주의 개념을 중심으로 살펴보기로 하자.

92 최창규는 여기서 민족문화의 중요성을 강조하고 이렇게 주장한다. "역사는 그 역사의 민족이 자기 역사가 주는 고통이나 부담을 이겨내지 못하고 꺾일 때 최종적으로 단절될 수밖에 없지만, 그러나 그 외에도 주체 민족이 자기의 문화를 창조하거나 유지하지 못하고 다른 문화권의 그것에 완전히 동화되어 버릴 때도 똑같이 사라질 수밖에 없는 것이다." *Ibid.*, pp.44–45.

해방 후 우리 민족은 근대적 개념의 민족국가를 세우려는 것이 기본 입장이었다. 이용희(李用熙)는 그 근간이 된 민족주의에 대하여 그것은 "역사적인 존재로서의 '민족'이 새로이 '국민'이라는 국가의 통합개념으로 상승하고 민족이 국가의 내재적인 존재 이유로서 공인된다는 가치 원리의 변모"에 있었다고 지적한다.[93] 따라서 "서유럽 사람들은 단순한 민족의 한 사람으로부터 마침내 민족주의적인 인간 유형으로 변모하고 또 이렇게 함으로써 정치의 새로운 인간형이 발생하여 근대국가의 모든 양상에 골고루 그 정치성을 반영시키게 되었다"고 주장한다.[94] 반만년 동안 하나의 민족을 형성하며 진화해 오다가 마침내 동질성을 유지하며 1500여 년을 지속해 왔고 36년 동안이나 주권을 상실했던 한민족이 이러한 근대적 개념의 민족국가를 수립하고자 했던 것은 너무도 당연한 현상이었을 것이다. 민족주의는 이용희가 지적한 바와 같이 "근대 국제정치의 기본 유형에 대응하는 이데올로기"이기도 한 것이다.[95] 더구나 앤더슨이 언급한 것처럼 어떤 형태로든 새로운 세기에도 지속될 이데올로기인 것이다. 지난 100년 동안 한국 사회를 강하게 움직인 사회구성 원리는 유교나 가족주의보다는 단일민족 의식, 즉 혈통에 기반을 둔 민족주의였다고 볼 수 있다. 이것은 단순히 생물학적 및 인류학적, 역사적 전통에만 의존한 것은 아니다. 한국의 지정학적 이유와 외세의 침탈과 분단, 전쟁 등 현대사의 복잡한 전개와도 밀접한 관계가 있는 것이다. 더구나 그러한 현상이 더욱 강화되는 것은 오늘날 동북아의 정세와 무관하지 않다. 이 지역에서의 강한 민족주의는 한국 민족주의를 상대적으로 더욱 부채

93 이용희, "한국민족주의," 「한국민족주의」, 노재봉 편(서울: 서문당, 1977), p.70. 민족주의와 자유민주주의를 양립시키고자 했던 마치니(Joseph Mazzini)의 *The Duties of Man and other Essays* (N.Y.: Dutton, 1936)는 우리나라의 상황에 비추어 볼 때 시사하는 점이 많다.

94 *Ibid.*, p.71.

95 *Ibid.*, p.77.

질하고 있다. 특히 중국과 일본이 각기 국내적인 이유로 민족주의를 내세우고 있고 이것이 한국의 존립을 직접적으로 위협하는 결과를 빚어내는 상황에서 한국 민족주의를 비난하는 것은 별로 설득력이 없다. 중국은 사회주의라는 이데올로기를 포기한 이래 결속을 다지기 위해서 중화민족주의에서 그 대안을 찾았다. 일본은 국력을 유지하고 국익을 보호하기 위해서 적극적 방어의 기치를 들고 '대화혼(大和魂)'의 복귀를 부르짖기 시작하였다. 70년이 지나도록 통일의 기미가 보이지 않는 상황에서 한국민족주의가 낡은 이념이라고 비난하는 것은 민족주의에 대한 편견이거나 추상적 이해의 표현에 지나지 않는다.

그러나 이미 언급한 바와 같이 이러한 의미의 민족국가를 수립하기에 우리의 민족적 자아는 너무 허약한 상태에 있다. 민족주의 세력을 대표하던 김구가 마침내 거세되고 한반도에는 민족주의를 빙자한 이승만의 자유민주주의 정부와 김일성의 공산사회주의 정부가 외세의 영향을 받고 들어섰기 때문이다. 이러한 상황을 김태길은 "한국인의 주체적 판단과 한국 내부로부터의 자주적 요구에 따라서 '자유민주주의'가 선택된 것이라기보다는, 한국이 미국이라는 강대국의 세력 하에 놓이게 되었다는 국제적 외부 사건이 이러한 결과를 초래함에 있어서 결정적 작용을 했다고 보아야 할 것"이라고 지적한다. 그는 이어 "같은 시기에 소련이 세력 하에 놓이게 된 38선 이북에서는 '자유민주주의'와는 정반대의 체제가 수용되었다는 사실을 아울러 고려할 때, 해방 전후의 우리나라가 외세에 의하여 크게 좌우되었다는 것은 의심의 여지가 없다"고 주장한다.[96]

이것을 우리는 민족적 자아의 상실로부터 야기된 현상이라고밖에 달리

96 김태길, 『변혁시대의 사회철학』(서울: 철학과 현실사, 1992), pp.292-293.

표현할 도리가 없다. 김구를 위시한 민족진영의 인사들이 단말마적으로 지켜보고자 했던 이 자아는 그 후 개별성과 단일성 및 그 정체성을 유지하기가 어렵게 되었다. 따라서 민족의 염원인 민족국가의 수립도 한낱 물거품이 되고 만 것이다. 물론 독일이나 오스트리아 혹은 네덜란드나 벨기에와 마찬가지로 한국과 북한도 단일민족으로 이루어진 민족국가들이라고 할 수 있다. 그러나 그것은 대뇌 수술에 의해서 양분되어 한 인격체로서의 동질성을 유지하지 못하는 인간과 마찬가지로 본래의 모습의 민족국가는 아니었다. 따라서 그러한 의미로, 다시 말해서 민족적 자아의 관점에서 보면 양측이 모두 '비민족적인' 성격을 띨 수밖에 없었고, 동시에 민족의 성원 대다수의 의지와 상반되는 길을 택함으로써 '비민주적인' 구조를 드러낼 수밖에 없었다. 북한에서는 스탈린의 몰락 이후 폐쇄적인 정책을 취하여 그러한 구조를 지금까지 유지할 수 있었으나 남한에서는 불완전한 형태로나마 자유민주주의 체제를 택한 까닭에 갈등과 투쟁을 거쳐 끊임없는 변혁을 이루어 왔다. 그렇다면 남북한 정부는 어떠한 경로로 각기 민족적 자아를 분리하는 데, 혹은 분열된 민족적 자아를 형성해 오는 데 공헌해 왔는가.

잘 알려진 바와 같이 북한의 김일성은 스탈린의 사주를 받아 '남진무력통일'을 시도하였으나 여의치 않았고, 스탈린이 사망한 다음 흐루시초프에 의해서 격하되자 자구책을 구하여 "민족주체성"이라는 기치를 높이 들고 사상에서의 주체, 경제에서의 자급, 군사에서의 자위, 정치에서의 자율을 내세워 표면적으로는 민족적 자아에의 의지를 다짐하고 있었다.[97] 그러나 황성모에 의하면 그것은 "선택의 자유(사고의 자유까지 포함해서)가 없는 분위기 속에서 일방적으로 하강식으로 전개되는 정략 선전이고 비록 그것이 진정한 '주체성'

97 북한 사회과학원 철학연구소, 「북한의 주체철학: 철학사전」(서울: 도서출판 힘, 1988), "김일성 혁명사상," pp.110-120 참조.

의 주장이라고 할지라도 아무런 민주적 근거를 발견할 수 가 없는 것"이라고 한다.[98] 이것은 민주주의적 기반이 없는 민족주의의 전형적인 예라고 할 수 있다. 황성모는 북한의 민족주의에 대해서 다음과 같은 결론에 도달한다.

> "김일성 민족주의"의 압축된 표현으로서의 "주체성" 이론은 무엇을 의미하는가? … 우선 그것은 북한의 국제적 고립에 대한 보상 술어일 것이며, 다음으로는 과거 격렬 국제주의에 대한 자제와 반동일 것이다. 어쨌든 그것은 일인지배를 변화하는 국내외 정세에서 합리화하는 작업에 불과한 것이다. 민족 "주체성"의 초점이 일인에게 집중되는 이론이 민족주의 이론이 될 수 있다고 믿는다는 것은 조금이라도 지각 있는 사람이라면 할 수 없는 일이다.[99]

만약 이것이 사실이라면 북한의 민족주의는 민족적 자아를 확인하고 실현하기 위한 시도라기보다 김일성 일가가 새로운 왕조를 수립함으로써 이른바 가부장적 '가족주의'를 정당화하고 '가족적 자아'를 합리화하기 위한 술책에 지나지 않는 것으로 해석될 수도 있다. 그러나 자유 민주주의 체제를 수호하는 남한의 상황은 어떠한가.

분단의 시대에 남한에서 민족적 자아가 분열된 채로 어떻게 변질되었고 또 그 상태로 고착되었는지를 이해하려면 먼저 자유민주주의의 특성을 기반으로 하여 정치적, 경제적 및 문화적 측면을 고찰하지 않으면 안 된다. 앞서 언급한 바와 같이 민족적 자아라는 실체는 정치적 자율과 경제적 자립, 그리고 문화적 자존에 의해 확보되는 것이기 때문이다. 자유민주주의는 잘 알려진 바와 같이 인간의 개체성을 강조하는 정치철학적 입장을 전제로 하

98 황성모. "민족주의와 공산주의," 「한국민족주의」. 진덕규 편(서울: 현대 사상사. 1976). p.42.
99 *Ibid*., p.43.

는 이데올로기이다. 정치적으로는 시민적 자치 또는 대표제 이론으로 설명되는데, 시민들 각자가 스스로 선택하고 책임지게 하는 체제의 확립과 그것을 제도적으로 가능하게 하는 의회주의가 핵심적 요건이다. 경제적으로는 개인의 이익의 확보를 통한 부의 축적이 궁극적으로 전체 사회의 복지로 직결될 수 있다고 생각하는 자본주의적 관점에 서 있다. 그리고 문화적으로는 개인의 다양성이 자유롭게 표현될 수 있고 그것을 변증법적으로 통합할 수 있는 사회의 제도화를 의미한다. 그러나 진덕규가 잘 지적해 주는 바와 같이 그것은 남한에서 "한국적 민주주의"라는 형태로 변모되어, 정치적인 면에서 비자치적인 집단주의로 변모되었을 뿐만 아니라 경제적인 면에서 관주도형의 독점 경제의 성격을 나타내었고 문화적으로도 다양성의 조화를 잃게 된 것이다.[100]

사실 남한에서 지난 반세기 동안 진정한 의미의 자유민주주의가 어느 정도 실현되었는지 우리는 의심하지 않을 수 없다. 가령 김태길은 이승만의 '제1공화국'이 자유민주주의와는 거리가 먼 또 하나의 이씨 '왕국'이었음을 지적하고 "1948년 이승만을 앞세우고 탄생한 '제1공화국'은 서구식 민주 헌법에 입각했으며, 서구식 총선거의 과정을 거치기는 했으나, 오직 형식만의 민주주의 정권"이었다고 주장한다.[101]

이승만이 이와 같이 민주국가가 아니라 또 하나의 왕국을 건설하고 독재정치를 펼 수밖에 없었던 이유는 그가 민중의 의사를 외면하고 김구를 비롯한 민족주의 세력을 거세함으로써 필연적으로 야기된 결과인지도 모른다. 더구나 그는 정권을 획득하고 유지하기 위하여 친일인사들까지도 서슴없

100 진덕규, "한국민족주의와 민족교육의 방향," 「국민 정신교육의 원리와 이념」(국토통일원, 1980), p.74. 그는 한국 민족주의가 "자유민주주의의 한국화"를 의도하였지만 실패하였다고 주장한다. pp.75–76 참조.

101 김태길, *op.cit.*, p.293. 그러나 그는 "제1공화국이 형식만의 민주주의로 흐른 데에는 국민들의 책임도 적지 않았다"고 하며, 특히 국민들의 민도가 낮았음을 지적한다. *Ibid.*, pp.293–294 참조.

이 등용하여 비민주적임과 동시에 비민족적인 성격을 띨 수밖에 없었다. 이러한 상황 속에서 피비린내 나는 동족상잔의 남북전쟁이 일어나고 '반공'이라는 이데올로기가 고착화되어 정치적 측면에서의 민족적 자아는 회복하기 어려울 정도로 손상을 입기 시작한 것이다. 한완상은 「21세기 위원회」에서 발표한 그의 논문 "지배 권력의 문제점과 일탈 범죄의 문제"에서 이렇게 설명한다.

> 우리는 해방된 뒤 새로운 민주 공화국을 수립함에 있어 반드시 청산해야 할 반민족적 유산이 상당히 보존되었다는 사실을 부인할 수 없다. 이 같은 유산의 보존은 곧 제1공화국의 정당성에 심각한 하자가 있다는 뜻이다. 비록 민주적 선거절차를 통해 제1공화국이 탄생되었다고 하나, 그 중심세력이 일제에 직접-간접으로 협력했던 반민족적인 인사들과 무관했다고 할 수 없기에 제1공화국의 권력의 정당성은 처음부터 비판받을 가능성을 지니고 있었다.[102]

그는 이어 "과거와의 철저한 단절 없이 그것이 민족의 민주화를 보장한다는 것은 자가당착일 수밖에 없다"고 주장한다.[103]

한편 이승만은 "뭉치면 살고 흩어지면 죽는다"는 구호로 잘 알려져 있는데 이는 반공이라는 냉전의식의 산물로서, 이 점에 관하여 한완상은 "이때 뭉쳐야 산다는 것은 공산주의자 이외는 과거 일제에 협력했건 안 했건 간에 과거 행적을 따지지 말고, 우익 냉전주의자들은 모두 굳게 뭉치자는 뜻으로 해석된다. 이것은 일제 협력이라는 수치스러운 반민족적 요소가 반공이라

102 한완상, "지배 권력의 문제점과 일탈범죄의 문제," 「철학과 현실」(서울: 철학문화연구소, 1990), 겨울, pp.52-53.

103 *Ibid.*, p.53.

는 냉전 이데올로기에 의해 위로부터 용서받게 되었고 제1공화국에 와서 이 같은 용인이 확대 재생산되었다는 뜻"이라고 주장한다. 그는 이어 "바로 이 점이 권력 정당성 결핍증을 낳게 했던 것이다. 즉 민족적 정통성의 결핍이 권력 정당성 결핍으로 이어진 것이다"라고 요약한다.[104]

한편 박정희 정권은 쿠데타와 군사독재라는 형태로 권력정당성을 결여하고 있었지만 또 다른 이데올로기, 즉 "국민을 절대빈곤(보릿고개)으로부터 해방시킨 경제성장 이데올로기"에 의해서 설득력 있게 용인되고 정당화되기도 하였다. 이 점에 대해 한완상은 "사실 이것은 권력의 정당성 결핍증을 '치유'하기 위한 권력 효과성일 뿐"이라고 주장한다.[105]

이와 같이 박정희 정권 이후 우리는 경제성장을 위해서 너무나 많은 것을 잃었다. 자유와 인권을 담보로 하였을 뿐만 아니라 분배의 정의를 상실했고 이 시대의 일반적 징후인 자기 소외 현상과 무규범, 부도덕 현상을 분단구조 속에서 더욱 심화시켰다. 이 점에 대해 한완상이 지적하는 바와 같이 "권력 엘리트층의 이른바 적극적 사고와 능률 지상적 사고가 편법주의를 부추기고 확산시킴으로써 국민들에게 도덕적 불감증과 무규범 의식(anomie적 상황) 및 사회 무질서라는 부정적 현상을 안겨다 주었던 것이다."[106]

만약 이러한 분석이 정당하다면 남한의 박정희 군사정권 아래서의 현실은 어떤 의미로도 자유민주주의의 이상과는 거리가 멀었던 셈이다. 정치적으로는 갖가지 형태의 독재 정부가 등장함으로써 의회주의가 빛을 보지 못한 상태이고, 경제적으로는 정경유착의 결과로 독점 자본주의의 병폐가 심하여 사회 전체의 복지로 연결되지 못했고, 문화적으로도 퇴폐와 무질서, 무

104 *Ibid.*, p.54.
105 *Ibid.*, p.55.
106 *Ibid.*, p.55.

도덕 현상으로 개인의 정신력이 변증법적으로 통합되어 민족 문화로 승화되기에는 요원한 인상을 주었기 때문이다.

김영삼 정권에 들어서서는 이른바 "문민정부"임을 자처하고 한완상 자신이 중심 인물이 되어, 자유민주주의의 이상을 새롭게 다지며 "민족적 자아"에의 의지를 보여 준 바 있으나 그 이상이 제대로 실현되지 못한 채 그 자신이 단명한 이데올로기로 퇴진되고 말았다. 앞서 언급한 바와 같이 그는 "과거와 철저한 단절 없이 민족의 민주화를 보장한다는 것은 자가당착일 수밖에 없다"고 했지만 그것은 가능하지도 않고 또 반드시 바람직한 것도 아니라는 것이 입증되었으며, 경제 정책은 급작스럽고 과격한 개혁으로 오히려 IMF 사태를 야기하고 말았다. 문화적으로도 프로이트의 용어를 빌린다면 그동안 이드(id)가 압도적인 상태에서 갑자기 초자아(super ego)를 강요하여 자아(ego)와는 여전히 거리가 먼 상태였다. 무엇보다 남북관계에 있어서는 김일성 사망 직후 조문의 문제로 최악의 상태에 이르렀다고 할 수 있다.

지금까지 우리는 해방 이후 문민정부에 이르는 분단시대의 민족적 자아에 관하여 간단히 살펴보았다. 거듭하거니와 이 시대에 한반도가 남북으로 갈리어 강토가 두 동강이 났고 서로 이질적인 이데올로기를 배경으로 두 개의 정부가 서서 민족국가가 제대로 형성되기도 전에 쪼개졌으며 그 상태에서 미증유의 동족상잔을 겪으면서 민족이 분열되고 있는 것이다. 더구나 이러한 상태를 반세기 넘게 지속시키는 동안 난파되어 표류하는 두 조각의 선체처럼 각기 다른 방향으로 변화하며 불신만 더욱 깊어져 가고 있다. 말하자면 민족적 자아는 오늘날 치유가 매우 어려울 정도의 정신분열증을 앓고 있는 것과 비유될 수 있는 것이다. 북한은 과대망상증과 피해망상증을 동시에 앓고 있어서 남북 관계뿐만 아니라 국제 관계에서도 예측하기 힘든 '위험한 존재' 취급을 받는 데 비해, 한국은 열등감과 우월감 사이를 오가며 자기 정체성의 확인에 어려움을 느끼는 조울증 환자와 같은 인상을 준다. 한마디로 우리의 민족적 자아는 지금 정치적 자율을 위한 투쟁에서 표류하고 있고, 경제적 자립을 위태롭게 한 상황에서 방황할 뿐 아니라 문화적 자존을 저해하는 아노미 현상 앞에 현기증을 느낀다.

사실 우리 민족의 현대사는 바로 민족적 자아가 외세에 의해 마멸하고 또 우리들 자신에 의해 분열된 수난과 질곡의 역사라고 할 수도 있다. 일제 식민지 시대를 여러 가지로 해석할 수 있지만 민족적 자아라는 개념을 도입할 때 그것은 일본 제국주의에 의해 한민족의 민족적 자아가 무력적 강압과 문화적 회유에 의해 거의 회복하기 어려울 정도로 손상을 입은 시기였다고 이해할 수 있다. 외세에 의해 겨우 해방을 맞이할 무렵 그것은 너무도 변질되어 개체성이 모호했을 뿐 아니라 정체성도 확인하기가 힘들었고 단일성을 유지하기는 더욱 어려워서 민족의 분단은 오히려 예정된 드라마였다고 해석하는 것이 더 타당할 것이다.

분단 이후에는 남북한의 역대 정권들은 결과적으로 민족적 자아를 분열시키려는 단 하나의 목표를 향하여 질주해 왔다고 해석할 수도 있다. 물론 표면적으로는 이들이 한결같이 이른바 "민족주의"를 내세우고 민족의 통일을 궁극적인 목표로 삼아 갖가지 노력을 기울인 것도 사실이다. 박정희 정권 때의 7.4 공동성명이 그 대표적인 예이며, 그 후로도 지속적으로 전개된 북방정책이나 남북 정상회담의 시도와 그 실현 등이 모두 그러한 '민족주의'의 표현이었다고 볼 수 있다. 그러나 그것은 자세히 들여다보면 민족적 자아를 우선적으로 의식하고 단일성과 정체성을 회복하려는 의도로 실현된 민족주의가 아니었다. 북한에서도 민족주의보다는 공산주의나 사회주의를 더 상위 개념으로 사용하였으며 민족의 성원들이 지닌 의지와 염원과는 상관없이 김일성 일가를 중심으로 구성한 새로운 이데올로기, 즉 주체사상을 종교적 차원으로 승화시키고 기형적인 봉건주의를 공고히 다지기에 여념이 없었다. 한편 남한에서도 민족적 자아의 확인이나 회복보다는 자유민주주의 체제의 우월성을 더욱 강조하여 이른바 체제 경쟁에 뛰어들었던 것이다. 또한 그것을 과시하기 위해 개발 독재도 불사하였고 마침내 거센 민주화의 저항 앞에서 끊임없는 혼란만을 가중시켜 온 셈이었다. 이 시점에서 동강난 강토를 다시 잇고 진정한 의미의 민족국가를 창출하며 한민족이 이웃으로서가 아니라 형제로서 다시 만나 화해할 수 있는 방법은 무엇인가. 그것은 우리의 민족적 자아를 새삼스럽게 다시 확인하고 그것을 공고하게 정립해 가는 것 외에 달리 다른 방법이 없을 것이다. 우리가 과연 무엇을 위해 그동안 치열하게 돌진해 왔었는지를 진지하게 음미해야 할 시점에 와 있다.

4. 민족적 자아의 확인과 정립

우리가 처해 있는 분단 상황에 대한 분석이 어느 정도 옳다면 우리는 다음과 같은 결론에 도달해도 좋을 것이다. 즉 분단구조는 일제의 탄압 못지않게 우리들 스스로 민족적 자아의 상실과 분열을 조장해 왔다. 물론 양상은 다르지만 통일을 정치적으로나 경제적으로 실리적인 관점에서 조명하기 시작한다든가 분단구조를 전제로 해서 현실에 안주하려는 경향이 증대되고 있다는 점에서 민족적 자아의 위기에 관한 한 일제 말기의 상황보다 조금도 호전되어 있지 않다. 그 당시에는 주로 외부의 억압과 위협에 대항해야 하는 구도였지만 지금은 대부분 내부의 분열과 갈등에 대처해야 하기 때문이다. 그러나 우리의 전 세대에게 식민지 시대를 극복해야 할 의무가 있었던 것처럼 우리 세대에게는 무엇보다 우선 분단의 시대를 종식시켜야 할 역사적 사명이 있다. 우리가 식민지 시대를 물려받을 의무가 없었던 것처럼 분단의 시대를 다음 세대에 물려줄 권리가 우리에게 없는 것이다. 더구나 식민지 시대를 반드시 생활상의 불편이나 경제적 불이익 때문에 종식시키려 한 것이 아니었던 것처럼 분단시대의 종식도 그 이유를 공리주의적 혹은 결과주의적인 근거에서만 찾아서는 안 된다. 이산가족이 만나는 데 실리적인 이유가 없는 것처럼 통일은 무조건적이어야 한다. 민족적 자아는 다수결에 의한 합의를 통해 형성된 것이 아니라 이미 지적한 바와 같이 '선험적'인 요소가 있기 때문에 통일에도 이 선험적인 요소가 우선적으로 고려되어야 한다. 통일은 지금 지구상에 존재하는 7천만 한민족의 실존적 문제일 뿐만 아니라 과거에 존재했던, 그리고 앞으로 존재할 모든 한민족의 생존과 그 양태를 규정짓는 결단의 문제이기도 하다. 그렇다면 어떻게 이것이 가능한가?

식민지 시대에도 마찬가지였지만 분단의 시대를 종식시키기 위해 무엇보다 중요한 것은 민족적 자아를 확인해야 한다는 점이고, 그것이 희미해졌다면 우선 그 정체를 선명하게 드러내도록 노력하지 않으면 안 된다. 그러나 민족적 자아의 확인이란 무슨 뜻인가. 그것은 '민족적 자아에의 의지'를 다짐하는 것이라고 표현될 수도 있는데, 결국 그러한 존재를 향해 지향한다는 뜻으로서 다음 세 가지로 분석될 수 있다. 첫째, 우리가 오랜 역사를 통해 동고동락했다는 사실을 근거로 하여 일체감과 동일성을 다시 확인한다는 뜻이다. 둘째, 우리가 하나의 민족으로 동질성을 유지하면서 생존해 있다는 것은 우연한 사실이 아니라 우리들 자신의 강력한 의지와 능력의 필연적 소산임을 확인한다는 뜻이다. 셋째, 그러한 의지와 능력은 희귀하고 고귀하기 때문에 소중하며, 따라서 이에 대한 자긍심을 가져도 되는 이유를 확인한다는 뜻이다. 이제 이러한 점들을 좀 더 자세히 살펴보기로 하자.

우선 우리가 민족적 자아를 의식함으로써 민족의 동질성을 확인한다는 것은 아무리 강조해도 부족하지 않다는 점을 지적해야 한다. 실제로 우리는 분단의 시대에 적응하고 익숙해져 있는 동안 거의 회복하기 어려울 정도로 서로 이질성을 조장해 왔고 또 거기에 익숙해져 있다. 이용희는 1966년에 개최된 국제정치학회의 「기조 연설문」에서 "민족주의의 한국적 영토가 바야흐로 이대로 좁아진다면 민족주의라는 이름하에 생기는 앰비밸런스(ambivalence)는 마침내 분열적인 골짜기를 이을 다리가 없는 영(零)으로 들어간 것"과 같다고 주장하고 "전망 없고 비전 없는 또 하나의 저항의 민족주의가 홀로 무대를 차지할 것"이라고 경고한다.[107] 여기서 그가 이른바 '저항의 민족주의'를 거론하는 것은 민족적 자아를 망각하고 분열과 대립과 투쟁을 일삼다가는 다시금 남의 노예로 전락할 수밖에 없음을 염려하는 것으로 해석된다. 사실 이러한 인식은 조금도 과장된 것이 아님을 지금까지 남북한 정부당국이 입증해 주고 있는 셈이다. 이상우가 잘 지적해 준 바와 같이 "아직까지도 통일에 접근되어 가는 기미조차 보이지 않고" 있으며, "그 이유는 통일 문제에 대한 남북한의 인식이 전혀 다르기 때문이다."[108] 그러나 통일 문제에 대한 인식이 다르다는 것은 무엇을 의미하는가. 그것은 공산사회주의나 자유민주주의보다 민족주의를 하위 이데올로기로 취급하고 민족적 자아를 오히려 파생적인 개념으로 이해한다는 것을 뜻한다. 여기서 우리는 민족의 통일을 거론하고 있는 이상 민족적 자아가 우리의 담론에서 원초적 개념이며 민족주의를 받아들이는 한 그것은 절대적인 것은 아닐지라도 어떠한 이데올로기보다도 앞서 있는 선험적 개념임을 다시 확인하지 않으면 안 된다. 이러한 점을 최창규는 "민족은 괴로우나 즐거우나 언제나 떠날 수 없는 '영원한 나'"라고 표현한다.[109]

그는 여기서 민족적 자아 개념의 선험성을 역사적 측면에서 강조하고 있

107 이용희, *op.cit.*, p.71. 이 인용은 1966년 10월 국제정치학회가 주최한 "한국민주주의" 회의의 기조연설문 중에서 일부분이다.

108 이상우, "민족통일의 과제," 『분단과 통일 그리고 민족주의』, 이상우 외, 서울: 박영사, 1985, p.159.

109 최창규, *op.cit.*, p.14.

는 것이다. 또한 그는 "역사 위에서 살펴본 한민족의 모습은 여하튼 4천 년을 살아와 오늘에 살아남은 끈질긴 민족으로 확인"된다고 강조하는데, 이것을 우리는 민족적 자아라는 철학적 실체에 역사적 속성의 의미를 부여하는 것으로 이해할 수 있다. 물론 4천 년 동안 오늘날과 같은 의미의 민족체를 구성하고 한결같이 유지해 왔다는 뜻은 아니다. 여하튼 그는 그 의미를 다음과 같이 설명한다.

> 첫째, "하여튼"으로 표현되어야 했듯이, 우리 한민족이 걸어온 역사의 길은 그 어느 민족이 걸어온 그것보다도 훨씬 어려웠다는 사실이요, 즉 크고 작은 다른 민족의 침략만 합쳐 약 1천 회 이상에 달하는 고난과 시련의 역사.
> 둘째, "4천 년 이상"으로 표현되고 있듯이, 괴로웠던 역사이지만 끈질기게 지켜 왔기에 어느 민족보다도 긴 역사를 이루어 왔다는 사실로, 즉 민족이란 주체가 바뀌지 않고 지켜온 역사로는 가장 긴 역사였다는 역사의 연속성과 장구성.
> 셋째, "살아남은 민족"으로 강조되고 있듯이, 그러한 한민족은 중간에 사라지지 않고 오늘 이 세계 속에 어엿하게 살아남아 있다는 사실 등인 것이다. 즉, 끈질기게 역사를 지켜 온 민족의 추진력과 민족을 오늘에까지 끊임없이 살게 한 역사의 활력.[110]

만약 이러한 해석이 정당하다면 이것은 민족적 자아의 두 번째 요소를 확인하는 셈이 되는데, 우리 민족이 동질성을 유지하고 이렇게 오랫동안 그토록 수많은 수난과 질곡을 이겨내며 생존해 왔다는 것은 어떤 의미로든 행운

110 *Ibid.*, p.10.

이나 우연만의 소산이라고 볼 수가 없기 때문이다. 그러므로 그것은 오랫동안 축적된 강력한 의지와 능력의 필연적 산물이라고밖에 달리 해석할 도리가 없는 것이다.[111] 이와 같이 민족적 자아의 실현은 그 실체로서의 선험성을 인정하고 역사적 속성으로부터 객관적 사실을 이끌어 낸 다음 바로 이 객관성으로부터 민족적 당위와 사명을 이끌어 내는 작업이 된다. 여기서 우리는 민족적 자아의 확인으로부터 한민족의 한 성원으로서 자긍심을 가져도 되는 합리적인 이유를 발견하게 되는 것이다. 이 점에 대해서 최창규는 다음과 같이 정리해 준다.

> 첫째는 민족이 걸어온 역사의 길이 더 없이 어려웠다는 험난한 사실(史實)에 대한 솔직한 시인이요, 둘째는 그런대로 이 민족이 4천 년 이상을 끊임없이 살아왔다는 유구한 역사의 활력에 대한 뚜렷한 확신이며, 또 앞으로 영원히 살아갈 수 있다는 영원한 역사의 주체(우리 한민족)에 대한 활기찬 긍지인 것이다.

그는 이어 "이와 같이 사실(史實)들로 하여 역사 앞에 선 오늘이 우리들 가슴속에는 '어려웠던 사실(史實)'과 영원한 역사"와 그리고 끈질기게 살아남은 '자랑스러운 민족'임을 함께 느끼게 한다"고 결론 짓는다.[112] 그리하여 우리는 민족적 자아의 세 번째 요소를 확인하는 셈인데, 장구한 수난의 역사를 통해 자랑스러운 모습으로 생존할 수 있는 의지와 능력을 지녔다는 것은 결

111 강정인은 우리 민족의 생존과 우리 민족이 지닌 의지 및 능력 사이에는 필연적인 관계가 성립될 수 없음을 지적해 주었다. 물론 여기에서는 '논리적' 필연성을 찾을 수는 없지만 그러한 것을 전제로 한다는 점에서 우리는 '역사적' 필연성을 상정할 수 있을 것이다. 더구나 이 필연성은 비슷한 상황에서 다른 민족들이 소멸되었거나 민족적 자아를 유지하지 못하였다는 사실에 의해서 확인될 수 있다.

112 *Ibid.*, pp.10–11.

코 흔한 일이 아니기 때문에 소중하고, 따라서 이러한 사실에 대해서 자긍심을 가져도 되기 때문이다. 여기서 확인된 것은 우리가 지금 살아남아 있다는 단순한 사실에 그치는 것이 아니다. 좀 더 중요한 것은 이러한 사실이 논리적으로 함축하는 의미인데, 그것은 우리에게 무엇이든지 할 수 있는 무한한 가능성으로서의 잠재력이 있다는 점이다. 그리고 우리가 민족적 자아의 정립을 통해서 자긍심을 가져도 좋은 진정한 이유도 바로 여기에 있는 것이다. 이 잠재력이 분단의 시대를 종식시키고 우리의 오랜 숙원인 민족의 통일을 성취하는 능력도 포함하는 것은 말할 나위가 없다. 바로 그렇기 때문에 이것을 갈등과 대결과 투쟁으로 소모해서는 안 되는 민족적 당위가 우리에게 있다.

5. 민족현실과 민족적 자아

민족적 자아의 관점에서 볼 때 6.15 남북정상 회담과 그 이후의 조치들은 적어도 표면적으로는 일보 전진한 느낌을 주는 것이 사실이다. '민족주의'라는 표현 앞에 붙였던 수식어들, 가령 '공산주의'나 '사회주의' 혹은 '자유주의'나 '자본주의' 같은 형용사들을 일단 괄호 안에 넣고 어디에 살고 있든지 간에 민족의 평화와 안정을 구축하고 기아를 극복하며 반세기 이상 지속된 이산가족의 상봉을 위하여 양측의 정상들이 무조건 만났기 때문이다. 이것은 남북문제를 풀어 감에 있어서 명분과 현상보다는 본질과 실체를 더 우선적으로 고려한 조치라고 여겨진다. 또한 그것은 그러나 표면적으로 나타난 조치를 액면 그대로 믿고 향후에 전개될 상황에 대해서 낙관해도 좋은가. 아직은 속단하기 어렵다. 우리가 남북문제를 다각도에서 다양한 입장에 따라 좀 더 심층적이고 광범위하게 분석해 보아야 하는 이유가 바로 여기에 있는 것이다. 그렇다면 구체적으로 무엇이 문제인가.

첫째, 이미 지적한 바와 같이 남북문제는 일차적으로 위정자들이 그 실마리를 풀어 가야 하겠지만 그것은 남북한 현 정권의 과제만도 아니고 우리 민족 전체의 문제만도 아니다. 그 문제의 뿌리는 한반도를 둘러싼 지정학적 국제관계와 밀접하게 연결되어 있을 뿐만 아니라 현대를 넘어서는 사상사적 배경과 이해관계를 포괄하는 맥락과 직결된다. 따라서 우리의 민족 문제를 이러한 구조 속에 흡수시켜서 또 다시 그 운명을 표류시키지 않으려면 강력한 주체성이 확보되어야 하며, 그것은 일방적으로 조작된 '주체성'이 아니라 반드시 앞서 언급한 민족적 자아의 인식으로부터 연역적으로 도출되지 않으면 안 된다. 만약 민족적 자아의 실체성과 선험성을 도외시하고 국제 정치의 논리나 국내 정치의 정권적 차원에서 공리주의적 이해관계나 민족 성원의 근시안적 복지와 이익의 추구에 얽매이다 보면 반드시 과거의 실수를 거듭하게 되리라는 것을 명심해야 할 것이다. 물론 다른 종류의 인식과 마찬가지로 통일의 문제에 관한 해법도 연역적 접근만으로는 불가능하고 사변적인 담론으로 끝날 위험도 있다. 그러나 민족적 자아의 개념이 없다면 민족의 재통일은 복잡한 국제관계의 함수로 표류하거나 공리주의적 이해관계의 제물로 전락할 우려가 있다는 것을 명심해야 할 것이다.

둘째, 북한의 이른바 '모기장 전략'이라는 것을 좀 더 용의주도하게 검토하고 이에 대한 다각적인 대책이 마련되어야 한다. 북한 당국이 지속적으로 강조해 온 바에 의하면 그들이 궁극적으로 지향하는 것은 군사적, 경제적 및 사상적인 면에서 완벽을 지향하는 이른바 "강성대국(强盛大國)의 건설"이다. 그러나 현재로서는 그들 자신의 관점에서 보아도 군사적 및 사상적인 측면에서만 어느 정도 만족할 수준일 뿐, 경제적인 측면에서는 자타가 공인하는 바와 같이 매우 비관적인 실정이다. 그러므로 이러한 상황을 극복하기 위하여 북한당국은 '모기장'을 쳐서 경제의 시원한 바람만 받아들이고 사상의 모기는 제거한다는 정책을 쓴다는 것이다. 만약 이것이 사실이고 또 지속적인 정책으로 채택된 것이라면 북한 당국자들은 이른바 '김씨 조선'을 유지하기 위한 고도로 세련된 연기자에 불과한 셈이고 민족적 자아는 다시 한 번 격랑 속에서 표류를 시작해야 하는 운명임을 주시해야 할 것이다.

셋째, 남한의 경우에는 자유민주주의를 도입했기 때문에 어떤 의미로는 당연한 것이기도 하겠지만 정권이 바뀔 때마다 통일 정책도 다양해진다는 것이 문제이다. 정권을 쟁취하고 유지하기 위해서라도 여론의 향방을 의식해야 하는데, 여기서 일관된 정책을 수립하기 어려운 구조적 한계가 있다. 더구나 이러한 여론을 형성하기 위해 북한 측에서 자신의 정책에 유리하게 다양한 방식으로 영향을 미친다는 주장도 있으니 상황은 더욱 악화되는 경향이 있다. 북한 쪽에서 비교적 선호하여 남북 정상회담을 성사시킨 이른바 넓은 의미의 '햇볕정책'이라는 것도 그 정체를 더욱 분명히 해 둘 필요가 있다. 원래 햇볕이란 위에서 아래로 내려쪼이기 마련이며, 또한 그것이 지속적으로 끈기 있게 쏟아지지 않으면 별로 효과가 없게 되는 법이다. 햇볕을 선불리 쪼였다가는 당사자가 몸을 더욱 움츠리고 옷깃을 더 여미게 될 우려가 있기 때문이다. 더구나 그 햇볕으로 연명하고 그것을 역이용할 위험도 있는 것이다.

그렇다면 우리에게 그러한 정책을, 혹은 그와 유사한 정책을 장기적으로 밀고 나갈 능력과 의도가 있는가. 물론 그러한 능력이 있다고 믿었기 때문에 그러한 정책을 시도했을 것이다. 그러나 일부 전문가들이나 언론 매체들의 보도에 의하면 성공을 낙관하기가 어렵고 오히려 사정은 더욱 악화되어 가고 있을 뿐이라는 분석도 있다. 이렇게 되면 북한에서 필요한 요구를 충족시킬 수가 없고 마침내 햇볕은 먹구름에 가리게 되며 북한에서도 모기장을 더 이상 칠 필요가 없게 될지도 모른다. 그리하여 그들은 정상적인 경제 정책을 포기하고 핵무장을 완수하여 비정상국가로서의 행보를 더욱 강화할

지도 모른다. 그렇다면 햇볕정책의 진정한 의도를 어떻게 이해해야 하는 것일까. 그것은 김대중 정권의 수사학에 지나지 않았던 것일까. 도대체 그것이 일개 정권적 차원에서 정책적으로 추진하는 것은 너무 낙관적이고 낭만적인 처사가 아니었을까. 그리하여 민족적 자아는 김정일 국방위원장의 연기력과 김대중 대통령의 수사학 사이에서 방황하게 되었듯이 파격적인 대안이 없이는 계속 그러한 상태로 표류하게 되는 것이 아닐까. 물론 아무도 그런 것이 아니었기를 바란다. 그것은 민족의 성원 중에 그 누구도 바라는 바가 아니고 또 아니어야 하는 것이다.

마지막으로 남북관계에 있어서 평화는 곧 통일을 의미하는 것이 아님을 명심할 필요가 있다. 물론 평화가 무한정 지속될 때 먼 훗날 어떤 형태로든 통일이 이루어질지도 모른다. 우연히 거의 동시에 남북에 이타적인 정권이 들어서고 부모를 위하는 효심만을 발동하여 만나는 형제들처럼 새삼스럽게 민족적 자아의 확인을 위해 재통일에 합의하는 날이 올 수도 있을 것이다. 그러나 그러한 것을 기대하는 것은 영구적인 세계 평화를 꿈꾸는 것만큼이나 허황된 것임을 인식할 필요가 있다. 실제로 역사상으로도 그러한 사례를 찾기는 거의 불가능하기 때문이다. 최정호가 잘 지적한 바와 같이 통일은 "논리적으로나 현실적으로나 평화와는 다른 길을 걷는다." 평화는 둘로 나누어진 채 적대관계를 종식시키고 화해를 유지하면 가능하지만 통일은 "분단의 현상을 부정하고 대립하고 있던 둘이 하나가 됨으로써만" 이루어지기 때문이다.[113]

평화와 통일이 서로 이질적인 개념이라는 것은 민족적 자아의 관점에서 볼 때 더욱 분명해진다. 통일은 민족적 자아의 확인과 그 실현의 문제이므

113 최정호, "평화의 상대, 통일의 상대," 문화일보, 1998년 12월 3일.

로 그것은 최악의 경우 전쟁을 포함해서 그 밖의 어떠한 방법을 통해서도 구현될 수 있지만, 평화는 무엇보다 전쟁을 배제하며 민족적 자아의 확인과 실현을 전제로 할 필요가 없을 뿐만 아니라 그것은 전혀 고려의 대상이 아닐 수도 있기 때문이다. 따라서 평화만을 강조하고 추구하다 보면 민족적 자아는 점차 퇴색될 뿐만 아니라 마침내 분열되고 남북은 형제로서가 아니라 정다운 이웃으로 남게 되는 날이 오게 될 수도 있을 것이다.

다소 추상적으로 들릴지 모르지만 남북 정상 회담을 비롯한 다양한 교류가 현실적으로 성과를 거두기 위해서는 북한의 '인민'과 남한의 '민중'이 서로 합심하여 민족적 자아의 확인과 그 실현에 함께 나서지 않으면 안 된다. 그러나 그것은 결코 쉬운 일이 아니다. 이미 언급한 바와 같이 남북한에 진정한 의미의 자유민주주의 정권이 들어서서 민중과 인민의 염원을 제대로 반영할 수 있어야 하기 때문이다. 더구나 그렇게 하기 위해서 우리는 우선 대각선을 따라 미래 지향적으로 현대사를 바라보아야 하며, 그럴 경우에는 다리를 뻗고 우뚝 설 대지가 너무 협소한 것이 사실이다. 또한 남북한의 현 정권들은 한반도의 통일만을 위해 과도기적으로 존재하는 집단이 아니다. 이 정권들은 각기 오랜 기간 동안 다른 방식으로 그 정당성을 구축해 왔으며 각기 별개의 독립국가로서 그 입지를 더욱 강화하고 있을 뿐만 아니라 실질적으로는 서로 상대의 존재를 부정하는 것도 사실이다. 현재는 과거에 얽매여서도 안 되지만 미래만을 위해서 존재하는 것도 아닌 것이다. 그럼에도 불구하고 현재의 표면적인 노선이 지속되고 또 최단 시일에 그 열매를 맺으려면 민족 구성원의 희생적이고 절대적인 지지와 성원이 필요하다. 가령 김대중 대통령과 김정일 국방위원장이 합의하고 협력했던 수준의 이른바 "평화 민족주의"를 넘어서 진정한 의미의 "통일 민족주의"를 실현하기 위하여 무엇보다 민족적 자아를 확인해야 한다는 것이다.

지금까지 우리는 민족적 자아라는 철학적 개념을 도입하여, 정치적 현상에 대한 분석과 역사적 사실에 관한 통찰을 근거로 우리의 시대적 사명과 당위가 무엇인지를 가늠해 보고자 노력하였다. 민족의 개별성과 단일성과 동일성의 원리인 민족적 자아의 관점에서 볼 때, 남북분단의 시대에는 일제 식민지의 시대 못지않게 민족의 선험적 실체인 이 자아가 심각하게 손상을 입고 있음이 드러났다. 그것은 남북분단의 근거와 유지의 과정에서 비민족적이고 반민주적인 면모를 나타냄으로써 매우 명백한 것으로 분석되었다. 그럼에도 불구하고 우리는 장구한 세월 동안 민족적 자아를 상실하지 않았고 비록 분단의 여건 속에서도 남북이 모두 비록 다른 형태로나마 지속적으로 발전하고 있다는 역사적 통찰을 통해서 민족적 자긍심을 가져도 좋은 합리적인 이유를 발견하게 되었다. 그리고 바로 이 자긍심이 곧 조국통일의 초석으로 작용해야 한다는 결론에 도달하였다. 이제 오늘날 우리가 당면한 한국적 상황은 어떠한지, 그리고 이러한 상황에서 이 시대의 시대정신이기도 한 비판적 합리성 혹은 앞서 언급한 '과학정신'이 절박하게 요구되는 이유가 무엇인지 간단히 살펴보자.

국가 발전론적 관점에서 볼 때 일반적으로 한 국가가 어느 정도 발전했는지 측정하려면 경제, 정치 및 문화의 측면을 고려한다. 한 국가의 국민 대다수가 생계를 유지하기가 어렵다면 일단 우리는 그것이 '발전한' 국가라고 말할 수 없다. 개인의 경우와 마찬가지로 적어도 영양실조를 면해야 그 사람이 건강을 유지하듯이 국가의 차원에서도 경제 발전이 가장 기초적이고 중요하며, 그렇기 때문에 우선적으로 이루어져야 한다. 맹자가 군자의 경우는 예외라고 하더라도 보통 사람들에게는 "항산(恒産)에 항심(恒心)이 있다"고 말한 것을 그러한 의미로 해석해도 좋을 것이다. 그러나 개인도 편식을 일삼으면 건강을 유지하기 어렵듯이 어떤 국가가 경제적으로 아무리 풍족하다고 하더라고 재부가 극소수의 특권층에만 몰려 있다면 그것이 직접적으로 국가의 발전에 영향을 주기는 어려울 것이다. 물질적 재화를 비롯한 모든 가치가 공명정대하게 배분되어야 정의가 구현되며 많은 사람들이 행복할 수 있고, 결국 국력이 신장되는데 이것을 담당하는 것이 주로 정치의 역할이다. 정치의 요체는 다양한 가치를 적합한 부류의 사람들에게 공정하게 배분하는 정의의 구현에 있는 것이다.

그런데 비록 정의가 어느 정도 실현되었다고 하더라도 물질적 가치의 추구에만 급급하고 정신적 도야를 게을리하며, 대부분의 국민들이 관능적 쾌락에 몰두할 뿐 정신적이고 지성적 가치의 추구에 무관심하다면 국가가 어떤 상황에 처하게 될 것인가. 그렇게 되면 혼탁한 영혼을 지닌 개인의 경우와 마찬가지로 국가도 아직 혼란과 불균형의 상태일 것이고 그 발전도 일시적 현상에 그치고 말 것인데, 이러한 측면에서 그 수준과 품격을 높이는 것이 넓은 의미에서 문화적 발전이라고 할 수 있다. 만약 대다수의 국민들이 격조 높은 교양과 인문정신을 향유하지 못하고 주로 말초신경을 자극하는 관능적인 대중문화에만 심취해 있다면, 그리고 정부의 정책도 단기적이고 피상적인 국력을 의식하여 그러한 측면의 진흥에만 신경을 쓴다면 국가의 발전은 멀지 않아 장벽에 부딪치고 말 것이다. 또한 각 분야의 능력 있는 자들이 전통 문화를 온전하게 전수하고 외래문화를 적극적이고도 능동적으로 흡수하며 새로운 문화를 창출하는 데 진력하지 못한다면 그 나라의 위상은 점차 낙후되고 결국 추락하지 않을 수 없다.

이러한 맥락에서 볼 때 한국은 건국 이래 온갖 혼란과 소용돌이 속에서도 급진적인 변화를 거듭해 온 것이 사실이다. 산업화와 민주화를 통해서 우리는 눈부신 발전을 거듭해 왔고 경제적, 정치적 및 문화적인 측면에서도 선진국의 문턱에 와 있다고 해도 적어도 표면적으로는 지나친 표현이 아니다.

그러나 이러한 격동의 시대를 거치면서 얻은 것도 많지만 이에 못지않게 잃은 것도 많이 있음을 결코 간과해서는 안 된다. 그리고 잃은 것 중에 대부분은 넓은 의미의 문화적이고 정신적인 측면이라고 할 수 있다. 경제적인 발전을 통해 이제 물질적으로 풍족해졌고 어느 정도 정치적 발전도 이루었지만 정신적으로 상당히 피폐해졌을 뿐만 아니라 도덕적으로는 오히려 더욱 타락한 모습을 보여 주고 있다. 그것은 본질적으로 경제적, 정치적 및 문화적 발전의 불균형에서 비롯된다고 볼 수 있다. 사춘기의 청소년들처럼 갑자기 비대해진 육체와 분출하는 욕구를 감당하지 못하고 충동적으로 거칠게 행동하며 갈등을 일으키는 것과 유사하다고 말할 수 있다. 주로 외형적 성장위주의 자본주의적 시장경제와 기형적으로 민주화된 급진 자유주의적 정치현실, 그리고 급속한 과학기술의 보급과 발전으로 갑자기 국력이 신장되었지만 그것을 제대로 감당하고 운영할 수 있는 정책이나 비전이 좀처럼 그 모습을 드러내지 않기 때문이다. 그렇다면 비판철학적 관점에서 이러한 현상을 어떻게 분석하고 진단할 것이며, 그 대책을 어떻게 마련할 것인가. 무엇보다 국가 발전의 원동력이 되어 왔던 우리의 과학기술을 어떻게 이해할 것인가.

과학기술은 잘 알려진 바와 같이 산업혁명 이후 경제적 측면뿐만 아니라 정치적 및 문화적 분야에서도 파격적인 전환의 계기를 마련해 주었다. 특히 자본주의 경제체제와 대중민주주의 정치제도는 생산 기술의 발달과 대중매체의 보급 없이는 상상할 수 없는 것이다. 물론 이러한 경제체제와 정치제도가 과학기술의 영향만으로 이루어졌다고 말할 수 없고 그것이 또한 과학기술의 발전을 촉진한 측면도 있지만 그 위력을 절대로 과소평가할 수는 없는 것이다. 이러한 사회 현상이 대중을 역사의 전면에 나서게 했고 문화적 차원에서도 이들을 중심으로 한 대중문화 체제가 형성되기에 이른 것이다. 사실 특히 한국이 단시일에 산업화와 민주화를 동시에 이루게 된 것도 과학적 기계 기술의 신속한 도입과 습득, 그리고 보급이 전제되지 않았으면 불가능한 일이었다. 아무리 강력한 정치적 지도력과 높은 수준의 비판 의식이나 교육열이 있더라고 과학기술이 없었다면 현재의 눈부신 상황으로 전개되지 못했을 것이다.

그러나 현대 문명 전반에 걸쳐 광범위하게 파급되어 있듯이 과학기술이 현대인에게 반드시 바람직한 삶을 제공한 것은 아니다. 앞서 언급한 바와 같이 그것은 분명히 외면적이고 물리적인 자연의 횡포로부터 인간을 보호하여 안전을 확보한 것이 사실이지만 오히려 환경을 파괴함으로써 전 시대와는 전혀 다른 문명의 위기를 자초하고 있는 것도 또한 명백한 현상이다. 더구나 과학기술이 내면적이고 원초적인 정신적 자연으로부터 인간을 보호하는 것이며 오히려 그것을 더욱 황폐하게 하는 측면이 있는 것이다. 더구나 한국의 경우 산업화와 민주화가 너무도 급속히 이루어졌기 때문에 이에 대한 성찰과 반성의 여유가 모자라고 동시에 그 피해도 상대적으로 더욱 심각하다고 말할 수 있다. 그럼에도 불구하고 역대 정권의 과학정책이 주로 과학기술문명의 창출에 역점을 두고 과학정신문화의 창달, 다시 말해서 기초과학이나 이 시대의 인문정신인 과학정신에 별로 신경을 쓰지 않는 것은 매우 위험한 현상이라고 판단된다. 특히 문화적 측면에서 지식인들의 시대적 사명이 절박한 이유도 바로 여기에 있다. 본질적으로 경쟁 심리를 자극하는 자본주의 경제체제, 그리고 개인주의와 자긍심을 부각시키는 자유 민주주의 정치제도에서는 필연적으로 사회적 갈등이 첨예화되기 마련이고 이러한 현상을 조정하고 완화시킬 수 있는 방법은 정신적 태도와 직결되는 문화적 영역, 그중에서도 인문적 사고와 합리적 비판정신의 함양에 호소할 수밖에 없기 때문이다.

오늘날 한국의 문화현상에서 두드러진 특징은 유교 중심의 전통적인 가치관이 무너지고 이 시대에 걸맞은 새로운 가치체계가 아직 정립되고 있지 않다는 사실에서 찾아야 할 것이다. 물론 이러한 현상은 과학기술문명의 시대인 현대가 안고 있는 일반적인 특징이기도 하다. 그러나 한국적 상황에 특별한 차이가 있다면 거듭하거니와 격변기를 거치면서 그 괴리가 심각하고 매우 광범위해졌다는 점에 있다. 그 원인을 우리는 식민지 시대의 문화정책과 분단구조, 그리고 급진적인 산업화와 민주화 과정에서 찾을 수 있다. 그 이유야 어떠하든 간에 문화적인 측면에서 볼 때 오늘날 한국은 동서와 고금이 동시에 소용돌이치는 '폭풍의 언덕'이라고 말할 수 있다. 이러한 상황에서도 지난 반세기 동안 산업화와 민주화에 있어서 급성장했다는 것은 괄목할 만한 현상이다.

널리 알려져 있는 사실이지만 특히 한국에서 살아가는 우리에게 이 시대가 격동의 시대임을 실감나게 하는 현실적 증거가 있다. 그것은 우리가 모두 체험하고 있듯이 그 유례를 찾아보기 어려울 정도로 급속한 변화를 겪고 있다는 사실로 입증된다. 근대화, 발전, 성장이라는 변화의 현상인 민주주의, 자유, 인권, 언론, 인구증가와 감소, 노령화, 주거이동, 도시화, 교육향상, 여가의 증가, 종교의 자유, 산업구조의 변화, 기업, 무역, 노동운동, 세계화 등 그 어느 것 하나 점진적인 것, 즉 하나의 성장과 발전의 전개를 거쳐 다음 단계로 이행하는 단계적인 변화가 없다. 외국에서 이식됐거나 안에서 싹이 텄거나 간에 한번 시작하면 돌출적이고 수직적인 상승을 지향하며 결국은 '기적'을 창출해 낸다.[114]

114 김진현(金鎭炫)은 "한국은 대극적 변화의 기적"(『서울대동창회보』, 2007년 3월)이란 글에서 다음과 같이 지적한다: "이러한 현상은 특히 서양의 관점에서 보면 지구상 최후의 벽지였고 최후의 은둔국이었던 한반도의 남쪽이 이토록 눈부신 발전을 이룩한 것은 분명히 연구의 과제가 아닐 수 없다. 한국은 1945년 이후 독립한 140개에 가까운 국가 중에서 가장 앞선, 심지어 어떤 부분에서는 유럽이나 미국, 혹은 일본을 앞질러 가서 '미래' 현상까지 나타내고 있는 사실을 설명하는 것은 참으로 이해하기 어렵다는 것이다. 사실 우리가 지금 '현재' 정상인 것처럼, 혹은 당연하게 생각하는 것 중에 비정상적이고 이상한 일이 얼마나 많은

여기에는 찬란한 문화적 전통과 국민의 저력, 역사적 상황, 정치적 영도력 등 여러 가지 원인이 있을 것이다. 그러나 이 시대를 풍미하는 과학기술의 급속한 습득과 그 파급 효과가 없었다면 이 모든 성취는 불가능했을 것이다. 그런데 우리의 문제 상황은 바로 여기에 있다. 무엇을 빨리한다는 것이 반드시 바람직한 것은 아니다. 모든 기적에는 반드시 후유증이 따르듯이 여기에는 어떤 형태로든 반드시 부작용이 따르기 마련이고, 그것은 무엇보다 너무 빨리 달리면 멈추어야 할 경우 멈추기가 어렵다는 평범한 사실 때문이다. 가령 우리는 경제적 차원에서 어느 정도 발전을 이루었지만 분배와 복지의 차원에서 심각한 문제를 안고 있고, 정치적 민주화가 표면적으로는 이루어졌으나 이것이 기형적으로 파급되어서 전통적인 가치가 급격하게 파괴되고 이에 따른 극심한 가치관의 혼란을 초래하고 있다. 문화적으로도 전도된 가치관과 쾌락주의적이고 물질 중심적인 가치의 추구 현상 때문에 정신문화가 극도로 피폐해져 가고 있는 실정이다. 더구나 정보화를 선도할 정도로 선진화된 과학기술의 진보는 오히려 역기능적으로 작용하여 이러한 혼란을 더욱 가속화하는 측면이 있다.

이러한 와중에서 세대와 남녀 간의 불화, 사회 계층과 정치 이념 사이의 갈등, 인권과 정의에 관한 기준, 그리고 점점 더 심각해지는 빈부의 격차 등 우리 앞에 놓인 과제는 이루 다 열거하기 어려울 지경이다. 이른바 상생의

가. 가령 전통적으로 비기독교 국가 중에 기독교인이 30%에 이른 나라는 한국밖에 없다. 한국보다 기독교 전래가 훨씬 오래되었고 선교사와의 접촉이 밀접했던 중국이나 일본은 1.5%에 불과하고 그 밖의 나라도 10%의 기독교인을 가진 나라가 드물 정도이다. 더구나 인구의 30%인 1천 3백만의 기독교인들이 6천만의 기독교인을 가진 영국보다 배나 많은 1만 3천 명의 선교사를 해외에 파견하고 2억 8천만의 미국이 6만 4천명의 선교사를 가진 것에 비교하면 기적 중에 기적이 아닐 수 없다. 한편 한국의 대학의 수나 대학생의 인구가 미국을 제외하고 일본, 독일, 프랑스, 영국 등 모든 선진국보다 많고, 미국에 유학 중인 학생의 수가 최대인 나라가 한국이고 미국의 외국인 교수 중 한국인이 2위를 차지한다고 한다. 신문사와 방송사, 인터넷 미디어의 수, 수도권 집중과 도시화 비율, 세계 최저 출산율, OECD 최고의 자살률 등 이러한 것은 변화나 성장, 발전의 차원을 넘어 기적임에 틀림없다."

철학과 공정한 정의 사회의 구현, 이른바 '국민행복'이 학문적 수준이 아니라 정권적 차원에서 제기되는 이유도 바로 여기에 있을 것이다. 가령 정부에서 "공정한 사회의 국정 운영 기조가 정착될 수 있도록" 당부하자 '공정사회'라는 개념은 우리 사회의 중요한 화두가 되었다. 이에 따라 많은 논란이 있었는데 아무도 공정사회의 실현에 반대할 사람은 없겠지만 정부차원에서 그것을 정책으로 채택할 때 발생할 수 있는 문제점들이 제기된 것이다. 역사적으로 존재했던 모든 정부가 정의의 실현을 목표로 내걸지만 무엇이 공정한 것인지에 대한 이견 때문에 항상 그것은 미완의 과제로 남아 있다. 그런데 한국과 같이 극단적으로 격동의 시대를 겪고 있는 사회에서, 그것을 국정 운영의 지침으로 내세운다는 것은 다소 공허한 느낌을 줄 수도 있다. 그러나 경제의 눈부신 발전에도 불구하고 국민의 상대적 박탈감과 사회적 불만은 오히려 배가되었다는 사실을 외면할 수도 없다. 어느 일간지가 성인남자 1017명을 대상으로 실시한 설문 조사에서 75%가 우리 사회는 불공정하다고 대답했다고 한다. 그렇다면 대책이 무엇인가.

정의의 실현에 특별한 관심이 있다면 우선 공정한 정책을 세워야 하고 이러한 정책을 세우려면 공정한 것이 무엇인지 어느 정도 밝혀져야 한다. 그러나 특히 한국 사회에서 이 문제를 규명하는 것은 거의 불가능에 가깝다. 앞으로 좀 더 자세히 보겠지만 국민행복의 문제도 마찬가지이다. 그러므로 우리는 더욱 냉정하게 합리적이고도 비판적으로 현실을 직시하며 끊임없는 토론과 협의를 통해 우리들 자신을 설득하도록 노력해야 한다. 끝내 공감대를 형성할 수 없다면 명백하게 불공정한 것이 무엇인지를 우선 가려내도록 해야 한다. 행복의 경우에도 진정으로 우리가 추구하고 있는 것이 무엇이며 추구해야 하는 것은 또 무엇인지 음미하고 성찰해야 한다. 아무리 어렵더라도 이러한 시도, 즉 집요한 질문, 충분한 토론과 설득, 타협의 과정을 거치는 노력을 포기한다면 그 자리에 금력과 폭력, 그리고 독선과 편견이 들어서게 되며, 그것은 곧 민주주의 자체뿐만 아니라 그동안 우리가 성취해 온 모든 것을 자체에 대한 포기를 의미한다.

그렇다면 이 시대의 시대정신인 과학정신, 특히 비판적 합리주의의 관점에서 이러한 난제에 효과적으로 접근하는 방식은 무엇인가. 우선 그 특징을 다시 한 번 정리할 필요가 있다.

첫째, 비판적 합리주의는 인간에 대한 막연한 환상이 아니라 정확한 이해를 전제로 한다. 그런데 여기서 한 가지 분명한 것은 인간이 완전한 존재가 아니라는 점이다. 따라서 인간 자신에 대한 이해와 해석도 다양할 수밖에 없고, 무엇이 과연 진정으로 인간의 존엄성을 되찾고 정의를 실현하고 효과적으로 행복을 추구하는 일인지에 관한 방안도 다를 수밖에 없다. 그러므로 우리가 합리주의자라면 우선 이러한 사실을 인식하지 않으면 안 된다.

둘째, 비판적 합리주의는 인간과 사회에 관한 인식의 한계를 인정하기 때문에 극단적 입장을 피하며 독선적 사고와 과격한 행동을 경계한다. 이러한 태도는 모두 인간과 사물에 대한 확신 혹은 광신에서 비롯되기 때문인데, 심지어 '최고선'의 이름으로 행해져도 마찬가지이다. 그러므로 합리주의자는 특히 격동의 시대에는 합리성이, 그것도 독단적 합리성보다는 비판적 합리성이 더욱 절박하고 긴요함을 실감한다.

셋째, 그러나 비판적 합리주의는 일종의 회의주의나 상대주의가 아니다. 합리주의자는 비록 절대적 지식이나 영원한 진리를 갖추지는 못한다고 하더라도 인간이 보편적으로 지니고 있는 이성의 능력에 의해서 어느 정도 객관적 지식과 타당한 진리를 확보할 수 있다고 믿는다. 그리고 이러한 가치는 사회 속에서 구체적인 실천을 통해 확인된다고 확신한다. 그러므로 그는 어느 정도 체계적인 이론가인 동시에 자신의 선택과 행동에 대해서 책임지는 실천가이기도 하다.

넷째, 비판적 합리주의는 이성의 능력 중에서 체계적인 독단적 합리성보다는 반성적인 비판적 합리성을 더욱 소중히 여긴다는 점에서 계몽주의이기도 하다. 전자는 자기의 입장을 정당화하고 절대시하는 기제로 쓰이지만 후자는 그것을 다시 음미하고 검토하며 성찰하는 개방적 자세를 취하게 하기 때문이다. 그러므로 이러한 합리주의자는 경험적 증거와 논증에 의해서만 신념의 체계를 수립하며 좀 더 나은 증거가 나타날 때는 지체 없이 자기비판을 시도하며 오류를 수정한다. 오직 이러한 방법에 의해서만 지식이 성장할 수 있음을 그는 확신한다.

물론 이 밖에도 합리주의에는 여러 가지 특징이 있지만 적어도 진정한 합리주의라면 그 어느 시대의 어느 사회에서도 이러한 입장을 견지하지 않으면 안 된다. 이와 같은 태도를 견지하는 한 예술과 종교, 윤리와 과학 등은 자신의 진정한 면모를 보일 수 있지만 그렇지 않으면 그것을 '사이비적'이라고 말할 수 있는데, 인간에 대한 오해와 인간의 존엄성을 회복하기 위한 그릇된 방법에 기초해 있기 때문이다.

이러한 관점에서 볼 때 한국의 경제와 정치현실뿐만 아니라 정신문화 혹은 도덕적 상황을 합리적으로 접근한다는 것은 무엇을 의미하는가. 그것은 과학기술 문명에 의해 촉진된 급속한 산업화와 급진적 민주화의 과정에서 비롯된 온갖 독단주의와 독선주의 혹은 급진주의와 졸속주의에서 벗어날 수 있도록 효과적인 방안을 강구한다는 것을 의미한다. 그렇다면 구체적으로 우리는 그것을 어떻게 이해하고 실천할 것인가. 한마디로 그것은 과학기술 시대의 인간답게 사고하고 행동함으로써 가능하며, 그렇게 존재하기 위해서는 과학의 본질을 좀 더 온전하게 인식하는 것을 전제로 한다고 판단된다.

한국은 국가발전 과정에서 산업화와 민주화를 거치는 동안 이러한 정신을 습득하고 생활화하는 데 게을리한 경향이 있다. 애초부터 '동도서기(東道西器)'의 구호를 내세워 정신을 동양의 전통을 따르고 서양의 기술만 습득하면 된다는 태도를 지녔고 그것은 어느 정도 지금도 견지하는 입장이기도 하다. 그러나 문화적 발전은 그 시대에 걸맞은 새로운 시대정신을 습득함으로써 가능한 것임을 잊어서는 안 된다. 거듭하거니와 과학정신, 즉 보편적 인식능력에 호소하는 합리성, 스스로 사고하고 행동하는 자율성, 모든 비판을 수용하는 비판성, 개방성 등을 체득해야 하는 것이다. 이러한 정신으로 무장되어 있지 않으면 표면적으로 아무리 삶의 질이 높아지고 물질적 생활이 편리해졌다고 하더라도, 그리고 아무리 지식이 많고 신앙심이 깊으며 예술혼이 강하다고 하더라도 사회적 갈등은 심화될 것이고 독선과 아집은 계속 악화될 것이며, 그만큼 우리는 개인적 행복 및 사회적 정의와 거리가 멀어질 것이다. 그리하여 도덕적으로 타락하고 정신적으로 피폐해지면 국가 발전 차원에서도 경제, 정치 및 문화의 불균형을 이루어 극도의 혼란기를 맞이할 수도 있다는 것이다. 이러한 맥락에서 우리의 현실을 정확하게 진단하고 처방을 마련하는 것이 비판적 합리주의자의 시대적 사명이라고 할 수 있다. 일단 독단과 아집에서 벗어나고 절대성과 폐쇄성에서 헤어난다면 세상을 더 넓고 깊게, 더 멀리 이성적이 눈으로 보게 되고 탐욕과 독선에서 벗어나 결국 인간에 대한 연민을 되찾게 될 수도 있을 것이다.

6. 맺는 말

지금까지 우리는 공동체적 자아의 한 유형인 '민족적 자아'라는 철학적 개념을 도입하여, 정치적 현상에 대한 분석과 역사적 사실에 관한 통찰을 근거로 우리의 시대적 사명과 당위가 무엇인지를 가늠해 보고자 노력하였다. 민족의 개별성과 단일성과 동일성의 원리인 민족적 자아의 관점에서 볼 때, 남북분단의 시대에는 일제 식민지의 시대와는 다르지만 그에 못지않게 민족의 선험적 실체인 이 자아가 심각하게 손상을 입고 있음이 드러났다. 그것은 남북분단의 근거와 유지의 과정에서 비민족적이고 반민주적인 면모를 나타냄으로써 매우 명백한 것으로 분석되었다. 그럼에도 불구하고 우리는 장구한 세월 동안 민족적 자아를 상실하지 않았고 비록 분단의 여건 속에서도 남북이 모두 비록 다른 형태로나마 지속적으로 발전하고 있다는 역사적 통찰을 통해서 민족적 자긍심을 가져도 좋은 합리적인 이유를 발견하게 되었다. 그리고 바로 이 자긍심이 곧 조국통일의 초석으로 작용해야 한다는 결론에 도달한 것이다. 또한 우리는 오늘날 우리가 당면한 한국적 상황은 어떠한지, 그리고 이러한 상황에서 이 시대의 시대정신이기도 한 비판적 합리성 혹은 앞서 언급한 과학정신이 절박하게 요구되는 이유가 무엇인지 간단히 살펴본 것이다.

분단 시대의 온갖 불리한 조건에도 불구하고 한국은 과학기술의 성공적인 습득과 활용에 힘입어 괄목할 만한 국가적 발전을 이루었다. 경제 분야에서의 산업화와 정치 분야에서의 민주화를 통해서 단시일에 선진국의 문턱에 들어서는 쾌거를 이루었으나 문화적 측면, 특히 도덕적 해이와 정신적 고양의 부분에서는 매우 낙후된 모습을 보이고 있다. 이것은 지나치게 가속화된 산업화와 민주화 현상이 오히려 역기능적으로 작용하여 균형 있는 국가 발전을 저해하는 것으로 나타나는 것이다. 이러한 문제를 극복하기 위해서는 유목시대나 농경시대에 등장한 전통적인 현철들의 가르침에 의지하는 데에는 분명히 한계가 있다. 그러므로 과학기술 시대의 시대정신인 과학정신, 그중에서도 비판적 합리성을 터득하고 활용하는 지혜가 필요하다고 판단된다. 이러한 지혜는 분단시대를 살아가는 현대인으로서의 한국인에게 천국으로 가는 열쇠를 마련하지는 못한다고 하더라도 남북문제와 국가적 및 개인적 차원의 갈등 구조를 완화시키는 데 있어서 단서를 마련해 줄 것임에 틀림없다. 그러나 비판적 합리성이 제대로 작동하기 위해서는 먼저 그 단초를 제시한 소크라테스적 자아 인식이 선행되지 않으면 안 된다. 민족적 차원에서나 국가적 측면에서 그리고 사회적 맥락에서나 개인적 입장에서 내가 누구이며 어디에 서 있는지를 인식하지 않으면 문제를 해결하고 갈등을 해소하며 소통을 원활하게 하는 기제로서의 비판적 합리성은 제대로 작동하기 어렵기 때문이다. 자아 인식의 구조와 한계를 심층적으로 파악해야 하는 이유가 여기에 있다.

그러나 우리는 여기서 한국적 상황이 고대 아테네와 구조적으로는 유사하지만 내용적으로 훨씬 더 비관적이고 심각한 위기에 봉착해 있다는 사실을 동시에 인식하지 않으면 안 된다. 그렇기 때문에 소크라테스적 자아 인식은 여전히 유효할 뿐 아니라 당시의 아테네인들에게 보다 오늘날 우리에게 더욱 절박하게 요청된다고 할 수 있다. 말하자면 과학기술문명의 시대에는 과학정신인 비판적 합리성이 요청되지만 이 시대의 어느 국가나 사회 못하지 않게 한국적 상황에서 더욱 시급하게 필요하다. 역사적으로나 지정학적으로 가장 격렬하게 요동치는 이 상황에서야 말로 개인적으로나 국가적으로 냉철하게 자아 인식을 위한 소크라테스적 성찰이, 한 시대를 긋는 역사적 내성이 행복의 추구에 급급한 우리들 모두에게 더욱 절박하게 요청된다고 판단된다. 이제 이러한 점들을 좀 더 자세히 살펴보자.

제 4 장

행복과 자아의 인식

I. 머리말

격동의 시대에는 혼란이 심화될수록 사람들은 상황의 판단에 무디어지고 개념적 혼동을 일으키기 때문에 가치관이 전도되고 정의와 불의, 선과 악, 참과 거짓, 그리고 행복과 쾌락 등을 구별하지 못하게 된다. 아니 오히려 가치관이 전도되기 때문에 개념적 혼동을 불러일으키는 면도 있다. 이 중에서도 특히 가치관과 인생관의 정점에서 신념체계의 중핵을 이루고 있는 행복의 개념에 대한 혼동은 인생 전반에 걸쳐 심각한 문제들을 야기한다. 무엇보다 사람들은 정신적이고 지성적이며 지속적인 행복보다는 육체적이며 관능적이며 일시적인 쾌락의 추구에 몰입하게 된다. 그런데 그렇게 하면 할수록 자아의 인식과는 더욱 거리가 멀어지고 영혼은 혼탁해질 수밖에 없다. 한편 진정한 자아를 인식하는 것은 사변적이고 추상적인 측면이 있고 정상적인 상황에서조차 그 필요성을 실감하기 어려운 과제이기 때문에 혼돈이 소용돌이치는 시대에는 이것이 더욱 생소한 것으로 느껴진다. 앞서 언급한 바와 같이 고대 아테네 시민들에게 "너 자신을 알라"는 소크라테스의 절규가 외면당하거나 심지어 분노를 일으키게 한 이유도 여기서 찾을 수 있다.

그럼에도 불구하고 이러한 혼돈의 시대를 무난하게 넘기기 위해서는, 그것을 일시에 해결할 수 없다고 해도 일단 풍랑을 잠재우고 이 문제와 우선 진지하게 대면하지 않으면 안 된다. 그리고 특히 우리 사회에 만연되어 있는 여러 주요 개념들의 혼란과 그 남용의 현상에 주목해야 한다. 가령 소크라테스의 아테네에서와 마찬가지로 '진리', '정의', '사랑', '행복' 등의 표현들이 남발되는 현상에 우리는 주목하지 않으면 안 된다. 그러한 표현들이 정확한 뜻으로 쓰이지 않을 뿐만 아니라 심지어 맥락에 따라서는 정반대의 뜻으로 오용되는 경우가 있기 때문이다. 가령 허위가 진리로, 불의가 정의로, 증오가 사랑으로, 그리고 불행이 행복으로 잘못 이해되는 경우가 있다는 것이다. 이러한 현상이 만연되면 개념들이 제대로 작동하지 못하고 사고가 혼탁해지는 것은 물론 결국은 신념체계가 흔들릴 수밖에 없다. 개인적 차원에서 신념체계가 온전히 작동하지 않으면 사회적으로 혼란이 가중되는 것은 극히 당연한 현상이라고 할 수 있다. 그중에서도 가장 심각한 것은 삶의 궁극적 목표이며 신념체계의 중핵이라고도 할 수 있는 이른바 '행복'에 관한 문제이다. 그것은 현대의 보편적인 현상이기도 하지만 오늘날 특히 우리 사회에서 '행복'이라는 이름으로 실제로는 관능적 쾌락의 추구에 급급해 하는 작태를 주시하지 않으면 안 된다. 소크라테스적인 자세로 진정한 의미의 행복이 무엇인지 먼저 명확하게 규명해야 하는 이유가 바로 여기에 있다.

II. 행복의 의미

1. 머리말

우리는 누구나 행복해지기를 바란다. 물론 이러한 견해가 삼각형은 각이 세 개라는 명제처럼 필연적인 진리는 아닐는지도 모른다. 행복은 추상적인 데가 있지만 내용이 전혀 없는 형식적 개념이 아니며 일반적으로 사람들은 구체적인 삶 속에서 그것을 추구하고자 하기 때문이다. 더구나 인간은 의식적으로 불행해지기를 원하지 않으며 대체로 고통을 피하고 쾌락을 추구한다는 사실이 이러한 입장의 타당성을 뒷받침해 주고 있다. 그리하여 어떤 사람은 행복이 이른바 '최고선(summum bonum)'이어서 이것을 인생의 궁극적 목표라고 주장하기도 하고, 그러한 목표를 실현하기 위해 어려운 일들을 참고 견디어 내며 여기서 삶의 보람을 느끼기도 한다. 또 어떤 사람은 행복이 삶의 목표가 되기에는 너무도 추상적이고 비현실적이며 우연적이어서 그것을 직접적으로 추구하기보다는 오히려 인간으로서 바람직한 삶을 사는 동안 획득될 수 있는 부산물 같은 것이라고 주장하기도 한다. 어떤 사람은 이 개념에 대해서 깊이 생각하지 않고 일상적이고 평상적인 순간의 즐거움을 행복으로 여기기도 한다.

이와 같이 행복이 과연 무엇인지 물으면 선뜻 대답할 수 있는 사람도 그리 많지 않은 것 같다. '행복'이란 개념은 역시 '삼각형'이란 개념처럼 명료하게 정의될 수가 없는 어휘임에 틀림없다. 그동안 그 많은 논자들이 이 문제에 대해 그토록 고심해 온 까닭이 바로 여기에 있다. 더구나 오늘날처럼 그 어느 시대와도 비견될 수 없을 정도로 광범위하게 인간의 불안과 소외, 그리고 자기 정체성의 문제로 괴로워하고 있는 실존적 상황에서는 행복에 대한 갈망이 더욱 절실해지게 마련이고, 따라서 그 개념의 정립도 매우 긴요한 과제가 될 수밖에 없다. 사람들이 아무리 안타깝게 행복을 갈망하더라도 그것이 실제로 무엇을 의미하는지 스스로 모르고 있다면 그러한 갈망은 실체가 없는 것이며 한낱 허망한 넋두리에 불과한 것일 수도 있다. 요즈음 우리나라에서 유행되고 있는 것처럼 '웰빙(well-being)'과 같이 행복과 유사한 개념을 사용해도 결과는 마찬가지일 것이다. 세대적 풍조나 유행에 맞추어서 안락과 삶의 질, 혹은 심신의 건강을 추구해도 그것이 곧 고유한 의미의 행복은 아니기 때문이다.

물론 앞서 언급한 바와 같이 논자들 사이에도 행복에 대한 견해가 다양한 것이 사실이다. 철학자들은 그것을 삶의 목표인 최고선으로 설정하고 쾌락과 동일시하는가 하면 이성적인 측면을 강조하여 갖가지 덕목이 실현된 상태로 규정하기도 한다. 과학자들은 분야에 따라 인간의 심리 현상이나 건강 상태, 혹은 사회구조를 검토하고 분석하여 행복의 내용이나 그 조건을 탐구하는 데 역점을 두는 경향이 있다. 한편 종교가나 종교학자들은 신의 의지나 자연의 섭리가 차지하는 중요성을 강조하여 행복이 일종의 불가항력적인 해탈이나 은총의 한 형태임을 역설하기도 한다. 심지어 행복이란 상상력의 소산인 공허한 개념이어서 그것을 구체적으로 규정하기는 불가능하다고 보는 학자도 있다.

따라서 이 모든 견해들을 검토하고 종합하여 간단히 정리하기는 매우 어려운 일이지만, 그럼에도 불구하고 우리는 다음 몇 가지 점들을 고려하여 행복의 개념을 좀 더 명확하게 규명해 볼 수 있을 것이다. 첫째, 행복은 구체적으로 경험함으로써 확인되는 어떤 개인의 '심리적(心理的)' 개념이다. 그것은 다소 추상적이고 관념적인 요소를 지니지만 어떤 개인이 일상생활을 통해서 누릴 때 찾아오는 구체적인 만족감 혹은 즐거움의 감정인 것이다. 둘째, 행복은 본질적으로 선악의 가치가 개입된 '윤리적(倫理的)' 개념이다. 그것은 분명히 개인적 심리 상태이지만, 사회의 한 구성원으로서 다른 사람이나 집단과의 유기적인 관계에서만 경험되고 확인될 수 있기 때문에 반드시 의무나 당위가 수반되는 만족감인 것이다. 셋째, 행복은 체계적인 인생 계획 및 그 실현과 관계되는 '합리적(合理的)'인 개념이다. 그것은 어떤 개인이 자신의 과거와 현재, 그리고 미래를 관통하는 총체적 자아를 통해서 경험하는 만족감이므로 그것을 성찰할 수 있는 이성적이며 자율적인 인간에게만 적용되는 개념인 것이다. 넷째, 행복은 초월적 신의 의지나 축복 혹은 미지의 운명적 요소가 개입되는 '섭리적(攝理的)' 개념이다. 그것은 인간의 노력에 대한 보상이나 의지의 당연한 대가의 형태로 반드시 주어지는 것이 아니라 흔히 그것을 넘어서 우연적인 행운처럼 찾아오는 부산물의 형태를 지닌다는 것이다.

이러한 점들을 고려할 때 우리는 행복을 잠정적으로 이렇게 정의할 수 있다. 즉 "행복은 합리적인 인생 계획을 가진 사람이 윤리적 차원에서 자기 의무나 당위를 이행하는 동안 총체적 자아에서 우러나온 소망, 혹은 욕구를 충족시켰을 때 얻는 축복된 만족감"이라고 정의할 수 있다. 그러나 실제로 그러한 경험을 하기란 결코 쉬운 일이 아니기 때문에 현실적으로 우리는 결국 어느 정도의 행복을 누리는 것으로 만족할 수밖에 없다. 사실 단순한 기쁨이나 만족감을 얻기도 어려운데 그것이 다른 사람과의 원만한 관계 속에서, 더구나 자신의 생애 전반에 걸친 삶의 주체로서 행복을 얻으려면 여간 복잡하고 어려운 문제가 아님을 알게 된다. 무엇보다 우리는 자신의 총체적 자아가 무엇인지 가늠하기 어렵기 때문에 그것을 전제로 해서 만족할 만한 인생 계획을 설계하고 그것을 실현하기 위해서 항상 합리적 태도를 유지한다는 것은 현실적으로 거의 불가능에 가깝다. 그렇기 때문에 진정한 의미로 행복해진다는 것이 항상 산 너머 저편에 있는 무지개처럼 아득하고 먼 그 무엇으로 느껴지고 행운이나 섭리를 먼저 염두에 두게 되는지도 모른다.

만약 이것이 사실이라면 우리는 무지개를 손아귀에 넣으려고 허겁지겁할 것이 아니라 그것으로부터 더 멀어지지 않도록, 그리고 가능한 한 좀 더 가까이 다가갈 수 있는 효과적인 방법을 강구하는 데 먼저 신경을 써야 할 것이다. 그렇게 하다 보면 우리는 마침내 어느 순간 무지개에 가까이 다가가서 그것이 보통 사물들처럼 손아귀에 넣을 수 있는 종류의 대상이 아니며, 멀리서 바라볼 때처럼 그렇게 아름다운 것도 아님을 깨닫게 될 수도 있을 것이다. 그러나 그러한 인식을 분명하게 하기 위해서라도 먼저 행복의 개념을 좀 더 명료하게 정립하지 않으면 안 된다. 우리는 흔히 행복이란 이름으로 허망하게 관능적 쾌락이나 피안의 환상 같은 것을 추구하는 경향이 있기 때문이다. 이제 앞서 언급한 특징들을 좀 더 자세히 살펴보자.

2. 행복과 심리적 만족감

행복을 구성하는 가장 중요한 특징은 그것이 막연한 환상을 좇는 추상적이거나 형식적인 개념이 아니라 어떤 개인의 소망이나 욕구가 충족되었을 때 구체적으로 경험하는 심리적 만족감이라는 것이다. 이 만족감은 개인의 사적인 경험이기 때문에 주관적일 수밖에 없다는 점이 우선 강조되어야 한다. 그리고 그것은 주관적이기 때문에 객관적인 조건이나 기준을 구체적으로 설정하기가 어렵다. 물론 심리적 만족감을 얻기 위해서 객관적인 조건들이 어느 정도 충족되어야 한다는 것을 간과해서는 안 된다. 가령 기본적으로 의식주가 해결되어야 하고 생리적 욕구도 충족되어야 하며, 좀 더 나아가 가족적 상황, 권력이나 명예, 재산, 성공 등 사회적 위상도 갖추어야 한다. 그러나 이러한 조건을 갖추었다고 해서 모든 사람들이 같은 정도로 같은 수준의 만족감을 얻는 것은 아니며, 못 갖추었거나 갖추지 않았다고 해서 반드시 불행한 것도 아니다. 가령 부귀영화를 누리고도 다른 사람에 대한 시기와 질투 때문에 불행감에 젖어 있을 수가 있으며, 의식주나 생리적 욕구가 충족되었다고 해도 상대적 평가에 의해서 얼마든지 박탈감을 느낄 수 있는 것이다. 또한 이러한 것을 충분히 갖추지 못했다고 해도 안빈낙도의 자세로 살아가는 사람이 우리 주위에는 얼마든지 있다. 특히 사제나 승려 같은 수도자들은 심지어 동물로서의 기본적인 생리적 욕구조차 충족시키지 못해도 누구 못지않게 행복한 삶을 영위한다고 자부하는 사람들임을 우리는 잘 알고 있는 것이다.

한편 우리는 현대 과학 문명이 일반적으로 현대인을 더욱 행복하게 했는지 의문을 제기할 수 있을 것이다. 과학기술의 발달에 따라 전반적으로 삶의 질이 향상되었고 어느 정도 개인의 만족도도 높아졌다고 말할 수 있다. 실제로 의식주가 개선되었을 뿐만 아니라 질병의 고통에서도 상당한 부분 벗어나게 되었고 교통도 편리해졌으며, 과거에 비해서 자유와 평등을 훨씬 더 많이 향유하게 된 것도 사실이다. 그러나 좀 더 자세히 살펴보겠지만 이러한 의미로 삶의 질이 향상되었다고 해서, 즉 고대나 중세보다는 현대의 삶이 더 편안하고 안락해졌다고 해서 과연 만족도가 그만큼 높아진 것일까. 그것을 정확하게 비교하고 측정하는 방법을 강구하는 것은 쉽지 않을 것이다. 그럼에도 불구하고 한 가지 분명한 것은 생활상 외형적으로 편안하고 편리한 정도에 정비례해서 만족도가 높아지는 것은 아니라는 점이다.[01]

더구나 심리적 존재로서 인간은 이른바 '준거집단'에 따라 상대적으로 경험하는 내용이 다르고 따라서 행복도도 달라지게 마련이다. 가령 레이야드(R. Layard)에 의하면 동독과 서독이 통일된 후 동독인의 소득은 크게 올라갔고 삶의 질도 높아졌음에도 불구하고 그들의 행복지수는 오히려 통일 전보다 더 떨어졌다는 것이다. 통일 전에는 자신을 소련 국민과 비교하면서 흐뭇해했으나 이제는 서독인들을 비교 대상으로 삼으면서 기분이 나빠지기 시작했던 것이다.[02] 또한 높아진 삶의 질에 신속히 적응함으로써 만족감도 급격히 감퇴되는 현상을 간과할 수 없다. 이스터린(R. A. Easterlin)이 지적하는 바와 같이 새로운 '포부'가 형성되어 "가진 것"이 늘어나면 "가지고 싶은 것"도 비례해서 늘어난다는 심리 현상을 염두에 두어야 할 것이다.[03]

01 엄정식, "과학기술과 인간의 행복," 『새로 보는 과학기술』(한국과학문화재단, 2007), 이덕환 편, pp.79-92 참조.

02 R. Layard, *Happiness* (New York: The Penguin Press, 2005) 제4장 참조. 이것을 '상대성 이론'이라고도 하는데, 행복을 경제적 관점에서 볼 때 절대적 소득 못지않게 상대적 소득이 중요하다는 입장이다. 자세한 논의는 이정전의 『시장은 정말 우리는 행복하게 하는가』(서울: 한길사, 2005) 참조.

03 R. A. Easterlin, "Building a Better Theory of Well-being," L. Bruni and P. L. Porta eds., *Economics and*

그렇다면 행복은 각자 자신의 행복에 대해서만 경험하고 판단할 수 있다는 것인가. 행복이 심리적 개념이라는 것은 오직 자기 자신만이 자기가 행복한지의 여부를 가장 잘 안다는 의미가 있다. 물론 어떤 사람의 언행을 근거로 그러한 것을 어느 정도 짐작할 수 있지만, 사실 각자는 자신의 행복에 대해서 말할 수 있는 최종적인 권위를 갖는다. 그러나 이제 좀 더 자세히 살펴보겠지만 행복은 심리적 경험이라고 하더라도 단순한 순간적 쾌락의 느낌만은 아니다. 그 경험은 반드시 다른 사람과의 관계를 통해 자기의 인생 전반에 대해서 내린 평가이기도 해야 한다. 그리고 이러한 평가는 자기의 인생관을 반영하고 인생의 조건을 드러내는 객관적이고 체계적인 가치 평가이기도 한 것이다. 그러므로 자기의 행복에 대해서는 자기 자신만 권위 있는 판단을 내릴 수밖에 없지만 그것은 자기의 인생 전반에 관한 가치 평가이기 때문에 자기 자신만 평가할 수 있는 주관적 개념은 아니다. 종적으로나 횡적으로 지금 자기가 위치해 있는 객관적 위상과 관련되어 있기 때문이다. 이러한 점을 강조하여 행복을 이른바 "자기 평가적" 개념이라고 지적하고 테일러(Paul W. Taylor)는 이렇게 말한다.

> 행복에 대한 판단은 자기 인생을 전체로서 평가할 수 있는 가장 높은 평가이다. 이것은 불행하면서 부자인 것보다는 행복하면서 가난한 것이 더 낫다는 것을 함축하며, 또한 행복의 일부가 되거나 그것을 달성하는 수단이 되지만 행복 자체는 아닌 다른 좋은 것도 꼭 같이 함축한다.[04]

Happiness (Oxford: Oxford University Press, 2005) 참조.

04 Paul W. Talyor, *Principles of Ethics* (Dickenson Pub. Co. Inc., 1975), p.140. 그는 행복을 "본질주의적 개념," "인생 계획적 개념," 그리고 "자기 평가적 개념"으로 나누어서 고찰한다. 자세한 논의는 pp.129-143 참조.

이와 같이 행복은 자기의 인생 전체와 상관없는 단순히 일시적인 심리적 개념이 아니며 무엇보다 윤리적이고 사회적인 맥락에서 다른 사람들과의 관계를 고려했을 때 비로소 구체화되는 개념이기도 하다. 그리고 사실 바로 이것이 행복을 단순히 개인적인 관능적 쾌락과 구분하게 하는 이유이며 근거일 것이다.

3. 행복과 윤리적 당위성

행복은 본질적으로 윤리적 개념이다. 그것은 심리상태의 표현이므로 심리적 측면에서 우선적으로 고려될 수 있지만 근본적으로는 사회의 한 구성원으로서, 혹은 다른 사람과의 관계 속에서 형성된다는 점에서 윤리적 요소가 강조되는 개념인 것이다. 행복이 윤리적 개념이라는 말은 윤리학의 과제가 무엇인지를 살펴봄으로써 더욱 분명해질 수 있다. 일반적으로 철학자들이 윤리의 문제를 다룰 때에는 먼저 '어떻게 살 것인가?'라는 문제를 제기한다. 이 질문을 좀 더 자세히 풀어 보면 '인간으로서 우리는 어떻게 사는 것이 바람직한 것인가?'라는 형식이 된다. 또한 이 질문은 우리가 인간이기 때문에 인간만의 고유한 방식으로 살지 않으면 안 된다는 당위를 함축하고 있다. 다시 말해서 우리는 식물처럼 피동적으로 생명을 연장하는 것으로만 만족해 있어도 안 되고, 짐승처럼 본능적 욕구에 이끌려 함부로 날뛰어도 안 된다는 뜻을 담고 있다. 그리하여 행복이 식물이나 짐승들 혹은 그 밖에 어떠한 존재들에게나 적용되는 것이 아니라 인간에게만 고유한 개념이라면 그것은 바로 인간으로서 인간답게 인간의 삶을 사는 과제, 즉 '어떻게 살 것인가?'의 문제에 직결되어 있고, 따라서 행복은 윤리학적 주제라는 특징을 지니게 되는 것이다.

그렇다면 '어떻게 살 것인가'라는 질문에 대하여 우리는 무슨 답변을 마련할 수 있는가? 어떤 사람은 인생이 궁극적 목표가 있다는 것을 전제로 하여 그 목표를 효과적으로 성취하는 것이 바람직한 삶이라고 대답할 수 있을 것이고, 어떤 사람은 자연에 물리의 법칙이 있듯이 인간에게는 도덕의 법칙이라는 것이 있어서 이 법칙에 따라 사는 것이 인간답게 사는 길이라고 주장할 수 있다. 또 어떤 사람은 인간을 자연의 일부로 보고, 자연의 법칙에 순응하면 도덕의 법칙을 따르게 될 뿐 아니라 인간의 궁극적 목표도 동시에 이루게 될 수 있다고 주장할 것이다. 여기서 자연의 법칙을 신의 섭리로 해석하고 궁극적 목표를 신의 구원에 두어, 윤리의 문제를 궁극적으로는 종교적 구원이나 해탈에 연관시키는 사람도 있을 것이다. 그 어느 경우이든 이러한 답변의 한 가운데에는 '행복'이란 개념이 자리 잡고 있다. 바람직한 삶의 목표로서, 혹은 그 결과로서 행복이 찾아와 주지 않는다면 이러한 구상이나 설명들은 별로 설득력을 지닐 수 없기 때문이다. 그러므로 행복은 본질적으로 윤리적, 혹은 사회적 개념일 수밖에 없다는 것이다.

인생에는 궁극적인 목표가 있고 그 목표에 도달하는 것이 바람직한 삶이라고 생각하는 사람들 중에는 행복이 바로 그 목표라고, 혹은 그 목표가 바로 행복이라고 주장하기도 한다. 아리스토텔레스부터 밀(J. S. Mill)에 이르기까지 목적론적 윤리학을 제시하는 철학자들의 입장이 그 좋은 예가 될 것이다. 이들에 의하면 우리가 살아가는 데에는 여러 가지 목표가 있을 수 있으나 그것들은 모두 행복을 위한 중간 단계에 불과하다는 것이다. 예를 들어 부귀나 명예 혹은 권력 같은 것은 우리들이 추구하는 목표이기는 하지만 이 모든 것이 행복에 이르는 수단이나 방법에 지나지 않으며 그러한 것들을 누리고 있더라도 행복하지 않다면 도덕적으로 큰 의미가 없다는 점을 지적한다. 심지어는 건강도 마찬가지다. 우리가 아무리 건강하다고 해도 건강 자체로서는 인생의 목표를 성취했다고 볼 수 없으며, 그 건강한 몸으로 이 세상을 어떻게 사는 것이 바람직할 것인가의 문제에 계속 부딪치게 마련이다. 이 모든 것들은 좀 더 높은 차원의 가치인 그 무엇을 성취하기 위한 과정에 지나지 않으며 그 과정은 결국 최종적인 단계에 이르는데 그것이 곧 행복이라는 것이 이들의 견해다. 이 점은 우리가 '행복은 무엇을 위한 것인가?'라는 질문을 제기해 볼 때 더욱 분명해진다. 이 질문에 대한 답변으로 우리는 부귀나 명예 혹은 권력이나 건강 따위를 내세울 수가 없기 때문이다.

한편 자연의 법칙이나 도덕의 법칙 혹은 신의 섭리 같을 것을 잘 지키고 따르는 것이 바람직하게 사는 방법이라고 주장하는 사람들에게도 행복은 도저히 무시할 수 없는 윤리의 중심 개념으로 간주된다. 가령 의무론적 윤리학을 제시하는 칸트(I. Kant)는 도덕률의 중요성을 강조하고 그것을 지키려는 의무를 핵심적인 개념으로 도입하지만 의무의 내용으로 도덕적 자기완성과 타인의 행복을 규정한다. 더구나 도덕적 의미가 덕을 목표로 하고 그것이 행복과 결합될 때 "인간에 있어서 최고선을 이룬다"고 주장한다. 칸트의 경우에도 "행복을 누릴 만한 가치가 있는 존재로서의 인간"이 되는 것을 궁극적 목표로 삼은 것이다.[05] 물론 이들 의무론자들은 행복 그 자체가 인간이 추구해야 할 최고의 목표라고 생각하지는 않는다. 오히려 그들은 인생에 이러한 목표가 있다는 사실 자체를 부정하며, 비록 있다고 해도 우리는 그것이 무엇인지 알 수 없을 뿐만 아니라 각자 입장에 따라 서로 다를 것이기 때문에 다만 인간의 도리를 묵묵히 이행해 나아가야 한다고 강조한다. 그러나 이러한 것을 강조하는 이유의 이면에는 우리의 진정한 행복이 어떠한 것이

05 I. Kant, *Kritik de Practischen Vernunft* (Hamburg, 1974), S.135. 칸트는 최고선에서의 행복을 "자기 만족성"이라고 부른다. 총체적 자아가 감성적 경향성까지 포함해서 오로지 도덕성에 의해서만 규정되므로, 그리하여 나의 욕구가 당위와 대립되지 않으므로 그렇다는 것이다. 좀 더 자세한 논의는 한자경의 『칸트와 초월철학』(서광사, 1992), pp.226-233 참조. 자기 만족은 "그 본래적 의미에서는 인간이 무엇을 필요로 한다는 의식 없이 단순히 자기의 존재에 만족함"을 뜻하며, 그러므로 칸트에게 그것은 "자신의 인격에 대한 만족"이기도 한 것이다.

어야 하는지에 대한 조건을 암시하고 있는 것이다. 다시 말해서 우리는 도덕률을 지키거나 자연의 섭리를 따를 때 결과적으로 행복해질 수도 있고 불행해질 수도 있겠지만 다행히 행복해졌다면 그것은 인간으로서 마땅히 해야 할 인간의 도리를 다했기 때문이라는 것, 즉 행복의 전제 조건이 무엇인지를 명확히 규명하고 있는 것이다.

우리는 이와 같이 행복이 본질적으로 윤리적 개념이라는 것을 다시 한 번 확인할 수 있다. 그것은 행복이 그 무엇이든 간에 이성적 존재자로서 의무와 당위를 이행했을 때에만 찾아오는 행운의 선물이어야 한다는 조건이다. 다시 말해서 행복은 '어떻게 살아야 할 것인가'라는 질문에 대한 윤리적 당위를 규정할 때, 인생의 목표가 되거나 인간의 도리를 다했을 때 부수 현상으로 따라오는 행위의 결과로서만 의미를 지닌다는 뜻이다. 여기서 우리는 행복의 개념이 지니는 두 가지 측면을 찾아볼 수 있다. 하나는 인생의 궁극적 목표 혹은 최고선(summum bonum)이라는 형식적 측면이고, 다른 하나는 행위의 결과로서 누릴 수 있는 만족감 혹은 쾌락(hedoné)이라는 내용적 측면이다.

형식적 개념으로 규정된 행복은 매우 추상적이어서 그것이 무엇인지 구체적으로 밝혀져 있지 않다. 다만 그것은 모든 인간이 추구하는 행위의 궁극적 목적이라는 형식적 조건만을 제시한다. 좀 더 정확히 표현하면 '행복'은 인간이 최종적으로 도달해야 하는 자족적 상태를 지칭하는 명칭이다. 이러한 의미의 행복은 아리스토텔레스의 『니코마코스 윤리학』 1권 5장에 잘 나타나 있다.

> 우리는 항상 행복 그 자체를 위해 갈망하지 결코 다른 그 무엇을 위한 수단으로 추구하지 않는다. … 우리는 행복을 모든 것 중에서 가장 바람직한 것이라

고 생각한다. … 행복은 최종적이고 자족적이며 모든 행위의 목적이 되는 그 무엇이다.[06]

우리가 일상생활에서 어느 정도의 재산과 명예 혹은 권력과 건강을 누리고 있다고 해도 그것을 자기가 바라는 것의 전부라고 생각하지 않고, 여전히 행복하지 않다고 믿게 되는 이유는 행복의 형식적 개념을 반영하고 있기 때문이다. 이러한 경우 행복은 무지개와 같은 환상으로 여겨질 수도 있다. 우리는 현실적으로 최종적이며 자족적인 상태에 이를 수 없고, 오히려 그것은 우리가 이 세상에서 결코 도달할 수 없는 그 무엇으로 남아 있기 때문에 '행복'이라고 불리는지도 모른다.

한편 내용적 개념의 행복은 비교적 구체적이어서 쾌락이나 일시적인 만족감 혹은 적어도 고통스럽지 않은 상태 등을 지칭할 수 있다. 그러나 여기서 문제가 되는 것은 행복이라고 불릴 수 있는 것에 대한 견해가 너무도 다양해서, 과연 어떠한 경우에 이러한 것들이 행복으로 간주될 수 있겠는가 하는 것이다. 예를 들어 밀은 그의 『공리주의』 2장에서 다음과 같이 말한다.

행복이란 쾌락을, 그리고 고통의 부재를 의미하며, 불행이란 고통을, 그리고 쾌락의 결여를 의미한다 … 인간은 동물적인 욕정보다 더 고결한 능력을 가지고 있다. 그리고 일단 그 능력을 자각하게 되면 인간은 그것을 만족시키지 못하는 한, 어떠한 것도 행복이라고 생각하지 않는다.[07]

06 Aristotle, 『니코마코스 윤리학』, 1094 a1–b12. 인용문은 최명관 옮김(서광사, 1984) 참조. 그는 또한 선을 이룩하는 것이 온 생애를 거쳐야 함을 지적하며, "한 마리의 제비가 날아온다고 봄이 오는 것도 아니요, 하루아침에 여름이 되는 것도 아닌 것처럼, 인간이 복을 받고 행복하게 되는 것은 하루나 짧은 시일에 되는 것이 아님"을 강조한다. 1098a.

07 J. S. Mill, *Utilitarianism* (The Library of Liberal Arts, 1975), p.10. Mill의 공리주의가 지니는 특성에 관해서는 Roger Crisp의 *Mill on Utilitarianism* (『밀의 공리주의』), 엄성우 옮김(철학과현실사, 2014) 제2장, pp.43–76

그러나 인간의 '고결한 능력'이란 과연 무엇이며, 이러한 능력을 발휘할 때 오는 쾌락은 어떤 종류의 쾌락인가? 밀은 그것이 육체적이거나 관능적인 것이 아니라 정신적이고 지성적인 것이라고 주장하지만 이것이 제대로 밝혀지지 않는 한 행복의 개념은 여전히 추상적인 상태로 남아 있을 것이다. 이제 행복을 그 내용적인 측면에서, 특히 쾌락과의 관계 속에서 좀 더 구체적으로 살펴보자.

행복이 쾌락 그 자체라는, 혹은 쾌락의 일종이라는 견해는 오래전부터 널리 주장되어 온 입장이었다. 예를 들어 쾌락주의의 원조라고 할 수 있는 아리스티푸스(Aristippus)는 일시적 쾌감을 비롯한 모든 종류의 쾌락을 인간이 추구해야 할 궁극적 목표라고 하였으며, 따라서 이것을 획득하는 것이 행복이라고 주장하였다. 그러나 에피쿠로스(Epicuros)는 쾌락의 종류를 고통을 수반하는 '역동적 쾌락(chara)'과 고통을 수반하지 않는 '수동적 쾌락(ataraxia)'으로 나누고, 후자를 누리는 것만이 진정한 의미의 '행복(hendoné)'이라고 하였다. 말하자면 과음이나 지나친 성적 쾌락은 일시적으로 만족감을 줄 수 있겠지만 결국은 건강을 해칠 뿐만 아니라 삶 그 자체를 망칠수도 있기 때문에 고통을 수반하는 쾌락이며 행복이 될 수 없다. 그러나 격조 높은 우정이나 철학적 담소 같은 것은 고통을 수반하지 않을 뿐 아니라 그 자체로서 즐거움을 가져다주기 때문에 진정한 의미의 쾌락이고 이러한 것을 즐길 때 우리는 행복해진다는 것이다. 이와 비슷하게 밀(J. S. Mill)은 쾌락의 질적 차이를 구분하여 질적으로 높은 수준의 쾌락만이 인간이 추구해야 할 목표이며, 이러한 쾌락을 사회 전체에 확대시킬 때 우리는 행복해진다고 하였다.[08] 즉

을 참조할 것.

08 그는 이러한 점을 강조하기 위해 이렇게 말한다. "만족한 돼지보다는 불만에 찬 인간이 낫고 만족한 바보보다는 불만의 소크라테스가 낫다. 그리고 바보나 돼지가 의견이 다르다면 자기 입장에서의 질문만을 가지고 있기 때문이다. 이에 비해 다른 편에서는 양쪽 다 알고 있는 것이다." p.14.

'최대 다수의 최대 행복'이 우리가 추구해야 할 궁극적 목표라는 것이다.

이처럼 많은 철학자들이 행복에 관련시켜 쾌락을 거론하면서도 정작 쾌락의 종류와 그 질적 차이를 강조하는 이유는 무엇일까? 여기서 한 가지 분명한 것은 행복을 모든 종류의 쾌락과 동일시할 수는 없다는 사실이다. 다시 말해서 우리가 행복해지기 위해서는 고통을 피하고 쾌락을 추구해야 하겠지만 아무 쾌락이나 잠시 얻었다고 해서 당장 행복하다고 말할 수는 없다는 것이다. 요컨대 쾌락은 행복의 필요조건이 될 수 있을지 모르나 충분조건은 될 수 없다는 뜻이다. 심지어 쾌락이 본질적으로 좋은 것이며 그것을 극대화하는 것만이 인생의 목표라고 주장하는 사람들의 입장도 마찬가지이다. 이러한 점을 밀은 그의 『공리주의』 2장에서 다음과 같이 설명한다.

> 만일 행복이 극도로 쾌적한 흥분 상태의 지속을 의미한다면 이러한 것이 있을 수 없음은 명백하다. 고양된 쾌락의 상태란 어느 순간에만 계속될 뿐이며, 경우에 따라서는 끊어지면서 몇 시간 또는 며칠 간 계속될 뿐이다. 따라서 그것은 이따금씩 번쩍이는 향락의 섬광이며 영원히 타오르는 화염이 아니다. 이 점에 관해서는 행복이 인생의 목적이라고 가르쳐 온 철학자들도 그들을 조롱하는 사람들 못지않게 충분히 알고 있었다. 그들이 말하는 행복이란 환희에 찬 생활이 아니었다. 그것은 고통은 적고 일시적이며 쾌락은 많고 여러 가지인 생존, 능동적인 쾌락이 수동적인 쾌락을 결정적으로 압도하는 생존, 그리고 인생이 줄 수 있는 것 이상을 인생에서 기대하지 않는다는 태도를 생애 전반에 걸쳐서 기본적인 태도로 삼는 생존, 그러한 생존 가운데에 있는 몇몇 순간들을 의미하는 것이었다.

그는 이어 "그와 같은 삶이지만, 그래도 요행히 그러한 삶을 즐길 수 있었

던 사람들에게는 인생이 언제나 행복이라는 이름에 걸맞은 것으로 생각되었다"고 지적한다.[09]

여기서 우리는 행복이 모든 종류의 쾌락이 될 수 없음은 물론, 인간다운 삶의 맥락 속에서만 의미를 지니는 그 무엇임을 깨달을 수 있다. 그것은 단순히 고통을 수반하지 않는 격조 높은 쾌락일 뿐 아니라, 자기가 택한 삶의 유형 속에서 지속성을 지니고, 이러한 종류의 삶이 다른 사람들과의 인간관계를 통해서 아름답게 조화될 수 있는 쾌락이지 않으면 안 된다는 것이다. 한편 행복이 윤리적 개념이라는 것은 그것이 종교적 혹은 예술적 개념이 아니라는 것을 의미하지는 않는다. 가령 예술가는 예술적 작품 활동을 통해서, 그리고 종교인은 종교적 체험이나 포교를 통해서 특수한 쾌감을 얻을 수 있을 것이고 그것은 곧 행복의 내용을 구성할 수 있을 것이다. 그러나 그러한 경험이 반사회적이거나 반인륜적 결과를 야기한다면 그가 '행복하다'고 말해서는 안 된다. 그것은 예술적 황홀경이나 종교적 열광 혹은 구원이나 해탈일 수는 있어도 일상적인 의미의 행복은 아니기 때문이다. 우리는 그러한 예를 천재적인 예술가들이나 거룩한 수도자들의 행장을 통해서 얼마든지 목격할 수 있다. 그들이 그러한 방법을 통해서 황홀경을 경험했거나 득도했는지는 몰라도 행복했다고 말할 수는 없을 것이다. 여기서 특히 강조할 것은 그 어떠한 경우이든 진정한 의미로 행복이 되려면 다른 사람들의 행복과 조화를 이룰 뿐만 아니라 자신의 인생 전반에 걸친 체계적이고 합리적인 계획이 있으며 그것을 순조롭게 실현할 수 있는 강력한 의지와 총체적인 자아의 확립이 전제가 되어야 한다. 인간은 횡적인 사회적 존재일 뿐만 아니라 삶의 주체로서 종적인 개체적 존재이기도 하기 때문이다.

09 *Ibid.*, p.17.

4. 행복과 합리적 인생 계획

일반적으로 쾌락이란 육체적 감각을 통해서 얻을 수 있는 만족감을 의미하며, 그것을 확대해서 해석하더라도 어느 일정한 기간에 정신적으로 누리는 즐거운 마음의 상태를 일시적으로 포함하고 있을 뿐이다. 예를 들어 어떤 사람이 자동차 운전면허 시험에 합격하여 순간적으로 매우 만족스러운 기분에 젖을 수도 있고, 이러한 기분을 '즐겁다'라고 의미 있게 표현할 수도 있을 것이다. 그것은 비록 자기에게 자동차가 없고, 그것을 한 대 구입할 경제적 여유도 없으며 지금 당장 반드시 필요한 것이 아닐 경우에도 마찬가지이다. 우리는 어떤 경우에라도 하고 싶은 것을 해내었을 때 쾌감을 느낄 수 있으며, 따라서 '즐겁다'라는 표현을 쓸 수 있는 것이다. 그러나 이 모든 경우에 우리는 단순히 은유적 표현으로서가 아니라 문자 그대로 '행복하다'라는 표현을 쓸 수 있는가? 단순한 호기심으로 혹은 직장의 상관으로부터 강요당해서 운전면허 시험을 치러서 합격한 경우에도 물론 즐겁기는 하겠지만 행복하다고까지 말할 수가 있는가? 만약 그렇지 않다면 행복과 쾌락은 분명히 다른 개념이다.

가령 어떤 사람이 오랫동안 운전기사가 될 것을 꿈꾸어 왔고, 틈틈이 돈을 모아 자동차를 한 대 마련했으며, 마침내 면허 시험에 합격하여 그 꿈을 이루게 되었을 경우를 생각해 보자. 이 경우 그가 얼마나 즐거울지 우리는 능히 짐작할 수 있고 동시에 왜 그가 '행복하다'라고 자기의 느낌을 표현해도 좋은지 알 수 있을 것이다. 이처럼 행복의 진정한 조건은 합리적 인생 계획의 맥락 속에서, 혹은 전체적이고 체계적인 자아의 실현 과정 속에서 오는 지속적인 경험의 일부여야 한다는 것을 알 수 있다. 우리는 이러한 경험을 구태여 한낱 쾌락일 뿐이라고 고집할 필요는 없을 것이다. 더구나 이러한 경험은 현재 어느 정도 불만에 차 있는 경우에도 가능하다. 운전기사를 꿈꾸던 사람이 면허 시험에 합격했지만 돈이 모자라 아직 차를 구입하지 못하여 다소 불만에 차 있더라도 그가 세운 인생 계획이 하나씩 실현되어 가고 있다고 믿는 한, 자기는 행복하다고 말할 수 있기 때문이다.

한편 우리는 어떤 사람이 이따금씩 매우 즐거운 시간을 갖더라도 그러한 시간들이 자기의 자율적이고도 합리적인 인생 계획 속에 묻혀 들어가 유기적인 관계를 이루지 못할 때 행복과는 아무런 상관도 없음을 알게 된다. 예를 들어 점수가 미달되어 별로 관심을 갖지 않았던 학과에 합격한 대학 신입생의 기쁨, 30여 년이나 헤어져 있다가 전혀 낯선 사람으로 다시 만나게 된 이산가족의 환희, 복권에 당첨되어 일확천금을 얻게 된 가난한 농부의 흥분 등은 순간적인 감격을 누리고 또 즐거움이 될 수도 있겠지만 아직 행복의 조건이 될 수는 없다. 그러한 것들은 자기의 인생 계획과는 생소한 것이어서 좀처럼 감당하기 어려운 타율적 행운의 소산일 뿐만 아니라 지속적이고도 총체적인 자아의 실현을 통해 얻어진 노력의 대가라고 볼 수 없기 때문이다.

때로는 이러한 것들이 자기가 택한 삶의 유형에 성공적으로 흡수될 때 행복의 요소로 작용할 수도 있다. 그러나 대부분의 경우 돌발적인 사건이나 행운은 삶의 계획과 방향 그 자체를 바꾸지 않으면 안 될 여건들이며 그것을 제대로 감당하지 못할 때 오히려 불행의 불씨가 될 확률이 더 높은 것이다. 아리스토텔레스가 강조했듯이 행복은 단순히 행운의 산물만이 아니며 덕스러운 성품의 표현일 뿐 아니라 자기 스스로 택한 유형의 삶을 합리적으로 이끌어 갈 때 얻어지는 노력의 산물이다. 롤스(J. Rawls)는 그의 『사회정의론』에서 이러한 점을 다음과 같이 설득력 있게 설명해 준다.

… 사람은 (어느 정도) 유리한 조건 밑에서 세워진 인생의 합리적인 계획이 (어

느 정도) 성공적으로 수행되고 있는 동안에, 그리고 자기의 의도가 실현될 수 있다고 무리가 없이 확신할 때 행복해진다. 이와 같이 우리는 합리적인 계획이 잘 진행되어 가고, 비교적 중요한 목표가 충족되며, 행운이 계속되리라는 것이 합리적으로 보아 비교적 확실할 때 행복한 것이다. 행복의 성취는 환경과 행운에 따라서 순조로운 조건의 빛을 받는 데 달려 있다.[10]

물론 우리는 인생 전반에 걸쳐서 완벽하게 합리적인 계획을 세울 수는 없다. 이른바 '합리적'인 인생 계획이란 대체로 주관적으로 보나 객관적으로 보아서 큰 무리가 없고 일관성을 유지하는 계획이라고 할 수 있는데 시간이 지나면서 어느 것이 더 합리적인 것인지 가늠하기가 결코 쉬운 일이 아닐 뿐만 아니라 때로는 신축성 있게 원래의 계획을 수정하는 것이 더 합리적일 수도 있기 때문이다. 더구나 현대와 같은 격동의 시대를 사는 한국사회에서, 그것도 사회 자체가 급변하고 불과 몇 년 후의 사태를 예견하기 어려운 현실 속에서 합리적인 인생 계획을 세우기란 매우 어려운 일이다. 그럼에도 불구하고 행복은 여전히 합리적으로 자기 자신을 평가하고 자기의 소망을 능력에 따라 계획성 있게 성취해 나가는 사람들만의 전유물이라는 것을 망각해서는 안 된다. 사회가 불안하면 할수록 장기적인 안목으로 자기 자신의 인생을 설계하기가 어렵고, 따라서 뚜렷한 자아상을 그려 내기가 거의 불가능한 것은 사실이다. 더구나 오늘날 각종 과학기술의 산물들은 중독성을 일으키며 우리를 무한경쟁에 뛰어들어서 순간적인 쾌락에 몰두하도록 부추길 뿐만 아니라 주로 국력의 신장을 염두에 두는 정치 지도자들, 경제적 이익을 추구하는 기업인이나 경영인들은 이러한 현상을 더욱 증폭시키는 경향이

10 John Rawls, *A Theory of Justice* (Harvard University Press, 1971), p.548.

있다. 사실 이러한 사회에서는 진정한 의미로 행복한 사람이 극히 드물게 마련이며, 이미 언급한 바와 같이 행복이란 개념 자체가 명료하지 않기 때문에 대부분은 마치 오늘이 마지막 날인 것처럼 갑자기 쾌락의 수렁에 자기를 던져 버리려 하는 경향이 있는 것이다.

많은 사람들이 행복을 쾌락과 동일시하며 쾌락의 종류를 나누고 질적으로 수준 높은 쾌락을 강조하기도 하지만 거듭하거니와 분명히 행복은 쾌락과는 다른 개념이다. 인간은 즐겁지 않더라도, 혹은 일시적인 괴로움이 있더라도 행복할 수 있다는 사실을 구태여 강조하지 않아도 좋을 것이다. 쾌락은 본질적으로 심리적 개념인 반면 그것은 또한 윤리적 개념이기도 함을 다시 한 번 지적하면 될 것이기 때문이다. 그러나 인간은 다른 사람들을 의식하며 살아가는 윤리적 존재만은 아니다. 그는 또한 자기 자신과의 관계 속에서 과거를 회상하고 현재에 당면하여 미래를 설계하는 총체적 자아의 소유자이기도 한 것이다. 더구나 그는 매사를 깊이 생각하고 신중하게 판단하는 합리적 존재로서 일관된 인생을 살아 내야 하는 것이다. 행복은 자기가 택한 삶에서 합리적인 인생 계획의 일부로서 경험하는 심리적 만족감이기 때문이다. 그렇다면 자기가 택한 삶에서 합리적인 인생 계획을 세운다는 것은 무슨 뜻인가? 이 문제에 답함으로써 우리는 합리적인 개념의 행복을 좀 더 자세히 규명해 볼 수 있을 것이다.

인간은 이성적인 존재인 이상 자기의 능력이 어느 정도인지를 먼저 가늠해 보고 나서 자신이 하고 싶은 일을 시도해 보게 마련이다. 만약 그렇게 해도 여의치 않을 때는 좀 더 능력을 기르든가 욕망을 줄이지 않으면 안 된다. 그렇지 않으면 소망을 성취했을 때 얻는 진정한 만족감 같은 것은 결코 경험할 수 없기 때문이다. 그리고 이러한 사실을 깨닫기 시작할 때 이미 우리는 합리적 인생 계획을 세우고 있는 셈이다. 그러나 우리가 사회의 한 구성원으로서 다른 사람들과 생활하고 있는 한, 자기의 능력에 맞는 것이라고 해도 자신이 하고 싶은 일을 모두 할 수 있는 것은 아니다. 이러한 경우를 고려하지 않으면, 다시 말해서 자신이 사회적이며 윤리적인 존재일 수밖에 없다는 것을 염두에 두지 않으면 엄밀한 의미로 합리적인 계획을 세웠다고 볼 수가 없다는 것이다.

우리가 진정으로 합리적인 존재들이라면 욕구를 충족시키고 싶을 때 그것을 내가 할 수 있는지의 여부를 물음과 동시에 내가 해도 좋은지, 혹은 해야 하는지의 문제도 함께 고려해야 한다는 것이다. 예를 들어 어떤 사람이 무엇을 하고 싶고, 또 할 수 있었기 때문에 남의 부인을 유혹하거나 남의 재산을 갈취하거나 비열한 방법으로 권력을 쥐거나 속심수를 써서 명예를 얻는 등의 행위를 자행했다고 가정해 보자. 이러한 경우 그는 당연히 사람들의 빗발치는 비난을 모면하기 어려울 것이고 비록 이러한 사실이 남들에게 아직 알려져 있지 않았다고 해도 양심의 가책을 받아, 혹은 자기모멸감 때문에 자책감에 시달리게 될 것이다.

만약 이것이 사실이라면 이러한 행위를 포함하는 인생 계획도 진정한 의미로 합리적이라고 할 수 있을까? 남의 비난 속에서 혹은 자책감에 젖으면서 살아가는 것이 바람직한 삶이 아니라면, 따라서 합리적인 인생 계획이 될 수 없다면 이러한 유형의 삶 속에서는 우리가 결코 행복해질 수가 없다. 남의 불행을 전제로 해서는 인간이 결코 행복해질 수가 없다는 뜻이다. 윤리적 개념으로서 행복이 지니는 참다운 뜻은 바로 여기에 있는 것이다. 물론 우리는 부당하고 비열한 방법으로 욕구를 충족시켜서 어느 정도 오랜 기간 동안 즐거운 생활을 영위해 나갈 수도 있을 것이다. 그러나 다른 사람들과 자기 자신을 조금이라도 의식하고 있는 한, 틈틈이 스며드는 불안과 회한 혹은 수치감과 우울증 같은 것으로부터 완전히 해방될 수가 없으며, 이러한 감정이 그림자처럼 쫓아다니고 있는 상태에서는 결코 행복하다고 보기는 어려울 것이다. 자기가 취한 행동이 이러한 결과를 야기할 것을 모르고 세운 인생 계획이었다면 그것은 합리적인 것이었다고 말할 수 없다. 롤스가 지적한 바와 같이 어떤 계획이 합리성을 지니려면 "관련된 사실들을 충분히 의식하고 그 결과에 대해 심사숙고한 후에 선택된 조건을 충족시킨 계획일 경우"이어야 하기 때문이다.[11]

이제 우리는 행복의 본질에 대해 어느 정도의 개념을 가질 수 있게 되었다. 아리스토텔레스처럼 행복이 누구나 바라는 그 무엇이며 최고의 선이라고, 더구나 이것은 자명한 사실이라고 주장할 수는 없지만 적어도 그것이 행복의 형식적 개념을 이해하는 데에는 도움을 주고 있으며, 밀처럼 행복은 넓은 의미의 쾌락이라고 말하기는 어렵지만 이것은 행복의 내용적 개념을 이해하는 데 있어서 시사되는 바가 매우 큰 것임을 깨닫게 될 것이다. 또한 우리는 합리적 인생 계획을 세우고 그것을 실현해 나갈 수 있는 이성적 인간의 특권이며 의무이기도 하다는 점을 살펴보았다. 그러나 아직도 행복이 구체적으로 무엇인지 실감할 수 없는 이유는 무엇일까? 아마 우리는 그 이유를 행복의 개념이 가지는 또 다른 측면, 즉 이 개념의 추상성과 우연성을 지적함으로써 어느 정도 가늠해 볼 수 있을 것이다.

5. 행복과 섭리적 우연성

칸트는 그의 『실천 이성 비판』에서 행복을 "자기 존재의 총체에 있어서, 모든 것이 자기의 소망과 의지에 따라 진행되어 가는 세계에서 이성적 존재자가 지니는 상태"라고 정의하고 있다. 그는 또한 이러한 상태는 경험적으로 구

11 *Ibid*., p.408.

성될 수 없을 뿐만 아니라, 모든 상황에서 객관적으로 타당하지도 않기 때문에 결국 그것은 "이성이 아니라, 상상력의 이상에 지나지 않는다"고 주장한다.[12] 이러한 설명은 행복이란 개념이 가진 추상성 혹은 관념성을 이해하는 데 좋은 길잡이가 된다. 그것을 예로 들어 삼각형의 개념과 비교해 보자.

우리는 삼각형을 "일직선 위에 있지 않은 세 점을 서로 잇는 선분에 의해 이루어지는 평면 도형"이라고 정의할 수 있다. 그러나 완전한 의미의 직선이나 점, 혹은 평면이 유클리드 기하학적 세계 혹은 상상 속에만 존재하는 한, 그것은 비감각적이고 추상적인 개념으로 남아 있을 수밖에 없다. 완벽한 삼각형은 이념적이고 초월적인 플라톤적 이데아의 세계에나 있을지도 모른다는 것이다. 마찬가지로 우리가 완벽한 의미의 행복을 실제로 경험하지 못하는 한, 그 개념을 실감하기는 매우 어려울 수밖에 없다. 물론 앞서 언급한 바와 같이 이론적으로는 행복이란 "합리적인 인생 계획을 가진 사람이 윤리적인 차원에서 자기의 의무나 당위를 이행하는 동안 총체적 자아에서 우러나온 소망을 성취시켰을 때 얻는 만족감"이라고 정의할 수 있다.

그러나 이미 지적한 바와 같이 실제로 우리는 자신의 총체적 자아를 파악하기 어렵기 때문에 인생 계획을 설계하는 데에 완벽하게 합리적일 수가 없고, 어느 정도 합리적일 수 있다고 하더라도 그것을 객관적으로 증명해 내기는 극히 어려운 일이다. 또한 윤리적 차원에서도 우리는 항상 의무와 당위를 이행하려고 노력하지만 모든 사람이 흡족할 수 있는 결과를 낳기는 현실적으로 불가능한 일이며, 다만 자기의 만족을 꾀하면서도 다른 사람들의 불만을 극소화하려고 최선을 다할 수 있을 뿐이다. 칸트는 초월적 신의 존재

12 I. Kant, *Kritik der Praktischen Vernunft, op.cit.*, S.145. 그는 이어 이렇게 말한다. "자연의 최상 원인은 최고선을 위해 전제되는 한 지성과 의지에 의해서 자연의 원인이 되는 존재자(따라서 그 창조자)이다. 즉 신이다. 그러므로 최고선의 가능성을 위한 요청은 최고의 근원적인 선의 현실태, 즉 신의 존재에 대한 요청이다."

를 염두에 두고 최고선을 추구함에 있어서 "도덕성과 행복이 엄밀하게 조화하는 근거를 내포하는 원인의 존재가 요청된다"고 주장한다.[13] 이것이 사실이라면 비록 우리가 어느 순간 소망을 성취했다고 굳게 믿더라도 어느 정도의 행복밖에는 경험할 수가 없다는 결론에 이르게 된다. 아마 이것이 행복은 우리에게 항상 산 너머 저편에 걸려 있는 무지개처럼 아득하고 먼 그 무엇으로 남아 있게 되는 이유일 것이다. 행복의 개념이 그러한 것이기 때문에 대부분의 철학자들은 '어떻게 하면 무지개를 손아귀에 넣을 수 있는가?'의 문제에 직접적으로 해답을 제시하고자 하기보다는 오히려 '어떻게 하면 무지개에 가까이 다가갈 수 있는가?' 혹은 "어떻게 하면 무지개로부터 더욱 멀어지지 않을 수 있는가?"라는 질문을 이해하려는 데 초점을 맞추고 있다.

가령 칸트는 최고선을 추구함에 있어서 "도덕성과 행복이 엄밀하게 조화하는 근거를 내포하는 원인" 혹은 신의 존재가 요청된다고 주장한다. 우선 그는 무지개란 가까이 다가갔을 때 우리의 손아귀에 쥐어질 수 있는 사물이 아니며, 멀리서 바라볼 때처럼 그렇게 아름다운 것도 아님을 스스로 깨닫게 한다. 이렇게 하여 행복의 개념이 지니는 상상적 요소를 제거하려고 애쓰는 것이다. 한편 다른 철학자는 현실적으로 우리가 할 수 있는 구체적인 방안을 마련한다. 예를 들어, 아리스토텔레스는 인간에게만 고유한 이성적 기능을 극대화하여 중용의 길을 걸어야 한다고 가르치며, 에피쿠로스나 스토아학파의 철학자들은 우선 소망을 줄이고 자기가 할 수 있는 일과 할 수 없는 일을 명확히 구분하여 할 수 있는 일만 해낼 것을 역설한다. 칸트가 행복을 추구하기보다는 먼저 의무를 이행할 것을, 그리고 밀과 같은 공리주의자까지도 질적으로 높은 수준의 쾌락, 즉 정신적이고 지성적인 것을 추구하라고

13 *Ibid.*

강조하는 이유가 모두 여기에 있는 것이다. 그러나 여전히 우리는 이러한 가르침들이 현실적으로 얼마나 이행하기가 어려운지를 잘 알고 있다. 더구나 오늘날처럼 쾌락과 행복을 구분하기가 힘들고, 마치 관능적 쾌락의 충족만이 가장 확실하게 행복에 이르는 길인 듯이 알려져 있는 사회구조 속에서는 그들의 가르침을 가까이하기조차 꺼리는 경향이 있다. 이제 "행복해지고 싶다"라는 말은 "관능적인 쾌락에 빠지고 싶다"라는 말과 같은 뜻으로 혼용되고 있는 듯하다. 이러한 현상은 우리가 불행한 시대에 살고 있다는 사실을 간접적으로 입증해 준다. 불의로 가득한 시대에는 사람들이 불의를 정의로 착각하듯이, 불행한 시대에는 불행을 행복으로 오해할 수 있는 것이다. 이러한 상황에서는 진정한 의미의 행복이 무엇인지를 말하는 것은 단순한 개념의 규정에 그치는 것이 아니라 우리의 현실에 대한 역사적 인식과 시대적 교훈의 의미를 함께 지니게 된다. 행복의 개념을 규정하는 것이 점점 더 공허한 지적 유희로 생각되는 까닭을 우리는 여기서도 찾아볼 수 있는 것이다.

이상과 같은 점들을 고려해 볼 때 행복의 문제에서 가장 중요한 것은 합리적인 차원에서의 개념 규정이 아니라 의지적인 차원에서의 실존적 결단임이 더욱 분명해진다. 예를 들어 비트겐슈타인(Ludwig Wittgenstein)이 지적하는 바와 같이 행복한 사람은 항상 "현재에 살며 심지어는 죽음에 직면해서도 공포를 느끼지 않는다"는 점을 염두에 둘 필요가 있다.[14] 다시 말해서 행복한 사람에게는 회한에 젖을 과거가 없고 불안해 할 미래도 없기 때문에 삶 전체가 현재화되어 있으며 심지어 죽음조차도 일정한 시간이 흐르면 직면해야 할 사건으로 여겨지지 않는다는 것을 실감할 수 있어야 한다는 것이다. 그러나 이러한 이상을 실현하려면 무엇보다도 지금 당장 회한에 젖

14 Ludwig Wittgenstein, *Notebook*, 1914–1916, trans. G. E. M. Anscombe (New York: Harper Touchbooks, 1967), p.73.

을 과거에 빠져들지 않는 강한 의지와, 불안해 할 미래를 설계하지 않는 냉철한 통찰과 지혜가 요구되는 것이다. 그리고 이것은 모두 실천적 차원에서만 의미를 갖기 때문에 삶 그 자체에 대한 태도와 결단의 문제이기도 하다. 이처럼 행복의 개념을 규정하는 것은 우리의 이상을 좀 더 구체화한다는 것에서만 의미를 갖는다. 그러나 그것이 현실적으로 전혀 무의미한 작업은 아니다. 이상이 없다면 희망도 없고 희망이 없다면 거기에 도달하려고 애쓰고 있는 우리의 현실도 역시 무의미해지기 때문이다.

행복의 개념을 분명히 하고 그 이상을 실현하고자 하는 우리의 의지를 다짐했을 때 아직도 남아 있는 것은 무엇일까? 그것은 '행운'과 '축복'뿐이다. 어쩌면 이것이 '행복(幸福)'이라는 어휘가 담고 있는 가장 중요하고 핵심적인 요소일지도 모른다. 그러나 그것은 행복의 개념 속에 명확히 규정할 수 없는 섭리적인 우연성의 요소이기도 하다. 물론 우리는 행운과 축복을 얻으려고 노력할 수 있지만 그것을 보장받을 수는 없다. 그렇기 때문에 행복은 분명히 이론적인 개념의 규정뿐만 아니라 실천적인 의지의 결단마저 넘어서는 그 무엇일 수밖에 없다. 이것을 우리는 스피노자의 표현을 빌려 '신의 지적 사랑(amor Dei intellectualis)'이라고 표현해도 좋을 것이다. 아리스토텔레스가 좋은 수호신(daimon)이 필요하다는 의미로 행복을 '에우다이모니아(eudaimonia)'로 표시한 이유도 바로 여기에 있다. 그렇다면 이제 우리는 행복의 참다운 의미를 실감하기 위하여 신의 지적 사랑을 얻어낼 수 있도록, 혹은 좋은 수호신을 가질 수 있도록 간절히 염원하고 있어야 할 것이다.

이미 살펴본 바와 같이 인간은 일정한 육체적 조건을 지니고 태어나서 다양한 환경 속에서 많은 사람들과의 관계를 맺으며 살아간다. 그러나 결국 이 모든 상황은 언제인가 종말을 맞이하게 마련이다. 비록 항상 실감할 수는 없겠지만 삶 그 자체보다 더 객관적이고도 철저하게 죽음이 우리를 기

다리고 있는 것이다. 행복이 심리적 개념인 이상 이러한 객관적 사실을 외면할 수 없고 윤리적 관점에서 보아도 죽음에 의해서 모든 의무나 당위, 혹은 인간관계가 청산된다고 말할 수도 없다. 더구나 합리적인 인생 계획을 설립하는 데 있어서도 나의 삶을 청산한다는 의미로 이 죽음을 염두에 두어야 하며 그것을 어떤 형태로든 수용하거나 극복하는 방안도 강구하지 않으면 안 된다. 이러한 방법을 강구하는 데에는 여러 가지 방식이 있을 것이다. 심신의 건강에 신경을 써서 어느 정도 생명을 연장시키는 방법도 있고 사회에 봉사하거나 국가에 공헌하여 총체적 자아를 사회적으로 확대하는 방법도 있다. 또한 자신의 인생 계획을 좀 더 용의주도하게 합리적으로 작성하고 이를 철저하게 실행함으로써 세속적 영생의 의미를 확인할 수도 있다. 그러나 무엇보다 우리는 삶의 한계로서의 죽음을 말할 때 각종 형태의 종교를 말하지 않을 수 없다.

분명히 종교는 동서와 고금을 통해서 예측할 수 없는 죽음에 대한 공포를 어느 정도 해소시킴으로써 행복감을 증진시켰다고 말할 수 있다. 그것은 세속적 부귀나 영화, 혹은 권력이나 명예가 상대적으로 행복에 영향을 미치는 것과는 다른 방식으로 내세에 대한 구원이나 해탈의 관념이 우리에게 희망이나 체념을 갖도록 체계적으로 도움을 줌으로써 행복 지수를 증진시키는 역할을 해왔다고 볼 수 있는 것이다. 애니미즘, 샤머니즘, 또는 토테미즘 같은 원시 종교로부터 불교나 기독교, 유교나 이슬람교 등 오늘날의 세련되고 체계화된 종교들에 이르기까지 공통된 메시지가 있다면 비록 현세에서는 여의치 않더라도 내세에서는 어떤 형태로든 반드시 행복을 보장한다는 것이었다. 그러므로 이 세상에서의 세속적인 덕목들은 상대적으로 왜소화되고 내세에서의 영생을 위한 이른바 '성스러운 덕목'들이 제시된다. 가령 기독교에서는 지혜보다는 사랑을, 용기보다 인종을, 절제보다는 포기를, 그리고 이 땅에서의 정의보다는 천국에서의 구원을 더 갈구하도록 가르친다. 그리고 이러한 의미의 행복을 그들은 '지복(至福, beatitude)'이라고 부르기도 한다. 그것은 예수의 '산상수훈'에서 이른바 '팔복(八福)'으로 표현되는데, 가령 마음이 깨끗하고 가난한 사람뿐만 아니라 슬퍼하며 온유한 사람이 이러한 의미의 행복을 누릴 것이고, 옳은 일에 목말라하고 그런 일을 하다가 박해를 받는 사람, 자비를 베풀고 평화를 위하여 일하는 사람에게도 역시 그러한 의미의 진정한 행복이 보장되어 있다는 것이다. 또한 예수는 단순히 평화와 지복만을 베풀기 위해서 자기가 등장한 것은 아니라고 말하기도 한다.[15]

그러나 우리는 이러한 종류의 가르침이 시대를 넘어 감동을 주고 인종을 초월하여 모든 사람들을 숙연하게 하는 점도 있지만 때로는 너무 깊고 너무 높고 너무 넓어서 그 참다운 의미를 제대로 이해하기가 매우 어렵고 그것을 온전하게 실천하기는 거의 불가능하다는 점을 인식할 때가 많이 있다. 그런데 만약 그러한 마음가짐이나 생활태도를 가진 사람이 현세에서 행복을 누릴 것이라고 해석하면 그 가르침은 일종의 처세술로 간주되어 실제로는 장기적인 포석에 지나지 않으며 신앙의 형태도 한낱 구복의 방편에 불과한 것으로 전락할 위험이 있다. 물론 기독교가 내세만을 위한 종교가 아닌 이상,

15 『성서』 '마태복음', 5장 3절–10절 참조. 4복음서에 실려 있는 예수의 제자들에 따르면 그는 구세주, 즉 그리스도로서 이 세상에 보내졌고, 인류의 죄를 용서하기 위해 고난과 죽음을 당했다. 그러나 무덤으로 쓰인 동굴 속에서 사흘 동안 방치된 후에 부활하여 하늘로 올라갔으며, 그는 세상을 심판하기 위해 재림할 것이다. 복음서에는 또한 다음과 같은 가르침이 담겨 있다. ① 아버지로서의 신과 형제로서의 인류, ② '황금률', 즉 대접받고 싶은 대로 남을 대접하라(마태, 7:12), ③ 원수에 대한 용서와 사랑, ④ 악을 선으로 갚을 것, ⑤ 자기 부정, ⑥ 위선과 탐욕에 대한 정죄, ⑦ 의식은 종교의 본질이 아니라는 점, ⑧ 종말이 임박했다는 것, ⑨ 죽은 자들의 부활과 천국의 수립 등이다. 여기서 예수가 말하는 '지복'은 세속적인 의미의 행복과 다른 개념임을 나타낸다. 특히 다음 구절은 그것을 잘 표현해 준다. "내가 세상에 화평을 주러 온 줄로 생각하지 마라. 화평이 아니라 검을 주러 왔노라. 내가 온 것은 사람이 그 아비와 딸이 어미와 며느리가 시어머니와 불화하게 하려 함이니, 사람의 원수가 자기 집안 식구리라. 아비나 어미를 나보다 더 사랑하는 자는 내게 합당치 아니하고 아들이나 딸을 나보다 더 사랑하는 자도 내게 합당치 아니하고 또 자기 십자가를 지고 나를 좇지 아니하는 자도 내게 합당치 아니하리라"(마태복음 10:34–38).

이 세상에서의 행복과 전혀 무관하다고 볼 수는 없다. 그러나 예수의 가르침이 그 자신이 스스로 믿고 있었던 것처럼 본질적으로 하나님과 천국을 향한 것이고, 현세보다는 내세에 더 큰 비중을 두고 있다는 사실에 유의할 필요가 있다. 그 가르침을 믿고 실천하는 사람들에게는 하나님의 자식들이 되어 하나님을 직접 뵙고 하늘나라를 차지할 특권이 있다는 점을 예수는 특별히 강조했기 때문이다.

이러한 가르침은 석가나 마호메트, 공자 등 정도의 차이가 있지만 다른 종교의 지도자들의 경우에도 크게 다르지 않다. 만약 종교적 신앙의 계기를 현세의 행복에서 찾고 그 가르침을 장기적 포석이나 약삭빠른 처세술로 이해한다면 구원이나 해탈은 그만큼 더욱 어려워지고 천국이나 극락도 점점 더 멀어질 것임에 틀림없다. 이와 같이 종교가 현실적으로 우리의 행복을 위해서 수행할 수 있는 기능에는 분명히 한계가 있다. 다양한 경전들이 지닌 고매한 가르침에 본질적으로 내재하는 이상성과 추상성, 혹은 모호성 때문에 그것을 정확하게 이해하고 실천하는 데에는 분명히 한계가 있고, 이러한 한계에 기인하여 독선과 갈등과 분쟁을 조장함으로써 종교는 인류 문화사에서 순기능 못지않게 역기능으로 작용해 왔음을 부정할 수 없기 때문이다. 우리가 궁극적인 행복을 추구함에 있어서 합리적 차원에서 인생을 설계하고 의지의 영역에서 그것을 실현하려고 최선을 다하면서도 종교적 영역을 결국 미지의 우연적 섭리에 맡겨 두는 이유가 바로 여기에 있다.

6. 과학기술과 인간의 행복

한편 우리는 오늘날 과학기술을 통해서 그동안 종교에 의지했던 것을 상당히 많은 부분 현실화했고 막연한 희망 사항에 불과했던 것을 개발하여 생활화함으로써 삶의 질을 향상시켜 왔던 것도 또한 사실이다. 가령 우리는 제우스의 '불칼'이라고 두려워하고 공포에 떨던 번개와 천둥의 원리를 규명하여 과학기술문명의 획기적인 전환점을 마련하기도 했다. 또한 점성술과 연금술을 천문학과 화학으로 발전시키고 온갖 질병의 원인을 극복하고 수명을 연장시켰을 뿐만 아니라 우주에서 촬영한 지구의 모습을 선명하게 직시하게 함으로써 과학은 사유와 성찰의 철학적 통찰과 신비와 영성의 종교적 세계를 확장시켜 주기도 하였다. 그런데 현대의 과학기술은 그러한 작업을 통해서 우리를 과연 행복이라는 무지개 쪽으로 좀 더 가까이 다가갈 수 있게 하였는지 의문을 제기해 볼 필요가 있다. 이러한 점을 간단히 살펴보자.

과학기술은 종교와 마찬가지로 인간에게 긍정적인 측면과 부정적인 측면을 모두 보여 주고 있다. 그런데 정확하게 말하면 칼이 우리에게 쓰기에 따라 유용하기도 하고 유해하기도 한 것처럼 과학기술 그 자체는 이로운 것도 아니고 해로운 것도 아니다. 그것은 결국 그 도구를 사용하는 인간의 심성과 능력에 달려 있는 것이다. 그런데 그동안 과학기술이 긍정적인 측면과 부정적인 측면을 함께 보여 주었다는 것은 인간의 심성과 능력에 양면적 요소가 있다는 것을 의미한다. 다시 말해서 유용하게 쓰려는 심성과 유해하게 쓰려는 심성, 그리고 유용하게 쓸 수 있었던 능력과 그렇지 못했던 무능이 함께 존재했다는 것이다. 또한 현대의 과학기술은 특히 최근에 와서 과거의 그것과 달리 이른바 "베이컨적 전제"를 따르지 않는 경향이 있다는 점을 염두에 두어야 할 것이다. 다시 말해서 지금까지는 인간이 아무리 자연을 지배한 것처럼 생각해도 자연의 법칙을 따른다는 전제 아래서 가능했던 것이며, 그러므로 여기에는 우리가 과학기술을 사용한다고 해도 자연의 법칙 그 자체를 어길 수 없다는 낙관주의가 깔려 있다. 그러나 현대의 과학기술에 하나의 특징이 있다면 이러한 전제를 위협하거나 전통적인 방식으로는 더 이상 따르고 있지 않다는 점에 있다.

현대의 과학기술은 자연의 법칙을 위배함으로써, 혹은 과격하게 변형시킴으로써 자연이 지니는 근원적인 균형을 파괴하고 있다. 그러나 자연은 그 균형을 유지하기 위해 자구책을 강구한다. 그것이 인간에게 축복인지 재앙인지는 쉽게 판단할 일이 아니다. 가령 화석 연료를 태워서 대량의 탄산가스를 대기권에 방출하면 자연은 온난화의 형태로 대응해 온다. 그 외에 과학기술은 원자를 파괴하여 에너지를 얻고 유전자를 조작하여 새로운 생명체를 만들 뿐만 아니라 거절 반응을 막고 장기 이식도 시도한다. 거듭하거니와 이것은 자연의 법칙 그 자체를 부정하는 것은 아닐지라도 자연에 내재된 균형의 회복 체계를 파괴하는 행위인 것만은 분명하다. 즉 원자핵의 안정, 유전자의 보존, 이종 개체 간의 거절, 열 균형의 유지 자체를 조작적으로 파괴함으로써 기술상의 성과를 올리고 있기 때문이다.

가토 하사다케(加藤尙武)가 지적한 바와 같이 오늘날 기술은 "자연법칙을 이용하여, 자연에 내재하는 균형의 유지 기구를 파괴"하고 있다. 그는 이렇게 주장한다.

> 파괴하는 것은 자연이고 파괴당하는 것도 자연이다. 조작적으로 요소를 바꿔 넣는 기술에 의하여 역사적으로 형성되어 온 자연의 균형을 파괴한다. 요소적 자연이 역사적 자연을 파괴하고 있다.[16]

여기서 한 가지 간과할 수 없는 사실은 현대의 자연관이 근대의 그것과 현격하게 달라지고 있다는 점이다. 근대를 대변하는 데카르트와 뉴턴의 자연관에는 역사가 없다. 자연의 법칙은 기계적으로 적용되며 자연은 일종

16 가토 하사다케(加藤尙武), 『20인의 현대철학자』, 표재명 외 역(서광사, 2003), p.222.

의 자동기계로서 규칙적으로 반복될 뿐이다. 그러나 현대 과학자들은 문화에 역사가 있듯이 자연에도 어떤 의미의 '역사'가 있음을 역설한다. 그들에 의하면 빅뱅에 의하여 우주가 발생하고 태양계가 형성되었으며 그 과정에서 지구가 태어난다. 그 후 40억 년의 역사 속에서 생명이, 그리고 그 가운데서 인간이 등장한 것이다. 가토가 역설하는 바와 같이 "우리가 그 파괴를 두려워하고 있는 생명과 인간성이라고 하는 자연은 이 자연이 지닌 역사의 소산"인 것이다.[17] 그러므로 과학적 탐구는 자연과 인간이 공유하는 이 역사성의 인식을 목표로 하지 않으면 안 된다. 그런데 문제는 불과 수백 년의 역사밖에 지니지 않은 과학기술이 이 유구한 자연의 역사를 위협한다는 사실에 있다. 그러한 위협은 자연의 근원적인 균형을 파괴할 뿐만 아니라 인간 자신의 정체성과 자아 인식의 범주에까지 확산되고 있다. 오늘날 인공지능과 컴퓨터, 로봇, 그리고 유전자와 생명공학 분야에서 이룩한 업적들이 그 대표적인 사례라고 할 것이다.

현대사회는 대중사회의 후기 산업 사회적 특성을 넘어서서 전자기술이 풍미하는 이른바 정보 사회로 전환되고 있다. 이것을 가능하게 하는 것은 자연적 인격과 인공적 기계 장치를 구분하기 어렵게 만드는 인공지능의 대두, 그리고 인간의 생활환경과 사고방식을 급진적으로 뒤바꾸는 가상현실의 등장이다. 자아가 유전인자와 환경의 산물이고 그 정체성이 인간에 관한 새로운 인식 및 파격적으로 제시된 새로운 환경과 무관하지 않다면 인간의 정체성은 다시 규명되어야 하고 자아 인식의 문제도 새롭게 접근하지 않으면 안 된다. 물론 지금의 단계에서는 인격체를 지능적 기계의 일종이라고

17 *Ibid*. 그는 이렇게 말한다. "인간의 문화는 지금, 그 자연의 역상 대한 책임을 요구받고 있다. 인간문화의 역사는 조작이 안 되는 필연은 아니다. 지구의 온난화는 저지하지 않으면 안 된다. 다시 말해서 역사는 불가피한 동향이어서는 안 되며, 인간문화의 역사는 윤리성을 갖지 않으면 안 된다."

단언하거나 인공적 의식이 자연적 의식의 수준으로 향상될 수 있다고 주장할 수는 없다. 브린바허(Dieter Brinbacher)가 지적한 바와 같이 적어도 다음 세 가지 이유로 가능하지 않다. 첫째, 현재로서는 기술적인 측면에서 의식을 지닌 기계를 인공적으로 만들 수 없고, 둘째, 어떤 것이 인공적이면서 동시에 의식을 지닌다는 것은 모순이므로 개념적으로 불가능하며, 셋째, 규범적인 측면에서 그것은 바람직하지 않고 가능하지도 않기 때문에 불가능하다는 것이다.[18] 그러나 이러한 이유들이 설득력을 잃을 시기가 반드시 찾아오게 될지도 모른다. 기술은 지속적으로 발전하고 인공의식은 논리적 모순이 아니며 규범도 끊임없이 바뀌고 있기 때문이다.

여하튼 오늘날 우리는 인간의 개념에 관하여 다음 몇 가지 문제와 진지하게 대면하지 않으면 안 된다. 과연 인간은 여전히 신의 피조물이며 이성적 동물인가. 신의 피조물이긴 해도 방치된 피조물이며 다른 동물과 구분되지만 다만 정도의 차이일 뿐 아닌가. 아니 어쩌면 인간은 복잡한 기계의 일종일지도 모른다. 이성이란 무엇이며 그 기능을 가능하게 하는 의식의 본질은 어떠한 것인가. 의식의 의식이라고 할 수 있는 자의식의 구조는 어떠하며 여기서 전제가 되는 자아의 정체는 무엇인가. 과연 '자아'라는 것이 존재하는지, 그렇다면 그것을 어떻게 규정할 것인가. 이러한 질문들은 앞서 살펴본 바와 같이 구태의연한 것이지만 사이버 시대에 들어와서는 새로운 의미를 지니며 그 질문의 형태와 답변도 매우 난삽해졌다. 오늘날 우리는 신의 피조물 혹은 다른 동물과의 차이라는 관점에서보다는 우리들 자신이 만든 기계와의 본질적 차이에 더욱 큰 관심을 갖게 되었기 때문이다. 이러한 점을 행복의 개념과 관련해서 검토해 보기로 하자.

18 Dieter Brinbacher, "Artificial Consciousness," *Conscious Experience*, ed. Metainger (Schonigh/Imprint Acad, 1995), pp.489–503.

이미 지적한 바와 같이 행복은 어떤 개인이 소망이나 욕구가 충족되었을 때 느끼는 심리적 만족감이다. 이러한 측면에서 보았을 때 과학기술은 다양한 문명의 이기를 창출해 냄으로써 전반적으로 삶의 질을 향상시켜 주었고 따라서 만족도를 높여 주었다고 말할 수 있다. 가령 의식주를 개선했을 뿐만 아니라 질병의 고통에서도 어느 정도 벗어나게 되었고 소통이나 교통도 편리해졌으며 자유와 평등을 구가하는 현대적 사회 제도 등을 탄생시키는 데 직접적으로나 간접적으로 기여한 공로가 있는 것이다. 만약 서구의 근대로부터 이어지는 과학기술이 없었다면 오늘날 우리가 누리는 삶의 형태는 상상할 수 없을 것이다.

그러나 어떤 의미로 삶의 질이 향상되었다고 해서, 즉 고대나 중세보다는 현대의 삶이 외형적으로 더 편안하고 안락해졌다고 해서 과연 심리적 만족도도 그만큼 높아진 것일까. 그것을 정확하게 비교하고 측정할 방법은 없다고 해도 한 가지 분명한 것은 편안한 정도에 정비례해서 만족도가 높아지는 것은 아니라는 점이다. 가령 평균 수명이 거의 두 배로 연장되었음에도 불구하고 여전히 불로장생을 갈구하며 더 나은 의식주를 찾아 동분서주할 뿐 아니라 자유와 평등이 많이 신장되었지만 오히려 투쟁과 갈등은 더욱 심해진 것이 우리의 현실이기 때문이다. 오히려 과학기술을 수단으로 삼아 이러한 투쟁과 갈등은 전 지구적 차원으로 증폭되고 확산되어 가고 있음을 부정하기 어려울 것이다. 사실 실제로는 삶의 조건이 개선되었음에도 불구하고 증폭되는 시기와 질투, 혹은 선망 때문에 상대적인 불행감은 오히려 더욱 가중되고 있다고 할 수 있다. 한마디로 외형적으로 삶의 질이 개선되었음에도 불구하고 더 나은 양질의 삶을 추구하려는 요구를 억제하지 못함으로써 전체적으로 행복감을 증진시키지 못하고 있다.

그다음 행복의 윤리적 측면을 살펴보자. 과학기술은 인간의 윤리적 의무나 당위 의식을 확장시켜 주었는가. 전반적으로 과학기술은 민주적인 정치 체제와 자본주의적인 경제제도 및 다원적인 대중문화 양식을 촉진시키기 때문에 우리에게 개인주의적 사고와 상대주의적 가치관, 그리고 개방적인 생활 태도를 갖도록 유도한다. 그런데 이러한 상황에서는 이기주의적인 경향도 동시에 강해지고 경쟁의식이 표면화되기 때문에 사회의 한 성원으로서의 성숙한 자아 인식이 상대적으로 약화될 수밖에 없다. 따라서 타인에 대한 배려나 집단에 대한 봉사 혹은 의무감도 퇴색하기 쉬운 경향이 있는 것이다. 더구나 각종 문명의 이기들은 플라톤이 우려한 바와 같이 어느 정도 그가 말하는 '기게스의 반지' 역할도 하여 다양한 범죄의 동기가 되고 그 규모나 농도에 있어서 범죄 심리를 더욱 자극하는 계기가 될 수도 있는 것이다.[19] 그러나 과학기술이 근거가 된 사회제도나 도구들이 반드시 비도덕적인 인간만을 양산하는 것은 아니다. 오히려 개방사회가 요구하는 양심적이고 책임 있는 시민 정신을 함양함으로써 도덕적 주체로서의 자기 인식을 돕는 역할도 기대할 수 있기 때문이다. 여하튼 이러한 측면은 과학기술 이외의 요소, 즉 인간의 도덕적 결단과 주체적 역량의 문제가 개입되는 것이기 때문에 분석에 어려움이 있다.

마지막으로 행복의 합리적 측면은 어떠한가. 만약 행복이 단순히 개인적 욕구의 충족이나 의무의 이행에 그치지 않고 장기적인 합리적 인생 계획과 그것을 수행하는 총체적 자아와 연관된다면 이러한 국면에서 과학기술의 역할은 무엇인가. 여기서 특히 고려해야 할 것은 정보화의 기술이 자아의 정체성과 심성의 변질에 미치는 영향이다. 사이버 세계에서 개인은 창조적

19 '기게스의 반지'는 플라톤의 『국가론(*Politeia*)』 2권에 나오는 우화로서 처벌받지 않고 불의를 행할 수 있는 자유의 은밀한 비유로 쓰인다. 기게스(Gyges)는 리디아 왕국의 양치기로서 어느 날 동굴에서 발견한 반지를 끼고 보이지 않는 존재인 투명 인간이 된다. 그리하여 그 착한 목동이 반지의 힘을 이용해서 국왕을 죽이고 왕비를 차지한 다음 새로운 왕으로 등극한다는 이야기이다.

직관이나 이성적 판단의 주체이기보다는 단지 정보교환의 교차점으로서 신속한 반응을 요구하고 요구받는 '인포매니아(informania)'에 불과한 존재이다. 산업 사회에서 도입된 기계가 인간을 노동과 인성으로부터 소외시켰던 것처럼 지식 사회에서는 컴퓨터와 최첨단의 통신 장비의 도입이 우리를 지적인 탐구 작업뿐만 아니라 인간의 본질로부터 소외시키는 결과를 가져오게 된다. 말하자면 『장자』에 나오는 '기심(機心)'이 우리가 합리적 인생 계획의 주체로서 존재하는 것을 저해한다는 것이다.[20] 만약 우리가 '자아상실'의 시대에서 그러한 계획을 세우기가 어렵게 된다면 그것이 실현되고 있는지 확인할 도리가 없고 우리가 느낀 만족감도 행복으로 승화될 수가 없다. 그러나 물론 여기에도 긍정적인 측면이 있다. 과학기술이 일기 예보를 가능하게 하고 항해사에게 나침판을 제공한 것처럼 장기적인 인생 계획을 세우는 데 유용한 자료를 제공하고 특히 다양한 심리학의 발달로 합리적 주체로서 행동할 수 있도록 방향을 제시하는 데 도움을 줄 수도 있기 때문이다.

지금까지 우리는 과학기술이 인간을 행복하게 하는지에 대해서 심리적, 윤리적 및 합리적인 세 가지 측면에서 살펴보았다. 외형적 조건으로 볼 때 과학기술은 현대인의 행복에 긍정적인 요소로 작용한 것이 사실이지만 이에 못지않게 그 주체인 자아의 확립에 부정적인 효과를 제공한 것도 부정할 수 없다. 그런데 이 긍정적인 요소를 극대화하여 개선된 삶의 양식을 행복과 연결시키려면 우리에게 '기게스의 반지'를 끼고 있더라도 '기심'에서 자유로울 수 있는 강력한 자아의 확립과 그 인식이 필요하다. 그러나 그것이 미

20 '機心'은 『장자』의 '天地'편에 나오는 개념으로 '기계에 지나치게 의존하는 마음'이라고 해석할 수 있다. 이 이야기에 의하면 공자의 제자인 子貢이 길을 걷다가 한 마을에서 밭에 물을 주고 있는 노인을 만났다. 그는 이 노인에게 용두레 이용하는 법을 가르쳐 주었다. 그러나 그 노인은 거절하면서 이렇게 말했다. "기계를 가진 자는 반드시 그것을 쓸 일이 생기게 되고, 기계를 쓸 일이 있는 자는 반드시 무엇을 꾀하는 마음(機心)이 생긴다네. … 그러한 마음에 사로잡히면 그만큼 道와 멀어지는 것이 나는 두렵네."

래의 과학기술의 영향 아래서 전통적인 사고방식과 생활태도를 벗어나지 못하고 있는 우리에게 어떻게 가능한지는 가늠하기 어렵다. 더구나 핵전쟁이나 새로운 질병보다 더 심각한 위협이 될지도 모르는 '환경파괴(ecocide)' 앞에서 어떻게 인간의 행복이 추구될 수 있는지는 더욱 판단하기 어려울 뿐 아니라 오히려 비관적인 관측이 더 우세한 편이다. 지적인 호기심의 발로인 과학적 탐구는 막을 수 없고 막아서도 안 되는데, 그것은 그 응용의 결과인 과학지식과 과학기술은 더욱 밀착된 관계로 발전해 가고 그 주체인 현대인의 자아는 점점 더 기심에 표류하고 있기 때문이다. 과학기술은 행복에 관한 한 인간에게 단순히 프로메테우스의 불일 뿐 아니라 시시포스의 신화인지도 모른다.

7. 맺는 말

지금까지 우리는 이 시대를 '격동의 시대'로 규정하고 그러한 시대의 가장 특이한 징후가 가치관과 인간관 및 세계관의 급격한 전도 현상임을 지적하였다. 그리고 이러한 현상의 구체적인 징표로 각자의 신념체계가 흔들리고 개념적 혼란이 팽배해지는 상황을 검토해 보았다. 그중에서도 가장 중요한 것이 삶의 궁극적 목표이며 신념체계의 핵심적 요소이기도 한 행복의 개념을 비교적 자세히 개진해 보았다. 우리는 그것을 심리적이고 윤리적이며 합리적인 맥락에서 총체적 자아의 존재를 전제로 한 구체적 즐거움의 상태로 규정해 본 것이다. 그러나 이러한 의미의 행복을 추구하는 데에는 분명히 한계가 있기 때문에 우연적이고도 섭리적인 요소와 관련된 종교적 측면도 검토해 보았다. 그러나 종교에는 분명히 순기능이 있지만 이에 못지않은 역기능을 고려할 때 그것이 행복의 추구에 있어서 최종적인 방안이 될 수 없음도 살펴보았다.

또한 우리는 현대의 과학기술이 종교의 한계를 극복하고 인간의 행복을 증진시킬 수 있는지의 문제를 간단히 검토해 보았다. 그것은 분명히 삶의 질을 일반적으로 개선해 준 것이 사실이고, 자유와 평등과 인권을 신장하는 데 간접적으로나마 기여했다고 말할 수도 있으나 진정한 의미의 행복을 증진시지는 못하였다고 판단된다. 단순히 현대인이 누리는 상대적 박탈감 때문이 아니라 급진적으로 발전하는 첨단의 과학기술을 이른바 '문화지체' 혹은 '정신지체' 현상 때문에 현실적으로 수용하거나 감당하기 때문이다. 더구나 이러한 기술이 인간의 행복은커녕 인류의 장래 그 자체를 예측하거나 보장할 수 없는 방향으로 치달려 간다는 점을 지적하지 않을 수 없다. 이러한 파탄을 막기 위해서 더 이상 과학이 발전할 수 없도록 신이 간섭해 주기를 기도해야 할지도 모르는 아이러니에 직면하게 되는 것이다.[21] 그것은 분명히 아이러니일 수밖에 없다. 근대 서양과학의 등장과 계몽주의가 등장함으로써 중세의 암흑시대에 마침내 종지부를 찍었다고 확신했던 현대인에게 그보다 훨씬 더 참혹한 인류의 종말을 저지하기 위하여 그 중세의 신에게 기도할 수밖에 없게 되었기 때문이다. 그러나 다시 그 시대로 돌아가기 전에 우리에게 새로운 계몽주의적 발상의 여지는 없는 것일까. 우리는 일단 '판단중지(epoche)'를 통해서, 다시 말해서 그동안 집요하게 전개해 온 행복의 추구를 잠시 멈춤으로써, 그리고 우리들 자신에 대한 성찰의 시간을 가

21 엄정식, 「分析과 神秘」(서울: 서강대 출판부, 1990), "삶의 의미(意味)와 신비(神秘)에의 의지(意志)," pp.20–76 참조. 필자는 여기서 인간의 본성을 4가지 측면에서 조명하고 이성적 존재(home–sapiens), 윤리적 존재(homo–obligatus), 심미적 존재(homo–aestheticus) 및 종교적 존재(homo–religiosus)로 나누어서 다룬다. 인간의 이 4가지 측면은 진(眞, verum), 선(善, bonum), 미(美, pulchrum), 성(聖, unum)이라는 전통적 가치의 구분에 대응하는 속성으로서 이 가치들이 서로 겹치는 요소들은 있어도 혼동될 수 없듯이 인간의 네 측면이 명확하게 구분되어야 함을 강조한다. 따라서 인간의 삶을 바람직하게 하는 것은 이러한 요소들 중에 어느 하나, 가령 이성적 존재로서나 종교적 존재로서의 측면을 극대화하는 것일 수는 없다. 마찬가지로 심미적 삶이 그러한 것처럼 윤리적 삶만이 가장 바람직한 삶이 아니며 윤리적 자아만이 유일한 혹은 최선의 자아가 아니다.

져봄으로써 그 실마리를 찾을 수도 있을 것이다. 특히 격동의 시대에 있어서 행복은 직접적으로 추구해야 할 삶의 목표가 아니라 자기의 욕구와 능력을 제대로 확인하고 의무를 이행하면서 국가나 사회의 일원으로서 성실하게 살아갈 때 그림자처럼 다가오는 진정한 자아 인식의 부산물일지도 모르기 때문이다. 이제 이러한 점들을 좀 더 자세히 살펴보자.

III. 자아 인식의 구조와 그 한계

1. 머리말

특히 요즈음 "'나' 대신 '우리'를 생각하자"는 말을 많이 듣는다. 그러한 가르침은 늘 소중한 것이지만 일반적으로 현대사회에서는 특별한 의미를 지니는 것으로 느껴진다. 개인주의적 자유주의가 자본주의적 상업주의와 결탁하여 본능적 충동을 자극함으로써 생겨난 극도의 이기주의를 경계하는 경구로 이 말이 이해되기 때문이다. 사실 오늘날 우리 주변에서 벌어지고 있는 각종 범죄나 부정과 부패 등 도덕적 타락 현상은 결국 지나친 자기중심적 사고방식에서 파생된 결과라고 해도 과언이 아니다. 자기의 이익과 지위만을 소중하게 여김으로써 남에게 손해를 끼치고 생존권마저 박탈하는 현상이 생기기 때문이다. 그러나 곰곰이 생각해 보면 자기의 이익을 염두에 둔다는 것은 극히 자연스러운 태도이며 또 반드시 부도덕한 행위도 아니라는 사실이 드러난다. 사람들이 의식주를 해결하고 이왕이면 풍족한 상태에서 생활하고 싶어 한다는 것은 자연스러운 인간적 욕구의 표현에 불과한 것이다. 만약 이것을 무조건 억누르라고 요구한다면, 그것은 현실적으로 가능한 일도 아니며 자연스럽지도 않기 때문이 또 바람직한 가르침이 될 수도 없다. 그러므로 문제의 핵심은 자기 자신을 진정으로 소중히 여기는 방법이 무엇이고 자기의 이익을 어느 정도까지 추구해야 하는지를 제대로 인식하는 데 있다고 하겠다. 그리고 이것은 말할 나위 없이 자기가 누구인지를 제대로 알아야 가능해질 것이다. 고금동서의 현철(賢哲)들이 자아의 인식을 가장 기본적인 덕목으로 가르쳐 온 이유도 바로 여기에 있다고 판단된다.

소크라테스가 오늘날 우리의 상황과 비슷한 고대 아테네의 시민들에게 "너 자신을 알라"고 외친 것은 이미 여러 번 언급한 바 있지만, 노예 출신의 스토아 철학자인 에픽테토스(Epictetus)도 자기가 할 수 있는 일과 할 수 없는 일을 분별하고 할 수 있는 일만, 그리고 그것은 반드시 해내어야 한다고 가르침으로써 도덕적 의무에 자아의 인식이 선행되어야 한다는 점을 강조하였다. 심지어 쾌락주의자인 에피쿠로스도 앞서 고통을 수반하는 쾌락(chara)과 수반하지 않는 쾌락(ataraxia)을 구분하여 후자만을 추구해야 진정한 쾌락주의자라고 설명하였는데, 그렇게 되기 위해서는 먼저 자기가 누구인지 알아야 한다고 부연했던 것이다. 예수가 "네 이웃을 너 자신과 같이(hos seauton) 사랑하라"(마태복음 22장 39절)고 했을 때 우리는 이것도 역시 자아 인식의 중요성을 강조한 가르침이었다고 해석할 수 있다. 자기를 온전하게 인식한 사람만이 자신을 제대로 사랑할 수 있으며 그렇게 할 수 있는 사람만이 자기의 이웃도 마치 자신을 사랑하듯 사랑할 수 있을 것이기 때문이다.

자기의 소중함을 강조한 것은 결코 서양에서만 있었던 일이 아니다. 공자는 "어찌할까 하고 묻지 않는 사람은 나도 어찌 해볼 도리가 없다"(論語 15권 15장)고 말함으로써 자기가 당면한 과제와 자아에 대한 성찰이 삶의 문제를 해결하기 위한 관건임을 역설하였다. 맹자도 자기를 지키고 어버이를 섬기는 일의 중요함을 역설하며 "자기 자신을 잃지 않고 능히 그 어버이를 섬기는 자에 대해서 들은 바 있으나, 자기 자신을 잃고 능히 그 어버이를 섬긴 자에 대해서는 들은 바 없다"고 단언했다. 집안이나 나라를 다스리는 것도 자아 인식으로부터 파생적으로 확대되어야 함을 강조하여 그는 이렇게 말한다.

> 내 부형을 공경하여 그 마음을 남의 부형에게까지 미치도록 하고, 내 어린이를 사랑하여 그 마음을 남의 어린이에게까지 미치도록 한다면 천하는 손바닥 위에서 움직일 수 있다. 「시경」에 이르기를, "내 아내를 올바로 대하고 형제에게까지 그렇게 하여 집안과 나라를 다스리로다"라고 하였으니 가족 다스리는 이 마음을 넓혀서 저 백성들에게 쓸 따름임을 말한 것이다(「孟子」 梁惠王 章句 上, 7).

물론 이러한 현철들이 자기 자신만 먼저 생각하고 다른 사람들, 혹은 국가와 민족, 인류 같은 것은 염두에 두지 말라고 가르친 것은 아니다. 개인의 행복은 물론, 사회의 복지나 인류의 평화를 실현하기 위해서도 그 구성원 각자의 문제의식과 실천의지가 필요한데, 이것은 결국 진정한 자아의 인식을 출발점으로 삼지 않으면 안 된다는 점을 강조하고 있다. 그렇다면 사회·윤리적 차원에서뿐만 아니라 삶의 총체적 맥락에서 '자아'란 무엇이며, 그것을 인식한다는 것은 무슨 뜻인가. 어떠한 의미로 자아의 인식은 철학에서 가장 본질적인 문제이며 바람직한 삶을 살기 위한 전제 조건이 되는가.

여기서 우리는 소크라테스의 "너 자신을 알라"라는 영원한 요청으로 다시 돌아가서 그것을 중심으로 이 시대가 요구하는 이른바 진정한 의미의 '자아'가 무엇인지를 규명하고 그 중요성을 강조한 다음 그러한 유형의 자아를 인식하는 데 파생되는 문제점과 그 한계를 논의해 볼 것이다. 이러한 작업을 수행함에 있어서 우선 우리는 소크라테스의 의도를 될 수 있는 대로 정확하게 이해하고자 노력할 것이며, 이것을 "나는 누구인가?"라는 질문에 답변하는 것으로 해석한 후 이 질문을 다시 "나는 무엇을 원하는가?", "나는 무엇을 할 수 있는가?", 그리고 "나는 무엇을 해야 하는가?", 즉 욕구와 능력과 의무의 문제로 분해한 다음 각기 별도의 답변을 시도하여 자아의 인식이 갖는 한계와 난점을 부각시켜 볼 것이다. 그러나 우리는 여기서 그치지 않고 자아의 인식이 총체적으로 바람직한 삶을 사는 데 필요조건일 뿐 아니라 충분조건이기도 하다는 결론에 도달할 것이다. 따라서 그것은 현대의 한국 사회에서와 같은 격동의 시대에 행복을 추구하는 데 있어서도 가장 현실적이고 효과적이라는 결론에 도달한다. 무엇보다 내가 누구인지 알려고 애쓰고 나로서 나답게 살려고 노력하는 것이야말로 지금 당장 내가 할 수 있는 일의 전부이기 때문이다. 이제 이러한 점들을 좀 더 자세히 살펴보자.

2. 자아 인식의 구조: 욕구와 능력과 당위

거듭하거니와 자아의 본질은 소크라테스의 "너 자신을 알라"라는 언명에 가장 잘 나타나 있다. 무엇보다 그것은 우리들 자신을 실존적 상황으로 이끌어 갈 뿐만 아니라 그러한 상황에서 자기가 취한 태도가 어떠한 것이어야 하는지를 자각하게 하며 그 결과에 책임지게 하기 때문이다. 여기서 실존적 상황이란 진위(眞僞)를 판단하는 사실적 상황과 다르며 미추(美醜)를 음미하는 심미적 상황도 아니고 성속(聖俗)을 분별하는 종교적 상황과도 반드시 일치하는 것은 아니다.[22] 실존적 상황에서 우리는 무엇보다도 선악(善惡)의 문

22 노정혜, "생명의 창조!?," 『젖과 꿀이 흐르는 가나안을 꿈꾸며: 1995~1999 일가 조찬 모임 강연 모음』(일가기념상재단, 2000). 노 교수는 생명공학의 생명 창조 현상이 성경의 '창세기(2장 9절–3장 24절)'에 나오는 에덴동산의 생명나무를 생각나게 한다고 지적하고 이렇게 말한다. "앞으로 2~30년 내에 암은 치료될 수 있다는 전망까지 나오고 있습니다. 불치병이 해결되는 것입니다. 그리고 요즘 노화에 대한 연구가 활발한데 늙는 것은 어떤 유전자 때문인지, 여러 가지 유전전자가 관련되어 있는데 그것들을 하나씩 건드리고 있습니다. 그럼 늙지 않는 방법이 여러 가지 나올 것입니다. 하지만 인간이 과연 영생해서 좋을 것이 뭔지 모

제에 부딪쳐야 하고 소크라테스가 삶과 죽음의 기로에서 실제로 보여 주었듯이 자신의 존재 이유가 담겨 있는 실존적 결단을 해야 하며, 결국 그 결단을 행동으로 표현해야 한다. 그리고 이러한 일련의 과정에서 구심적 역할을 하는 것이 곧 자아인 것이다. 그러나 어떤 사람이 자기 자신을 안다는 것은 무슨 뜻이며 어떻게 그것이 가능할 것인가. 소크라테스가 "너 자신을 알라"고 했을 때 그는 우리에게 과연 무엇을 요구하고 있는 것일까. 제1장 II-2에서 언급했듯이 크세노폰은 그의 「소크라테스의 추억(*Memorabilia*)」에서 소크라테스의 다음과 같은 말을 전하고 있다. 그것을 좀 더 구체적으로 다시 음미해 보자.

> 그러나 자네 생각에 자기 자신을 안다는 사람은 그냥 자기 이름을 아는 사람인가, 혹은 어떻게 하면 인류를 위한 봉사에 자기를 적응시킬 것인지 스스로 분명히 하면서 자기의 능력을 아는 사람인가? 자기를 아는 사람은 무엇이 적합한지 스스로 알며, 무엇을 할 수 있고 무엇을 할 수 없는지를 분별하며, 또한 어떻게 할 것인지 아는 바를 해냄으로써 필요한 것을 얻고, 그리고는 모르는 것은 삼감으로써 비난받지 않고 살아가며 또 불운을 피하게 된다네.[23]

르겠습니다." 그는 또한 '창세기(11장 4 절– 5절)'에 나오는 바벨탑 이야기를 거론하며 이렇게 말한다. "지금 우리 세상에 민족이 다르고 언어가 많지만 그것을 하나로 묶는 공간이 생기고 있습니다. 그것이 인터넷 가상 공간입니다. … 과연 우리가 스스로를 규제할 수 있는지 참 의문입니다. 하나님이 인간을 사랑하신다면 어떤 방식으로든 간섭해 주기를 바랍니다. 인간이 인간된 것은 어떤 한계가 있기 때문인데, 지금 과학기술은 한계를 인정하지 않고 무한경쟁, 무한 노력이라고 해서 사회에 퍼져 있습니다. 하나님의 간섭이 있기를 기도해야겠습니다." pp.376–378 참조.

23 크세노폰(Xenophon), *Memorabilia of Socrates*, 4권 2장 24절–26절. W.S. Sahakian은 이 구절에 관하여 다음과 같이 설명하고 있다. 도덕적 통찰력으로서 규정되는 지식, 즉 덕은 선한 행위의 필수적인 선행 조건이다. 자아에 대한 지식은 상당히 중요한 것으로서, 먼저 자기 자신을 모르고서는 자아와 거리가 먼 우주에 관해 안다는 것은 별로 도움을 주지 못하기 때문이다. 올바름은 건강한 상태이며 그릇됨은 영혼의 병든 상태이다. 자기 개선은 과학의 진보에 우선하며 성공과 행복은 자아의 인식에 달려 있다. (의식적이든 무의식적이든) 어떤 사람이 자기의 성격인 동기, 한계, 결함, 재간, 재능 및 자기 인생이 목표와 목적 등을 정확하게 알고 있다면 그러한 지식에 맞추어 살아감으로써 성공을 보장받을 수 있기 때문이다. *Ethics:*

앞에서 말했듯이, 여기서 소크라테스는 나의 진정한 욕구와 능력과 의무가 무엇인지 알며 동시에 그 아는 바를 실천에 옮길 것을 요구하고 있다. 추상적이고 관념적인 차원이 아니라 현실적이고 구체적인 '자아'란 나에게 필요한 것을 얻으려는 욕구와 그것을 얻을 수 있는 능력, 그리고 무엇이 적합한지를 분별할 수 있는 당위의 인식으로 구성되어 있음을 함축하고 있는 것이다. 또한 소크라테스의 경우 진정으로 아는 것이 곧 선을 행하는 것임을, 즉 앞서 언급한 바와 같이 그의 '지행합일설'을 상기할 때 이 점은 더욱 분명해진다. 논란의 여지가 있지만 여기서 '안다'는 것은 그의 경우 나에 관한 객관적인 사실을 알 뿐만 아니라 그 사실대로 존재한다는 뜻이며, 따라서 그 가치를 충분히 깨닫고 실천한다는 것을 함축하기 때문이다. 그러므로 나를 안다는 것은 내가 나답게 나로서 온전하게 존재한다는 뜻이 되는 것이다.[24]

자아의 인식을 이러한 식으로 해석할 때 철학의 임무는 온통 그러한 의미의 '실천적' 인식을 다루는 문제 외에 아무것도 아니라고 해도 지나친 표현이 아니다. 플라톤은 말할 필요도 없고 아리스토텔레스의 '중용(mesotês)' 사상에서도 '식견(phronesis)'을 갖춘다는 것은 곧 자아의 인식과 실현을 의미하

An Introduction to Theories and Problems (N.Y.: Barnes & Nobles Books, 1074), p.10 참조. 그러나 성공과 행복이 자아의 인식에만 달려 있는 것은 아니다. 그것은 필요조건일 수는 있어도 충분조건이라고 볼 수는 없다. 자기가 처해 있는 상황이나 조건이 순조로워야 한다는 우연적 요소, 즉 행운이 따라 주어야 하기 때문이다. 그러므로 자기 인식은 무엇을 위한 수단으로보다는 인식 그 자체에서 그 의미를 찾아야 할 것이다.

24 이러한 뜻으로 자기 자신을 안다는 것은 자기에게 걸맞게 살아간다는 뜻이 될 것이다. 이러한 소크라테스의 입장을 A. E. Taylor는 이렇게 요약해 준다. "① 덕, 즉 도덕적 탁월성은 지식과 같은 것이며, 그렇기 때문에 상식적으로 구분되는 다른 덕목들도 결국 하나인 것이다. ② 그러므로 악덕, 즉 그릇된 도덕적 행위는 어떤 경우든 모두 무지의 소치이며 지적인 과오이다. ③ 따라서 그릇된 행동은 항상 비자발적이며, 아리스토텔레스가 말하는 '도덕적인 허약성(acrasia)', 다시 말해서 '선을 알면서도 악을 저지르는', 그러한 영혼의 상태란 실제로 존재하지 않는다." 그의 *Socrates: The Man and His Thought* (N.Y.: Double-day, 1954), p.141 참조. 만약 이것이 사실이라면 무지에서 탈피하려는 자아의 인식은 도덕적인 문제라기보다 넓은 의미로 인식의 문제이다.

는 것이며,[25] 이미 언급한 바와 같이 에피쿠로스,[26] 그리고 에픽테토스 등 스토아학파에서도 예외가 아니었다.[27] 이러한 특징은 오히려 스토아학파의 영향을 받은 중세의 한 기도문에 가장 잘 나타나 있다고 볼 수 있는데, 그것은 다음과 같이 구전으로 전해진다.

> 신이여! 내가 할 수 있는 것을 해낼 수 있는 용기와 할 수 없는 것을 기꺼이 포기할 평안, 그리고 할 수 있는 것과 할 수 없는 것을 분별할 지혜를 주소서….[28]

여기서도 소크라테스적인 의미, 즉 나를 안다는 것은 나의 욕구와 능력과 당위를 제대로 이식하고 실천한다는 의미가 반영되어 있다. 말하자면 내가 할 수 있는 것을 해낼 용기가 필요하다는 것은 나에게 무엇인가 하고 싶은

25 아리스토텔레스(Aristotle)에 의하면 중용(中庸)은 실천적 이성의 표현이며 윤리적 덕 그 자체인데, 그것은 개인의 능력과 상황에 따라 사대적인 것이기 때문에 덕을 갖추려면 먼저 자아 인식이 선행되어야 한다. 그는 이것을 다음과 같이 설명한다. "덕은 행위와 정의(情意)를 선택함에 있어서 중용을 지키는 영혼의 성품인데, 이때의 중용은 우리와의 관계에서의 중용이며 그 결정은 식견을 갖춘 사람이 결정할 때 표준으로 삼게 될 원리와 같은 이성적 원리에 의존하는 것이다." 그의 *Ethica Nichomachos* 2권 6절 참조.

26 에피쿠로스(Epicuros)에 의하면 덕이란 쾌락(hedoné)을 얻는 수단에 지나지 않으며 그중에서도 지혜는 만물의 본성과 우주 전체에서 자기의 입장을 확인하고 그 목표를 제시해 주는 덕이다. 여기서 신중이 무엇보다도 강조되는데, 가령 그는 제자인 Menoeceus에게 보낸 편지에서 이렇게 주장한다. "신중성으로부터 모든 덕이 우러나오며, 그것은 우리에게 신중하고 명예롭고 정당하게 살아야 즐겁게 살 수 있다는 것을, 또한 즐겁게 살지 않고는 신중하고 명예롭고 정당하게 살 수 없다는 것을 가르쳐 주기 때문이다. 덕은 본질적으로 즐거운 삶에 얽혀 있으며 즐거운 삶은 덕과 불가분의 관계에 있기 때문이다." Epicurus "The Letter of Epicurus to Menoeceus," *The Extant Remains*, tr. Cyril Bailey (Oxford: The Clarendon Press, 1926), pp.131–132 참조.

27 에픽테토스(Epictetus)에 의하면 "우리들의 능력이 미치는 것을 해내는 것이 가장 중요한 의무이다. 따라서 자기의 능력을 정확히 파악하고 이것을 강한 의지로 실천에 옮기는 것, 즉 Socrates적 자아 인식이 윤리의 중심과제인 것이다. 그렇지 않은 것에 대해서는 자연의 섭리에 맡겨야 한다"고 한다. 그의 「담론(*Dis–cours*)」 1권 1장 참조.

28 이 기도문에는 스토아학파의 윤리관이 강하게 반영되어 있음을 볼 수 있다. 예수회의 창설자인 로욜라(St. Ignacius Loyola)의 「영신수련(靈神修練, *Exercita Spiritualis*)」에는 이 기도문의 정신이 잘 나타나 있다. 윤양석(尹良碩) 역(한국천주교 중앙협의회, 서울, 1967) 참조.

욕구가 있다는 것을 의미한다. 이러한 욕구를 충족시키기 위해서는 어느 정도의 능력이 필요하다. 그러나 나에게 욕구와 능력이 있다고 해서 무슨 일이든지 모두 해낼 수 있는 것은 아니다. 따라서 우리는 할 수 있는 것과 할 수 없는 것을 분별해 내지 않으면 안 되며, 그것은 곧 하고 싶고 할 수 있어도 해서는 안 되는 것이 있음을, 다시 말해서 우리에게 의무 혹은 당위가 있다는 것을 의미한다. 따라서 이 기도문에는 나의 욕구와 능력과 의무가 무엇인지를, 즉 자아의 인식에 대한 강한 의지가 담겨 있는 것이다. 가령 아우구스티누스(St. Augustin)에게 이 기도문은 결국 신의 은총을 받아 "사랑의 질서(ordo amoris)"를 보장받으려는 염원일 것이고,[29] 앞서 언급한 스피노자에게는 "신의 지적 사랑"을 획득하려는, 혹은 영원의 상하(sub specie aeternitatis)에서 자기 자신을 바라보려는 원망일 수도 있을 것이다.[30]

또한 우리는 욕구와 능력을 강조하는 벤담(J. Bentham)이나 밀(J. S. Mill) 등 공리주의자들뿐만 아니라[31] 가족과 사회, 좀 더 나아가서는 인류 전체라는

29 아우구스티누스(St. Augustinus)에 의하면 사랑은 "사랑 받는 사랑"과 "사랑 받지 못하는 사랑"으로 나누어지고 덕이란 전자를 선택하는 의지, 즉 "사랑의 질서(ordo amoris)" 혹은 "제대로 갖추어진 사랑"을 의미하는 것이다. 「신국론」 XV. 22 참조. 그는 또한 이렇게 말한다. "따라서 올바른 의지는 올바른 사랑이고 일그러진 의지는 일그러진 사랑이다. 어떤 대상을 가지려는 열망을 욕망이라고 하고, 그것을 지니고 즐기는 것을 즐거움이라고 하며 해로운 것을 피하고자 하는 사랑은 공포, 그것이 닥쳐와서 실제로 느끼면 고통 혹은 슬픔이다. 이 모든 것은 사랑이 나쁠 때 나쁘고 사랑이 좋을 때 좋은 것이다." 「신국론」 XIV. 7.2.

30 스피노자(Spinoza)에게 가장 중요한 것은 각자가 자기를 보존하고 그 본질을 수호하는 일이며, 이것도 자연의 이법(理法)을 터득하고 신(神)과 혼연일체가 됨으로써 완성된다. 그는 이 점을 강조하며 다음과 같이 말한다. "이성(理性)은 자연에 반대되는 어떠한 것도 요구하지 않는데, 각자가 자기 자신을 사랑하고 그것이 참으로 자기의 이익인 한 그 이익을 구하며 좀 더 완전하게 되도록 온갖 노력을 다하도록 요구한다. 일반적으로 말해서 각자가 자기의 존재를 될 수 있는 한 보존하도록 애쓰기를 요구한다는 것이다." *Ethica* IV. 18 각주.

31 공리주의자들은 쾌락을 극대화하고 고통을 극소화하도록 가르친다. 그렇게 하기 위해서는 자기의 욕구와 능력을 정확히 파악하는 것이 중요하다. 이것은 자기의 쾌락을 최대다수의 최대행복과 일관되게 하는데 전제가 되기 때문이다. 특히 J. S. Mill은 인간의 쾌락이 동물의 것과 다를 수밖에 없고 각자는 자기에게 걸맞은 일을 할 때 진정으로 행복할 수 있다는 것을, "만족한 돼지가 되기보다는 차라리 불만스러운 인간이 낫고 바보로서 만족하기보다는 Socrates로서 불만에 차 있는 것이 낫다"고 표현하였다. 이것은 행복이 자기인식을 전제로 한다는 사실을 강조하는 것이기도 한다. J. S. Mill, *Utilitarianism* (The Liberal Art Press, 1863), p.14.

유기체 속에서 자기의 위치를 확인하라고 역설하는 헤겔이나 브래들리(F. H. Bradley)와 같은 관념론자들에게도 자아의 인식이 바람직한 삶의 필요조건일 뿐만 아니라 그 충분조건이기도 하다는 사실을 잘 알고 있다.[32] 또한 프라이스(R. Price)는 여섯 가지 중요한 덕목을 제시하기도 하는데, 그중에 하나로 "자아에 대한 의무", 즉 '신중성(prudence)'을 꼽는다. 그는 자아의 행복을 위해서 최선을 다하는 것도 우리의 의무라고 주장한다. 그리고 그것을 실현하기 위해서는 신중해야 하는데, 신중성이야말로 지성이 실천의 과정에서 자신을 드러낸 모습이며, 지성이야말로 인간이 자기의 목적을 달성하는 데 사용할 수 있는 최대의 무기이기 때문이다. 그렇다면 왜 그는 나 자신의 행복을 도모하는 것이 의무라고 규정하는가. 그 대답은 간단하다. 나의 행복을 구태여 여기서 제외시킬 이유가 없기 때문이다.[33]

그러나 무엇보다도 우리는 "의무를 위한 의무"의 윤리학을 내세우는 칸트(I. Kant)의 경우 자아의 인식이 모든 의무 중에서 가장 중요한 의무이며 모든 지혜의 원천이기도 하다는 사실을 간과할 수 없다. 그는 「도덕형이상학의 기초」의 '덕행론'에서 '자기 자신에게 부과해야 할 의무'는 무엇보다 "너 자신을 알라(Erkenne dich selbst)!"임을 강조하고 이렇게 말한다.

이것은 결코 너의 신체적 완전성을 추구하라는 뜻에서가 아니라 … 너의 의

32 브래들리(Bradley)는 자아실현(self-realization)을 윤리의 궁극적 목적이라고 주장하는데, "목적은 행위를 의미하고 행위는 자아실현을 의미하기 때문"이라고 한다. *Ethical Studies*, 2d ed. (London-Oxford University Press, 1927, 1927), p.56 참조. 그는 또한 자아의 개념을 이렇게 설명한다. "자아는 목적들의 전체 속에서 실현되는데, 그것은 하나의 전체이기 때문이며 그 자신을 발견할 때까지, 내용이 형식에 충분하고, 그 내용이 실현될 때까지 만족하지 않기 때문이다. 그리고 이것이 실제적 자아실현의 의미이다." *Ibid.*, p.73.

33 R. Price, *A Review of the Principal Questions in Morals*, Oxford, 1948, D. D. Raphael ed., p.149. 다원주의적 직각론자인 Price는 이 외에 신에 대한 의무, 인자성, 감은성, 성실성 그리고 공정성 등을 들고 있다. 그는 이 덕목이 중요하다는 것을 증명을 통해 얻은 결론이 아니라 직각적으로 자명하다고 주장한다. p.138ff.

무, 즉 너의 마음과 관련시켜 볼 때 그것이 과연 도덕적으로 선한지 혹은 악한지 … 를 따져 본다는 뜻을 담고 있을 뿐이다! 한없이 깊은 마음의 심연으로 파고들 것을 요구하는 도덕적 자아에 대한 인식이야말로 모든 인간의 지혜를 싹트게 하는 근원이다.[34]

이제 우리는 자아의 구조와 그 인식의 중요성을 어느 정도 가늠할 수 있게 되었다. 그것은 나의 욕구와 능력과 의무라는 세 변으로 이루어진 하나의 삼각형이며, 따라서 소크라테스 이래로 거의 모든 철학자들에 의해서 그 중요성이 강조되어 온 자아의 인식은 이 세 변의 길이, 혹은 그 삼각형의 크기와 모양을 파악한다는 것을 의미한다고 이해할 수도 있을 것이다. 특히 사회·윤리적 관점에서 제기된 "나는 누구인가?"라는 질문은, "나는 무엇을 원하고 무엇을 할 수 있으며, 또 무엇을 해야 하는가?"라는 질문으로 풀이될 수 있다는 것이다. 여기서 유의해야 할 점은 이 삼각형에서 세 변 중의 하나가 타인의 존재를 전제로 해야 하는 당위 혹은 의무라는 것이다. 이것은 자아로서 하나의 삼각형이 성립하려면, 다시 말해서 의무라는 개념이 의미를 지니려면 타인이 자아의 일부를 구성하고 있지 않으면 안 된다는 것이다. 만약 이것이 사실이라면 나와 남을 엄격하게 구분하는 것은 이분법을 전제로 하는 추상적 사고의 산물에 지나지 않는다는 것을 의미한다. 이것은 어느 정도 욕구와 능력이라는 변의 경우에도 해당된다. 욕구나 능력이 구체적으로 작동하는 상황이나 여건, 즉 그 대상인 타자의 존

34 I. Kant, *Grundlegung zur Metaphysik der Sitten*, Werk VIII, S.253. Kant는 '덕행론' 제1부에서 '자기 자신에 대한' 의무에 관해 논의하고 있는데, 이것은 도덕적으로 자유로운 인간이 감성적 존재로서의 자기 자신에게 법칙을 부여한다는 것을 의미한다. 이러한 의무에는 동물적인 존재로서 '자기를 보존할(Selbsterhaltung)' 의무, 도덕적인 존재로서 '자기를 존중할' 의무, 그리고 자의식적인 존재로서 '자기를 판단할' 의무 등이 있다. Socrates적인 자기 인식은 바로 이 의무에 속한다고 볼 수 있으며, "종교적인 의무"도 이러한 의무의 일종이라고 해석할 수 있다.

재가 무엇인지 혹은 누구인지에 따라 그 내용이 달라질 수밖에 없기 때문이다. 물론 이것은 나와 남을 전혀 구분할 수 없다는 뜻은 아니다. 다만 나를 구성하는 데 있어서 남의 존재가 중요한 요소로 작용할 수밖에 없다는 것이다. 그러므로 가령 나를 진정으로 사랑한다면 내 안에 있는 타인도 사랑할 수밖에 없다.

사실 자아의 구조는 일상생활에서 흔히 제기되는 "나는 누구인가?"라는 질문을 깊이 음미해 볼 때 더욱 분명해진다. 일반적으로 우리는 모든 일이 순조롭게 진행되어서 계획한 것이 잘 이루어지고 전망도 밝아서 별로 걱정할 일이 없으면 자기가 누구인지에 대해서도 별로 관심을 쏟지 않는 경향이 있다. 그러한 상황에서는 자기 자신의 존재에 대한 의문을 제기할 필요가 없으며, 따라서 자아 인식에 관한 심각한 질문을 제기할 필요도 느끼지 않는 것이다. 그러나 우리는 원하는 일이 뜻대로 되지 않거나 여의치 않은 일을 하고 싶을 때, 혹은 전혀 하고 싶지 않은 일을 해야 할 때, 즉 어려운 상황에 처했을 때 자신을 의식하게 되고 점점 더 부담스럽게 느껴지며, 마침내 구체적으로 그 모습을 자기 자신에게 드러내고 있음을 경험하게 된다. 여기서 내가 만나는 나 자신의 모습은 어떠한 형태를 갖추고 있는 것일까. 이제 이러한 점들을 좀 더 자세히 살펴보자.

3. 자아 인식의 한계

지금까지 살펴본 바와 같이, 자아는 나의 욕구와 능력과 의무라는 세 변으로 이루어진 하나의 삼각형이라고 규정할 수 있다. 그리고 이러한 삼각형의 모습과 크기를 파악하고 그렇게 파악된 나로서 존재하는 것이 곧 자아의 인식이라고 해석해도 좋을 것이다. 그런데 그러한 모습은 이미 언급한 바와 같이 우리가 역경에 처했을 때 더욱 분명히 드러난다. 다시 말해서 욕구를 충족시킬 능력이 없거나 주위의 여건이 허락하지 않을 때 그 윤곽이 더욱 뚜렷해진다는 것이다. 자기가 원하는 것이 이루어지지 않았을 때 무엇을 원했었는지 더욱 분명해지며, 또한 그것이 자기의 능력이 부족했기 때문인지 혹은 자기가 처한 입장에서 허용되지 않기 때문인지 등이 비로소 확실해진다는 것이다. 이와 같이 우리는 일상생활에서 특히 역경에 처했을 때 자아가 욕구와 능력과 의무라는 세 요소로 구성되어 있음을 다시 한 번 확인하게 되는 것이다. 그렇다고 해서 의도적으로 자신을 역경으로 몰아갈 필요는 없겠으나, 일단 역경에 처하게 되었을 때 그것을 역이용한다면 적어도 자아의 인식에는 긍정적인 요소로 작용할 수 있다는 것이다. 그렇다면 이러한 사실을 깨닫는 것이 자아의 인식에 어떠한 역할을 하며 또 실제로 우리에게 무슨 도움을 줄 수 있을 것인가.

앞서 살펴본 바와 같이 소크라테스적 자아의 인식은 "나는 누구인가?"라는 질문을 스스로 제기함으로써 그 출발점을 찾을 수 있다. 그러나 우리는 이 질문의 모호성과 추상성 때문에 항상 당혹감을 느끼게 된다. 내가 나에 대해서 나 자신에게 내가 누구인지를 묻는 질문이기 때문에 때로는 불합리하게 느껴지기도 한다. 그럼에도 불구하고 이 질문을 자기의 욕구와 능력과 의무를 묻는 세 가지 질문, 즉 "나는 무엇을 원하는가?", "나는 무엇을 할 수 있는가?" 그리고 "나는 무엇을 해야 하는가?"로 나누어 제기하고 또 거기에 각기 따로 답변을 마련함으로써 우리는 문제의 성격을 좀 더 구체화할 수 있을 뿐만 아니라 답변도 명확해지며, 또한 그 한계도 더욱 분명히 할 수 있다는 점을 이해하게 된다. 더구나 그것은 결코 사소한 질문이 아니고 무의미한 질문도 아니며, 물론 불합리한 질문도 아님을 실감하게 된다는 것이다.

우선 첫째 질문인 "나는 무엇을 원하는가?"를 살펴보자. 얼핏 보기에 이

질문을 자기 자신에게 던진다는 것은 무의미한 것 같다. 보통 우리는 비록 다른 사람이 무엇을 원하는지 알 수 없어도 자기가 원하는 것은 당연히 알고 있다고 믿기 때문이다. 그러나 실제로는 자기가 원하는 것을 잘못 짚고 그것이 이루어졌다고 해도 후회를 하는 경우를 흔히 볼 수 있다. 가령 나는 어릴 때부터 의사가 되고 싶다고 생각했고 또 열심히 노력하여 결국 의사가 되었지만 그것을 후회할 수 있다. 여기에는 여러 가지 이유가 있겠지만 실제로 겪고 있는 의사로서의 경험이 자기가 생각했던 것과는 전혀 다르기 때문일 것이다. 가령 나는 의사가 명예롭고 존경받으며 상당히 높은 수입도 보장받는 직업일 뿐 아니라 나의 적성에도 잘 맞는 직업이라고 생각했는데 정작 내가 경험하는 그 직업은 전혀 그렇지 않을 수 있다는 것이다. 내가 목표로 삼은 의사라는 직업에 대해서 나는 충분히 이해하지 못하고 있었기 때문이다. 이와 같이 우리는 자기가 원하는 것의 내용과 그 실상을 정확히 알지 못함으로써 진정으로 자기가 원하는 것을 모를 수도 있게 된다. 만약 이것이 사실이라면 "나는 무엇을 원하는가?"는 전혀 무의미한 질문이 아닌 것이다.

그렇다면 이 질문을 흔히 무의미한 것으로 간주하고 쉽게 지나치는 이유는 무엇일까. 사실 '나는 무엇을 원하는가?'라는 질문을 자세히 살펴보면 전혀 다른 종류의 두 질문이 섞여 있는데, 하나는 내가 '원하는 것이 무엇인지'의 내용을 묻는 질문이고 다른 하나는 내가 무엇인가를 '원하는지 혹은 그렇지 않은지'의 여부를 묻는 질문이다. 만약 그것이 후자만을 의미하는 질문이라면 이러한 질문을 제기하는 것은 무의미할 뿐 아니라 불합리하기까지 할 것이다. 어느 순간 가령 나는 내가 이해한 대로의 '의사'가 되기를 간절히 원한 것이 사실이며 그것을 다시 확인하는 것은 불필요한 일일 것이다. 이와 같이 우리에게 의식이 있는 한 무엇인가를 원하는지의 여부를 묻는다는 것은 질문을 제기하기 전에 이미 답변이 나와 있기 때문이다.[35] 그러나 자기가 원하는 것의 내용을 묻는 질문은 이미 살펴본 바와 같이 좀처럼 쉽게 대답될 수 있는 것이 아니다. 가령 의사가 어떤 직업인지에 관한 문제는 물론 객관적으로 규정되어야 할 과제이지만 실제로 그것이 자기의 적성에 맞는 것인지, 자기가 원했던 것이 바로 그것인지를 확인하기 위해서는 결국 직접 경험하지 않으면 안 된다는 어려움이 있는 것이다. 그러한 의미로 자기가 원하는 것이 무엇인지를 묻는 질문은 결코 완전한 답변을 얻을 수 없는 질문이기도 하다.

끝으로 이 질문이 가지고 있는 난점은 자기가 '원하는 것'과 '원해야 되는 것'을 자주 혼동하게 된다는 사실에 있다. 우리는 어릴 때부터 부모나 주위 어른들로부터 착한 일만 해야 하고 나쁜 짓을 해서는 안 된다는 교육을 받는다. 우리가 어린 시절부터 수없이 듣고 익숙하게 알고 있는 이야기들이란 거의 모두가 권선징악(勸善懲惡)에 관한 것들이다. 이러한 교육과정에서 우리는 자기의 욕구와 의무를 혼동하게 되기 쉽다. 특히 요즈음 부모들의 지나친 간섭이나 교육열은 자녀들이 무엇을 원해야 하는지 결정하는 데 도움이 될 수도 있겠지만 정작 그들 자신이 무엇을 원하는지 확인하는 데에는 장애가 되는 요소로 작용할 수도 있을 것이다. 내가 원하는 것은 곧 내가 원해야 되는 것이라는 신념이 암암리에 주입될 수 있기 때문이다. 그러나 우리의 욕구나 소망이 당위와 반드시 일치하는 것은 아니다. 내가 원해야 되는 것이 물론 주위에서 내게 원하는 것일 수가 있지만 나만은 원하지 않는 것일 수도 있으며, 내가 원하고 있지만 원해서는 안 되는 경우도 얼마든지 있는

35 데카르트(Descartes)의 Cogito 명제 도출 과정에서 "나는 생각하고 있는가?"의 질문을 던지는 것과 비슷하다. 내가 생각하고 있는 동안 표상하고 있는 대상을 잘못 짚을 수는 있겠지만 표상한다는 사실을 의심할 수 없다는 것이 Descrates의 입장이다. 그의 *Meditationes* Ⅲ 참조.

것이다. 그 어떤 경우이든 내가 진정으로 원하는 것이 무엇인지를 확인하기 위해서는 나 자신과 남을 동시에 설득하는 작업도 중요하다. 나의 욕구와 당위가 근접할 수 있다면 그것은 역시 바람직한 현상이 아닐 수 없다.

이와 같이 자기가 원하는 것이 무엇인지를, 다시 말해서 "욕구로서의 자아"를 확인하는 일은 결코 무의미한 일이 아니고 불합리한 일도 아니며 용이한 일은 더구나 아니다. 우리는 실제로 어떤 것을 경험해 보지 않는 한 그것이 진정으로 자기가 원했던 것인지 확인하기가 어렵고, 너무도 자주 자기가 원하는 것쯤은 스스로 잘 알고 있다는 착각에 젖어 있기 때문이다. 그러나 욕구로서의 자아를 확인하는 문제는 깊은 내성과 성찰뿐만 아니라 객관적 지식을 통해 스스로 답변을 찾아야 하는 자아 인식의 첫 번째 관문이며 통로이기도 한 것이다. 또한 이것은 두 번째 관문인 "능력으로서의 자아"를 인식하고 실현하는 데 매우 중요한 요소로 작용하기도 한다. 자기가 무엇을 원하는지 확실히 알면 그것을 실현시킬 능력이 있는지 가늠하기가 그만큼 쉬워질 뿐 아니라 이 능력을 배가시킬 근거가 될 수도 있기 때문이다. 또한 타의와 강요가 아니라 자기가 진정으로 원하는 것을 하는 사람만이 자기의 정열과 열의를 모두 쏟아 기필코 목표를 달성한다는 사실을 우리는 잘 알고 있다.

이제 두 번째 질문인 "나는 무엇을 할 수 있는가?"를 검토해 보자. 우리가 어떤 일을 할 때 자기의 능력을 먼저 알고 그 일에 착수해야 하는 것은 너무도 당연한 처사이다. 그러나 우리 주위에 실패를 거듭하고 실의에 빠져 있는 사람들이 많이 있는 것을 보면 자기의 능력을 정확히 파악하는 것은 좀처럼 쉬운 일이 아님을 알 수 있다. 어떤 사람이 자기가 할 수 없는 일들만 골라서 하려고 하고, 그리하여 그 사람의 삶이 실패의 연속일 뿐이라면 말할 나위 없이 그는 자기가 누구인지 잘 모르는 사람이라고 평가해도 좋을 것이다. 이런 의미로 "나는 곧 나의 능력"이라고 말해도 지나친 과장은 아니다.

내가 나의 능력을 잘못 짚고 계속 일을 그르치면 나 자신을 마침내 파멸로 이끌어 갈 것이 자명하기 때문이다. 여기서 우리는 자기가 할 수 있는 것과 할 수 없는 것이 무엇인지를 분별하는 것이 삶의 전반에 걸쳐서 자아의 인식에 얼마나 중요한 일인지를 다시 한 번 절감하게 된다. 그러나 이것을 분별하는 일이 왜 그토록 어려운 일인가.

우선 자기의 능력을 가늠하는 일은 자신의 욕구를 확인하는 일 못지않게 경험에 의존한다는 점을 지적할 수 있을 것이다. 사실 어떤 일을 지금 여기서 내가 할 수 있는지의 여부는 그 일을 경험한 다음에야 제대로 판가름이 나게 마련이다. 물론 우리는 현재나 미래의 능력을 과거에 지니고 있었던 능력으로 미루어 어느 정도 가늠할 수 있다. 그러나 이것은 논리적으로 볼 때 귀납의 형식을 취하고 있어서 합리적인 측면이 있지만 결국 잘 해낼 수 있는 확률을 높이는 데 그칠 뿐이다. 더구나 그 확률은 과거에 처해 있던 상황과 현재 혹은 미래의 상황이 항상 다르기 때문에 더욱 낮아질 수밖에 없다.

나의 능력을 평가함에 있어서 또 하나의 어려운 점은 여기에 어떤 것을 하고 싶다는 강한 욕망이 개입된다는 사실에 있다. 우리가 무엇을 하고자 할 때 깊이 생각해 보지 않고 서둘러서 행동으로 옮기는 경향도 바로 이 강한 욕구 때문이다. 예를 들어, 우리는 어느 대학교에 입학하고 싶다는 강한 욕망 때문에 자기의 실력을 제대로 판가름할 마음의 여유를 갖지 못한 채 지원했다가 실패하는 학생들의 예를 많이 보게 된다. "나는 무척 하고 싶다. 따라서 나는 할 수 있다"는 식의 논리적 비약을 보여 주는 경우이다. 앞서 지적한 바와 같이 무엇을 해내려는 강한 열망은 그것을 해낼 수 있는 확률을 높여 줄 수 있지만 그것을 보장해 주지는 않는다. 특히 시장경제가 주류인 자본주의 사회에서는 무한 경쟁을 부추기는 성향이 강하기 때문에 자신의 능력을 제대로 가늠하기 어려운 제도적 취약점과 구조적 한계가 있다. 거듭하거니와 강한 욕구가 있다면 어느 정도의 잠재력을 활성화 할 수 있겠지만 욕구가 곧 능력을 의미하는 것은 아니라는 점을 새삼스럽게 유의할 필요가 있다. 따라서 오늘날 우리는 스토아학파의 철학자들이나 노장(老莊) 혹은 불가(佛家)의 사상가들이 격정을 가라앉히고 사물과 자기 자신을 냉철한 이성의 눈으로 바라보라는 가르침에 특별히 주목할 필요가 있다.[36] 그러나 우리가 욕구를 한없이 억제할 수는 없는 것이기 때문에 이러한 가르침에도 분명히 한계가 있다. 가령 욕구와 능력의 균형을 맞춤으로써, 다시 말해서 욕구를 줄이는 대신 능력을 기르고 의지를 강화함으로써 문제를 해결하는 방법도 있을 것이다. 그러나 그렇게 하기 위해서는 자기에게 어떤 방법이 더 쉽고 자연스러운 것인지 파악할 필요가 있다. 경우에 따라서는 욕구를 먼저 줄일 필요가 있을 것이고 또 다른 경우에는 능력을 강화해야 할 필요가 있을 것이며, 사람의 기지이나 소양에 따라서 그 경우가 서로 다를 수도 있을 것이다.[37] 이와 같이 우리는 자기 자신의 능력을 완전히 알아낼 수 없기 때문에 소크라테스의 "너 자신을 알라"는 지시가 영원한 과제로 남아 있게 되

36 이것을 도가(道家)에서는 "이성(理性)으로 감성(感性)을 가라앉힌다(以理化情)"고 표현하기도 하며, 풍유란(馮友蘭)이 지적하는 바와 같이 Stoa학파의 영향을 받은 스피노자(Spinoza)의 "영원(永遠)의 상하(上下)"를 잘 반영해 주고 있다. 불가(佛家)에서 "불성(佛性)을 본다(見性)"는 것은 이것을 달리 설명하는 방식일 것이다. 그의 「중국철학사(中國哲學史)」, 정인재 역(서울, 형설출판사, 1979), pp.154-155, p.324 참조.

37 플루타르크(Plutarch)의 『영웅전』에 소개되고 있는 알렉산더(Alexander)와 디오게네스(Diogenes)의 일화는 능력을 외향적으로 극대화한 인간과 욕구를 내면적으로 극소화한 인간의 극적인 만남으로 그려진다. 그러나 그들의 공통점은 각기 자신의 적성에 맞게 자신만의 길을 일관되게 감으로써 마침내 스스로 건설한 왕국의 군주로 군림했다는 점에 있다. 그들이 지닌 또 하나의 공통점은 각기 다른 방식으로 자신을 "세계시민(cosmopolitan)" 혹은 "범(汎) 폴리스적 인간"으로 자처했다는 점이다. 널리 알려진 바와 같이 Diogenes는 이 표현을 만든 장본인이며 "개처럼 산다"는 뜻의 견유(Kynikos)학파의 중심인물이기도 하였다. 그는 공사의 구분, 관습의 차이, 벗은 것과 입은 것, 날것과 익힌 것, 그리스인과 외국인 등의 차이는 중요하지 않고 오직 참된 가치와 거짓된 가치의 구분만 중요하다고 하였다. 한편 Alexander는 가는 곳 어디에나 새로운 도시를 건설해 정복한 영토를 통치하고 식민화함으로써 기존의 폴리스들이 지니고 있던 문화적 특성들을 무력화하였다. 오늘날까지 그 영향력이 별로 감소되지 않은 이른바 'Hellenism'은 그러한 과정을 거쳐서 탄생된 것이다. 그들의 만남을 단순히 세속적 야욕에 불타는 정복왕과 은둔하여 안빈낙도를 즐기는 현자의 만남으로 치부하는 것은 단견이라고 볼 수 있다. 정작 중요한 것은 "내가 나답게 나로서 존재하는 것"인데 그들이 그 전형을 보여 주었다는 점에 있다.

는 또 하나의 이유를 발견하게 된다.

자아의 인식에서 마지막으로 남은 것은 윤리적 및 사회적 측면을 가장 잘 부각시키는 의무 혹은 당위의 문제이다. 이것을 적극적으로 "나는 무엇을 해야 하는가?"라고 물을 수도 있지만 소극적으로 "나는 무엇을 해도 되는가?"라고 물을 수도 있다. 그러나 양자가 모두 욕구와 능력의 문제처럼 내가 독단적으로 판단할 수가 없고 또 자기가 가장 잘 판단할 입장에 있지도 않다는 점에서 공통점을 지닌다. 다시 말해서, 내가 무엇을 하고 싶은지 또는 그것을 어느 정도 해낼 수 있는지의 문제는 물론 완전히 알 수는 없다고 해도 대부분의 경우 나 자신이 가장 잘 알고 있고 또 스스로 결정할 문제이다. 그러나 의무에 관한 내용은 욕구나 능력과 달리 나 자신보다는 남이 더 잘 알 수도 있는 문제이고 자주 우리는 그것을 실감하는 것도 사실이다. 따라서 이 문제에 대한 답변이야말로 다른 사람과의 관계 속에서 나의 정체를 확인하려는 윤리적 자아의 인식에 가장 핵심적인 부분이라고 할 수 있다. 의무는 윤리적 주체로서의 나의 욕구와 능력이 어떻게 평가되어야 하고 왜 이루어질 수 없으며 또 제약을 받아야 하는지 규정해 주기 때문이다. 실로 윤리학의 목적은 이 당위를 밝히는 데 있다고 볼 수 있다. 칸트가 "의무를 위한 의무의 윤리학"을 강조하는 이유도 바로 여기에 있을 것이다. 그렇다면 "의무로서의 자아"를 인식하기가 특히 어려운 이유는 무엇인가.

우선 의무를 이행해야 하는 존재로서의 나는 주로 '내가 본 나' 혹은 '나의 나'가 아니라 '남의 남', 즉 남의 눈에 비쳐진 '남'으로서의 나라고 하는 점을 강조해야 할 것이다. 여기서 나의 '나'는 내가 알고 있는 '나'가 아니라 남에게 알려진 '나'를 의미한다. 이 두 개의 '나'는 상당히 중복될 수도 있겠지만 반드시 일치하는 것은 아니다. 이러한 맥락에서 이해할 때 중복된 부분이 많을수록 성숙도가 높다고 말할 수 있지만 그렇지 못하면 그만큼 성숙도가 낫다고 보아도 좋을 것이다. 물론 여기서 말하는 '남'이란 나를 제외한 모든 사람을 의미하는 것은 아니다. 그것은 나와의 친숙한 관계를 통해 어느 정도 객관적으로 나에 관해 판단할 입장에 있는 사람을 말하는 것으로서 로저스(Carl Rogers)의 '의미 있는 남(significant others)'이라고 할 수 있고, 그 예로 우리는 부모나 스승, 다정한 친구 등을 들 수 있다. 그런데 흥미 있는 것은 그러한 '나'를 나 자신 안에서도 찾을 수 있다는 사실이다.[38] 가령 '약속'이라는 현상을 살펴보자.

일반적으로 약속에는 두 사람 이상의 당사자와 이들 사이에 약속되는 내용이 있다. 가령 내가 빌린 돈을 한 달 후에 갚겠다고 어떤 사람과 약속을 했으면 나와 그 사람, 그리고 기일 안에 돈을 갚겠다는 내용이 그것이다. 그런데 여기에는 약속을 하는 순간과 약속이 지켜지는 순간 사이에 한 달이라는 시간적 간격이 있다. 따라서 나는 지금의 그 사람과 약속을 하지만 한 달 후에 그 사람과 약속을 지키는 것이므로 엄격히 말하자면 동일한 상태의 그 인물과 약속이 이루어진 것은 아닌 셈이 된다. 그럼에도 불구하고 약속이라는 현상이 이루어지는 것은 두 사람이 한 달 후에도 동일한 인물로 남아 있을 것, 즉 자아의 동일성을 전제로 하는 것이다. 그런데 약속을 어기면 어떤 현상이 벌어지는가. 한 가지 흥미 있는 일은 이러한 경우 상대방은 물론이고 나 자신마저 저버리게 된다는 점이다. 약속은 상대방뿐만 아니라 그것을 지키기로 한 미래의 나 자신과의 약속이기도 하기 때문이다. 그러므로 충분한 이유도 없이 약속을 자주 어기는 사람은 다른 사람으로부터 불신을 당하

38 Carl Rogers, *Psychology: A Study of Science*, Vol. 3, S. Koch ed.(N.Y.: McGraw-Hill, 1959), p.224. 그의 입장을 '인본주의적 현상학(Humanistic Phenomenology)'이라고도 하는데, S. Freud의 정신분석학과 B. F. Skinner의 행태주의 심리학과 차별화하는 입장으로서, 실재를 규명함에 있어서 개인의 의식적 경험을 중요시하고 환원주의적인 객관적 실재를 거부하는 것이 특징이다. Robert D. Nye의 *Three Views of Man* (Cal. Monterey: Brooks/Cole Pub. Co., 1975), pp.82-85 참조.

게 될 뿐만 아니라 자기 자신도 불신하게 된다. 이것이 거듭되면 결국 자기 자신으로부터 소외되어 있음을 실감하게 되는 것이다. 성숙한 사람은 약속을 쉽게 하지 않으며 함부로 어기지도 않는다. 다른 사람들뿐만 아니라 자기 자신까지도 실망시키게 되기 때문이다. 여기서 우리는 약속을 지키는 주체로서의 '나'와 그 약속의 대상인 객체로서의 '나'를 구분할 수 있고, 후자를 내 안에 있는 '남'이라고 할 수 있는 것이다.

확실히 의무로서의 나를 알기는 매우 어려운 일이다. 다른 사람의 입장에서 나를 인식하는 자아의 구조 외에도 의무를 정작 이행해야 하는 상황에서 제기되는 문제들도 허다하다. 그중에서도 특히 두 개의 의무가 상충할 경우에는 우리는 어려운 입장에 처할 수밖에 없음을 일고 있다. 가령 사회봉사의 목적으로 먼 길을 떠나야 할 의무와 노부모를 가까이서 모셔야 할 의무가 상충할 때에는 어떤 선택이 더 바람직한 것인지 판단하기가 결코 쉽지 않다. 이러한 측면에서의 나를 알기 위해서는 가족뿐만 아니라 내가 몸담고 있는 유기체로서의 사회 전체를 알아야 하고 그 안에서 차지하고 있는 나의 입장, 그리고 부단히 유동하는 나와 다른 사람들 간의 역학 관계를 모두 고려해야 하기 때문이다.

물론 이 밖에도 의무의 인식과 이행에 관해서는 자아의 다른 측면, 즉 욕구 및 능력과의 상관관계를 간과해서는 안 될 것이다. 지나친 욕구의 발로로 의무를 인식하지 못할 뿐만 아니라 능력을 정확하게 가늠하지 못하기 때문에 의무를 이행하지 못하는 경우도 얼마든지 있다. 이와 관련해서 맥커운(Greg Mckeown)은 선택의 이른바 "본질주의(Essentialism)"를 제창하고 있다. 그에 의하면 비본질주의자는 욕심이 많아서 모든 것을 다 하려는 사람인데, 그러한 사람은 항상 바빠서 허둥대다가 결국 하나도 제대로 해내지 못하는 사람이라는 것이다. 이에 비해서 본질주의자는 덜 중요한 것을 버릴 줄 알며 더 중요한 것을 우선 실천하는 사람을 말한다. 무엇보다 그는 삶의 지혜가 중요하지 않은 것을 버리는 데 있음을 강조하며, "내가 삶의 우선순위를 정해 놓지 않는다면 다른 사람이 내 삶의 우선순위를 정할 것"이라고 주장한다.[39] 이것을 자아의 인식이라는 관점에서 다시 해석한다면 본질주의자란 "진정으로 자신이 원하는 것과 해낼 수 있는 것, 그리고 해야 하는 것을 알고 그것을 실천하는 사람"이라고 규정할 수 있다. 그러나 정작 그렇게 하는 것이 어려운 일이기 때문에 포퍼 식의 "비판적 합리주의자"가 되어 "덜 원하는 것과 해낼 자신이 없는 것, 그리고 반드시 당장 해야 할 필요가 없는 것부터 포기할 줄 아는 사람"이라고 규정할 수도 있다. 이러한 자세를 갖추는 것은 무한 경쟁을 통해 욕구를 극대화할 것을 강요당하는 자본주의 사회에서 매우 긴요하고 절실하게 요구되는 삶의 지혜라고 할 수 있다. 여하튼 칸트의 "의무는 능력을 함축"한다는 주장이 비록 옳다고 하더라도 현실적으로 구체적인 상황에서 무엇이 내가 당면한 의무인지를 인식하는 것은 전혀 별개의 문제로 남아 있다.[40] 이와 같이 의무의 문제는 욕구와 능력의 문제가 가지고 있는 여러 가지 난점을 그대로 담고 있기 때문에 자아의 인식에서 가장 핵심적인 문제임에도 불구하고 가장 어려운 문제로 취급될 수밖에 없는 것이다.

끝으로 염두에 두어야 할 것은 자아의 삼각형이라는 구조, 즉 욕구와 능력과 당위라는 구조가 급속한 과학기술의 발달로 말미암아 현대사회에서는 본질적으로 변형되는 양상을 보인다는 점이다. 앞서 언급한 바와 같이 지금

39 Greg Mckeown, 『에센셜리즘(*Essentialism*)』, 김원호 옮김(서울: 알에이치 코리아, 2015), p.22. 그는 "에센셜리스트"를 생각, 행동 및 결과의 차원에서 이렇게 규정한다: "소수의 중요한 일만 생각하고 체계적으로 판단하여 더 적게 일하고자 하며, 그 결과 주도적으로 살아간다는 느낌을 가질 뿐 아니라 일하는 과정에서도 즐거움을 잃지 않는 사람이다."

40 Kant에 의하면 "너는 해야 하므로 할 수 있다(Du Kannst, denn du sollst)"라는 명제가 성립되는데, 우리가 도덕률을 의식할 때에는 그것을 해낼 수 있다는 능력과 자율로 자각하게 되기 때문이라는 것이다. 그의 *Kritik der Praktischen Vernunft*, S.54 참조.

까지 우리는 대부분의 경우 무엇을 원하는지 알고 있으면서도 이를 달성할 능력이 없어서 고심하는 사태에 놓여 있었다고 한다면, 이제는 그 능력이나 수단은 마련했으나 무엇을 원해야 하는지가 분명치 않은 상황에 놓이게 되었다는 점이다. 그동안 보편적으로 인류는 풍요와 안락을 원했고 미지의 세계에 대한 개척과 정복을 원했으며, 마침내 과학과 기술이라는 수단을 동원하여 이를 상당 부분 성취시키는 데 성공했다. 그러나 그 결과 중에서 많은 부분은 오늘날 오히려 성취시키지 않음만 못한 것으로 판명되고 있다. 장회익이 잘 지적해 주었듯이 "이제 우리는 지금까지 원래 해왔던 바 그 자체가 과연 정당한 것이었던가를 새롭게 문제 삼아야 할 시점에 도달한 것이다." 그는 이렇게 말한다.

> 이러한 상황에서 우리에게 요청되는 가장 소중한 지적 자산은 그간 개발개척의 수단이 되어 왔던 기술과 이를 뒷받침할 실용적 지식이기보다는 바른 삶의 양식을 찾아낼 지혜와 이를 가능케 할 통찰적 지식이 되지 않을 수 없다. 지금까지 우리가 '아는 것이 힘'이란 말이 전해 주듯이 우리의 앎 자체를 그 기술적 활용을 위한 도구라는 의미로서 소중하게 여겨 왔으나, 이제는 앎 그 자체가 사물을 바로 파악하여 우리의 바른 판단을 도와줄 '눈'의 구실을 해야 한다는 점에 좀 더 깊은 관심을 기울여야 할 상황에 이르렀다.[41]

그는 우리가 "지금까지 애써 마련한 과학적 앎이 단지 '힘'으로서의 기능뿐만 아니라 '눈'으로서의 기능을 할 수 있도록 개편하는 작업에 힘을 기울이지 않을 수 없다"고 지적하며 그 대안을 제시한다. 그에 의하면 두 가지 방

41 장회익, "과학," 『우리말 철학사전』, 우리사상연구소 엮음(지식산업사, 2001), p.34.

안이 있다. 하나는 비단 과학 전문가뿐 아니라 현대문명에 관심을 가지는 모든 사람들이 현대 과학이 밝혀 주고 있는 지식의 성격과 내용을 먼저 폭넓게 이해하는 일이다. 이는 말하자면 우주와 인간 그리고 그 안에 놓인 자연의 복잡한 여러 사항들을 일단 있는 그대로 되도록 넓은 시각 안에 끌어들이는 일에 해당한다. 그다음 이들을 종합하여 하나의 의미 있는 전체로 엮어 내야 한다. 이를 위해서는 "과학을 통해 얻어진 지식들뿐만 아니라 과학 이외의 방식으로 얻어진 폭넓은 사물이해 내용들을 의미 있게 연결하는 지혜가 요청되는 것이며, 이를 통해 이 시대가 요구하는 물음에 대해 하나의 의미 있는 대답이 제시되어야 한다"는 것이다.[42] 그것은 한마디로 자아의 인식에 철학자나 인문학자들뿐만 아니라 이 시대를 풍미하는 자연과학자들도 협력하고 동참해야 한다는 것을 의미한다. 그러한 노력은 앞서 언급한 과학의 인문학적 요소, 즉 과학정신과 과학적 합리성의 함양뿐만 아니라 과학기술 일반이 자아의 인식에 미치는 영향도 함께 면밀히 분석해야 한다는 것을 의미하는 것이다.

4. 맺는 말

지금까지 우리는 행복의 개념이 무엇이고 그것이 지니는 추상성과 이상성이 어디에 있는지, 격동의 시대에는 그것이 관능적 쾌락과 동일시되는 경향이 있는 이유가 무엇인지 등을 살펴보았다. 그리고 우리는 행복을 직접적으로 추구하기보다는 오히려 진정한 자아의 인식에 집중하는 것이 정체성을 상실하기 쉬운 이 시대에 더욱 바람직한 것인지 검토해 보았다. 또한 우리는 자아가 욕구와 능력과 의무라는 세 변으로 이루어진 하나의 삼각형이

42 *Ibid*, p.36.

라는 것을 전제로 하여 그것을 인식한다는 것은 무엇을 의미하며 또 얼마나 어려운 일인지를 어느 정도 살펴보았다. 그렇다면 이러한 분석을 통해서 우리가 얻을 수 있는 결론은 과연 무엇인가. 이제 그 분석의 성과를 간단히 정리해 보기로 하자.

첫째, 소크라테스적 자아의 인식을 위해서 막연히 "나는 누구인가?"를 자신에게 묻는 것보다는 "나는 무엇을 원하고 무엇을 할 수 있으며 또 무엇을 해야 하는가?"라고 세분화해서 물으면 좀 더 구체적인 답변, 즉 좀 더 포괄적이고 체계적인 자아의 인식에 도달 할 수 있다. 앞서 살펴본 바와 같이 자아를 구성하는 욕구와 능력과 의무는 서로 긴밀한 역학관계에 있기 때문에 서로 복합적으로 작용하여 그 정체를 파악하기가 더욱 어렵게 되어 있는 것이다. 그러나 그것을 먼저 별도로 취급하면 질문 자체가 더욱 선명해질 뿐만 아니라 이에 대한 답변도 좀 더 구체화된다. 이렇게 선명해진 세 개의 변을 합쳤을 때 훨씬 더 명확한 자아상이 드러나게 될 것이다.

둘째, 세분화된 질문을 통해서 우리는 좀 더 구체적인 인식에 도달할 수 있지만, 그러나 동시에 자아에 관한 한 완전한 인식이 불가능하다는 사실도 더욱 명확해졌음을 깨닫게 되었다. 여기서 우리는 그것이 경험적으로도 불가능하다는 점을 이해하겠지만, 논리적으로도 다시 말해서 인식의 주체인 내가 나를 인식의 대상으로 삼는 데 한계가 있다는 점에서 구조적 난점이 있음을 알게 된 것이다. 따라서 자아 인식에 관한 질문은 타자나 일반 사물에 관한 인식과 구조적으로 다른 유형의 질문임을 깨닫게 되는 것이다.[43]

43 이러한 점은 윤리적 자아의 인식에만 국한된 문제가 아니라 심미적 혹은 종교적 자아의 경우에도 마찬가지이다 그것은 인식의 주체인 내가 나를 인식의 대상으로 삼는 데에는 한계가 있기 때문이다. 이것을 Gilbert Ryle은 자아의 "회피성(elusiveness)"이라고 부르며 서평(書評)이 다른 책을 논평하는 책이지만 논리적으로 자기 스스로를 평가하는 책이 될 수 없는 것에 비유한다. 그의 *The Concept of Mind* (N.Y.: Barnes & Nobles, Inc., 1949), pp.195–198 참조.

셋째, 이러한 인식은 소크라테스가 말하는 '무지의 지(知)'가 무엇을 의미하는지 실감하게 한다. 자기가 누구인지 모르면서 경거망동하기보다는 "나는 누구인가?"라는 질문을 자기 자신에게 계속 던짐으로써 자기의 욕구와 능력과 의무를 시시각각으로 확인하며 그 '나'로서 살아가는 것이 이른바 살아갈 가치가 있는 바람직한 삶, 즉 "반성된 삶"임을 인식하게 된다. 이러한 종류의 무지를 실감함으로써 좀 더 성숙한 자세로 삶에 임할 수 있다는 것이다.

넷째, 이와 같이 우리가 비록 자아에 대한 완전한 인식에 이르지는 못한다고 하더라도 이성적이고 성찰적인 존재로 남아 있기 위해서는 그것을 결코 외면할 수 없다는 사실도 함께 절감하게 되었다. 내가 나 자신의 삶을 주체적으로 살아 내기 위해서는 내가 누구인지 먼저 알아야 하기 때문이다. 이러한 사실은 내가 나의 욕구와 능력과 의무 사이를 항상 방황해야 하는 역설적인 존재임을 다시 한 번 확인해 주는 것이다. 그러나 여기서 말하는 방황은 막연한 표류가 아니라는 점에서 분명히 주체적 방황임에 틀림없다.

다섯째, 이와 같은 점들로 미루어 볼 때 우리가 바람직한 삶을 살기 위해서 할 수 있는 최선의, 그리고 최고의 방안은 "나는 누구인가?"라는 질문을 계속 던지면서 그 나로서 최선을 다하며 사는 것뿐이라는 결론에 도달하게 된다. 이렇게 사는 동안 행운이 찾아와 주면 자기가 원하는 것을 얻을 수도 있게 되고, 되고 싶은 사람이 될 수도 있으며, 어쩌면 그 이상이 될 수도 있을 것이다. 말하자면 행복한 삶을 살게 될 수도 있다는 것이다. 그러나 이러한 것은 모두 바람직한 삶의 부산물에 지나지 않는다. 참으로 중요한 것은 "나는 누구인가?"라는 질문을 끊임없이 나 자신에게 던지고 그것을 확인하는 일이다. 실패하고 후회하며, 또 회한에 젖기도 하면서, 그러나 다시 눈물을 거두며 도대체 내가 누구인가를 계속 다그쳐 물어야 하는 것이다.

우리가 비록 완전한 답변을 얻지 못하더라도 내가 누구인지를 계속 묻는 한 소크라테스의 “너 자신을 알라”는 냉혹하고도 집요한 요청 앞에 너무 당혹해 할 필요는 없다. 이미 살펴본 바와 같이 내가 누구인지 모르는 것은 조금도 부끄러운 일이 아니다. 인간으로서의 나는 나를 완전히 알 수 없기 때문이다. 정작 부끄러운 일은 너무 확신에 차서 내가 누구인지를 묻지 않는 것이, 다시 말해서 인간으로서 반성된 삶을 살지 않는 것이 부끄러울 뿐이다. 이렇게 내가 누구인지를 계속 묻고 또 그것을 묵묵히 실천에 옮기는 한 우리는 또한 “일흔 살이 되니 하고 싶은 대로 하나 법도에 어긋남이 없다(七十而從心 所欲不踰矩)”라고 말한 공자에게 떳떳하게 다가갈 수 있을 것이다.[44] 그는 어찌할까를 묻지 않는 사람은 나도 어찌할 도리가 없다고 했기 때문이다.[45]

여기서 우리는 자아 인식을 완수한 ‘실존적 인간’의 전형적인 모습을 볼 수 있다. 비록 그것은 다소 과장된 측면이 있다고 하더라도 나의 욕구와 능력과 당위가 어떻게 조화를 이룰 수 있는지를 보여 주기 때문이다. 그러나 그것은 어떻게 가능한가. 어떻게 우리는 바람직한 삶을 살기 위해서 단순히 “나는 누구인가?”라는 질문을 계속 던지고 있을 뿐만 아니라 만족스러운 수준으로 그 해답을 찾을 수 있을 것인가. 그렇게 되려면 이미 지적한 바와 같이 행운이 찾아와 주기를 바라야겠지만, 그러나 그것은 소극적인 방법일 뿐만 아니라 진정한 의미로 바람직한 삶의 태도가 아닐 수 있다. 자기가 원한 것을 자신의 능력으로 이루어 낸 것이 아니기 때문이다. 그렇다면 어떻게 자아의 인식을 완수할 것인가. 다시 말해서 개인적이고 본능적인 수준의 자아를 사회적이고 이상적인 차원으로 승화시킬 방법은 무엇인가. 여기에는 두 가지 방법이 있을 수 있는데, 하나는 초월적 혹은 내재적인 신의 은총과 축복을 받아서 자아 인식을 완수하는 신앙의 길이고, 다른 하나는 인식의

44 공자(孔子)의 「논어(論語)」 爲政 2편.

45 *Ibid.*, 15권 15장 참조. 주희(朱熹)는 ‘如之何’를 “熟思而審處之辭也”로 풀이한다.

범위와 능력을 확장시켜서 마침내 자각에 이르는 지성의 길이다. 전자의 대표적인 예를 우리는 예수나 마호메트 혹은 석가와 같은 종교적 지도자들에게서 찾을 수 있고, 후자의 예를 공자나 노자, 플라톤이나 아리스토텔레스, 혹은 에픽테토스나 스피노자에게서 찾아볼 수도 있다. 그러나 우리의 논의를 종교적 신앙의 영역으로 확장하지 않고 현실적이고 실존적 담론에 국한시켜서 좀 더 진행시켜 보기로 하자. 어떻게 자아 인식이 개인적이고 감각적 수준에서 사회적이고 지성적인 차원으로 확대될 수 있을 것인가.

이미 언급한 바와 같이 특히 자아 인식의 철학은 자아의 인식을 바람직한 존재의 필요충분조건으로 본다. 그러나 여기서 자아는 단순히 개인적이고 본능적인 수준에 머물러 있지 않다. 사실 앞서 지적한 바와 같이 당위라는 변이 자아의 삼각형에서 하나의 변을 이룬다는 점에 특히 유의할 필요가 있다. 그것이 내가 나의 욕구와 능력만으로 구성된 것은 아니라는 것을 의미한다. 김태길 교수는 그러한 점을 지적하여 "개인적 자아의식이 인간이 갖는 자아의식의 전부는 아니다"라고 주장하며 그것을 이렇게 설명한다.

> '우리'라는 복수 일인칭 대명사가 상징하듯이, 인간에게는 집단적 자아의식도 있다. 아마 전근대의 사람들에게는 대체로 현대인의 경우보다 훨씬 강한 집단적 자아의식이 있었을 것이다. 현대 산업사회에 이르러 그것이 크게 약화되기는 했으나 그래도 다소는 남아 있으며, 아마 앞으로도 전혀 없어질 가능성은 희박할 것이다.[46]

그러나 우리가 집단적 자아의식을 가지고 있다는 것이 "의식을 가진 인간

46 김태길, 「변혁시대의 사회철학」(철학과현실사, 1995), p.90.

집단에 있어서 그 집단이 전체를 '자아'로서 인식한다는 뜻은 아니다." 그는 이어 이렇게 말한다.

> 의식을 가진 것은 개인뿐이며 의식의 기관인 신경계통을 가진 유기적 집단은 존재하지 않는다. 다만 의식의 주체인 개인이 우리가 보통 말하는 '자기'만을 자아로 의식하지 않고, 자기를 감싸고 있는 집단을 넓은 의미의 '나', 즉 '우리'로서 의식한다는 뜻에서, 인간에게는 집단적 자아의식이 있다고 말할 수 있을 따름이다.[47]

다시 말해서 "인간 개인에게는 '자아'라는 의식이 있는데, 개인은 자기 한 사람만을 자아로 의식하기도 하고, 자기가 속해 있는 집단을 자아로서 의식한다"는 것이다.[48] 이러한 관점에서 본다면 자아 인식의 철학이 강조하는 것은 추상적인 인류에 대한 사랑보다 구체적인 자기 자신의 가족과 이웃에 대한 사랑이고, 그러한 의미로 그것은 김 교수가 말하는 "대자아(大自我)의 철학"인 것이다. 이것은 또한 "타아를 사랑하기보다는 자아를 사랑하기가 쉽다는 심리학적 사실"에 의해서도 뒷받침된다고 할 수 있다.

그러나 자아 인식의 철학이 실천적인 측면에서 어려운 점이 없는 것은 아니다. 비록 "자애(自愛)의 정이 가족의 울타리를 넘어서서 먼 곳으로 파급될 수 있다 하더라도, 그 파급이 작은 나를 중심으로 삼는 동심원을 그리고 확대된다는 사실은 여전히 남아 있다"고 지적하고 김 교수는 다음과 같이 말한다.

> 잔잔한 수면에 던져진 조약돌의 파문이 그렇듯이, 자애에서 출발한 인간애

47 *Ibid.*
48 *Ibid.*, p.91.

도 가족을 넘어서서 멀리 갈수록 그 사랑의 강도가 약화되어, 어느 지점에 이르면 흔적조차 없어진다. 그런데 그것이 어떻게 전 인류를 끌어안도록 확대될 수 있느냐 하는 의문이 이 자리에서 제기될 수 있을 것이다.[49]

상식적으로 생각해 보아도 자기중심적인 '자연의 정'이 전 인류를 '우리'로서 의식할 수 있기를 기대하기는 어렵기 때문이다. 그러므로 우리에게는 다른 능력이 필요한데 그것을 김 교수는 '지성'이라고 지적하며 다음과 같이 말한다.

세계의 끝까지 멀리 도달할 수 있는 것은 자연의 정이 아니라 생각하는 능력, 즉 지성(知性)이다. 우리가 전 인류를 '우리'로서 의식하는 대아(大我)의 경지에 도달하기 위해서는, 나와 내 가까운 곳을 사랑하는 자연의 정과 세계의 끝까지 내다볼 수 있는 지성의 힘을 합쳐야 한다.[50]

'나'가 우리의 일부이듯이 '우리'도 나의 일부가 되어 자아를 구성하지만 '나'와 '우리'가 중복되는 부분이 확장되어 이른바 '대아'를 형성하려면 지성의 힘이 요구된다는 것이다. 그러나 소크라테스의 지행합일설에서 보여 주듯이 여기서 필요한 지성이 어떤 것인지, 그리고 그것이 어떤 방식으로 작용해야 가능한 것인지 입증하는 것은 좀처럼 쉬운 일은 아니다. 여하튼 아마

49 김태길, 「공자 사상과 현대사회」, 철학과현실사, 1998, p.118.

50 *Ibid.* 김태길 교수에 의하면 우리는 나의 몸, 나의 명예, 나의 가족과 나의 친구, 나의 조국 등을 사랑하지만 "자아의 범위 밖의 것은 사랑할 수가 없다"고 한다. 그는 이렇게 설명한다. "무엇을 사랑한다는 것은 그것이 자아의 범위 안으로 포섭되었음을 의미하며, 어떤 의미에서도 '나의 것'이 아닌 것은 사랑하지 않는다. 그러므로 어떤 것이 나의 사랑을 받기 위해서는 그것이 나의 '자아' 범위 안으로 포섭되어야 한다." *Ibid.*, p.150. 이러한 의미에서 인류애는 추상적이긴 하지만 현재 존재하는 인간은 물론 과거에 존재했던 인간이나 미래에 존재할 인간이 모두 자아의 범위 안에 들어온다는 것을 의미하다. 그리고 그것은 분명히 지성이 작용한 산물이라고 할 수 있다.

이것이 소크라테스를 비롯한 그리스 철학자들이 절제, 용기, 정의와 함께 지혜를 강조했고 공자를 위시한 유가의 사상가들이 인의예지(仁義禮智)라는 덕목 전반에 걸쳐 지성을 부각시킨 이유였을 것이다. 비록 이들이 모두 지행(知行)의 합일설을 주장하지는 않았으나 일반적으로 현자(賢者)가 되기 위해서는 우선 지자(知者)가 될 것을 요구하였고, 가령 플라톤의 철인왕이나 아리스토텔레스의 '큰 인물(megalo-psychia)', 혹은 공자의 군자(君子)나 맹자의 대인(大人)이 모두 넓은 의미의 지성인일 수밖에 없는 이유도 여기에 있는 것이다.

그러나 이러한 지성을 갖춘다는 것은 아리스토텔레스의 표현대로 한다면 최고선으로서의 완전한 '행복(eudaimonia)'을 누리는 것을 의미하는데, 우리가 모두 받아들이고 있듯이 그러한 종류의 삶은 누구에게나 가능한 것은 아니다. 한마디로 진정한 의미의 자아 인식은 이미 언급한 바와 같이 하나의 이상으로 남아 있기 때문이다. 그러나 그러한 인식을 시도하는 것, 다시 말해서 자연의 정을 중심으로 하여 지성의 힘으로 그 외연을 확장시킴으로써 대아로 근접하고자 노력하는 것은 정도의 차이는 있지만 현실적으로 누구에게나 가능한 것이며, 특히 격동의 시대에는 바람직하고 행복한 삶에 근접할 수 있는 가장 효과적인 방법일 수도 있을 것이다. 박노해 시인은 "그 길이 나를 찾아왔다"에서 이렇게 읊는다.

> 조용한 시간 내 마음 깊은 곳의 소리를 듣는다.
> 지금 이대로 괜찮은 걸까? '나 어떻게 살아야 하나?'
>
> 나는 실패 투성이 인간이고 앞으로도 패배할 수밖에
> 없는 운명이겠지만, 내가 정의하는 실패는 단 하나다.
> 인생에서 진정한 나를 찾아 살지 못하는 것!

진정으로 나를 찾아 살지 못했다는 두려움에 비하면
죽음의 두려움조차 아무것도 아니다.

우리 인생에는 각자가 진짜 원하는 무언가가 있다.
나에게는 분명 나만의 다른 길이 있다.
그것을 잠시 잊어버렸을지언정 아주 잃어버린 것은 아니다.
지금 이대로 괜찮지 않을 때, 지금 이 길이 아니라는 게
분명해질 때, 바로 그때, 다른 길이 나를 찾아온다.
길을 찾아 나선 자에게만 그 길은 나를 향해 마주 걸어온다.

나는 알고 있다. 간절하게 길을 찾는 사람은 이미
그 마음속에 별의 지도가 빛나고 있음을.
나는 믿는다. 진정한 나를 찾아 좋은 삶 쪽으로
나아가려는 사람에게는 분명 다른 길이 있다.

_『다른 길』[51]

각자가 자신을 제대로 인식할 때 자신을 구원할 수 있을 것이고 각자가 자신을 구원할 때 인간은 구원받을 것이다.

51 박노해는 현장 노동자로 일하면서 『노동의 새벽』이란 시집을 통해 80년대 한국 민주화와 노동운동을 주도한 상징적 인물이다. 그는 '얼굴 없는 시인'으로 불리며 7년간 수배를 받아 오면서 '남한사회주의 노동자동맹(사노맹)'을 결성했고 이른바 '사회주의 혁명'을 꾀하다가 검거돼 무기징역을 받은 바 있다. 그러나 김대중 정권이 들어선 1998년 특사로 7년간 수형생활을 마치고 풀려나왔다. 박노해는 이후 "과거를 팔아 오늘을 살지 않겠다"고 선언한 후 '나눔문화포럼'을 주도하는 사회운동가로 변신해 있다. 2014년 세종문화회관에서 열린 사진전 '다른 길'에 이 시가 걸려 있었다. 함영주의 『박노해의 '다른 길'』, "중앙SUNDAY" 제414호, 26면 참조.

제 5 장

—

종합토론

I. "격동의 시대와 자아의 인식"에 대한 논평

_ 신중섭 (강원대학교 윤리교육과 교수, 서양철학)

1. 이번 석학 강좌의 주인공 엄정식 교수는 말 그대로 격동의 시대를 살아왔습니다. 그는 해방의 여명조차 비치지 않았던 1942년 초에 일곱 누이 틈의 6대 독자로 태어났습니다. 홍은동 근처에 있던 백련사에 드나들며 아들 낳기 소원을 빌었던 아버지 덕분이었습니다. 세상물정 모를 때 해방을 맞이했을 것이고, 철이 들기도 전에 6.25 전쟁을 통과했을 것입니다. 5.16, 4.19와 같은 정치적 격랑의 시대에 대학 생활을 마치고, 잠시 철학계를 떠나 미국 대사관 필름도서관에서 일할 때 아내를 만났습니다. 다시 철학의 길로 접어들어 석학이 되고, 석학 강좌에서 네 차례에 걸쳐 자신의 철학을 설파하는 영광을 누렸습니다.

그는 다재다능합니다. 화가이면서 사진·비디오 작가이기도 합니다. 그는 공동주택인 아파트에서도 세 마리의 오리를 키울 수 있는 강심장과 지혜를 가진 분입니다. 스포츠에 열광하여 세계화된 경기를 즐기기 위해 밤잠을 설친 적이 한두 번이 아니라고 합니다. "시인의 길을 단념하고, 그저 훌륭한 철학자로 우리 곁에 있어 달라"는 후배 시인의 간곡한 부탁을 받아들인 덕분에 우리는 엄 교수의 철학적 향연에 참여할 수 있었습니다. 가장 가까운 사람들의 증언에 따르면 그는 "행복한 철학자"입니다.[01] 아니 무엇보다 성공

01 엄정식 교수에 대한 사적인 지식은 모두 우애령이 쓰고 엄유진이 그린 『행복한 철학자』(하늘재, 2007)에서 온 것이다.

한 철학자입니다. 엄 교수의 자제 가운데 한 명이 아버지의 뒤를 이어 철학자의 길을 걷고 있어 '부자철학자(父子哲學者)'가 탄생한 것을 보면 그는 행복한 철학자로서 성공적인 삶을 살았음에 틀림없습니다.

그를 철학으로 이끈 사람은 소크라테스입니다. "너 자신을 알라"는 델포이 신탁이 소크라테스를 철학으로 이끌었듯이, 엄정식은 "너 자신을 알라"는 소크라테스의 말을 받들어 평생 "나는 누구인가"를 자신의 철학적 화두로 삼았습니다. 거리에서 오만하게 "너 자신을 알라"고 외치고 다니다 권력자들의 미움을 사 독배를 마신 소크라테스와 달리 엄 교수는 '나는 누구인가'를 평생 철학적 화두로 삼아, 깨달은 것을 겸손하게 전달하여 'Umcrates'라는 별명을 얻고, 사랑을 받고 있습니다.

2. 엄 교수의 강의를 들으면서 토론자의 머리에 떠오른 사람은 200년 전에 이 땅에 살다간 다산 정약용(1762-1836)입니다. 정약용은 "성인의 시대는 이미 멀어졌고 그 말씀도 없어져서 그 도가 점점 어두워졌으니, 오늘날 백성을 다스리는 자들은 오직 거두어들이는 데만 급급하고 백성을 기를 바를 알지 못한다. 이 때문에 하민(下民)들은 여위고 시달리고, 시들고 병들어 서로 쓰러져 진구렁을 메우는데, 그들을 기른다는 자는 바야흐로 고운 옷과 맛있는 음식으로 자기만 살찌우고 있으니 어찌 슬프지 아니한가"[02]라고 하면서 불의한 현실을 보고 한탄했습니다.

그러나 그가 가야 할 길은 이미 정해져 있었기 때문에 그의 고뇌는 의외로 간단했을 것입니다. 그는 "성현의 가르침에는 원래 두 가지 길이 있다. 사도(司徒, 백성을 교화시키는 일을 맡은 사람)는 만백성을 가르쳐 각기 수신하고

02 丁若鏞, 『牧民心書1』, 다산연구회 역주, 창작과비평사, 1978, pp.9-10.

치민(治民)하게 하였으니, 치민하는 것이 목민하는 것이다. 그런즉 군자의 學은 수신이 그 반이요, 나머지 반은 목민(牧民)하는 것이다"[03]라고 믿었습니다. 다산은 수신과 목민을 학문의 두 축으로 보았던 것입니다. 그의 학문 속에 이미 목민이라는 실천이 포함되어 있었습니다. 앎과 삶, 이론과 실천이 하나로 통합되어 있었던 것입니다. 다산은 목민할 마음은 있으나 몸소 실행할 수가 없어 '심서(心書)'를 붙여 『목민심서(牧民心書)』를 썼던 것입니다.[04] 다산에게는 이론과 실천이 하나였을 뿐만 아니라 실천해야 할 것이 무엇인가도 자명하였습니다. 그것은 바로 성현의 가르침이었습니다. 그러나 근대화와 민주화로 우리의 상황은 근본적으로 변했습니다.

철학의 지향점은 근원적인 '문제 해결'이고, '문제'는 보편성과 역사성을 지닙니다. 이 강좌에서 엄 교수가 문제로 제기한 것은 여럿입니다. 우선 첫 번째 문제로 제기한 것이 '나는 누구인가'이며, 이는 보편성을 지닙니다. 엄 교수는 이 문제를 소크라테스적 '자아 인식'의 문제로 정식화하여 평생에 걸쳐 그 해답을 추구하였습니다. 또한 그가 설정한 역사성을 지닌 문제는, 사회 정의와 통합의 문제, 분단 구조의 고착이 초래한 문제들, 왜곡된 분배와 복지, 전통과의 단절과 극심한 가치관의 혼란, 문화적으로 전도된 가치관, 쾌락주의적이고 물질 중심적인 가치관, 과학기술의 역기능, 기심(機心)과 환경파괴(ecocide), 정신적 피폐, 도덕적 타락 등입니다.

3. 엄 교수는 이런 복잡한 문제에 소크라테스적 자아 인식과 과학정신에 기초한 비판적 합리성으로 접근하여 해결하고자 하였습니다. "과학정신은 오직 실험과 관찰을 통해 얻어낸 자료를 근거로 해서 논증이란 방식에 의

03 *Ibid.*, 같은 쪽.
04 *Ibid.*, 12쪽.

해 새로운 지식을 획득하려는 탐구의 정신이다." 합리적 방식, 비판적 입장, 개방적 자세, 보편적 성격, 자율적인 태도를 지닌 과학정신은 소규모의 상업 문화가 자본주의와 국제적인 시장경제로 확대되고, 봉건적인 폐쇄사회가 자유민주주의의 개방 사회로, 독점적 제국주의적 문화가 개방적인 다원적 문화로 발전하는 데 원동력이 되었습니다. 엄 교수는 소크라테스의 철학으로, 소피스트적인 수사와 분석철학적인 치밀한 논리로, 현대 우리가 당면한 문제의 근원적인 뿌리를 탐측(探測)하고 해결 방안을 포괄적으로 제시하였기 때문에 토론자는 세 가지 질문만을 하려고 합니다.

[답변] 우선 신중섭 교수의 저에 대한 과분한 평가와 제 강의에 대한 정확한 이해에 감사드립니다. 저의 '자아 인식'은 분명히 소크라테스적이지만 좀 더 구체적으로는 유가에서 말하는 수기치인(修己治人)의 개념과도 유사하다고 할 수 있습니다. 저 자신을 제대로 인식해서 저답게 세상을 살아간다면 그것이 곧 다른 사람들을 위하는 길이라고 생각한 것이지요. 그러한 생각을 생각에 머문 것이 아니라 실천하려고 노력했다는 점도 지적하고 싶습니다. 또한 저는 정약용의 수신과 목민에도 공감하는 입장입니다. 그러나 '목민'이라는 것이 반드시 직접적으로나 간접적으로 정치에 참여하는 것이라고 생각하지는 않습니다. 내가 무엇을 하든 그것이 개인적 차원의 '소아'적인 것이 아니라 사회적으로나 역사적으로 개체적인 의미의 자기를 넘어서는 '대아'적인 기능을 수행할 수 있다면 그것을 저는 현대적인 맥락에서 '목민'이라고 해석하고 싶습니다. 아마 다산의 경우보다는 좀 더 넓은 의미로 그 말을 사용한다고 말할 수 있겠지요. 사실 민주 사회에서는 누가 무엇을 하든 정치적 함축을 갖는 것도 사실이니까요.

저는 또한 제가 하고 싶은 것을 많이 해낼 수 있었고 어느 정도 그것이 바람직한 것이었다고 생각하기 때문에 한 인간으로서 대체로 행복하다고 말할 수 있을 것입니다. 그러나 제가 과연 한 사람의 철학자로서 행복한지에 대해서는 항상 의문을 갖습니다. 그것은 비트겐슈타인이 말했듯이 "철학자로서 충분할 정도의 지적인 능력을 갖춘 사람은 없다"라는 뜻에서가 아닙니다. 저는 자주 제가 원하는 정도에 비해서 철학적 재능이 결핍되어 있다는 자괴감에 젖기 때문입니다. 아마 제가 이 분야에서 제 능력에 비해 너무 큰 욕심을 가지고 있기 때문인지도 모릅니다. 이제 남은 시간에는 그동안 산발적으로 전개했던 생각의 편린을 좀 더 체계적으로 정리하는 데 만족할까 합니다. 여하튼 대체로 저는 격동의 시대를 살아온 이 땅의 한 지성인으로서, 말하자면 개인적으로나 가족적으로, 혹은 사회적으로 비교적 행복한 사람임을 솔직히 고백하고 싶습니다.

[첫째 질문] 소크라테스가 "너 자신을 알라"고 했을 때 '너'와 엄 교수가 "나는 누구인가"라고 했을 때 '나'는 개념적으로 구분되어야 합니다. 소크라테스가 탈옥을 할 수 없었던 이유는 '폴리스적 자아'와 '개체적 자아'의 갈등에서 하나만을 선택할 수는 없었기 때문입니다. 폴리스 공동체적 자아가 전근대적 자아라면 개체적 자아는 근대 개인주의적 자아입니다. 소크라테스에게는 이 두 자아가 분리되지 않았습니다. 그런데 엄 교수는 소크라테스를 근대 '개체적 자아'로 설정한 것처럼 보입니다. 뿐만 아니라 자아를 나의 욕구·능력·의무라는 세 변으로 이루어진 하나의 삼각형으로 규정할 때의 '자아'도 '개체적 자아'처럼 보입니다.

자아는 고유성과 독립성을 지니지만, 사회적이고 역사적인 변화에 조응(照應)하는 역동성도 갖습니다. 자아는 정태적이 아니라 동태적입니다. 따라서 나의 욕구·능력·의무로 구성된 나를 알기 위해서는 나를 규정하는 모든 것들에 대한 인식이 선행되어야 합니다. 오늘날 우리 사회가 직면한 문제를 인식하고 해결책을 모색하기 위한 '자아 정립'에서의 자아가 어떤 자아인가 궁금합니다. 그리고 엄 교수가 말한 '공동체적 자아'나 '민족적 자아'에 대한 설명도 듣고 싶습니다.

[답변] 소크라테스의 경우 "너 자신을 알라"고 했을 때 '나'가 개체적 자아인지 공동체적 자아인지를 구분하는 것은 매우 어려운 문제라고 생각합니다. 아마 근대적 관점에서 보았을 때 그것은 공동체적인 요소가 강하고 전근대적인 관점에서 보았을 때는 오히려 개체적이라고 해석될 수도 있을 것입니다. 바로 이러한 점이 소크라테스적 자아를 이해하는 데 어려움이 있는 것 같습니다. 그는 분명히 전근대적 공동체 안에서 근대적 자아의 인식을 제기했다가 공동체의 공분을 샀다고 생각합니다. 그러나 이것은 아테네 시민들의 오해에 기인한다고 봅니다. 소크라테스는 제가 이해하기에 공동체적 자아와 개체적 자아가 서로 양립될 뿐 아니라 보완관계를 이룰 수 있음을, 아니 그렇게 되어야 함을 역설했던 것입니다. 개체적 자아의 인식에서 핵심을 이루는 것은 영혼의 정화인데, 이것은 각자가 명예나 권력, 부귀영화 등 외형적 가치가 아니라 진·선·미 등 내면적 가치를 추구할 때 가능하며 그것은 결국 공동체를 위하는 길이라고 역설했기 때문입니다. 여기서 저는 그가 근대적 자아의 탄생을 암시했을 뿐 그것을 공동체적 자아에 대해서 선호한 것은 아니라고 봅니다. 그는 아테네가 '나'라는 개체를 위해 존재한다고 주장하지 않았기 때문입니다. 그것이 곧 그가 조국인 아테네를 떠나지 못한 이유이기도 한 것입니다. 저는 그가 전근대성과 근대성을 동시에 지니고 있다고 봅니다. 그에게는 개체 못지않게 공동체가 중요하다는 점에서 전근대적이며, 공동체 못지않게 개체도 중요하다는 점에서는 근대적이기 때

문입니다. 그러한 의미로 그는 중세는 물론 고대나 근대에 속하는 철학자라기보다는 탈근대 혹은 미래에 속하는 철학자라고 보아도 좋을 것입니다. 그것이 제가 그에게 흥미를 갖는 가장 중요한 이유이기도 합니다. 이러한 맥락에서 공동체적 자아의 한 유형으로서 '민족적 자아'도 설명될 수 있다고 봅니다. 어떤 민족을 그 성원의 단순한 집합체로 규정하지 않는 것처럼 한 개인을 어떤 민족의 원자적 요소로 규정하지 않을 때, 다시 말해서 양자 사이의 유기체적 관계를 염두에 둘 때 구체화되는 자아 개념이라는 점에서 그렇습니다.

한편 소크라테스적 자아의 인식은 고대 아테네뿐만 아니라 오늘날 우리가 당면한 문제를 해결하는 데 있어서 실마리를 제공한다고 믿습니다. 자아가 욕구와 능력과 당위로 구성되어 있다는 것은 자아 개념의 규정이 공동체와 무관하지 않다는 것을 의미하며, 특히 나의 당위는 공동체에서의 내 위상이 규명되지 않으면 그것을 규정하는 것 자체가 불가능한 것입니다. 그런데 오늘날 우리가 당면한 문제는 아테네의 경우와 마찬가지로 이러한 의미의 자아가 정립되어 있지 않기 때문에 야기된 것이라고 봅니다. 가령 지나친 욕구와 모자라는 능력, 잘못 인식된 당위가 진정한 자아의 인식을 저해하고 영혼을 혼탁하게 하며 온갖 사회문제의 온상이 된다는 것입니다. 그것은 공동체의 경우에도 마찬가지입니다. 욕구에 비해 능력이 모자라는데도 잘못된 자아 인식으로 과도한 사명감에 사로잡혀 있으면 다양한 방식으로 요행을 바라거나 반칙을 범하려 들고, 이러한 사고방식이나 행동양식에 길들여지면 진위나 선악, 미추와 성속 같은 중추적 가치의 개념과 그 기준이 흐려지기 때문입니다. 여기서 공동체를 민족 단위로 한정했을 때 저는 그것을 '민족적 자아'라고 부릅니다.

[둘째 질문] '비판적 합리성'이나 '과학정신'이 우리 현실에서 힘을 발휘하지 못하고 있습니다. 우리 사회의 대립과 갈등을 해결할 수 있는 방법으로서 '비판적 합리성'이나 과학정신이 본질적인 한계를 지니고 있기 때문인가요? 아니면 그것을 받아들이지 못하는 우리 사회가 문제인가요?

[답변] 과학기술시대를 살아가는 현대인에게 그것은 공통된 과제이기도 하지만 비판적 합리성이나 과학정신이 특히 우리 현실에서 힘을 발휘하지 못하는 것은 격동의 시대를 거치면서 너무 급진적으로 현대화 과정을 밟아 왔기 때문이라고 봅니다. 결과주의적 사고방식과 성과위주의 조급한 행동양식 때문에 과학기술과 민주주의적 정치형태, 자본주의적 경제체제, 그리고 다원주의적 문화구조 등을 받아들였고 또 급조했지만 그것의 모태가 되는 과학지식과 과학정신을 체득하는 데 있어서 무관심했거나 게을리한 데서 상당히 많은 문제가 발생했다고 보는 것입니다. 우리들 대부분은 과학지식에 근거한 과학기술문명의 혜택을 입으면서도 유목시대나 농경시대에 등장한 신화적 인생관이나 가치관, 세계관을 가지고 세상을 살아갈 뿐만 아니라 그러한 방식으로 세계를 지배하고자 하는 경향이 있다는 것입니다. 신화는 그 자체로서 소중한 의미를 지니며 중요한 역할을 수행한다고 믿지만, 그러나 그것이 통시대적으로 모든 가치판단의 기준이 되어야 한다고 저는 생각하지 않습니다. 어떤 신화든 그것이 참으로 중요하다면 그것도 검증이 필요하며 그중에서 유효한 것만 현실적으로 적용되어야 하고 그 나머지는 신화로서만 기능하도록 점검하고 보호할 필요가 있습니다. 신화의 남용을 막기 위해서는, 다시 말해서 액면 그대로 받아들이는 오류를 피하기 위해서는 역시 과학정신의 체득이 필요하다고 생각합니다. 그중에서도 특히 비판적 합리성을 활용하여 검증의 단계를 거침으로써 개방적인 민주시민으로서 자

질과 품격을 갖추는 것이 중요합니다. 그러나 가장 첨단의 과학기술로 장착된 우리 사회가 가장 낙후된 신화적 사고방식에 집착하고 행동함으로써 '문화지체' 현상이 더욱 극심해졌고 바로 여기에 우리 사회의 원초적이고 구조적인 문제점이 있다고 봅니다. 이러한 사실을 객관적으로 성찰하고 비판적으로 수용한다면 문제 해결의 실마리도 찾을 수 있다고 생각합니다.

[셋째 질문] 비트겐슈타인이 "나는 나의 글을 통해 다른 사람들이 생각하는 수고를 덜어 주고 싶지 않다. 오히려 가능하다면 사람들이 자신의 사고에 이르도록 북돋워 주고 싶다"(『철학적 탐구』, 서문)고 했듯이 철학의 본령은 스스로 비판적으로 생각하여 자신의 생각에 도달하는 것이겠지만 이 과정은 어려운 고난의 길입니다. 철학이 삶에 지친 사람들에게 위안과 용기를 줄 수는 없을까요?

철학이 나와 세상을 비판적으로 본다는 명분으로 지나치게 비관적으로만 보고 있는 것은 아닐까요? 포퍼가 말했듯이 '낙관은 철학자의 도덕적 의무'일 수도 있습니다. 낙관적 전망을 지닌 사람만이 자신의 행위에 의미를 부여할 수 있고, 이것은 결국 운명의 차이로 이어지기 때문입니다. 이제 철학자들이 세상을 내려다보며 "너 자신을 알라"고 고독하게 외치고만 있을 것이 아니라, 세상을 따뜻하게 받아들일 수 있는 낙관적인 포용력을 가지고, 칸트적 의미의 계몽과 교육으로서 철학의 기능을 활성화해야 하지 않을까요.

[답변] 철학의 개념이 워낙 넓기 때문에 일률적으로 말하기는 어렵겠지만 제 생각에 삶에 지친 사람들에게 위안과 용기를 주는 것이 철학의 일차적인 목표는 아니라고 봅니다. 이 세상에서 일시적으로 위안과 용기를 얻기 위해

서는 자기도취와 착각 혹은 최면이나 환상에 의해서도 가능하겠지만 그것은 철학적 접근방법과는 거리가 멀다고 생각합니다. 철학관에 차이가 있겠지만 학문으로서의 철학은 비록 그 성과가 고통스러운 것일지라도 과학과 같이 존재와 가치에 관한 보편적인 진리와 객관적인 사실을 밝히는 것이 더 중요하다는 것입니다. 그러나 철학은 과학의 일종이 아니기 때문에, 다시 말해서 문학이나 종교와 유기적인 관계를 지니기도 하기 때문에 이차적으로는 혹은 파생적으로는 삶에 위안과 용기를 줄 수도 있을 것입니다. 따라서 철학이 낙관적 포용력을 지니든지 혹은 낙관적 전망을 의도하는 것은 어디까지나 철학적 진실에 근거해 있어야 할 것입니다. 터무니없는 몽상이나 막연한 희망을 주는 철학은 오히려 위안과 용기를 주기는커녕 사태를 더욱 악화시킬 수도 있지 않을까요? 포퍼도 철학이 종교처럼 만병통치약이 될 수 없고 또 그렇게 되어서도 안 된다는 점을 지적한 바 있습니다. 그러나 이 문제는 역시 철학관의 차이에 달려 있다고 봅니다. 철학을 과학보다는 문학이나 종교와 더 가까운 것으로 규정하면 철학의 상담적 치유의 기능을 강조할 수밖에 없다는 것입니다. 소크라테스가 강조했듯이 냉혹할 정도로 철저하게 수행된 영혼의 정화 혹은 자아의 인식을 통해서만 그 기능이 파생적으로 이루어져야 할 것입니다. 삶의 위안과 용기는 철학함의 부산물이지 목적이 아니라는 것입니다. 칸트가 말하는 계몽과 교육도 그러한 의미로 이해하고 싶습니다. 칸트의 경우 '계몽'이란 지성을 주체적으로 활용하여 자신의 삶에 책임을 지게 하는 능력을 의미하는 것이니까요. 지성이 모든 것을 해결하는 것은 아니지만 삶의 문제에서 가장 바람직한 해결 혹은 해소의 방법은 역시 지성의 힘에 호소하는 것이라고 저는 믿습니다.

II. "선도적 자아의 조건"에 대한 논평

_ 남경희 (이화여대 철학과 교수)

현대는 격동의 시기입니다. 한반도는 아마도 세계에서 가장 변화의 속도가 빠르게 진행되는 지역일 것입니다. 세계 최강의 국가 미국과 긴밀한 우방 관계를 50년 이상 맺고 있으면서, 세계 최대 인구국가, G2 국가로 웅비하는 대국굴기의 중국, 여전히 세계 2, 3위의 경제대국인 일본을 옆에 두고 있습니다. 다른 한편으로 세계 유일의 분단국으로 냉전 시대의 이념 대립 속에서 난해한 통일방정식을 모색하며, 반쪽의 국토와 인구로 세계 10위 근처의 무역 대국으로 압축성장한 국가입니다. 정말로 숨 가쁘게 살아왔습니다. 앞으로의 변화는 예측 불허하는 방향으로, 그리고 극히 빠른 속도로 진행될 것입니다.

이런 지정학적 환경 속에서, 시대적 상황 속에서 한국민들은 그 어느 때보다도 더 순발력 있고 융통성 있게, 그리고 확고한 자아의식으로 무장하고서 대응해야 한다는 과제를 안겨 주고 있습니다. 이런 상황에서 엄 교수의 주제는 절실하고 시의 적절한 것입니다.

엄 교수는 한국 철학계에서 자아의 문제에 관해서는 한국에서 가장 오래 깊이 있는 성찰을 해 오신 철학자이십니다. 자아 문제에 관한 대가답게 고대 희랍의 소크라테스부터 현대 과학에 이르기까지, 서양철학에서 동양철학까지 폭넓게 조망하시면서 철학계의 원로로서의 통찰력 있는 지혜를 전해 주셨습니다. 그 밖에도 현대 사회의 격변하는 모습, 한 민족이 처한 상황, 과학기술과 자유주의나 개인주의 등의 이념과의 관계 등에 관해 정확하고 탁월한 통찰에 경의를 표합니다.

엄 교수가 제시하신 분석과 진단과 제안, 앞으로의 방향과 지침 등에 전적으로 동의하면서, 엄 교수의 고견을 듣고자 몇 가지 보완적인 물음을 던지고자 합니다. 첫째, 행복의 개념, 둘째, 자아의 구조, 셋째, 비판적 합리성, 마지막으로 한국적 자아상에 관한 것입니다.

[첫째 질문] 우선 행복의 개념과 관련된 것입니다. 모든 사람들이 행복하기를 원합니다. 아마도 가장 많은 사람들이 삶의 목적을 '행복'이라는 개념으로 답하리라고 생각됩니다. 이에 엄 교수는 '행복'을 구체적으로 규정하여 우리 삶의 지침으로 제시하셨습니다. 엄 교수의 정의에 따르면, 행복이란 "합리적인 인생 계획을 가진 사람이 윤리적인 차원에서 자기의 의무나 당위를 이행하는 동안 총체적 자아에서 우러나온 소망을 성취시켰을 때 얻는 만족감"입니다. 한국 사회에서 항용 개인들의 행복 추구는 가족이기주의 등의 부작용을 낳으며, 사회적 갈등을 빚어내는 경우가 많습니다. 이런 점에서 '윤리적 차원의 의무와 당위'라는 단서를 강조한 것은 호소력이 있다고 생각됩니다.

하지만 학문적 탐구, 예술적 창조, 취미 생활 등은 우리 삶의 주축적인 가치를 창출하는 인간 고유의 활동이며, 행복 증진에 핵심적인 기여를 하지만, 이들은 윤리적 의무나 당위의 개념에 의해 규정하기 어려운 측면이 있습니다. 현대사회에서 가장 중요한 가치 중 하나가 자유나 능동적 활동성인데, 이들이 중요한 이유는 이를 통해 인간적 가능성을 계발 확대하고, 타인과 공유할 수 있기 때문입니다. 자유라든가 인간으로서의 주체성 등의 개념을 반영함으로써 엄 교수가 행복 규정에서도 언급하고 있는 '총체적 자아'의 개념도 충실해질 수 있지 않을까 생각됩니다. 이런 점에서 행복에 대한 규정을 다소 보완하거나, 아니면 윤리성의 개념을 확대할 필요가 있다고 생각됩니다. 이에 관해 엄 교수의 보완적 설명을 듣고 싶습니다.

[답변] 매우 중요한 점을 지적해 주었다고 생각됩니다. 특히 자아의 구조에서 제가 윤리적 차원의 당위와 의무를 지나치게 강조한 것 같은 인상을 준 것은 욕구와 능력의 변에 대해 충분히 설명하지 않았기 때문일 것입니다. 사실 욕구의 충족과 능력의 구비는 자유의 개념과 직결된 사항이며, 학문적 탐구, 예술적 창조, 취미 생활 등도 이러한 맥락에서 설명될 수 있을 것입니다. 결국 그러한 것은 지적 호기심이나 예술적 충동, 일상적 관심사의 충족을 의미하기 때문입니다. 인간의 주체성도 이러한 과정을 거쳐서 더욱 구체화되고 확고해진다고 봅니다. 그러나 이 모든 것이 총체적 자아에서 우러나온 소망과 능력의 표현이라고 하더라도 동시에 그것이 이기적이고 배타적이어서 반사회적인 성격을 띤다면 행복과는 무관하거나 오히려 저해요소로 작용한다고 저는 생각한 것입니다. 저명한 과학자나 예술가들, 심지어 성자들까지도 자기 분야에서 탁월한 업적을 남김으로써 이른바 '성공적인 삶'을 살았다고 하더라도 수난과 질곡의 삶을 사는 동안 공동체와의 갈등을 모면하지 못했다면 총체적 자아의 맥락에서 결코 행복한 삶을 살았다고 말할 수는 없을 것입니다. 베토벤이나 반 고흐가 감동적인 삶을 살았고, 니체나 비트겐슈타인이 충격적이고 멋진 삶을 살았으며, 예수나 성 프란체스코가 거룩한 삶을 살았지만 그들의 삶이 반드시 행복했다고 말할 수 없는 이유가 여기에 있습니다. 또한 여기서 말하는 '윤리성'이란 단순히 다른 사람과의 관계에서만 성립되는 것이 아니라 자연의 섭리를 따른다는 의미의 도덕성, 칸트가 지적한 자기 자신이나 신과의 관계에서 성립되는 의무, 헤겔이 외면적인 '전통적 도덕(Sittlichkeit)'과 구분해서 강조한 내면적인 '개인적 도덕(Moralität)', 그리고 유가에서 다루는 '신독(愼獨)' 같은 개념을 포함한다고 봅니다. 더 자세한 설명은 이러한 개념들을 명료화하고 구체화함으로써 이루어질 수 있다고 생각됩니다. 가령 자유와 주체성의 개념도 타자의 그것

을 침해하지 않는 것이어야 비로소 행복의 구성 요소로서 고려의 대상이 된다고 볼 수 있을 것입니다. 여기서 저는 '행복'의 개념을 흔히 말하는 '성공'의 그것과 구분하고 싶습니다. 말하자면 성공한 사람이 반드시 행복한 것은 아니고 행복한 사람이 성공한 사람을 의미하는 것도 아니기 때문입니다. 이 두 개념에 서로 중복되는 부분이 많이 있겠지만, 성공은 주로 외면적이고 공적인 업적이나 성취에 대한 객관적 평가인 반면 행복은 내면적 가치의 추구에 대한 주관적 만족도와 더 밀접한 관계를 지닌다는 것입니다.

[둘째 질문] 자아와 관련된 질문입니다. 엄 교수가 말한 나의 '자아'는 나와 가장 가까운 것이자 내 삶의 기반임에도 가장 알기 어려운 것입니다. 엄 교수가 제시하신 자아의 삼각형, 욕구와 능력과 의무라는 세변으로 된 삼각형의 구조는 자아 인식을 위한 탁월한 기초적 개념 틀이 될 수 있으리라 생각됩니다. 개인적 자아나 민족적 자아상을 그리고자 할 때, 각각의 욕구, 능력, 의무가 무엇인지를 확인함으로써 그 과제를 성취할 수 있을 것입니다.

엄 교수는 대체적으로 자아를 인식의 대상이다, 인식되어야 한다고 논하고 있습니다. 그런데 이런 논의의 방식은 자아란 이미 완성된 것, 일정한 모습을 지닌 것으로 주어져 있는 것이라는 인상을 갖게 합니다. 자아는 인식의 대상이기도 하지만 형성의 대상, 만들어지는 존재로 여겨집니다. 우리의 신체는 대체적으로 그 설계도가 주어져 있지만, 정신이나 자아는 타자와의 관계에서 지속적으로, 그리고 역동적으로 형성되어 갑니다.

자아의 인식이 어려운 이유는, 자아란 완성되어 주어진 존재라기보다는 타자와의 관계에서 역동적으로 형성되어 가는 존재, 만들어지는 존재이기 때문입니다. 개인적 자아는 타자의 자아에 열려 있고, 민족적 자아는 외래 문화에 열려 있으며, 전승된 민족적 정체성은 미래에로 열려 있는 것입니다. 나는 상당히 타자이며, 나의 자아와 타자의 자아는 사회적 자아의 일부일지 모릅니다. 어제의 자아로 내일을 살 수 없으며, 이기적 자아로는 사회의 공동선을 이룰 수 없고, 국수주의적 자아로는 세계화나 다문화 사회에 대처해 나아갈 수 없습니다.

정보통신 혁명이 우리 삶의 방식을 바꾸어 놓고, 다면적으로 진행되는 세계화가 국가 경계를 허무는 시대, 1년에 1000만 명이 세계여행을 하고, 수많은 외국인들, 외국 신부들이 유입되는 다문화 시대입니다. 이런 시대에 우리의 자아는 유연하고 개방적으로, 그리고 확장적으로 형성되어야 할 것입니다. 자아의 삼각형은 닫힌 도형이 아니라, 열려 있을 뿐 아니라 수용적인 것이 되어야 한다는 데에 동의하시리라 생각됩니다. 그렇다면 자아의 형성을 위한 중요한 원리나, 가치 또는 지침이 있어야 하리라 생각되는데, 이에 대한 엄 교수의 통찰력 있는 지혜를 빌리고 싶습니다.

[답변] 자아의 '인식'에서 가장 어려운 점이 다른 종류의 인식과 달리, 말하자면 한 그루의 나무를 인식하는 경우와 달리 객체로서의 역동성이며 주체로서의 실천성이라고 할 수 있습니다. 남 교수가 잘 지적하신 바와 같이 역동성은 자아의 형성뿐만 아니라 인식의 과정에서도 핵심적인 부분이라고 할 수 있습니다. 또한 그러한 역동성은 실천을 통해서 새로운 자아를 창조한다고 볼 수 있습니다. 그리고 그것이 또한 소크라테스의 경우 핵심적인 부분이라고 생각됩니다. 그에게 자아를 인식한다는 것은 곧 그렇게 인식된 자아로서 살아간다는 것을 의미하기 때문입니다. 그러나 여기서 말하는 자아를 추상화하여 '위치는 있으나 연장이 없는 유클리드 기하학적 점'으로 규정하는 것이 아니라면 연장으로서의 시간과 공간을 염두에 두어야 하고, 이것을 구체화할 때 자아의 형성을 위한 이른바 '원리'나 '가치' 또는 '지침'이

필요하다고 할 것입니다. 시간적으로 볼 때 자아는 동일성을 유지하는 존재로서 그것을 과거와 현재와 미래의 관점에서 고찰할 수 있고 여기에는 일관성 있게 관통하는 원리가 필요하며 그 원리가 지향하는 가치 혹은 삶의 지침 같은 것이 고려되어야 할 것입니다. 공간적으로 볼 때 자아는 사회적 관계를 형성하는 존재로서 다른 성원과의 유기적인 관계를 통해 자아의 구성 요소를 구체화하는 욕구와 능력과 당위가 고려되어야 할 것입니다. 이러한 맥락에서 충분히 개진하지는 못했지만 저는 칸트적 '선험성의 원리'를 고려하고 있습니다. 자아의 형성과정에서 공간적으로나 시간적으로 이 원리가 작용하여 일정한 방향으로 진화해 간다는 것입니다. 가령 시간적 관점에서 볼 때 과거의 내가 현재의 나를, 그리고 현재의 내가 미래의 나를 규정하는 요소로 작용한다는 것이지요. 물론 여기서 주체적 자유의지를 허용하기 때문에 그것은 운명론이나 결정론을 함의하는 것은 아닙니다.

또한 여기서 자아의 개념 자체가 인간이 이성적 동물이라는 점을 전제로 하기 때문에 시간적으로나 공간적으로 합리성이 고려되어야 하는데, 그것을 저는 포괄적인 의미로 "합리성의 원리"라고 부르며, 그중에서도 비판적 합리성이 자아의 정체성을 형성하고 유지하는 데 더 중요하다는 점을 강조하고 싶습니다. 독단적 합리성은 비이성적인 욕구나 충동과 쉽게 야합하며 합리적 인생 계획이나 수용적이고 개방적인 인간관계를 유지하는 데 방해 요소로 작용할 수 있기 때문입니다. 그러한 의미로 비판적 합리성은 자아 동일성의 원리인 동시에 자아 존속성의 원리로 작용한다고 볼 수 있습니다.

[셋째 질문] 엄 교수가 제시하신 '비판적 합리성'은 아마도 그런 원리로 생각할 수 있습니다. 서구적 합리성은 주로 비판과 분석을 강조한 것으로 생각됩니다. 엄 교수도 이성에는 종합적 능력, 개방적 능력이 있음을 지적하

셨으나, 그 부분이 더욱 강조되어야 하지 않을까 생각됩니다. 그리하여 비판적 합리성보다는 수용적 합리성이나 관용적 합리성을 생각해 볼 수 있다고 생각됩니다. 타자의 질서와 나의 질서를 통합하여 새로운 질서를 구축할 수 있는 능력, 이것이 소크라테스적 대화의 정신이라 생각됩니다.

이런 수용적 태도를 강조하는 이유는, 한국인들이 독립적이고 개방적인 자아의식은 미약하고, 폐쇄적 '우리 의식'이 과도하며(집단주의), 갑을 관계가, 강한 자와 약한 자 간의 위치가 너무도 확실한 사회이고(위계사회), 역사적으로 폐쇄적이라 할 정도로 민족주의적이며(민족주의), 이질적인 것을 왕따시키는 등 동질성을 강조하고 강요하는 성향(동질주의)이 강하다고 생각되기 때문입니다.

[답변] 저는 '비판적 합리성'을 비교적 넓은 의미로 쓰는 편입니다. 독단적 합리성보다는 비판적 합리성이 더 많이 작동할 때 종합적 능력과 개방적 능력이 효과적으로 발휘될 수 있기 때문에 비판적 합리성은 수용적 합리성과 관용적 합리성과도 쉽게 연결된다고 봅니다. 여기서 '비판적'이라고 함은 어떤 객관적 사태와 타자뿐만 아니라 자기 자신의 사고와 행동 양식에까지 적용되어야 함을 의미 하기 때문에 수용적이고 관용적 태도의 단서를 제공한다는 것입니다. 그러므로 비판적 합리성의 수용적 측면이나 관용적 측면을 절대로 소홀히 하는 것이 아니며, 오히려 그것은 나와 공동체의 질서를 통합하여 새로운 질서를 창출하는 능력의 원천이라고 봅니다. 물론 남 교수가 잘 지적해 주었듯이 소크라테스적 대화의 정신도 바로 이 비판적 합리성의 한 형태라고 봅니다. 그러나 소크라테스가 플라톤과 비교할 때 비판적 측면을 더욱 강조한 것은 수용적이고 관용적인 측면을 많이 부각시킬 경우 그것은 곧 체계화 작업을 통해 독단적 합리성의 제물이 될 우려가 있기 때문이

라고 봅니다.

우리나라의 상황을 고려할 때 격동의 시대를 겪는 동안 우리는 수난과 질곡, 극심한 파괴와 혼란, 그리고 급속한 변화와 발전을 경험하면서 많은 갈등적 요소와 부정적 유산을 축적해 왔다고 볼 수 있습니다. 우리가 그동안 얻은 것도 많지만 이에 못지않게 잃은 것도 많다는 뜻이지요. 남 교수도 잘 지적해 주셨지만 그러한 현상이 사람 사는 곳에서라면 어디에든지 있게 마련인데 우리 사회에서는 그 정도가 매우 심한 것이 문제라고 말할 수 있겠지요. 그렇기 때문에 복잡하게 얽혀 있는 실타래를 두 동강이 낸다고 해서 풀리는 것이 아닌 것처럼 문제를 해결하는 데 있어서 너무 조급하게 대처해서는 안 된다고 생각합니다. 여기서도 무엇보다 비판적 합리성의 활용이 절실하게 필요하다고 봅니다. 포퍼가 지적하듯이 만병통치의 약이 있는 것처럼 혁명적 처방을 시도할 것이 아니라 점진적 공학의 방식으로 접근하여 역순으로 하나씩 해결할 필요가 있습니다. 이것을 달리 표현하면 이 사회에는 전근대성과 근대성뿐만 아니라 탈근대성이 공존하고 있기 때문에 섣불리 서둘러서 어떤 처방을 내리기에는 너무도 위험한 상황이라고 말씀드릴 수 있겠습니다. 여기서 비판적 합리성의 요체는 본질적으로 자기비판의 성격을 지녀야 한다는 점을 다시 강조하고 싶습니다.

[넷째 질문] 이와 관련하여 한국의 민족적 자아상에 관한 마지막 질문을 드리고자 합니다. 현재 세계 안에서 한국의 경제적 지위는 단군 이래 최고 수준이라 생각됩니다. 5, 60년 만에 식민 상태, 전면적의 폐허를 딛고서 이룬 성취이니 놀라운 것입니다. 우리는 이런 기회를 놓치지 말아야 합니다. 앞으로 한국의 과제는 이런 경제적 위상을 확고히 하고, 정치적인 그리고 문화적인 선진국으로 진입하는 것입니다. 그러나 진정 문화적 선도국이 될 수

있으려면, 한국적 자아는 세계인들이 본받을 만한 보편적인 덕목이나 가치를 보일 수 있어야 합니다. 우리는 한국적 자아상을 형성해 감에 있어 그것이 무엇일지, 무엇이 되어야 할지 심각히 고민해야 한다고 생각됩니다.

엄 교수도 정확히 통찰하셨듯이, 고대 희랍에서 소크라테스에 의해 자아 또는 윤리적이고 인식적인 주체로서의 영혼의 발견이 이루어졌습니다. 소크라테스는 모든 개인들이 지적인 인식 주체이자 윤리적인 주체로서 영혼을 지니고 있음을 알리고자 했으며, 이를 통해 그 당시 시인, 현자, 신관 등 소수에 의해 장악되어 있었던 진리와 지식과 가치의 세계를 아테네 시민들 자신이 자신의 영혼을 통해 접근하고 비판할 수 있음을 알리고자 했습니다. 이를 통해 정치적 민주주의를 넘어서 지적, 정신적 민주주의 혁명을 시도했습니다. 소크라테스, 플라톤 등의 인문주의자들에 의해 이루어진 정신의 혁명은 아테네로 하여금 지중해의 제국을 구축하게 하였으며, 합리성, 민주주의, 철학, 문학 등 풍부하고 탁월한 정신적 유산을 서구에 전해 주어 서구 정신의 초석을 놓게 하였습니다.

자그마한 도시국가에서 시작하여 지중해 세계 전체를 장악할 수 있었던 것은 이성에 대한 믿음, 보편적인 것에 대한 지향이었습니다. 희랍 문화의 특징을 흔히 '아곤(경쟁)'이라 하는데, 희랍적 경쟁의 성격은 경쟁의 상대방을 이기는 것, 제압하는 것이 아니라, 설득하는 것, 나의 입장의 타당성을 입증하여, 타자를 동화시켜 나의 편으로 만드는 것이었습니다. 타자를 배척하고 적대시하는 것이 아니라 대승적으로 수용하여 새로운 보편 질서를 만드는 것이었습니다. 이런 정신이 로마로 이어져, 로마의 보편주의적 법정신은 이태리 반도 한구석 언덕 위의 작은 국가에서 수백 년을 지속하게 한 제국으로 발전하게 한 힘이 되었습니다. 한국은 소국이라 생각하지만, 모든 제국은 소국으로 시작했다는 것을 우리는 유념할 필요가 있습니다.

한국이 외세의 지배하에 있었던 시기는 고려 말 몽고의 지배, 일제 30년 정도입니다. 인도의 경우 200년 동안 영국의 식민지였으며, 중국의 경우는 그들이 오랑캐라 폄하했던 몽고족과 여진족에게 왕조 자체를 두 번씩이나 내주는 수모를 견디고, 치욕적인 전쟁에서 패배해 땅 한구석을 100년 동안 외국에 내어 주어야 했습니다. 그럼에도 인도를 세계 유수의 문화권으로 평가하는 이유는 종교 수출국이라 할 정도의 정신적 가치를 중시 여기기 때문입니다. 중국이 몽고, 여진 등의 통치세력을 흡수시키고 세계사의 주력 국가로 존속할 수 있었던 것은 그들의 사상과 문화, 유장하고 심원한 인문적 정신 때문이었습니다. 중국은 문헌의 제국이라 불릴 정도로 문자문화를 존중했다고 합니다. 그 밖에도 미국의 개인의 자유와 권리에 대한 존중, 대학 제도, 영국의 의회 등을 생각해 볼 수 있습니다. 한국적 자아가 세계에 내보일 수 있는 보편적인 가치나 덕목 또는 삶의 방식이 있다면 무엇일지, 무엇이 되어야 할지 엄 교수께 조언을 구하고자 합니다.

[답변] 우선 남 교수의 식견과 통찰에 경의를 표합니다. 무엇보다 제가 고대 아테네와 소크라테스의 행적에 관심을 가지고 있는 것은 그 당시의 상황과 우리의 현실 사이에 구조적 유사성이 있기 때문입니다. 이러한 점을 강조하고 부각시키는 이유는 거기서 배울 점이 있으며 그것은 긍정적인 측면 못지않게 부정적인 측면에서도 교훈을 얻어야 한다고 생각하는 것입니다. 긍정적인 면은 남 교수도 지적했다시피 '아곤'으로 특징지어진 합리적이고 개방적이며 자유로운 분위기를 의미합니다. 그러나 그들 사이에는 경쟁이 너무 지나쳐서 사회 통합적 분위기를 파괴하고, 설득에 급급하나 무엇을 위한 설득인지를 염두에 두지 않는 소피스트적인 특징이 너무 강하게 퍼져 있었다는 점을 우리가 특히 경계해야 할 것 같습니다. 소크라테스가 지적한

대로 좀 더 깊이 성찰하고 마침내 자각에 이르려는 노력이 부족했다는 것입니다. 이것을 타산지석으로 삼아 개인주의적이고 자유분방한 시민들이 후에 보편적인 법정신으로 무장되어 있지 않았다면 로마제국은 등장할 수 없었을 것입니다. 그러나 지금 우리는 또 하나의 로마제국이나 대영제국, 혹은 거대한 인도와 중국 문명권을 포함하여 그 외의 어떤 형태로든 현대판 거대 제국을 꿈꿀 필요는 없다고 봅니다. 이러한 제국들은 제국 밖에 여전히 남아 있는 다른 세력들과 견주어 보고 서로 경쟁할 때 그 존재 이유를 확인할 수 있다고 할 수 있을 것입니다. 그러나 오늘날 지구촌을 하나의 생활권으로 하는 세계화는 어떤 형태로든 진행될 것이기 때문에 앞으로 등장할 제국은 과거에 존재했던 제국들과 그 형태가 다를 수밖에 없습니다. 그것은 결국 어느 지역적 특성과 전통 및 관습을 넘어 과학적 사고와 합리적 생활양식이 지배하는 지구촌 차원의 제국이 되겠지요. 여기서는 앞서 언급한 합리성의 수용적이고 관용적인 측면이 사회의 구석구석에서 정착되고 생활화되어야 할 것입니다. 그러한 미래 사회를 실현하기 위해서 우선 우리는 신화적 환상에서 벗어나야 하고 세계시민으로서의 덕목과 준법정신을 터득해야 되겠지요.

다만 한국 고유의 '비판적 종합'이라는 사상사적 전통을 계승하여 과학기술시대를 능동적으로 선도하는 국민으로서 과학정신, 즉 합리성, 비판성, 개방성, 자율성, 보편성, 엄밀성 등의 가치를 누구보다도 더 잘 터득하고 실천하는 국민이 되기를 바랍니다. 그러한 국민으로 존재할 때 우리는 가장 고유한 전통적인 한국인인 동시에 보편적인 세계인이 될 수 있으며 그것이 곧 이른바 새로운 제국을 주도하는 '한국적 자아'의 모습이라고 말할 수 있습니다.

III. "격동의 시대와 자아의 인식"에 대한 논평

『자아개조와 민족개조~강력한 총론과 소략(疏略)한 각론』

_ 윤평중 (한신대 정치철학 교수)

1. 저는 엄정식 교수의 인문강좌 강연을 피히테의 『독일민족에게 고함』에 상응하는 21세기 버전의 『한국인과 한국민족에게 고함』으로 이해했습니다. 한국인과 한국사회에 대한 엄 교수의 자기반성은 뜨거운 실존적 문제의식으로 가득 차 있습니다. 이런 치열함은 칼날같이 차가운 진단과 결합하면서 전체 논변의 호소력을 배가시킵니다. 실존의 고뇌에 대한 깊은 성찰에서 나오는 그의 처방은 현자(賢者)의 울림을 갖습니다. 미망에 빠진 아테네를 깨우는 등에의 역할을 자임한 소크라테스처럼, 철학자 엄정식도 압축성장의 질주 속에서 혼이 빠져 버린 코리아의 자아를 통타(痛打)합니다. 그의 총론적 문제제기는 그만큼 비장하며 그만큼 강력하다고 봅니다.

2. 강력한 총론은 지나친 일반화의 위험을 동반하기 쉬운데, 엄 교수의 논변도 예외는 아닙니다. 과도한 일반화는 논리의 비약으로 이어지거나, 촘촘한 논의 대신 성근 비유의 과잉을 낳기도 합니다. 소크라테스에 대한 분석에서 전체 구도가 시작되므로 불가피한 점이 있었을 터이지만 현대 한반도의 남북분단 상황과 아테네/스파르타의 그리스를 대비시킨 도입 부분은, 만약 그것이 수사적 글쓰기나 비유의 차원이 아니라면, 적지 않은 문제를 초래할 것으로 생각됩니다. 예컨대 일정한 상업적 축적의 기초 위에서 고대세계 유일무이의 직접 민주주의를 향유한 아테네인들은 근대 유럽의 산물인 자유주의를 알지 못했으므로 현대적 개인의 이념을 사유(思惟)할 수 없었습니다.

또한 고대 그리스인들이 비록 상업과 무역에 익숙했지만 근대 이후 보편화한 자본주의 시장경제는 도시공동체의 바자르적 경제와는 차원이 다른 국민경제이자 전지구적 정치경제라는 데 유념해야 합니다. 플라톤의 시대착오적 금욕주의는 말할 것도 없거니와 플라톤보다는 좀 더 균형 잡힌 아리스토텔레스의 경제관조차 현대인에게 사뭇 낯선 데는 이런 배경이 있습니다. 전지구적 세계체제의 현실에서 비롯된 세계화의 도전은 그들의 상상을 훨씬 뛰어넘는 현상임에 틀림없습니다. 민족주의 자체가 근대의 산물이라는 점도 감안할 필요가 있습니다. 이런 의문들을 종합하면, "고대 아테네와 현대의 한국 사이에는 여러 가지로 비슷한 점이 많이 있을 것이다"라는 논자의 진단이 수사(修辭)를 넘는 튼튼한 논리구조를 갖는다고 보기는 쉽지 않습니다. 물론 우리는 양자 사이에 유사한 점을 많이 찾을 수 있겠지만 차이점도 얼마든지 예거할 수 있을 것이기 때문입니다. 그렇다면 한국과 아테네에서 "분단의 대결구조 및 퇴폐와 향락을 조장하는 상업주의 그리고 민주화와 정의와 자유라는 미명하에 혼란만을 가중시키는 정치풍토"가 가장 비슷하다는 진단은 너무 나간 것입니다. 진단이 정확지 않을 때 처방도 부정확해질 수 있는 개연성이 현저히 증가하기 마련입니다

[답변] 고대 아테네와 현대 한국적 상황 사이에 구조적 유사성이 있다는 것에 대해서 윤 교수는 "단순한 수사적 글쓰기와 비유의 차원이 아니라면" 무리가 있다는 점을 지적해 주신 데 대해 감사드립니다. 그러나 그것은 이 양자 사이에 실질적 동일성이 있다는 뜻이 아니라 거듭하거니와 구조적 '유사성'이 있다는 뜻임을 유념해 주시기 바랍니다. 가령 아테네와 스파르타의 대결 양상이 남북한의 관계와 동일하다고 주장하거나 한국의 범지구적 자본주의 경제구조, 자유주의적 대중민주주의 정치체제, 그리고 다원주의적 가치체계나 문화구조가 아테네의 그것과 일치한다고 말하지는 않았습니

다. 그렇게 이해되었다면 저의 의도가 잘못 전달된 것 같습니다. 제가 말하고자 하는 것은 매우 중요한 사항에서 양자 사이에 유의미한 유사점이 있다는 것이며, 그것을 이해하는 것이 우리의 시대적 상황에 대한 역사적 성찰을 시도하는 데 도움이 된다는 점입니다. 이러한 유사점을 제기하는 데 있어서 좀 더 튼튼한 논리적 구조나 역사적 증거, 혹은 사회과학적 검증 같은 것이 반드시 필요한 것이라고 지적해 주신 것에 대해서도 감사를 드립니다. 그러나 여기서도 논지를 전개하는 맥락에 따라 그러한 경험과학적 증거나 검증 같은 것을 지나치게 요구하는 것은 반드시 바람직한 것은 아니라고 봅니다. 제가 도출하려는 결론은 양자 사이의 구조적 유사성으로부터 이에 합당한 역사적 인식과 시대적 성찰 외에 아무것도 아니기 때문입니다. 가령 근대 이탈리아나 전후 독일의 분단구조로부터 우리가 통일의 이념을 정립하고 거기서 교훈을 얻고자 할 때 양자 사이의 실질적 동일성을 전제로 해야 한다면 그것은 지나친 요구라고 생각됩니다.

철학적 접근은 객관적 사실에 근거해야 하지만 그것으로부터 반드시 출발해서 일정한 거리를 두어야 하며 때로는 직관적 통찰과 영감에 의존해야 한다고 봅니다. 그것이 러셀이 철학을 과학과 신학의 중간쯤에 위치한다고 본 이유이며 사안에 따라서는 철학을 문학과 과학 사이에 두어야 하는 이유일 것입니다. 한편 고대 그리스와 현대 한국 사이의 다양한 차이점들을 일일이 함께 열거하면 오히려 문제의 핵심을 흐리게 하지 않을까 하는 생각을 했습니다. 가령 생활 습관이나 종교의 종류, 교통체계 같은 것의 차이를 열거하는 것이 우리의 문제를 이해하고 해결하는 데 무슨 도움이 되겠습니까. 또한 어떤 표현이 수사적으로 느껴졌다면 그것이 지나쳤을 때 물론 주의를 해야겠지만 적절한 활용은 인문학에서 반드시 금기로 간주할 것은 아니라고 봅니다. 잘 알려진 바와 같이 수사학 자체가 인문학의 중요한 연구 분야이며 그 중요성이 철학에서도 점점 더 강조되고 있다는 것은 널리 알려진 사실입니다. 물론 철학에서는 적절한 수사가 강점이라고 볼 수 있지만 어떤 때 약점이 될 수도 있다는 점을 지적해 준 데 대해서 감사드립니다.

윤 교수도 잘 지적해 주었듯이 고대 아테네에서는 근대 유럽의 산물인 '자유주의'를 알지는 못했을 것이며 '현대적' 개인의 이념을 사유하지는 못했을 것입니다. 그러나 그들은 활발한 상업 활동을 통해 형성된 개방사회와 직접 민주주의를 실행할 정도의 개인주의적인 자유주의를 주목할 필요가 있습니다. 더구나 그것을 폐쇄적이고 농경 사회적이며 집단주의적일 뿐만 아니라 군국주의적인 스파르타와 비교하는 것은 단순히 수사적 글쓰기와 무의미한 비유에 지나지 않다고 보기는 어려울 것입니다. 이러한 이질적인 국가의 대결 구조가 남북한의 상황과 본질적으로 유사하다는 것이며, 특히 남한의 사회형태, 그리고 한국인의 사고방식과 행동양식이 북한인의 그것과 비교할 때 고대 그리스의 갈등구조를 연상시킨다는 것입니다. 만약 윤 교수가 남북한의 상황을 비유로서가 아니라 문자 그대로 동일한 어떤 다른 사회를 찾고자 한다면 그것은 불가능할 뿐 아니라 바람직하지도 않을 것입니다. 역사학과 같은 인문학은 물론 사화과학 일반이 성립되기 어려울 것이기 때문입니다.

마지막으로 민족주의 그 자체가 근대의 산물이라는 점을 지적해 주셨습니다. 물론 근대민족주의는 서양 근대 역사의 산물일 것입니다. 그러나 그것만이 유일한 민족주의는 아니었으며 민족주의가 앞으로도 그러한 형태를 계속 유지하지도 않을 것입니다. 단순한 종족을 넘어서 민족이 형성된 곳에는 항상 원초적 의미의 민족주의가 있었으며 그것은 역사적 상황에 따라 양상을 달리할 뿐만 아니라 지금도 계속 진화하고 있습니다. 물론 '인민에 의한 인민을 위한 인민의 민족주의'만이 진정한 민족주의라고 근대를 전공하는 역사학자는 말할 수도 있겠지만 그 타당성은 차치하고 우리의 담론에서 그러한 전문성이 반드시 필요하다고 생각하지는 않습니다. 무엇보다 중요한 것은 민족주의의 원초적 모습이 헤로도토스가 지적하듯이 페르시아 전쟁 당시 아테네에 의해서 고취되고 구체화되었으며 오늘날 여전히 민족주의의 전형으로 간주되고 있다는 점입니다. 제가 고대 그리스의 민족주의와 현대 한국의 민족주의를 비교하는 것은 단순한 수사나 비유로서 의도한 것은 아닙니다.

3. 엄 교수의 소크라테스적 자의식은 "사람들이 자기 자신이 누구인지 모른 채 표류하고 있는" 현실을 개탄합니다. 엄 교수에 의하면, 한국사회가 경제적으로 어느 정도 좋아졌다지만 "분배의 정의가 무너지고 … 퇴폐와 향락을 조장하는 (서구와 미국의) 소비 위주의 저질문화가 쏟아져 들어오는" 흐름이 상황을 더욱 악화시킵니다. 그리하여 논자는 "우리에게 도덕성의 상실과 정신적 타락이 그 어느 나라의 경우보다 더욱 심각한 문제로 제기되고 있다"고 통탄해 마지않으면서 "한국인의 인격적 자아의 상실"을 고발하는 데 결코 지치지 않습니다.

저는 한국사회가 심각한 문제에 직면해 있고 부패와 부정의와 인간소외의 도전에 직면해 있다고 보지만, 그렇다고 해서 '우리 사회 도덕성과 정신의 타락이 그 어느 나라보다 더 심각하다'고 생각지는 않습니다. 그것은 사실에 기초한 진단이 아니라 제한된 인식이나 논자의 의도적 선택에서 나오는 과장법입니다. 예컨대 분배 문제에 있어 우리들의 선입견과는 달리 전 세계적 잣대로 보면 한국의 분배상황은 북유럽과 서유럽 선진국보다는 못하지만 여타 OECD 국가들보다 낫고, 압도적 다수의 개발도상국들보다는 훨씬 좋기 때문에 전체적으로 '분배정의가 무너졌다'는 논자의 단언은 학문적 공론장의 지평에서는 지지되기 어려운 상투어의 혐의를 받게 됩니다.

나아가 한국사회 전반, 특히 지도층의 공정성과 공공의식이 크게 개선되어야 한다는 데는 동의하지만 우리 사회의 '도덕성과 정신의 타락이 어느 나라보다 더 심각하다'는 논자의 인식에는 동의할 수 없습니다. 오히려 나는 우리가 몇몇 선진국들에 비해서는 갈 길이 멀지만 산업화의 성취와 민주화의 진전과 결부되어 시민의식이 우여곡절의 과정을 거쳐 완만하게나마 진화하고 있다고 생각합니다. 도덕이 땅에 떨어지고 정신이 총체적으로 타락했다는 식의 비분강개가 설득력을 갖기 위해서는 우리 과거의 역사에 '정신과 도덕의 왕국'이 존재했다는 사실이 입증되어야 합니다. 그래야 타락론이 일차적 설득력을 지닐 수 있을 것이기 때문이다.

그러나 고난의 20세기 역사는 차치하고라도 통일신라, 고려, 조선의 전성기에조차 인구의 대다수를 차지한 민중의 시각에서 그 시대가 도덕과 정신이 지배하는 공간이라고 단언할 수는 없습니다. 또 하나의 문제는 그것이 어떤 도덕성과 정신인가가 규명되어야 한다는 점입니다. 논자가 옹호하는 과학정신과 비판적 합리주의에 기초한 도덕성과 정신을 과거의 왕조문화에서 추출할 수 있다고 주장하는 건 아닐 것이기 때문입니다. 오히려 저는 온갖 문제점과 총체적 도전에도 불구하고 21세기 한국사회가 통일신라와 조선 세종 대를 능가할 우리 역사 초유의 르네상스의 기회를 맞고 있다고 생각합니다. 이런 진단은 도덕성과 정신을 포함한 문화 전반에도 해당됩니다. 21세기의 한반도는 일반 시민들의 생활세계에서 비판적 합리주의가 구현될 수 있는, 우리 역사상 최초의 시공간이기 때문입니다.

[답변] 우리의 현실에 관해 비교적 낙관론을 피력해 주신 데 대해 우선 감사드립니다. 그러나 그러한 인식의 차이에 대해서 이견을 좁히기는 결코 쉬운 일이 아닌 것 같습니다. 가령 분배상황이 가령 다른 나라들에 비해서 상

대적으로 양호하기 때문에 분배정의를 비관적으로 관측하는 것은 바람직하지 않다고 지적하였습니다. 그런데 이러한 사안을 통계나 사회조사의 방법으로 재단하는 것은 어떤 목적을 위해서 참고 사항은 될지라도 한 사회의 분배 현실을 인식하는 데 충분한 자료가 될 수는 없을 것입니다. 분배정의 지수는 행복 지수와 같은 데가 있어서 그 통계자료의 신뢰도가 높다고 해도 그것 자체만으로 낙관하거나 비관하기는 부족하다고 생각됩니다. 한국의 분배상황이 얼마나 빠른 시일 안에 그 정도에 이르게 된 것인지를 감안한다면 문제는 더욱 복잡해질 것입니다. 고층 빌딩을 몇 채나 지었는지가 아니라 어떤 방식으로 얼마나 빨리 그렇게 많이 지었는지가 문제일 수 있다는 것입니다. 위험지수가 높아질 뿐만 아니라 상대적 박탈감도 고려해야 한다는 생각이 듭니다. 사실 우리는 비관적인 결론에 도달하기 위해서 자살률이나 실업률, 이혼율, 국제정세나 환경문제, 자원전쟁 등 부정적인 예들을 얼마든지 더 들 수도 있을 것입니다. 이러한 점을 고려할 때 제가 보기에는 '객관적인 자료'를 윤 교수와 대부분 공유함에도 불구하고 우리의 상황에 대해서 대체로 비관적이라는 것이 저의 입장입니다. 그러한 입장은 통계자료에만 근거한 것이 아니라 그 자료가 함축하는 의미에 근거한 것이며, 그 의미에 대한 인문학적 직관과 철학적 통찰에 입각한 것입니다.

한편 윤 교수는 제가 지적한 한국의 도덕적 상황의 심각성에 대해서도 비교적 낙관하는 태도를 보이며, 그것은 적어도 우리 과거의 역사에 '도덕과 정신의 왕국'이 존재했었다는 것을 입증해야 한다고 지적합니다. 또한 현재의 상황이 통일신라나 조선조 세종대왕 시대를 능가한다고 역설합니다. 과연 그러한 주장이 객관적 자료에 근거한 것이며 학문적 엄정성을 보여 주는 것인지의 문제는 차치하고라도 현재의 심각성을 인식하기 위해서 과거의 상황과 반드시 액면 그대로 비교할 필요가 있는지, 그리고 그것이 가능한 것인지 의문을 제기하게 됩니다. 가령 일제의 식민지 시절보다 나아졌다고 해서 현재의 도덕적 상황에 만족해도 된다는 것이 타당한 주장인지 묻게 된다는 것입니다. 도덕적 상황에 대한 인식은 자아의 인식에 근거한 자긍심으로부터 연역적으로 도출된다고 봅니다. 그것은 재부의 축적과 달리 객관화하거나 수량화하는 데 한계가 있으며, 자신이 설정한 기준에 상대적이라고 봅니다. 자신의 비행에 대해서 판단하고 반응하는 것은 자기 위상에 따라 주관적이며 그것은 자신의 조국의 도덕적 상황에 대해서도 마찬가지일 것입니다. 따라서 특별한 경우가 아니라면 이러한 인식에 역사적으로 다른 시대를 비교하고 객관적 기준이나 자료를 거론하며 너무 비판적일 필요는 없을 것입니다. 오늘날 사회과학자들이 현상학적 방법론에 관심을 기울이는 것도 유의해 볼 필요가 있을 것입니다.

4. 또 하나의 치명적 문제는 논자가 필생의 철학적 과제로 삼은 소크라테스의 성찰적 자아관과 비판적 합리주의의 의미지평이 그의 "민족적 자아관"의 이념과 충돌한다는 점입니다. 여기서의 문제는 크게 '민족적 자아의 이념이 과연 바람직하며, 나아가 성립 가능한가?'의 두 질문으로 나뉩니다. 논자는 '민족적 자아 확인이 한국인의 정체성 회복의 출발점이 되어야 한다'고 강조하면서 다음의 세 가지를 역설합니다. "우리 민족의 일체감과 동질성을 확인하며, 우리가 지금 단 하나의 민족으로 동질성을 유지하며 생존해 있다는 것은 … 강력한 의지와 능력의 소산임을 확인하고, 그런 의지와 능력은 고귀하고 소중하므로 자긍심을 가져다 좋다"는 것입니다. 논자가 강조하는 과학정신과 비판적 합리성은 이렇게 강력한 민족주의적 정서와 순조롭게 동행하기보다는 날카롭게 부딪힐 개연성이 크다고 봅니다. 한국사회에서 심심치 않게 경험하는 민족주의의 분출이 열린 민족주의와 시민적 애

국주의로 상승해 갈 수 있는 여지는 여전히 미래의 가능성으로만 남아 있기 때문입니다.

자칫 배타적이거나 비합리적이기 쉬운 민족적 정서의 과열은 고난으로 점철된 우리 역사에 대한 집합적 보상심리에서 오는 것이기도 하지만, 민족주의 자체의 닫힌 속성에서 비롯되기도 합니다. "합리적이며, 비판적이고, 개방적이며, 보편적이고 자율적인" 과학정신과 비판적 합리주의가 이런 민족주의와 민족적 자아의 이념과 피 튀기는 현실 속에서 공존하는 건 결코 쉬운 일이 아닐 터입니다. 이는 '민족적 자아가 과연 바람직한가?'라는 첫 번째 질문과 관련된 것으로서, 민족적 자아 이념의 합리적 핵심이 헌법민주주의적 시민공동체 정신으로 승화되어 나가야 한다는 문제 제기이기도 합니다.

[답변] 제가 민족적 자아를 거론하는 것은 제국주의적이고 닫힌 배타적 민족주의를 합리화하기 위해서가 물론 아닙니다. 그것은 대체로 단일성을 유지하며 오랜 역사를 지속해 오다가 졸지에 남의 식민지가 되었으며 분단시대를 반세기 이상 지속하고 있는 우리 한민족의 오랜 염원을 철학적 차원에서 표출하는 것입니다. 그것은 이산가족의 상봉을 염원하는 가족주의와 같은 것이어서 이른바 "최소 민족주의"에 지나지 않습니다. 잘 아시다시피 강대국이 민족주의를 부르짖으면 맹수의 포효가 되겠지만 예속과 분열에 시달린 약소국이 그 기치를 내우면 그것은 한낱 들쥐의 비명 같은 것에 불과한 것입니다. 가령 우리 민족과 같이 오랜 세월에 걸쳐 수난과 질곡의 역사를 체험하고 더구나 타의에 의한 분단의 현실 속에서 '민족적 자아'라는 선험적 존재를 요청하는 것이 그토록 위험하고 금기시되어야 할 사항인지 저로서는 납득하기 어렵습니다.

또한 민족주의를 속성상 닫힌 이데올로기로 보는 것은 잘못이라고 생각합니다. 민족적 자아도 인격체와 마찬가지로 욕구와 능력과 당위라는 세 변으로 구성된다고 볼 때, 그중에서 특히 어떤 민족의 당위는 타 민족과의 유기적인 관계를 통해서 부단히 변하고 열려 있으며 상황에 따라 달리 규정되는 것이기 때문에 반드시 '속성상' 닫혀 있다는 선입견에 젖어 있을 필요는 없을 것입니다. 물론 이 과정에서 비판적 합리성이 적극적이고도 능동적으로 작동해야 할 것입니다. 민족주의와 비판적 합리주의가 양립할 뿐만 아니라 서로 보완관계를 이룰 수 있는 논제를 찾는 작업도 동시에 진행되어야 할 것입니다. 사실 양차 대전이 진행되던 상황이나 냉전시대에 비해서 오늘날 민족주의는 더욱 번창한 느낌이지만 그것이 반드시 '닫힌' 민족주의라고 보기는 어렵습니다. 또한 윤 교수는 민족적 자아의 이념이 헌법민주주의적 시민공동체 정신으로 승화될 수 있을지의 문제를 제기하였습니다. 그것은 이미 언급한 바와 같이 우리가 옹호하는 민족주의가 이상주의적인 낭만주의적 민족주의가 아니라 합리주의적인 계몽주의적 민족주의일 때 가능할 것입니다. 그리고 여기서 말하는 민족적 자아는 공동체적 자아와 양립하는 소크라테스적 자아라는 점을 다시 언급하고 싶습니다.

5. 마지막으로 제기되는 의문은 민족적 자아 개념 자체의 성립 가능성이 불확실하다는 점입니다. 4주 강연의 핵심인 자아 인식과 실천의 문제는 원론적으로 개인적 차원에서 설득력이 있는 것으로 생각된다. 그러나 자아 인식의 논변을 개인에서 민족 단위로 확장하는 것이 과연 가능할까요? 민족적 자아가 개인적 자아와 같이 인식과 판단과 실천의 영역에서 확고한 주체의 위상을 갖는다고 할 수 있는 것일까요? 자아 개념을 개인과는 그 존재의 양태와 방식이 매우 다른 민족과 같은 거대 단위로 확장하는 것은 그야말로 범주 오류가 아니겠습니까? 전체적으로 논자가 역설하는 민족적 자아 개념

에서 단순한 메타포나 교설(敎說)의 지평을 넘어서는 학문적 엄정성이 존재한다고 생각되지는 않습니다.

[답변] 민족적 자아 개념은 공동체적 자아의 한 유형이며 그것을 어떤 민족의 개별성과 단일성, 정체성과 생멸성을 이해하는 원리로 사용할 때 쓰이는 개념입니다. 여기서 '담론의 영역(universe of discourse)'을 설정하고 서로 구분하는 것이 중요합니다. 어떤 민족에 어느 특정한 인격적 자아가 귀속될 수는 없지만 그 민족 특유의 공동체적 자아는 귀속될 수 있습니다. 사실 담론의 유형에 따라 인격적 자아도 세포 조직을 구성원으로 하는 공동체적 자아의 한 형태라고 할 수 있을 것입니다. 이러한 경우 특정한 '세포적' 자아를 인격체라는 공동체에 적용할 수는 없습니다. 마찬가지로 인격적 자아를 어느 특정한 세포의 생명 원리로 사용할 수 없습니다. 심리학적 자아는 심리학적 담론에서, 그리고 생물학적 자아는 생물학적 담론에서 활용되도록 담론의 영역을 구분해야 한다는 것입니다. 이러한 구분을 염두에 둔다면 우리는 이른바 '범주오류'를 피할 수 있다고 생각합니다. 오히려 담론의 영역을 구분하지 않고 문제를 제기하는 것이야말로 범주오류의 산물이라고 볼 수도 있습니다. 가령 나폴레옹의 개체적 자아를 프랑스의 민족적 자아로 확장하거나 착각한다면 분명히 범주오류에 해당되겠지만 루소가 말하는 '일반의지(Volonté de Generale)'나 심리학자들이 말하는 집단의식 같은 것으로 본다면 그러한 오류를 범한다고 보기 어려울 것입니다. 이러한 입장에 대한 학문적 엄정성은 자아를 무엇으로 규정하고 그 기준을 어디에 두는지에 달려 있다고 봅니다. 한낱 '지각의 다발'일 수도 있는 자아 개념을 어떤 인격체에만 적용해야 한다는 고정관념에서 벗어날 필요가 있다는 것입니다.

한편 자아의 구조에서 앞서 욕구와 능력과 당위는 민족과 같은 공동체적 차원에서도 적용될 수 있다고 봅니다. 가령 21세기 초반에 우리 한민족이 진정으로 원하는 것이 무엇이고, 그것을 위해 무엇을 할 수 있으며 우리의 선조나 후손들뿐만 아니라 다른 국가나 민족을 위해서 바람직한 것이 무엇인지를 묻는 것은 유의미할 뿐만 아니라 민족적 자아의 인식을 위해서 반드시 필요한 질문이 될 수 있다는 것입니다. 이러한 사안에 대해서 질문을 제기하는 것 자체가 민족적 자아를 인식하는 데 있어서 단초가 되며, 이에 대한 해답을 찾고 실천하는 것이 곧 그 인식을 구체화하고 완성해 나가는 과정이 될 것입니다. 이 과정에서 비판적 합리성이 주도 원리로 작용해야 됨은 물론입니다. 인격체의 경우와 마찬가지로 하나의 공동체로서의 민족체도 정체성과 개별성을 유지하지만 끊임없이 변화하고 확장되며 진화하는 단일체이기 때문입니다.

6. 토론자로서 제가 제기한 문제점들이 과연 적실한 것인지의 여부는 논란의 여지가 있을 터입니다. 분명한 것은 『격동의 시대와 자아의 인식』이 통절한 시의성을 갖는다는 점입니다. 소크라테스는 결코 만인을 압도하는 모범답안이나 시대를 관통하는 최후의 해법을 제시하지 않았습니다. 동시대인 아무도 주목하지 않았지만 성숙한 삶을 사는 데 결락(缺落)될 수 없는 본질적 문제에 대한 치열한 성찰을 하도록 우리를 자극하고 격려했을 뿐입니다. 엄정식 교수도 정확히 그 길을 가고 있다고 봅니다.

[답변] 윤 교수의 지적과 논평에 감사드립니다. 객관적 사실에 대한 인식에 대체로 공감하지만 그것으로부터 도출되는 추론과 함의에서 저와는 다소 차이를 보이는 것 같습니다. 그것은 우리의 인문학적 직관과 철학적 통찰의 차이에서 비롯되는 것 같습니다. 저도 소크라테스가 그랬던 것처럼 이

시대를 관통하는 어떤 해답을 제시하고자 하지는 않았습니다. 다만 본질적인 문제에 대한 좀 더 치열하게 성찰하도록 자극하고 싶었을 뿐입니다. 바로 그 점을 확인해준 윤 교수에게 다시 한 번 감사드립니다. 계속 관심을 갖고 윤 교수가 제기한 문제들에 대해서 성찰하고 보완하도록 하겠습니다.

Ⅳ. 청중들의 질문

[질문] 소크라테스와 러셀과 칸트의 행복론의 공통점과 차이점에 대해 간략하게 말씀해 주십시오.

[답변] 이 세 철학자들의 공통점이 있다면 서로 강조하는 점이 조금씩 다르기는 하지만 행복에 관하여 비판적 합리주의자로서의 면모를 보여 주었다는 점일 것입니다. 소크라테스는 별도의 행복론을 제시하지는 않았으나 자기 자신이 누구인지 알고, 다시 말해서 자신의 진정한 욕구와 능력과 당위를 알고 그것을 실천하며 성실하게 살아가는 한 운이 좋으면 행복할 수도 있으리라고 말할 것입니다. 자아의 인식이 행복의 선결조건이라는 뜻입니다. 여기에는 행복을 궁극적 목표로서 설정하고 그것을 쟁취하기 위해서 급급한 삶을 살기보다는 자기가 자기로서 자기답게 살려는 태도가 더 중요하다는 점이 부각되어 있습니다. 러셀은 이러한 입장을 좀 더 구체화하고 이 시대가 당면한 문제 상황에 적절하게 설명했다고 할 수 있습니다.

러셀은 행복한 인간이 되기 위해서는 원만한 인간관계와 순조로운 성장과정, 그리고 개방적인 자세를 갖는 것이 중요하다는 점을 강조하였습니다. 이것을 다시 설명하면 인간이 윤리적 존재이기 때문에 다른 사람들과 원만한 관계를 유지해야 한다는 점, 그리고 합리적인 인생 계획을 설계할 수 있을 정도의 순조로운 삶을 지적한 것이 흥미롭습니다. 특히 그는 어떠한 종류의 권력이나 권위에도, 그것이 정치적이든 종교적이든 관습적이든 상관없이 폐쇄적인 강압에 굴복하지 않는 자유로운 계몽정신을 강조하였습니다. 여기서 자유롭다는 것은 어떤 사람의 노예가 되지 않는 것처럼 남에게 어떤 권력도 함부로 행사하지 않는다는 것을 의미합니다. 누구의 주인이 되고 싶다는 것도 결국은 자기 욕망의 노예가 된다는 것을 의미하기 때문입니다. 또한 그는 과학기술시대를 살다 간 철학자답게 문명 비판적 관점에서 인류의 장래에 대해서 상당히 깊고 포괄적인 견해를 제시하기도 하였습니다. 만약 핵무기의 남용이나 환경문제의 악화로 인해 인류가 멸종한다면 행복한 삶을 설계하고 그것이 실현되기를 기대한다는 것은 한낱 공허한 망상에 지나지 않기 때문입니다.

한편 칸트는 바람직한 삶을 위해서 중요한 것은 행복의 추구보다 의무를 이행해야 한다는 점을 지적하였습니다. 그도 우리가 추구해야 할 목표로서의 행복을 강조하기보다는 먼저 행복할 자격이 있는 인간이 되어야 하며, 그러므로 그렇게 되기 위해서는 그러한 조건을 갖출 의무를 강조한 것입니다. 자아의 구조적 측면에서 볼 때 욕구와 능력보다는 당위의 인식과 실천을 특히 강조했다고 볼 수 있습니다. 그렇다고 해서 그가 인식적, 심미적 및 종교적 가치의 중요성을 소홀히 한 것은 아닙니다. 그러한 것을 추구한다고 해도 사회적이고 윤리적 존재로서의 인간을 망각해서는 진정한 의미의 행복은 기대하기 어렵다는 것을 지적한 것입니다. 이와 같이 이들에게 차이점보다는 공통점이 더 많다고 할 수 있는데, 그것은 행복이 삶의 직접적인 목표가 아니라 그 추구의 부산물이라고 여긴 점일 것입니다. 말하자면 자아의 인식, 자유의 획득, 의무의 이행 등이 행복보다 더 소중한 가치이며, 현실적으로도 더 우선적으로 실현해야 할 목표라고 판단한 것입니다. 그러나 그 실현의 과정에서 서로 겹치는 부분이 있지만 강조하는 부분이 다르다는 차이가 있다고 볼 수 있습니다. 그러한 부분은 역시 철학도 시대의 산물이며 역사적 배경으로부터 자유로울 수 없다는 점을 나타낸다고 할 수 있습니다.

[질문] 다카하시(高橋 亨)라는 일인학자가 한국인의 사상적 특징으로 고착성과 종속성이 강하다는 주장과 관련하여 특히 일본과는 역사적으로 특수한 관계에 있었기 때문에 두 나라 민족성을 대비하여 질문 드리고자 합니다. 먼저, 일본은 우리나라를 통하여 유교와 불교를 전래받은 후에 이를 독창적, 능동적으로 발전시키고 토착화한 성과가 있었습니까? 그리고 일본은 우리나라보다 기독교의 전래연대가 오래인데도 그 교세의 확장이 미미한 것 같은데 이는 일본 고유의 신도, 불교에 대한 주체적 전통성이 강한 데 기인한 것입니까?

[답변] 아마 이 문제는 종교학자나 사상사가들이 더 잘 답변할 수 있을 것 같습니다. 그러나 그들은 무사도 정신을 오랜 기간 동안 계승적으로 발전시켰고 주자학뿐만 아니라 양명학도 균형 있게 수용하여 사회정의에 실천적으로 접목시킨 흔적이 있으며, 독자적으로 선불교를 개발하여 자신의 고유한 형태로 서구 세계에 전파하기도 하였습니다. 이러한 점을 과소평가해서는 안 될 것입니다. 또한 그들은 외래 사상을 수용할 때 매우 신중하고 비판적인 태도를 보여 왔으며 중국이나 서양 문물의 경우에도 예외가 아니었다고 봅니다.

더구나 우리나라 못지않게 다양한 종교들이 그들의 고유한 신앙체계인 '신도(神道)'와 함께 공존하고 있는 것도 인상적입니다. 물론 민족종교로서의 신도는 유일신을 믿는 기독교나 유대교와 달리 일본의 자연적인 특성에 따라 다른 모습으로 전역에 800만 이상의 신을 모시는 다신교로서 원래 외래 종교에 대해서 배타적인 태도를 보이지 않는 경향이 있었습니다. 그러나 계몽 군주라는 뜻을 기진 이른바 '메이지(明治)' 유신 이후에 기독교 세력에 대항하기 위하여 그것을 공식적인 국교로 선포하였고, '화혼양재(和魂洋才)'의 정신에 따라 자기 민족의 고유한 사상을 체계적으로 발전시키기 위하여 국가의 주도로 새롭게 정립한 것은 그것이 과연 바람직한 것인지의 여부를 떠나서 우선 주목할 필요가 있습니다. 더구나 오늘날에는 샤머니즘에 기초한 이 민족 신앙을 미래지향적인 자연 친화적 혹은 환경 친화적인 종교로 재해석하여 교세를 확장시키려는 노력을 기울이고 있습니다.

신앙의 자유나 사상의 자유라는 보편적인 관점에서 보면 반드시 바람직한 처사라고 할 수는 없지만 수난과 질곡의 역사적 상황에서 고유한 전통사상을 폄하하고 자괴감에 젖어서 거의 무비판적으로 외래사상에 노출되었던 당시 우리의 입장을 다카하시가 냉소적으로 보았던 것을 이해하기는 어렵지 않을 것입니다. 그러한 관점에서 볼 때 그의 비판을 국수주의적 맥락에서 되받아치는 데에만 급급할 것이 아니라 한층 더 수준 높은 민족 사상을 창출하기 위해서라도 다시 한 번 깊이 성찰하는 기회로 삼고 유용한 측면이 있다면 긍정적으로 수용하는 것도 바람직한 자세라고 봅니다.

[질문] 스티븐 호킹은 "이대로 가면 인류는 천년도 안 돼서 멸망한다"는 취지의 말을 한 적이 있습니다. 서구과학이 지속가능한 발전을 도모하지 못했다는 반성이자 새로운 인류발전의 패러다임을 모색해야 한다는 경종을 울린 것이 아닌가 생각합니다. 교수님께서는 서구식 합리주의나 과학정신이 그나마 대안이라고 생각하시는지요?

[답변] 저도 호킹과 비슷한 생각을 가지고 있습니다. 공룡의 멸종이 공룡들이 지닌 능력의 한계를 넘어섰듯이 인류의 종말도 결국 인간의 선택은 아닐 것입니다. 그러한 맥락에서 오히려 저는 호킹보다 훨씬 더 비관적인 견해를 가지고 있는 편입니다. 인류가 천년을 버티지 못할 수도 있다는 뜻입니다. 플라톤이 말하는 '기게스'의 반지를 끼고도 장자의 '기심(機心)'으로부터 자유롭게 되기는 거의 불가능하다고 생각하기 때문입니다. 이러한 위기를 극복하기 위해서는 신화적 담론이나 주술적 편법에 호소한다든지 유목시대나 농경시대에 등장한 현자들의 가르침만 가지고는 충분하지 않다고 봅니다. 인간의 선의나 덕성에만 호소하기에는 사태가 워낙 급박하고 위중하기 때문입니다.

그러나 과학정신, 특히 비판적 합리성만으로도 이 문제를 근원적으로 해결할 수는 없다고 봅니다. 무엇보다 철학적 성찰과 종교적 영성, 그리고 행운이 필요합니다. 그런데 이것도 과학정신, 특히 비판적 합리성의 도움이 없이는 제 기능을 발휘하기 어려울 것입니다. 다시 말해서 어느 정도의 개방적인 자세와 자기 성찰로 이어지는 비판적인 태도, 그리고 객관적 증거를 받아들이려는 겸허한 모습 등을 갖추지 않으면 과학기술뿐만 아니라 정치적 신념이나 종교적 신앙도 축복이 아니라 재앙으로 돌변하고 말 것입니다. 인간이 자연적인 재앙을 극복하는 데에는 분명히 그 능력에 있어서 한계가 있지만 과학기술의 남용에 의해서 빚어진 참사는 어느 정도 과학정신에 의해서 해소될 수 있는 것이고 비판적 합리성에 의한 자기성찰만으로도 얼마든지 최소화할 수 있을 것입니다. 무엇보다 독선에 빠지지 않는 것이 중요하다고 봅니다. 대부분의 악은 '선'의 이름으로 자행되기 때문입니다.

[질문] 첫 번째 강의에서 말씀하신 데몬(다이몬)에 대해 생각해 보았습니다.

괴테가 데몬에 대해 해석한 것을 읽을 기회가 있었습니다. 그는 나폴레옹이나 바이런 등 몇 사람을 데몬적인 성격을 갖춘 것이라고 한 것을 읽었는데 저도 소크라테스가 바로 그런 이가 아닌가 하는 생각을 해보았습니다. 제가 바르게 이해한 것일까요?

[답변] 저는 '데몬'에 관한 괴테의 해석이 정확하게 무엇인지 잘 모르겠습니다. 그런데 괴테를 포함한 나폴레옹이나 바이런은 낭만주의 시대의 인물들이고 이들에게는 중세 이전의 고전적 가치에 대한 향수가 있었으며, 데몬은 소크라테스가 개인적 수호신으로 믿었던 '다이몬(daimon)'에서 그 어원을 찾을 수 있기 때문에 기독교적 입장에서 볼 때 그것이 서로 무관하다고 보기는 어려울 것입니다. 낭만주의에는 분명히 이 개념에 대한 중세적 해석을 뛰어넘으려는 시도가 있었고, 여기서 공통적인 요소를 찾는다면 낭만주의적 자아의 실현을 통해서 좀 더 높은 차원의 가치 영역으로 자신을 승화시키려는 욕구가 있었다는 점일 것입니다. 에커만(J. P. Eckermann)의 『괴테와의 대화』를 보면 그는 나폴레옹을 위대한 업적을 남긴 천재 혹은 귀재로 묘사하는데 데몬을 그러한 유형의 인물로 간주하는 것인지도 모릅니다. 만약 그렇다면 소크라테스는 어떤 의미로도 데몬적인 인물은 아닙니다. 사실 저는 젊은 시절에 다이몬을 내면의 깊은 곳에서 들려오는 음성의 주인공으로 이해하고 그것을 애타게 부르며 여러 해 동안 편지 형식의 일기를 썼던 추억이 있기 때문에 괴테의 '데몬'를 반드시 부정적으로만 받아들이고 싶지는 않습니다.

더구나 최근에 독일의 사회학자인 벡(Ulich Beck)이 『나만의 신』에서 현대인에게 신은 모든 인류나 어느 특정한 종족 혹은 종교적 집단에 속하는 보편적인 인식의 대상이 되기보다는 개인적으로 내면화하여 사유되는 경향이 있다고 지적한 적이 있습니다. 그런데 그것은 오늘날 종교가 민주화의 추세에 따라 점점 더 합리화되고 사유화되어서 소크라테스적인 '다이몬'의 특색을 많이 지니게 되는 양상이라고 해석할 수도 있을 것입니다. 한 가지 더 지적하고 싶은 것은 소크라테스를 기독교적인 의미로 '데몬적'이라고 이해하면 그것은 전적으로 잘못된 견해라는 것입니다. 그가 제의적이고 제도적인 맥락에서가 아니라 개인적이고 내면적인 차원에서 영혼의 정화를 강조함으로써 오히려 예수의 등장을 예비했다는 견해도 있으니까요.

[질문] 소크라테스의 철학적 순교와 소크라테스적 자아 인식을 우리나라 『금오신화』의 김시습과 같은 선상에서 비교해도 괜찮은 건가요?

[답변] 『금오신화』는 명나라 구오의 전등신화에서 영향을 받은 소설 형태의 설화집으로서, 이승과 저승을 넘나들며 이 세상의 부조리와 불합리를 들추어내는 내용으로 이루어져 있습니다. 그런데 여기서 누구의 어떤 죽음이 소크라테스의 철학적 순교와 비슷하다는 것인지 저로서는 가늠하기 어렵습니다. 다만 여기서는 저승의 존재를 설정함으로써 폭력과 횡포에 대해 경각심을 불러일으켰다는 어느 정도 유사하다고 볼 수 있겠지요. 그러나 그보다는 그가 자아 인식을 근거로 하여 자율성, 합리성 및 도덕성의 실현을 위해 죽었다는 점만을 강조하고 싶습니다. 그러한 주체적 죽음이 상상 속에서든 역사 속에서든, 혹은 우리 주위에서든 만약 존재한다면 그것을 우리는 '소크라테스적'이라고 이해해도 좋을 것입니다. 그러한 의미에서 저는 김부식의 『삼국사기』에 나오는 '검군'의 죽음이 더욱 더 소크라테스적이라고 봅니다. 그는 자신의 죽음에 대해서 억압이나 권위, 혹은 관습에 영향을 받지 않으면서 자율적으로 결정했고, 감정에 치우치지 않으며 객관적이고도 합리적으로 판단하고자 했고 자신의 이익이나 영달, 심지어 국익을 위해서가 아니라

그것이 도덕적으로 정당한지를 문제 삼았기 때문입니다. 적어도 그 자신이 그러한 태도를 견지하려고 애썼다는 점에서 그렇다는 것입니다.

[질문] 생각, 이념, 철학, 신앙의 차이가 현실적으로 갈등과 싸움, 심지어 전쟁까지 초래하는 경우가 많습니다. 행복을 지향하는 이런 가치들의 차이가 결과적으로 불행을 초래하는 경우를 어떻게 해석해야 할까요?

[답변] 누구나 나름대로의 이념이나 신앙 같은 것을 가지고 있게 마련이며 그것은 매우 소중하고 자연스러운 현상이라고 해야 할 것입니다. 그리고 서로 다른 이념이나 종교를 가지고 있다는 것도 이상한 일이 아닐 것입니다. 그런데 '무엇'을 믿는지의 문제 못지않게 그것을 '어떻게' 믿는지의 문제도 중요하다는 것을 염두에 둘 필요가 있습니다. 같은 이념이나 종교를 가지고 있더라도 바로 이 부분에서 차이가 두드러지고 그 차이를 인정하지 않는 점에서 대결과 갈등과 투쟁이 생겨나게 되는 것 같습니다.

누구나 의도적으로 나쁜 것을 행하고 사악한 사람이 되려고 하지는 않을 것입니다. 그러나 선의를 가지고 있다고 해도 그것을 실현하려면 구체적인 방안을 강구해야 하고, 그렇게 하려면 제도나 율법, 의례 등을 새롭게 마련해야 하며 그것을 정착시키는 과정에서 입장이 달라지면 분란이 생기게 마련이지요. 그러므로 이견이 고착되기 전에 열린 마음으로 숙고하며 비판을 수용하는 자세가 필요하다는 것입니다. 불행을 초래하는 경우에는 대부분 그 이유가 가치의 차이 그 자체에 있기보다는 그 가치를 추구하는 방법의 차이에 있으며 그것을 고수하고 상대방에게 강요하려는 독선적인 태도에 있다고 생각합니다. 그러므로 극단적으로 폐쇄적이고 비타협적인 태도는 자기가 갖고 있는 이념이나 신앙이 무엇이든지 간에 바람직하지 않다고 봅니다. 대부분 그러한 태도는 자기 자신을 지나치게 부각시킴으로써 자기가 숭앙하는 교주를 모욕하고 욕되게 하는 행위라고 생각합니다. 마치 자기 식으로 효도하려고 형제가 부모 앞에서 서로 싸우는 행태와 같다고나 할까요.

[질문] 오늘날 한국에는 향락적인 대중문화가 전통문화를 압도하고 시대를 이끌 가치관이 정립되지 않고 있다고 볼 때 비판적 합리주의가 대안이 될 수 있다면 어떤 점이 강조되어야 하겠습니까?

[답변] 비판적 합리주의의 입장에서는 전통문화라고 해서 무조건 고수하지도 않고 향락적인 대중문화라고 해서 전면적으로 거부하지도 않습니다. 중요한 것은 지금 이 시대를 살아가기 위해서 무엇이 바람직하고 그것을 어떻게 수용할 것인지를 판단하는 일입니다. 그러므로 전통문화 중에서 여전히 유효한 것을 추려내서 계승하고, 대중문화 중에서도 지나치게 향락적인 것과 어느 정도 거리를 두는 지혜가 필요하다고 봅니다. 이러한 지혜를 갖추는 데 있어서 비판적 합리주의의 덕목, 즉 비판성과 개방성, 합리성과 보편성, 자율성, 엄밀성 같은 덕목이 분명히 도움이 될 것입니다. 비판적 합리주의는 전통적 가치를 전복시키거나 대체하는 새로운 이념 혹은 신념체계가 아닙니다. 그것은 우리가 어떤 신념을 고수하든 그것이 객관적으로 근거가 있는지, 혹은 보편적으로 타당한지를 점검해 보는 장치에 지나지 않습니다. 물론 이러한 시험과 검증의 과정을 거쳤다고 해서 그것이 영원하고 불변하는 진리가 되었다는 것을 의미하는 것도 아닙니다. 그러한 진리에 다가가기 위해서라도 적어도 지금으로서는 의심의 여지가 없다는 점을 확인하는 과도기적인 방안일 뿐입니다.

여기서 특히 염두에 두어야 할 것은 독단적 합리성을 구사하여 전통문화를 무조건 신성시하고 성현의 가르침을 무리하게 합리화하여 우상화하는 태도는 바람직하지 않다는 것입니다. 오늘날 진정한 의미의 성화(聖畵)는 우주선에서 보내오는 지구나 천체의 사진들, 그리고 성자는 아무런 전제 없이 밤을 지새우며 실험실에서 탐구에 몰두하는 과학자들 중에 있지 않나 하는 생각을 해봅니다. 그 사진들이야말로 우리 인간들의 진상을 가장 잘 묘사하고 있으며, 그들이야말로 과학적 합리성을 가장 잘 체득하고 구현하는 인물들이기 때문입니다. 끝으로, 대중문화를 비록 향유할 수 있다고 하더라도 지나친 향락은 영혼을 피폐하게 하고 인간으로서의 품위와 자긍심을 잃게 한다는 말을 부연하고 싶습니다. 그러한 의미로 향락적인 대중문화가 건전한 고급문화를 압도하는 것 자체가 세기말적 징후의 표현이라고 할 수도 있습니다.

[질문] 교수님께서는 개개인 모두가 자아를 확실하게 인식한다면 격변의 시대에서도 잘 헤쳐 나갈 수 있을 것이라고 하셨습니다. 오늘날 우리의 자녀를 한국인의 정체성을 가진 세계 속의 한국인으로 바르게 살아가게 하려면 가정교육의 토대를 어떻게 다져야 하며 교육현장에서 아이들이 자아를 구축할 수 있도록 어떻게 도와줘야 할까요?

[답변] 매우 어려운 문제입니다. 그러나 기본적인 사항을 몇 가지 언급할 수 있겠습니다. 우선 우리의 자녀가 성인이 될 때는 지금보다 세계적 보편성이 전 지구적으로 확대되고 한국적 특수성이 축소될 것입니다. 또한 과학정신과 과학지식, 그리고 과학기술이 더 확장되고 보급될 것입니다. 그러므로 기성세대의 가치관을 일방적으로 주입할 것이 아니라 그러한 세계가 구체적으로 어떠한 모습을 지닐 것인지 비전을 제시하고 그들을 그러한 세계

에 잘 적응할 수 있도록 도와야 할 것입니다. 그러나 아무리 세계화가 급속도로 이루어진다고 해도 인간의 정신과 육체가 동물적 요인을 완전히 제거할 수 없는 한 민족이나 국가, 가족이나 친지의 개념이 다소 변질될지언정 무의미해지지는 않을 것입니다. 다만 좀 더 개방적인 자세로 그러한 개념들을 유연하게 유지하고 소중하게 가꿀 필요가 있다고 봅니다.

둘째, 그들을 도우려면 효과적인 방법이 필요한데, 그것이 교육이라고 할 수 있습니다. 특히 교양 교육의 목표는 항상 자율성과 합리성과 도덕성을 갖추게 하여 역사적으로나 사회적으로 자기가 누구인지 제대로 인식하게 하는 것이며, 이것이 성공적으로 이루어지게 하려면 구체적이고도 체계적인 방안이 강구되어야 합니다. 가령 그들의 능력과 성향, 혹은 기질에 따라 모든 가능성을 현실화할 수 있는 길을 모색하고, 무엇보다 합리적이고도 객관적인 인생 계획을 수립할 수 있도록 도와야 할 것입니다. 여기서 조심해야 할 것은 지나친 경쟁심을 유발하여 자신의 정체성을 상실하고 남의 삶을 흉내 내는 일이 없도록 해야 한다는 것입니다. 그것은 사행심을 조장하거나 부정한 방법을 강구하도록 부추기는 계기가 되기 때문입니다.

셋째, 그 방안은 가정에서든 학교에서든 일관된 것이어야 하며, 그것은 피교육자가 하고 싶은 것이 동시에 자신이 할 수 있으며 해야 되는 것으로 근접하도록 진행되어야 한다는 것입니다. 여기서 무엇보다 중요한 것은 아이들이 아직 자아를 형성하는 단계에 있다는 사실을 염두에 두어야 하며 그렇기 때문에 그 단계에 걸맞은 교육이 필요할 것입니다. 가령 어린이에게 무리하게 합리적 사고를 훈련시키거나 이념교육을 시킨다든지, 청소년에게 주입식으로 예절 교육을 시키는 시행착오는 없어야 한다는 것입니다. 그렇게 하면 비효과적일 뿐만 아니라 오히려 반발을 불러일으킬 수도 있기 때문입니다. 끝으로 강조하고 싶은 것은 오늘날 교육의 의미가 그 어느 때보다 더 중요해졌다는 점입니다. 그것은 단순히 좀 더 바람직한 삶을 위한 것이 아니라 인류의 생존 그 자체의 문제와 직결되어 있기 때문입니다.

[질문] 근대에 접어들어 자아를 통해 이성과 함께 '개인'을 발견했는데 자아의 인식을 통해 다른 인간을 포용하는 것까지는 가능하다 하더라고 인간 외의 생명체까지 포함하는 범휴머니즘을 실현하는 게 가능할까요?

[답변] 흔히 서구의 근대 이후에 '개인'을 발견했다고 하는데, 사실 그것이 서구인들의 '발견'인지 혹은 '발명'인지 저로서는 분명하지 않습니다. 특히 생물학적 차원을 넘어서 가족이나 사회, 혹은 국가나 민족의 수준에서 담론을 펼칠 때 생물학적 단위의 개인을 기초개념으로 채택해야 하는지는 논란의 여지가 있다는 것입니다. 한편 다른 인간을 포용하는 문제도 생물학적인 쟁점이 아니라 주로 사회적이고 정치적인 문제라고 본다면 개인을 단순히 생물학적 관점에서 '개체'의 단위로 해석해서는 안 될 것입니다. 제가 자아의 구조라는 '삼각형'에서 제시한 바와 같이 나의 당위가 나의 능력이나 욕구와 함께 나를 구성하는 요소라면 나의 윤리적 측면과 사회적 요소를 간과해서는 안 된다는 것입니다. 만약 이것이 사실이라면 범휴머니즘의 실현은 다른 사람을 무엇이라고 인식하고 어떻게 개념화하는지의 문제와 관련되겠지요. 따라서 인간 외의 생명체뿐만 아니라 세련된 로봇과 같은 인공물에게까지, 심지어 환경 윤리적 차원에서도 범휴머니즘을 실현할 수 있을지는 우리의 개념 체계에 달려 있다고 생각합니다. 다시 말해서 '자아'의 개념을 확대하여 직접적으로나 간접적으로 '나의'라는 말로 포용할 수 있는 영역을 어디로 설정하는지에 달려 있다고 봅니다. 문화사를 돌이켜보면 노예나 다른 민족과 인종, 혹은 여성에 이르기까지 그러한 과정을 거쳐서 '나'의 범주에

편입되었기 때문입니다. 그러나 한 가지 유념해야 할 것은 외연을 확대하면 할수록 인간의 개념이 추상화되고 휴머니즘도 일종의 관념론적 성격을 띠게 된다는 점을 염두에 두어야 할 것입니다.

[질문] 현재의 문화 바탕에서 소크라테스, 공자, 석가, 예수 같은 위인이 출현할 수 있을까요?

[답변] 매우 어려울 것 같습니다. 인간의 어떤 측면, 가령 인성적 측면에서는 더 이상 성장하지 못하거나 오히려 퇴화하는 경향이 있고, 그렇기 때문에 우리는 이러한 분들에 대한 향수가 더욱 커지며 이에 정비례해서 이분들에게나 그들의 가르침에 더 큰 의미를 부여하고자 합니다. 그리하여 이제 그 이름들은 어느 특정한 시대에 특정한 지역에서 살았던 인물들의 고유명사가 아니라 인간이 추구하는 어떤 보편적 가치를 지칭하는 보통명사처럼 되었습니다. 성찰, 인애, 자비, 사랑 등의 가치를 가리키는 표현 말입니다. 그리고 이런 의미의 그 이름들은 세월이 갈수록 혹은 삶이 척박해질수록 더욱 큰 의미를 지니게 되고, 더 나아가 미화되거나 승화되겠지요. 이제 그렇게 되면 아무리 위대한 사람이 나타나도 그 이름들을 대신하거나 능가하기는 어렵다는 생각도 듭니다.

그러나 한편 우리는 이 성현들을 지나치게 우상화하는 것이 그들을 위해서나 우리들 자신을 위해서 바람직한 것인지 반성해볼 필요가 있다고 생각합니다. 물론 어떤 사람이나 그의 가르침 중에서 좋은 것, 그래서 여전히 도움이 되는 것을 폄하하거나 과소평가해서는 안 될 것입니다. 마찬가지 이유로 그들이 말했다고 해서 마치 모든 것이 영원한 진리인 것처럼 무조건 맹종하거나 무비판적으로 받아들여서는 오히려 해독이 될 수도 있다는 점을 염두에 두어야 할 것입니다. 편견이 없다면 그러한 작업은 불가능하기 때문입니다. 특히 그들 중에 어떤 사람만을 배타적으로 우상화하는 태도를 경계해야 합니다. 그렇게 되면 필연적으로 다른 입장을 가진 사람들을 매도하게 되고 독선적인 태도를 가지게 되며 결국은 우리가 숭배하는 성현들의 가르침에 위배되는 행동을 할 수도 있게 됩니다. 그러한 태도를 특히 경계해야 하는 이유는 그것이 인간 발달의 초기단계에서와 마찬가지로 미숙의 증거이고 자기 계발을 저해할 뿐만 아니라 비판적 합리주의에서 강조하는 계몽정신과는 거리가 멀기 때문입니다.

계몽정신의 소유자는 어떤 인물이든 지나치게 우상화하거나 비하하지 않습니다. 그 대신 그들이 지금 우리에게 누구이며 그들의 가르침이 여전히 의미가 있고 유효하다면 그것이 무엇인지를 음미하고 어떻게 활용할 것인지를 성찰하고자 합니다. 어떤 인물이나 가르침을 비판적으로 수용한다는 뜻입니다. 그러나 일단 수용한 이상 그들의 가르침을 따르며 언제라도 오류가 발생한다면 다시 비판적으로 접근하고 그 결과가 터무니없는 것이라면 기꺼이 포기합니다. 말하자면 그것을 계속 미화하고 확대해석하여 마치 영원한 진리인 것처럼 신앙의 대상으로 삼지는 않는다는 것입니다. 또한 이렇게 하는 것이 그들을 진정으로 존경하고 숭배하는 태도이며 또한 이 시대가 절박하게 필요로 하는 계몽정신의 발로라고 생각합니다. 가령 민주화된 사회에서의 계몽주의자는 소크라테스를 우상화하기보다는 그의 덕목을 터득하고 실천함으로써 각자 작은 '소크라테스'가 되려고 노력하는 사람이라고 생각합니다.

[질문] 쾌락에는 고통을 수반하는 것과 그렇지 않은 쾌락의 두 가지가 있다고 하셨습니다. 그렇다면 사랑은 전자일까요, 후자일까요?

[답변] 쾌락을 에피쿠로스처럼 이렇게 엄격하게 구분하기는 어려울 것입니다. 고통을 전혀 수반하지 않는 쾌락은 상상하기 어렵기 때문입니다. 어떤 종류의 고통이 따르는지에 따라 쾌락의 유형도 달라지겠지요. 사랑도 일종의 쾌락이라면 분명히 고통이 따른다고 해야 할 것입니다. 가령 사랑을 얻기 전에 경험하는 고뇌와 갈등과 고독, 그리고 사랑을 얻은 다음에 실감하는 불안과 초조와 질투 같은 것 말입니다. 그것은 반드시 남녀 간의 사랑에만 국한된 것은 아닐 것입니다. 어떤 사물이나 공동체, 조국이나 인류, 아우구스티누스가 고백했듯이 심지어 신에 대한 사랑에까지 일종의 고통이 따른다고 보아야 할 것입니다. 더구나 모든 것과 인연을 끊고 살아가려는 사람에게도 고통은 따르게 마련입니다. 제가 이해하기에 인간이 모든 것과 인연을 끊고 살아가는 것은 가능한 것도 아니고 바람직한 것도 아닙니다. 그러한 삶을 사는 사람은 또 다른 인연을 만들게 되고 아무런 인연도 없이 산다는 것은 정상적인 의미의 삶이 아니라는 것을 깨닫게 되기 때문이지요.

결국 삶은 각기 다른 종류의 고통을 추구하는 과정일지도 모릅니다. 그런데 여기서 한 가지 주의해야 할 것은 '사랑'이라는 개념을 너무 추상적으로 쓰거나 이상화해서는 안 된다는 것입니다. 사랑의 대상이 구체화되어야 사랑하는 방식도 분명해지고 그것이 어떤 종류의 사랑인지 명확해질 것입니다. 그렇지 않으면 인류를 사랑하지만 옆집의 노파를 증오하는 역설이 생길 수도 있을 것입니다. 무엇보다 중요한 것은 사랑의 이름으로 증오를 재생산하지 않도록 유의해야 합니다.

[질문] 철학을 공부하는 초보인데 고대철학부터 현대철학에 이르기까지 체계적으로 공부할 수 있는 방법을 설명해 주십시오.

[답변] 먼저 철학에 접근하는 데 있어서 '초보'는 없다는 말을 하고 싶습니다. "철학에는 철학개론은 있어도 초급철학은 없다"는 말도 있습니다. 철학은 수학이나 과학, 기술이나 어학 등 다른 학문과는 차이가 있어서 반드시 기술적인 훈련이 필요한 학문은 아니라는 뜻입니다. 이 세상을 더 오래 살았다고 해서 삶이 더 쉬워지는 것은 아니라는 점에서 그 특징을 찾을 수도 있습니다. 제가 이해하기에 철학은 인간과 세계, 그리고 자기 자신에 대해서 좀 더 깊고 넓게, 그리고 멀리 생각하고 생각한 대로 실천하고자 하는 학문 외에 아무것도 아니기 때문입니다.

그러나 가령 서양 철학사를 공부하는 데 있어서는 좀 더 효과적인 방법은 있다고 생각합니다. 무엇보다 먼저 나름대로 일종의 사관(史觀) 같은 것을 갖는 것이 필요합니다. 가령 서양 철학자들은 일관되게 그동안 무엇을 어떻게, 그리고 왜 추구하였는지에 대한 하나의 가설을 설정하고 이것을 검증하려고 애써 본다는 것입니다. 저는 그것을 "확실성의 추구"라고 가정해 보았습니다. 서양 철학자들은 어떤 의미로든 불확실한 것에 안주할 수가 없었기 때문입니다. 그들은 신화적 사고의 틀에서 벗어나서 합리적 추론과 경험적 검증을 통해 세상과 인간을 바라보기 시작하면서 그 계기를 마련하였다고 볼 수 있습니다. 플라톤과 아리스토텔레스로부터 근대에 이르기까지는 외부 지향적인 존재론적 추구였고, 데카르트와 로크로부터 현대에 이르기까지는 내부 지향적인 인식론적 추구였으며, 현대에 들어와서는 비트겐슈타인과 데리다 등을 중심으로 관계 지향적인 의미론적 추구가 다양하게 전개되고 있다는 설정 말입니다. 그들은 존재론적, 인식론적, 혹은 의미론적으로 비현실적일 정도로 확실한 것을 추구했으며, 그것이 다른 문화권과 달리 서양철학을 특성화했다는 입장이지요.

서양 철학자들은 그러한 방식으로 신화로부터 결별했듯이 종교와 예술,

과학과 사회적 인습 등과 일정한 거리를 두고 지금까지 전개되어 왔다고 생각합니다. 물론 이것은 가설이기 때문에 수정되고 보완되어야 할 것입니다. 그러나 이 가설은 철학사를 포괄적으로 이해하는 준거의 틀이 되어 준다는 점에서, 그리고 다른 시각과 대비하여 접근할 수 있다는 점에서 분명히 도움이 될 것입니다. 또한 철학사도 일종의 사상사이기 때문에 다른 학문들과 어떤 관계를 가지며 자연 환경 및 시대적 특성으로부터 어떤 영향을 주고받으며 전개되었는지, 그리고 다른 학문들과는 무슨 차이가 있는 것인지를 살펴보는 것도 도움이 될 것입니다.

_ 참고문헌

가토 하사다케(加藤尙武),『20인의 현대철학자』, 표재명 외 역(서광사, 2003).

길희성,『인도철학사』(민음사, 1984).

金富軾,『삼국사기(三國史記)』, 김종권 역(서울: 선진문화사,1960).

김선희,『사이버 시대의 인격과 몸』(서울: 아카넷, 2004).

김영식 편,『역사 속의 과학』(창작과 비평사, 1982).

김태길,『공자 사상과 현대사회』(철학과현실사, 1998).

김태길,『변혁시대의 사회철학』(철학과현실사, 1995).

김형효,『한국 정신사의 현재적 인식』(고려원, 1985).

勞思光,『中國哲學史(宋明篇)』, 정인재 역(탐구당, 1987).

노재봉 편,『한국민족주의』(서울: 서문당, 1977).

박성배, *Buddhist Faith and Sudden Enlightenment* (Albany: SUNY Press, 1983).

박종홍,『박종홍 전집』IV, 열암기념사업회(민음사, 1998).

박종홍,『哲學槪說』, 박영사, 1961.

반덕진,『히포크라테스 선서』(서울: 사이언스 북스, 2006).

송건호,『한국 현대 인물사론: 민족운동의 사상과 지도노선』(서울: 한길사, 1984).

송건호, 강만길 편,『韓國民族主義』(서울: 창작과 비평사, 1982).

송상용,『교양과학사』(서울: 유성문화사, 1983).

신일철 외,『현대철학과 사회』(서광사, 1992).

엄정식,『分析과 神秘』(서울: 서강대 출판부, 1990).

柳承國,『東洋哲學研究』(동방학술연구원, 1988).

윤사순,『동양사상과 한국사상』(서울: 을유문화사, 1983).

李基白 편,『檀君神話論集』(새문사, 1990).

이기영,『한국의 불교사상: 원효, 의상, 지눌』, 삼성출판사, 1977.

이덕환 편,『새로 보는 과학 기술』(한국과학문화재단, 2007).

李東俊,『유교의 인도주의와 한국사상』(한울 아카데미, 1997).

이상우 외,『분단과 통일 그리고 민족주의』(서울: 박영사, 1985).

이현희 편,『東洋思想과 東學革命』(서울: 청아출판사, 1984).

一然,『三國遺事』(上), 김동환 역주(삼중당 문고, 1983).

임지현,『민족주의는 반역이다』(소나무, 2008).
장대익,『쿤과 포퍼: 과학에는 뭔가 특별한 것이 있다』(파주: 김영사, 2011).
정병훈,『과학철학: 흐름과 쟁점, 그리고 확장』(파주: 창비, 2011).
진덕규 편,『한국민족주의』(서울: 현대 사상사, 1976).
차인석, *The Mundialization of Home in the Age of Globalization: Towards a Transcultural Ethics* (Lit Verlag Dr. W. Hopf Berlin, 2012).
崔根德,『한국유학사상연구』(철학과현실사, 1992).
최창규,『새韓民族史』(서울: 금오출판사, 1975).
평유란(馮友蘭),『중국철학사(中國哲學史)』, 정인재 역(서울: 형설출판사, 1979).
한국철학사상사연구회 편,『한국철학사상사』(한울아카데미, 1997).
한국철학회 편,『문화철학』(철학과현실사, 1995).
한자경,『자아의 연구』(서광사, 1997).
______,『칸트 철학에의 초대』(서광사, 2005).
______,『칸트와 초월철학』 (서광사 1992).
히로시게 토오루 외 지음,『사상사 속의 과학』, 남도현 역(서울: 다우출판사, 2013).

Aristotle,『니코마코스 윤리학』, 최명관 역(서광사, 1984).
Aune, B., *Metaphysics: The Elements* (University of Minnesota, 1985).
Bakhtin, Mikhail, *Problems of Dostoevsky's Poetics,* ed.trans. C. Emerson (Univ. of Minnesota Press, 1984).
Bloom, Alan, *The Republic of Plato* (NY, 1968).
Broad, C. D., *The Mind and Its Place in Nature* (N. J.: Littlefield, Adams & Co., 1960).
Bruni, L. and P. L. Porta, eds., *Economics and Happiness* (Oxford: Oxford University Press, 2005).
Colaiaco, James A., *Socrates Against Athens,*『소크라테스의 재판』, 김승욱 역(작가정신, 2005).
Conford, Francis, *Before and After Socrates* (Cambridge, 1932).
Crisp, Roger, *Mill on Utilitarianism*(『밀의 공리주의』), 엄성우 역(철학과현실사, 2014).
Descartes, R., *Philosophical Works of Descartes*, vol. l, E. S. Haldane and G. R. T. Ross (Cambridge University Press, 1967).
Durkeim, Emile, *Elementary Forms of the Religious Life* (London: Allen and Unwin, 1954).
Feynman, Richard, *What Do You Care What Other People Think?* (남이야 뭐라 하건!), 홍

승우 옮김, Ralph Leighton 편(사이언스 북스, 2004).

Feynman, Richard, 『발견하는 즐거움』, 승영국, 김희봉 역(승산, 2001).

Foucault, Michel, *Technology of the Self*(『자기의 테크놀로지』), 이희원 역(동문선, 1988).

Frondizi, R., *The Nature of the Self: A Functional Interpretation* (London: Feffer & Simons, Inc., 1953).

Fuller, Steve, 『쿤/포퍼 논쟁 (*KUHN VS POPPER*)』, 나현영 역(서울: 생각의 나무, 2007).

Hegel, G. W. F., *Lecture on the History of Philosophy* (N.Y., 1956).

Hegel, G. W. F., *Lectures on Philosophy of Religion,* Peter C. Hodgson ed., R. F. Brown and others trans.(Berkeley, 1985) Vol. III.

Heidegger, Martin, 『기술의 전향』, 이기상 역(서광사, 2003).

Higgins, Charlotte, *It's All Creek to Me*(『한 권으로 읽는 그리스 고전』), 이광일 역(이론과 실천, 2012).

Kant, I., *Groundwork of the Metaphysic of Morals*, trans. H. J. Paton (Harper Torchbooks, 1964).

Kant, I., *Kritik der Practischen Vernunft* (Hamburg, 1974).

Kant, I., *Critique of Pure Reason*, trans. N. K. Sminth (N.Y.: St. Martin Press, 1965).

Kierkegaard, S., *Concept of Irony* (Bloomington, IN, 1965).

Kohn, Hans, *Nationalism in the Twenties Century* (Oxford: Martin Robertson, 1979).

Korsgaard, C. M., *Creating the Kingdom of Ends* (Cambridge University Press, 1966).

Kuhn, T. S., *The Structure of Scientific Revolutions* (Chicago: The University of Chicago Press, 1970).

Layard, R., *Happiness* (New York: The Penguin Press, 2005).

Malhall, S. & Swift, A., *Liberals and Communitarians* (Blackwell, 1992).

Martin, Gottfried, *Socrates* 『대화의 철학: 소크라테스』, 이강서 옮김(한길사, 2004).

McCall, Catherine, *The Concept of Person* (Avebury: Aldershot/Brookfield, 1990).

Mele, A. R. & Rawling P., ed., *The Oxford Handbook of Rationality* (Oxford Univ. Press, 2004).

Mill, J. S., *Utilitarianism* (The Liberal Art Press, 1975).

Mitchell, William J., *City of Bits* (Cambridge: MIT Press, 1955).

Needham, Joseph, *Science and Civilization in China* (Cambridge: Cambridge Univ. Press, 1954).

Nelson, J. S. and others ed., *The Rhetoric of Human Sciences* (Wisconsin: The University of Wisconsin Press, 1987).

Nye, Robert D., *Three Views of Man* (Cal. Monterey: Brooks/Cole Pub. Co., 1975).

Ogburn, William James, *Social Change with Respect to Culture and Original Nature* (Columbia University Press, 1922).

Plato, *The Collected Dialogues*, ed. E. Hamilton and H. Carns (N.J.: Princeton Univ. Press, 1973).

Polanyi, Michael, *Meaning* (Chicago Univ. Press, 1975).

Polanyi, Michael, *Personal Knowledge: Towards a Post-Critical Philosophy* (London: Routledge & Kegan Paul, 1958).

Popper, Karl, *The Open Society and It's Enemies*, Vol. I. (London: PKP, 1966).

Popper, Karl, *The Poverty of Historicism* (London, 1957).

Rawls, John, *A Theory of Justice* (Harvard University Press, 1971).

Rogers, Carl, *Psychology: A Study of Science*, Vol. 3, S. Koch ed. (N.Y.: McGraw-Hill, 1959).

Ryle, Gilbert, *The Concept of Mind* (N.Y.: Barnes & Nobles, Inc., 1949).

Sahakian, W. S., *Ethics: An Introduction to Theories and Problems* (N.Y.: Barnes & Nobles Books, 1974).

Shoemaker S. and Swinburne R. ed., *Personal Identity* (Oxford: Basil Blackwell, 1984).

Taylor, A. E., *Socrates: The Man and His Thought* (N.Y.: Double-day, 1954).

Taylor, Charles, *Sources of The Self* (Harvard University Press, 1989).

Taylor, Paul W., *Principles of Ethics* (Dickenson Pub. Co. Inc., 1975).

Tooley, Michael, *Abortion and Infanticide* (Clarendon Press: Oxford, 1983).

Vesey, G., *Personal Identity: A Philosophical Analysis* (Ithaca: Cornell University Press, 1974).

Wittgenstein, Ludwig, *Notebook, 1914-1916*, trans. G. E. M. Anscombe (New York: Harper Touchbooks, 1967).

Xenophon, *Recollections of Socrates and Socrates' Defense Before the Jury*, trans. Anna S. Benjamin(Indianapolis, The Library of Liberal Arts, 1970).

_찾아보기

ㅇ

석학人文강좌 32